四书译注

杨逢彬　欧阳祯人——— 译注

华东师范大学出版社

图书在版编目（CIP）数据

四书译注／杨逢彬，欧阳祯人译注 . —上海：华东师范大学出版社，2018

（中国国学经典注译丛书）

ISBN 978 – 7 – 5675 – 8382 – 5

Ⅰ . ①四… Ⅱ . ①杨…②欧… Ⅲ . ①儒家②四书 –译文③四书 – 注释 Ⅳ . ①B222. 12

中国版本图书馆 CIP 数据核字（2018）第 224400 号

四书译注

著　　者　杨逢彬　欧阳祯人
责任编辑　乔　健
特约编辑　邱承辉　程军川
封面设计　吕彦秋

出版发行　华东师范大学出版社
社　　址　上海市中山北路 3663 号　邮编 200062
网　　址　www. ecnupress. com. cn
电　　话　021 – 60821666　行政传真　021 – 62572105
客服电话　021 – 62865537
门市（邮购）电话　021 – 62869887
地　　址　上海市中山北路 3663 号华东师范大学校内先锋路口
网　　店　http：//hdsdcbs. tmall. com

印 刷 者　北京京都六环印刷厂
开　　本　710×1000　16 开
印　　张　33
字　　数　520 千字
版　　次　2019 年 1 月第 1 版
印　　次　2019 年 1 月第 1 次印刷
书　　号　ISBN 978 – 7 – 5675 – 8382 – 5/B. 1158
定　　价　68. 00 元

出 版 人　王　焰

目　录

中国文化与中国梦

中国文化与中国梦

郭齐勇

一

所谓"中国梦",指的是中华民族的伟大复兴的理想。这主要是针对近代中国积贫积弱,遭受到东西方列强的凌辱而言的。今天,国家强盛起来了,中国人的脊梁挺立起来了,近代仁人志士的梦想初步得到实现。同时,中华民族的全面复兴还在进程之中。

实现"中国梦"有若干前提条件,其中之一是要认识中国文化自身的价值与意义。因为"中国梦"是中国人在自身文化的基础上逐步实现的,我们的文化底蕴是我们实现理想的土壤。这就要有"文化认同"、"文化自觉"与"文化自信"。

关于中国传统文化的基本精神与特色,学界见仁见智,我综合张岱年、胡秋原等前辈的论述,提出如下六点:

第一,和而不同,厚德载物。重视人与自然之间,各族群、民族之间,人与人之间的和谐统一的关系。所谓"天人合一"是经过区分天人、物我之后,重新肯定的人与自然的统一,强调的是顺应自然而不是片面征服自然。在观念上形成了"协合万邦"、"天下一家"的文化理想,既重视各民族及其文化、宗教的分别性、独特性,又重视和合性、统一性。在人与人的关系问题上,善于化解与超越分别与对立,主张仁爱、和为贵与协调性,有民胞物与的理想,厚德载物,兼容并包,爱好和平,从不侵略别人,反对以力服人,主张"远人不服,则修文德以来之"。

第二,刚健自强,生生不息。中国文化凸现了积极有为、自强不息的精神,强调"苟日新,日日新,又日新",革故鼎新,创造进取。所谓

"发愤忘食，乐以忘忧"，"天行健，君子以自强不息"，就是指人要向天地学习，以"刚毅"的精神，生生不息，奋斗不止，绝不懈怠。中国人因此而创造了世界上独特的文明，而且是世界上唯一未中断的文明。无数的仁人志士奋发前行，不屈服恶劣的环境、势力与外来侵略者的凌辱压迫，刚健坚毅精神代代相传。

第三，仁义至上，人格独立。我们以仁义为最高价值，崇尚君子人格，肯定"三军可夺帅也，匹夫不可夺志也"，"富贵不能淫，贫贱不能移，威武不能屈"的大丈夫精神，弘扬至大至刚的正气，舍我其谁的抱负，乃至"不识一个字，亦须还我堂堂地做个人"，强调人人都有内在的价值与不随波逐流的独立意志，以"知其不可而为之"的气慨，守正不阿，气节凛然，甚至杀身成仁，舍生取义。

第四，民为邦本，本固邦宁。强调"天视自我民视，天听自我民听"，"民之所欲，天必从之"，"人无于水监，当于民监"，"民为贵，社稷次之，君为轻"。民本主义肯定人民是主体；人君之居位，必须得到人民的同意；保民、养民是人君的最大职务。

第五，整体把握，辩证思维。中国古代不缺乏抽象思维，有明确的概念、范畴。古代辩证思维发达，这属于理论思维，包含了抽象过程。中国思维有两大特征，一是整体观，二是阴阳观。前者从整体上把握世界或对象的全体及内在诸因素的联系性、系统性，反对头痛医头，脚痛医脚；后者重视事物内在矛盾中阴阳、一两关系的对立与平衡。

第六，经世务实，戒奢以俭。我国有现世与实务精神，强调知行合一，践形尽性，经国济民，兼重文事武备，明理致用，反对空谈高调。又有尊重劳动的精神，倡导勤俭节约，力戒骄奢淫逸，鄙视不劳而获。

以上六条可以成为"中国梦"的文化底蕴，即中华民族伟大复兴的历史文化基础。

二

对中国文化影响最大的经典就是《四书》与《五经》。《四书》（包括朱子的《四书章句集注》）不仅是影响我国的最深远的著作，也是影响东亚的最深远的著作。本书传到朝鲜半岛、日本列岛和越南之后，当地的儒学专家有了多少不同于中国内地的发展，赋予了富有本土意味的创新意义，在学界有很多深入的探讨，在民间也有广泛的影响。儒家社会的空间很大，儒家社会与文化是东亚现代化的基础。

"四书学"在今天仍有勃兴之势。从近十多年来我与同仁在学校、社团、企业、媒体、地方图书馆等处讲授《四书》的情况来看，深感民众迫切需要，又特别欢迎，他们对《四书》有一种亲和力，而且能从生命的体验中，从生活的实践中加以理解。我相信，《四书》仍是现代中国人最好的精神粮食！

关于《四书》的读法，朱熹说："某要人先读《大学》，以定其规模；次读《论语》，以立其根本；次读《孟子》，以观其发越；次读《中庸》，以求古人之微妙处。"（《朱子语类》卷第十四）有人说，为什么一定要按朱子的步骤呢？我们当然可以各行其是，不过，朱子的读法符合循序渐进、由浅入深的原则。

《四书》要用心去读，以生命对生命，以真诚对真诚。古代圣贤指点人，不是权威说教，而是启发学生或让读者自己去领会。儒学是生命的学问，要体验、实践，身心合一。学习这些典籍要身体力行，学以致用，不能所学与所行脱节。《四书》，我不知读过多少遍，教过多少遍了，反复诵读，每一次都有新的体验与收获。

自宋代以来，《四书》是中国人的基本信仰与信念，是中国人的安身立命之道，是家传户诵之学，哪怕是乡间不识字的劳动者，也是自觉实践其中做人的道理。其中的"仁爱"思想，"己欲立而立人，己欲达而达人"，"己所不欲，勿施于人"，"老吾老以及人之老，幼吾幼以及人之幼"等格言，一直到今天，不仅是中国人做人的根本，而且是全人类文明中最光辉、最宝贵的精神财富。"仁爱"是中华民族的核心价值。

《四书》的教育，贯穿、渗透到社会、家庭的各方面，起着良好的作用。培养一个对社会对国家民族有用的栋梁之材，不管他将来做什么事业，根子要扎正，特别是做人的教育、人文的教育、道德的教育应视为根本。因此，今天的家长们不要太功利。家长自己的言教、特别是身教，耳濡目染，对孩子影响最大。我举两位大科学家的例子：

世界著名的物理学家、1957年度诺贝尔物理学奖得主杨振宁博士在回忆录《曙光集》中说，在十一二岁读初中一二年级的两个暑假，其父克纯先生（芝加哥大学博士，回国任数学教授）让他读《孟子》，并请雷海宗教授介绍了一位历史系的优秀学生丁则良来给他教《孟子》，丁还讲了很多上古知识，是在教科书上没有的。在中学的年代，杨振宁可以背诵《孟子》全文。《孟子》使杨先生一生受益无穷。杨先生回忆合肥老家旧宅，每年春节换上新的堂联，写的都是"忠厚传家"、"诗书继世"，他的父亲很强调"纯"及朋友之交的"信"与"义"。

著名植物学家、中国科学院院士、中国科学院昆明植物研究所名誉所长、2007 年度国家最高科学技术奖得主吴征镒教授，九十多年来一直恪守父母亲"五之堂"的家训。这"五之"，就是《中庸》中的"博学之，审问之，慎思之，明辨之，笃行之"。吴家六兄弟中出了三个院士。《中庸》使吴家子弟高尚其志，又掌握了很好的思想方法与治学之道。吴教授恪守其母的家训，又把这治学格言传给了后辈的科学家。

儒家核心价值，四书的主要内容，又通过蒙学读物，通过戏院茶馆，通过唱戏的、说书的，从各种民间艺术的渠道流向社会，影响世道人心。

三

中国人的文艺复兴的时代即将到来，通过我们的现代性解读与创造性诠释，传统经典的再发现、再发掘、再发明、再发皇的日子已经不远了，我们要培养、训练自己与我们的学生的最起码的阅读古书的能力，首先是要对祖宗文明有敬畏之心，有同情理解的心态。

现在对古代经典的诠释，有一些低俗化的倾向，对于民间文化来说，浅一点是正常的，但一定要提升受众的水平，努力把"戏说"、"俗讲"引导为"正讲"。

本书由杨逢彬与欧阳祯人译注。杨逢彬教授传承了杨树达、杨伯峻先生的朴学传统，又结合现代语言学的方法，对《论语》《孟子》的研究与译注已超越了前贤。欧阳祯人为我校青年才俊，长期给本科生、研究生讲读《大学》《中庸》，对《大学》《中庸》有深刻的领会与深入的研究。

本书译注语言通俗流畅，内容精准扎实，是极好的《四书》入门之选。希望读者通过通读本书，建立文化自信，提高修养，深切领会修身、齐家、治国、平天下的宗旨，在生活与工作中，完善自我，创造佳绩。

《论语》译注

杨逢彬　译注

导 读[1]

杨逢彬

一

按传统的说法，中华文明已有5000年历史，但在当今中国，以及海外华人社区，无论是社会精英所掌握的有文字记载的所谓“大传统”，抑或是一般市民和农夫的生活所代表的所谓“小传统”，简言之，每个中国人的一举手一投足所凸现出的中国气派，无不可以从2400年前“轴心时代”的一部经典——《论语》中找到根源。

“轴心时代”是德国哲学家卡尔·雅斯贝尔斯（Karl Jaspers）提出的理论。他指出，在经历了史前和远古文明时代之后，在公元前500年左右，世界范围内出现了一些极不平常的事件：

> 在中国，孔子和老子非常活跃，中国所有的哲学流派，包括墨子、庄子、列子和诸子百家都出现了。像中国一样，印度出现了《奥义书》（*Upanishads*）和佛陀（Buddha），探究了从怀疑主义、唯物主义到诡辩派、虚无主义的全部范围的哲学可能性。伊朗的琐罗亚斯德传授一种挑战性的观点，认为人世生活就是一场善与恶的斗争。在巴勒斯坦，从以利亚（Elijah）经由以赛亚（Isaiah）和耶利米（Jeremiah）到以赛亚第二（Deutero－Isaiah），先知们纷纷涌现。希腊贤哲如云，其中有荷马，哲学家巴门尼德、赫拉克利特和柏拉图，许多悲剧作者，以及修昔底德和阿基米德。在这数世纪内，这些名字所包含的一切，几乎同时在中国、印度和西方这三个互不知晓的地区发展起来。[2]

雅斯贝尔斯将这一时期称作世界历史的"轴心"：

> 人类一直靠轴心时代所产生的思考和创造的一切而生存。每一次新的飞跃都回顾这一时期，并被它重燃火焰。自那以后，情况就是这样，轴心期潜力的苏醒和对轴心期潜力的回归，或者说复兴，总是提供了精神的动力。③

按照帕森斯（Talcott Parsons）的说法，在这一光辉灿烂的时期，在希腊、巴比伦、印度和中国四大文明发源地都经历了"哲学的突破"，即对人所处的宇宙的本源有了较为理性的认识，对人类所处的位置及"人之所以为人"有了新的理解。

在中国，离开了孔子和《论语》，"哲学的突破"这一命题就无从谈起。我们说，中国哲学是伦理型的，哲学体系的核心是伦理道德学说。如果说西方各种文化形态重在求真，中国的各种文化形态便是强调求善。旧时代从硕学鸿儒到武术教师，教徒弟的第一课便是如何做人，如何讲"德"。他们让学生或徒弟背诵的座右铭或警句，多出自《论语》。

中国的传统道德资源，经过几十年的弃若敝屣之后，在某些通都大邑简直成了稀罕物，讲求道德者往往被看作是傻瓜，以致有人惊呼当今是一个物欲横流、铜臭熏天的世界。但在若干"民智未开"的穷乡僻壤，我们古代典籍中蕴含的道德观念却依然留存。村夫农妇，或许他们一字不识，其言语行为中却处处体现着"仁、义、礼、智、信、忠、孝、温、良、恭、俭、让"等为人处世之道，并以此言传身教，他们的下一辈因耳濡目染而潜移默化。"文革"回忆录中经常有这样的描写——被整得遍体鳞伤的人们遭贬下乡，却受到亲人般的呵护——就是这种现实的反映。这类所谓"礼失求诸野"的现象说明了传统道德观念确实历久不灭，深入人心；同时也促使我们再也不能"抛却自家无尽藏，沿街托钵效贫儿"（王阳明）了。我们需要重读《论语》，它是中国人的人生教科书。

《论语》究竟讲的是什么呢？

《论语》的核心思想，历来有两种看法，其一是"仁"，其一是"礼"。

历来研究《论语》的人多认为《论语》主要是讲"仁"的，认为《论语》重在讲"礼"的主要有王源、戴震、陈沣、王先谦及现代的柳诒徵、李大钊、陈独秀、侯外庐、蔡尚思、赵纪彬等。

杨伯峻先生认为《论语》的核心是"仁"。他做了一个统计：《左传》中"礼"字出现了462次，"仁"字只出现了33次；而《论语》中"礼"字出现了75次（《论语词典》统计"礼"字出现了74次，见《论语译注》311页），"仁"字出现了109次（《论语译注·试论孔子》16页）。

我们认为，《论语》的核心思想确实是"仁"。

《论语》中的"仁"一词不能一概而论。从大的方面说，它指在天下范围内行仁政；从小的方面说，它指"爱人"，指忠恕，指做人的根本——孝悌。要做一个真正的"仁人"很难，但每个人随时随地都可一点一滴地行善——践履仁德。

一、"仁"是人之所以区别于禽兽的本质所在，人活着就要践履仁德；同时，"仁"也是人生追求的最高境界与目标。志士仁人，一方面时时与"仁"同在，"不违仁"，一方面以在天下实行仁德为己任。

孔子说："仁者，人也。"（《礼记·中庸》）"富与贵，是人之所欲也。不以其道得之，不处也。贫与贱，是人之所恶也。不以其道得之，不去也。君子去仁，恶乎成名？君子无终食之间违仁，造次必于是，颠沛必于是。"（《论语·里仁》）孔子最得意的弟子颜回"其心三月不违仁"，孔子便称赞他"贤"（《论语·雍也》）。"仁"是士毕生奋斗的目标："士不可以不弘毅，任重而道远。仁以为己任，不亦重乎？死而后已，不亦远乎？"（《论语·泰伯》）为了成全仁德，不惜献出生命："志士仁人，无求生以害仁，有杀身以成仁。"（《论语·卫灵公》）"仁"即是最高境界与目标，义、忠、恕、孝、悌都是广义的"仁"的子项。

二、"仁"是实践"天下为公"这一最高目标的重要步骤。

在《礼记·礼运》中，记载了孔子关于"天下大同"的设想：

> 大道之行也，天下为公。选贤与能，讲信修睦。故人不独亲其亲，不独子其子，使老有所终，壮有所用，幼有所长，矜寡孤独废疾者皆有所养，男有分，女有归。货恶其弃于地也，不必藏于己；力恶其不出于身也，不必为己。是故谋闭而不兴，盗窃乱贼而不作，故外户而不闭，是谓大同。

我认为，这一设想就是所谓"博施于民而能济众"。《论语·雍也》载："子贡曰：'如有博施于民而能济众，何如？可谓仁乎？'子曰：'何事于仁！必也圣乎！尧舜其犹病诸！'"能做到"博施于民而能济众"，已不止是"仁"，而可以称为"圣"了。这一点，尧舜也未必做到了呢？这可以看出，"圣"包含了"仁"，"仁"与"圣"是一致的。

孔子认为子路、冉有、公西华、令尹子文、陈文子都没有达到"仁"的境界，即使颜渊也仅仅只是"不违仁"（《论语·雍也》），却许管仲以仁：

> 子贡曰："管仲非仁者与？桓公杀公子纠，不能死，又相之。"子曰："管仲相桓公，霸诸侯，一匡天下，民到于今受其赐。微管仲，吾其被发左衽矣。"（《论语·宪问》）
>
> 子路曰："桓公杀公子纠，召忽死之，管仲不死。"曰："未仁乎？"子曰："桓公九合诸侯，不以兵车，管仲之力也。如其仁，如其仁。"（《论语·宪问》）

在孔子看来，尽管管仲既不知俭，又不知礼（《论语·八佾》），但因为帮助齐桓公使天下有一个长期较安定的局面，从而有助于人民休养生息，那么他就是仁者④。

三、"仁"是从日常事物中一点一滴地积累起来的。"仁"是爱人。践履仁德的方法是推己及人，由近及远。

孔子不轻易许人以"仁"，"仁"是否就高不可攀呢？不是！成仁入圣，一般人难以企及；但要践履仁德，却随时可以从身边的小事做起。"为仁由己"（《论语·颜渊》）。"仁远乎哉？我欲仁，斯仁至矣。"（《论语·述而》）"仁者，其言也讱。"（《论语·颜渊》）"仁者先难而后获。"（《论语·雍也》）"刚毅木讷近仁。"（《论语·子路》）"巧言令色，鲜矣仁。"（《论语·学而》）"子张问仁于孔子，孔子曰：'能行五者于天下，为仁矣。''请问之。'曰：'恭、宽、信、敏、惠。恭则不侮，宽则得众，信则人任焉，敏则有功，惠则足以使人。'"（《论语·阳货》）当然，"仁"不是琐碎的道德规范，而是"一以贯之"（《论语·里仁》）的。具体说来，"仁"即是"爱人"（《论语·颜渊》）："厩焚，子退朝，曰：'伤人乎?'不问马。"(《论语·乡党》)"仁"的本源是孝悌。"君子务本,本立而道生。孝弟也者,其为仁之本与!"(《论语·学而》)为什么说"孝悌"是"仁"的本源呢?因为行仁的方法,其实就是将对亲人的爱加以推广扩充,所谓由近及远,由己及人。"君子笃于亲,而民兴于仁。"(《论语·泰伯》)从消极的方面说,自己(及家人)不喜欢的,不施加于他人,这就是忠恕。"夫子之道,忠恕而已矣。"(《论语·里仁》)"己所不欲,勿施于人。"(《论语·颜渊》)从积极的方面说,就是自己(及家人)要站得住,也要让他人站得住;自己(及家人)要行得通,也要让他人行得通。"夫仁者,己欲立而立人,己欲达而达人。能近取譬,可谓仁之方也已。"(《论语·雍也》)这就是孟子所谓"亲亲而仁民,仁民而爱物"(《孟子·尽心上》),"老吾老以及人之老,幼吾幼以及人之幼"(《孟子·梁惠王上》),亦即宋代张载所谓"民吾胞也,物吾与也"。这种将亲情之爱推广到极限的"博爱",把人类精神提扬到了"天人合一"的境界。这种精神不但可以用以疗治当今物欲横流的人类社会,同样可以拯救因人类过度索取而面临灭顶之灾的地球家园。

四、就"仁"与"礼"的关系来看,"仁"是本,"礼"是末;"仁"是里,"礼"是表;"仁"是内容,"礼"是形式;"仁"是终极目标,"礼"是保证这一目标得以实现的一种约束,是规范与制度。

据杨伯峻先生《论语词典》统计,《论语》中"礼"一词共出现 74 次,其意义为"礼意、礼仪、礼制、礼法"。我们以为,礼仪、礼制、礼法都是为"天下归仁"这一目标服务的。

> 子夏问曰:"'巧笑倩兮,美目盼兮,素以为绚兮。'何谓也?"子曰:"绘事后素。"曰:"礼后乎?"子曰:"起予者商也!始可与言《诗》已矣。"(《论语·八佾》)

"礼后"指"礼"在"仁义"之后。尽管孔子也曾借用孟僖子的话说"不学礼,无以立"(《论语·季氏》),但他更表明"人而不仁,如礼何?人而不仁,如乐何"(《论语·八佾》),不学礼仪礼节,人没法在社会上立足,但只知礼节而不知"仁",便是虚有其表的伪君子了。君子习礼的目的,是为了在天下实现仁德。"克己复礼为仁,一日克己复礼,天下归仁焉"（《论语·颜渊》）。这是说只有克制自己，恢复礼制，普天之下才可一统于仁。孔子说的"复礼"，并不就是把周礼照搬回来，而是有所"损益"（《论语·为政》）。比如，从西周以迄春秋，还时有以活人殉葬的事例，这自然是符合当时的礼制的。以贤良闻名的秦穆公就曾以"三良"殉葬，孔子去古未远，当不会一无所知。但他甚至对以陶俑殉葬都深恶痛绝："仲尼曰：'始作俑者，其无后乎！'为其像人而用之也。"（《孟子·梁惠王上》）"仁者爱人"，凡是不人道的行为，即使符合"礼制"，孔子也要愤怒地加以谴责。又比如，他说："麻冕，礼也；今也纯，俭，吾从众。"（《论语·子罕》）对麻冕可以变通，改用所费较少的丝料。这是因为孔子更看重"礼"的实质："礼云礼云，玉帛云乎哉？乐云乐云，钟鼓云乎哉？"（《论语·阳货》）孔子认可的"礼"的实质是什么呢？如前所述，就是仁义。孔子教导学生，始终以"仁"为终极目标，至于文学与礼仪则是第二位的："弟子，入则弟，出则弟，谨而信，泛爱众，而亲仁，行有余力，则以学文。"（《论语·学而》）"君子博学于文，约之以礼，亦可以无畔矣夫。"（《论语·雍也》）颜渊也说："夫子循循然善诱人，博我以文，约我以礼，欲罢不能……"（《论语·子罕》）孝悌是仁之本；仁者爱人，便要"泛爱众"；求仁者，自然要亲近仁人。如此修养自己以后，才去学文，才"约之以礼"。《论语》中"礼"之为用，除了"约"外，还有"节"、"齐"、"文"等："礼之用，和为贵。先王之道，斯为美；小大由之。有所不行，知和而和，不以礼节之，亦不可行也。"（《论语·学而》）"道之以政，齐之以刑，民免而无耻；道之以德，齐之以礼，有耻且格。"（《论语·为政》）"若臧武仲之知，公绰之不欲，卞庄子之勇，冉求之艺，文之以礼乐，亦可以为成人矣。"（《论语·宪问》）可见，"礼"始终是用之以约束、节制、整顿、文饰的，其终极目标始终是"仁"。"孟懿子问孝。子曰：'无违。'……子曰：'生，事之以礼；死，葬之以礼，祭之以礼。'"（《论语·为政》）"慎终追远，民德归厚矣。"（《论语·学而》）"葬之以礼，祭之以礼"即是"慎终追远"，其目的是"民德归厚"，此即"君子笃于亲，则民兴于仁"。（《论语·泰伯》）

综上，《论语》的核心思想是"仁"，"礼"是从属于并服务于"仁"的。

二⑤

　　班固的《汉书·艺文志》说:"《论语》者,孔子应答弟子、时人及弟子相与言而接闻于夫子之语也。当时弟子各有所记,夫子既卒,门人相与辑而论纂,故谓之《论语》。"《文选·辩命论》李善注引《傅子》也说:"昔仲尼既殁,仲弓之徒追论夫子之言,谓之《论语》。"由此可知:"论语"的"论"是"论纂"的意思,"论语"的"语"是语言的意思。"论语"就是把"接闻于夫子之语"论纂起来的意思。《论语》是记载孔子及其若干学生言语行事的一部书。"论语"的名字是当时就有的,不是后来别人给的。

　　《论语》又是若干断片的篇章集合体。这些篇章的排列不一定有什么道理;就是前后两章间,也不一定有什么关联。而且这些断片的篇章绝不是一个人的手笔。《论语》一书,篇幅不大,却出现了不少重复的章节。如"巧言令色,鲜矣仁"一章,先见于《学而》,又重出于《阳货》。又有基本上是重复只是详略不同的。如"君子不重"章,《学而》比《子罕》多出 11 个字。还有意思相同,文字却有异的。如《里仁》说:"不患莫己知,求为可知也。"《宪问》又说:"不患人之不己知,患其不能也。"《卫灵公》又说:"君子病无能焉,不病人之不己知也。"如果加上《学而》的"人不知而不愠,不亦君子乎",便是重复四次。这种现象只有下面这个推论合理:孔子的言论,当时弟子各有记载,后来才汇集成书。所以,《论语》绝不能看作某一个人的著作。《论语》的作者有孔子的学生。《子罕》:"牢曰:'子云:吾不试,故艺。'""牢"是人名,相传他姓琴,字子开,又字子张。这里不称姓氏只称名,这种记述方式和《论语》的一般体例不相吻合。因此,便可以作这样的推论,这一章是琴牢本人的记载,编辑《论语》的人,"直取其所记而载之耳"(日本学者安井息轩《论语集说》中语)。又,《宪问》说:"宪问耻。子曰:'邦有道,谷;邦无道,谷,耻也。'""宪"是原宪,字子思。显然,这也是原宪自己的笔墨。

　　《论语》的篇章不但出自孔子的不同学生之手,而且还出自他不同的再传弟子之手。这里面不少是曾参的学生的记载。如《泰伯》说:"曾子有疾,召门弟子曰:'启予足! 启予手!《诗》云:"战战兢兢,如临深渊,如履薄冰。"而今而后,吾知免夫!小子!'"这一章不能不说是曾参的门弟子的记载。又如《子张》:"子夏之门人问交于子张。子张曰:'子夏云何?'对曰:'子夏曰:"可者与之,其不可者拒之。"'子张曰:'异乎吾所闻:君子尊贤而容众,嘉善而矜不能。我之大贤与,于人何所不容?我之不贤与,人将拒我,如之何其拒人也?'"这一段又像子张或子夏的学生的记载。又如《先进》中说:"子曰:'孝哉闵子骞!人不间于其父母昆弟之言。'""闵子侍侧,訚訚如也;子路,行行如也;冉有、子贡,侃侃如也。子乐。"孔子称学生从来直呼其名,独独这里对闵损称字,不能不启人疑窦,我们认为这一章是闵损的学生追记的,因而有这一不经意的失实。至于"闵子侍侧"一章,不但闵子骞称"子",而且列在子路、冉有、子贡三人之前,这是难以理解的。以年龄而论,子路最长;以仕宦而论,闵子骞更赶不上这三人。他凭什么能在这一段记载上居于首位而且得到"子"的尊称呢?合理的推论是,这也是闵子骞的学生把平日闻于老师之言追记下来而成的。

《论语》一书有孔子弟子的笔墨,也有孔子再传弟子的笔墨,那么,著作年代便有先有后了。这点,在词义的运用上也适当地反映了出来。譬如"夫子"一词,在较早的年代一般指第三者,相当于"他老人家",直到战国,才普遍用为指称对话者,相当于"你老人家"。《论语》的一般用法都是相当于"他老人家"的,孔子学生当面称孔子为"子",背后才称"夫子",别人对孔子也是背后才称"夫子"。只是在《阳货》中有两处例外,言偃对孔子说"昔者偃也闻诸夫子",子路对孔子也说"昔者由也闻诸夫子",都是当面称"夫子",开战国时运用"夫子"一词的词义之端。《论语》著笔有先有后,其间相距或者不止于三五十年,由此可以窥见一斑。

《论语》一书的最后编定者应是曾参的学生。第一,《论语》不但对曾参无一处不称"子",而且记载他的言行较孔子其他弟子为多。《论语》中单独记载曾参言行的,共有 13 章。第二,在孔子弟子中,不但曾参最年轻,而且有一章记载着曾参将死之际对孟敬子的一段话。孟敬子是鲁大夫孟武伯的儿子仲孙捷的谥号。假定曾参死在鲁元公元年(前 436 年),则孟敬子之死更在其后,那么,这一事的记述者一定是在孟敬子死后才著笔的。孟敬子的年岁我们已难考定，但《礼记·檀弓》记载着当鲁悼公死时孟敬子对答季昭子的一番话，可见当曾子年近七十之时，孟敬子已是鲁国执政大臣之一。则这一段记载之为曾子弟子所记，毫无可疑。《论语》所叙的人物和事迹，再没有比这更晚的，那么，《论语》的编定者就是这些曾参的学生。因此，我们说《论语》的着笔当开始于春秋末期，而编辑成书则在战国初期。

《论语》传到汉朝，有三种不同的本子：（1）《鲁论语》20 篇；（2）《齐论语》22 篇，其中 20 篇的章句很多和《鲁论语》相同，但是多出《问王》和《知道》两篇；（3）《古文论语》21 篇，也没有《问王》和《知道》两篇，但是把《尧曰》篇的"子张问"另分为一篇，于是有了两个《子张》篇。篇次也和《齐论》《鲁论》不一样，文字不同的计 400 多字。《鲁论》和《齐论》最初各有师传，到西汉末年，安昌侯张禹先学习了《鲁论》，后来又讲习《齐论》，于是把两个本子融合为一，但是篇目以《鲁论》为根据，号为《张侯论》。张禹是汉成帝的师傅，其时极为尊贵，所以他的这一个本子便为当时一般儒生所尊奉，后汉灵帝时所刻的《熹平石经》就是用的《张侯论》。《古文论语》是在汉景帝时由鲁恭王刘馀在孔子旧宅壁中发现的，当时并没有传授。直到东汉末年，大学者郑玄以《张侯论》为依据，参照《齐论》《古论》，作了《论语注》。在残存的郑玄《论语注》中我们还可以略略窥见《鲁论》《齐论》《古论》三种《论语》本子的异同。今天，我们所用的《论语》本子基本上就是《张侯论》。

《论语》自汉代以来便有不少人注解它。《论语》和《孝经》是汉朝初学者必读之书，一定要先读这两部书才进而学习"五经"。"五经"就是今天的《诗经》、《尚书》（除去伪古文）、《周易》、《礼记》和《春秋》。看来，《论语》是汉人启蒙书的一种。汉朝人所注释的《论语》，基本上全部亡佚，今日所残存的，以郑玄（127—200）注为较多，因为敦煌和日本发现了一些唐写本残卷，估计十存六七；其他各家，在何晏（约 190—249）《论语集解》以后，就多半只存于《论语集解》中。现在《十三经注疏》中的《论语注疏》就是用何晏《集解》和宋人邢昺（932—1010）的《疏》。至于何晏、邢昺前后还有不少专注《论语》的书，可以参看清人朱彝尊（1629—1709）的《经义考》、纪昀（1724—1805）等人的《四库全书总目提要》以及唐代陆德明（约550—630）的《经典释文序录》和近人吴承仕的《经典释文序录疏证》。

关于《论语》的书，可谓汗牛充栋。读者如果看了此书还认为有进一步研究的必要，可以再看下列几种书：

（1）《论语注疏》。此即何晏《集解》、邢昺《疏》，在《十三经注疏》中，除武英殿本外，其他各本多沿袭阮元南昌刻本，因它有《校勘记》可以参考。

（2）《论语集注》。宋代朱熹（1130—1200）从《礼记》中抽出《大学》和《中庸》，合《论语》《孟子》为《四书》，自己用很大功力作《集注》。从明朝至清末，科举考试，题目都从《四书》中出，所做文章的义理也不能违背朱熹的见解，这叫做"代圣人立言"，影响很大。另外朱熹对于《论语》，不但讲义理，也注意训诂，故这书无妨参看。

（3）刘宝楠（1791—1855）的《论语正义》。清代儒生多不满意唐、宋人的注疏，所以陈奂（1786—1863）作《毛诗传疏》，焦循（1763—1820）作《孟子正义》。刘宝楠便依焦循作《孟子正义》之法，作《论语正义》。后因病而停笔，由他的儿子刘恭冕（1821—1883）继续写定。所以这书实为刘宝楠父子共著。其征引广博，折中大体恰当。只因学问日益进展，昔日的好书，今天便可以指出不少缺点，但参考价值仍然不小。

（4）程树德（1877—1944）的《论语集释》，征引书籍达680种，虽有疏略可商之处，因其广征博引，故可参考。

（5）杨树达（1885—1956）的《论语疏证》。这书把三国以前所有征引《论语》或者和《论语》的有关资料都依《论语》原文疏列，时出己意，加案语，值得参考。

（6）杨伯峻（1909—1992）的《论语译注》。张政烺先生说："在今注中确有极高的学术价值的，可以达到雅俗共赏的境地。杨伯峻的《论语译注》《孟子译注》《春秋左传注》就是其中的佼佼者。《论语》《孟子》成书较早，杨注虽对于典章制度的注释小有不足，但其解决难点，疏通文意，都有独到之处。"⑥我们以为，张先生的评价大体是平实的。

（7）杨逢彬的《论语新注新译》。这书将现代语言学方法特别是语法学方法与传统训诂学方法相结合，采用电脑穷尽搜索例句，对《论语》中

150 余个古今见仁见智的疑难词句进行了考证，提高了这些疑难词句解读的准确性与可信度。

　　读者如有兴趣，还可参见《论语新注新译》一书中的《导言》部分，其中对近几十年注《论语》诸书有简要评介。

三

　　《论语》流传至国外，有一个由近及远、先东亚后欧美的过程。

　　自汉武帝采纳董仲舒的建议，"罢黜百家，独尊儒术"之后，孔子和《论语》逐渐获得了至高无上的地位。随着中国文化向周边国家扩散，《论语》也先后传至越南、朝鲜和日本。

　　公元前 111 年（汉武帝元鼎六年），南越国灭亡，越南北方从此成为中国的一部分，达一千余年；获得独尊地位的儒术，包括《论语》等经典，也随之传入越南。

　　早在汉代，《论语》就已传入朝鲜。374 年，朝鲜半岛上的百济开始设立"博士"一职。此职专掌儒家经典的传授。640 年（唐贞观十四年），高句丽、新罗、百济三国遣世子和贵族子弟至唐，入国子监研习《论语》等儒家经典。

　　513 年、516 年、554 年，百济三次遣"五经博士"赴日本传授儒家学说，《论语》当于此时传入日本。768 年（唐大历三年），日本天皇依唐朝国子监的规定，诏称孔子为"文宣王"。此前，日本依唐律称孔子为"先圣孔宣父"。

　　《论语》被译为西方语言是在 16 世纪末。艾儒略（G. Aleni）在《大西利先生行迹》一文中介绍意大利人利玛窦（Matteo Ricci, 1552—1610）"曾将中国《四书》译为西文，寄回本国，国人读而悦之，知中国古书，能识真原……皆利子之力也"。所谓"西文"，这里指拉丁文。1591 年（明万历十九年）利玛窦着手翻译《四书》，1594 年完成，但不幸未能出版而散佚了。

　　清初，曾在中国传教的意大利耶稣会士殷铎泽（Prospero Intorcetta, 1625—1696）和葡萄牙耶稣会士郭纳爵（Ignatius da Costa, 1599—1666）用拉丁文合译了《论语》。该译本于 1687 年由比利时耶稣会士柏应理

（Philippe Couplet，1623—1693）出版于巴黎，是为《论语》首次在欧洲刊行。书名为《中国贤哲孔子》（*Confucius Sinarum Philosophus*），中文标题为《西文四书解》，另收有《大学》和《中庸》。出版之后，反响强烈。1688年、1691年，《中国贤哲孔子》分别在法英两国出版了法文、英文的节译本。广大民众于是有了接触孔子思想的机会，这引起了整个西欧对中国的赞扬。到18世纪，谈到整个世界，人们总是说"从中国到秘鲁"。

1711年，布拉格大学刊印了比利时传教士卫方济（Franciscus Vieira，1651—1729）用拉丁文译的《四书》。卫氏1687年来华，15年后回欧洲。

俄国东正教驻北京第九届传教士团领班、修士大司祭雅科夫列维奇·比丘林（Н. Я. Бичурин，1777—1853）和俄罗斯科学院院士王西里（В. Л. Васипъеь，1818—1900）分别于1821年之后和1840—1850年间将《论语》译为俄文出版。列夫·托尔斯泰读《论语》时，写信给契诃夫说："我在读儒家著作，这是第二天了。难以想象，它们达到了不同寻常的精神高度。""我正沉湎于中国的智慧之中，极想告诉您和大家这些书籍给我带来的精神上的教益。"他承认，在他成年以后，在东方哲学家中，孔子、孟子对他影响"很大"。

包括《论语》在内的《四书》传到美国是在18世纪末或19世纪初，有英、法、拉丁等译本。美国超验主义代表人物爱默生（R. W. Emerson，1803—1882）和梭罗（H. D. Thoreau，1817—1862）对这些经典都爱不释手，诗人维切尔·林赛（V. Lindsay，1879—1931）则以引吭高歌来表达他对孔子的热爱：愿我们是孔子时代的学士，眼望着古老的中国倾倒如山……

此外，18世纪初至19世纪中叶，《论语》还出版了瑞典语、德语、罗马尼亚语的译本。

今天，《论语》已被译成几十种文字，它的总印数仅次于《圣经》，而高于其他任何一部畅销书。随着以《论语》为主的儒家经典的传播，儒学已成为世界人文科学的热点。1994年孔子诞辰2545周年之际，国际儒学联合会在北京成立了。新加坡内阁资政李光耀任名誉理事长，韩国成均馆馆长崔根德任理事长。洙泗之水"盈科而后进"的涓涓细流，终于汹涌澎湃地"放乎四海"。

上世纪至本世纪将《论语》译为英文的还有英国传教士马歇曼（J. Marshman，1768—1837）、柯大卫（David Collie，？—1828）以及汉学家翟林奈（L. Giles，1875—1958）等人，质量较高的则有理雅各、韦利（亚瑟·威利）及刘殿爵三人的译本。

理雅各（James Legge，1815—1897），苏格兰人，1839 年由伦敦教会派往马六甲布道，任该会所办英华书院（香港中文大学前身）院长，1843 年随书院迁往香港。1848 年起，在其他教士及华人黄胜等帮助下，开始翻译中国典籍。1861 年到 1886 年出版《中国经典》28 卷，内容是四书（包括《论语》）五经及老庄著作，共 14 种。有鉴于此，牛津大学聘请他为首席汉学教授。

韦利（Arthur David Waley，1889—1966），曾长期任大英博物馆东方部馆员，负责研究整理敦煌文物，同时在伦敦大学东方研究学院授课。他早在剑桥大学皇家学院读书时，受名教授迪金森与摩尔影响，便仰慕中国古代文明，决心研究中国文化，并刻苦自修中文。他关于中国文化的译著，除《论语》外，多达七八种。

刘殿爵（D. C. Lau，1921—2010），广东番禺人，生于香港，毕业于香港大学。1949 年在苏格兰格拉斯哥大学修完哲学硕士学位课程，随后执教于伦敦大学。1970 年升为中文系讲座教授，1978 年返港，历任中文大学讲座教授、文学院院长、中国语文研究中心主任。译作有《论语》等 7 种。

以上三位学者都对《论语》作过深入研究，不仅是翻译而已；译文质量也均属上乘。理氏所译为 19 世纪书面语体英文，喜用复句，措词古雅，对于年轻读者未免有些难懂；刘译出版于 1979 年，用口语语体，喜用单句，通俗易懂，但风格上与原文不免有所出入。韦利所译在时间和风格上都介于二者之间，文字比较简练，接近原文风格，甚至在表达方式上也力争逼肖原文。⑦

四

读者如稍微翻阅此书，不难看出，本书的注解是用了一些现代语言学方法，特别是语法学方法的。欲知其详，可以参见我的另一著作，北京大学出版社 2015 年出版的《论语新注新译》。这里只作简要说明。

某一学科的进步，往往是方法的进步在先。顾颉刚先生在《近世治古典之数巨子》⑧一文中认为，近 300 年来"治古典"成就最大者当属王念孙、王国维、杨树达。在方法上，王国维先生有"二重证据法"，成就巨大，此处姑置不论。至于高邮王氏，杨树达先生认为其成功，除了明了音义相通之故外，更由于有较强的"文法观念"。他说："其书虽未能成为系统整然之文法学，而文法学材料之丰富与精当，固未有过之者也。盖王氏父子文法观念之深，确为古人所未有，故其说多犁然有当于人心也。"⑨

至于杨树达先生的"治古典"，即整理古籍，与高邮王氏相比较，有两点进步。一是总结"通创大例"，即总结经验，加以升华，归纳出若干规律，再将其用于实践。他说：

> 盖予循声类以探语源，因语源而得条贯，其径程如此。独念胜清三百年间，小学如日中天，臻于极盛。金坛段君、高邮王君夐绝一世，其于通创大例，固未有闻。毋乃上苍欲昭明此土文化于人类，姑假手于予，令略窥仓颉、沮诵以来先民制作之精意者乎？⑩

一是自觉走语法、训诂相结合的道路。他说：

> 治国学者必明训诂，通文法。近则益觉此二事相须之重要焉。盖明训诂而不通文法，其训诂之学必不精；通文法而不明训诂，则其文法之学亦必不至也。⑪

对于杨树达先生的成就，陈寅恪先生在来信中说：

> 当今文字训诂之学，公为第一人，此为学术界之公论，非弟阿私之言。⑫

因此不能不说，以训诂学和语法学相结合来整理古书，是成效卓著的。杨伯峻先生的学问，更集中于语法研究和古籍整理两个方面，他的《论语译注》《孟子译注》《春秋左传注》是中华书局出版的《中国古典名著译注丛书》中最好的几种，这也不能不归功于他同时是一位语法学家。

现在的汉语语法学，较之杨树达先生和杨伯峻先生的语法学研究，已经有了很大的发展。充分运用这些成果，潜心研究，来考释中国古籍，必将取得较《论语译注》等书更大的成就，这是毋庸置疑的。但后来的语法学家专注于语言本体研究，都不曾全面运用已经大大发展的语法学，以之专门注释一部古籍。这是我做《论语新注新译》的初衷。无须讳言，我的语言学素养，在国内，远不是最好的。如有国内一流的语言学家，同时也长期教授古代汉语或古典文献，能沉下心来做这项工作，想必会比我做得好。但目前未见有人这样做，我也就不揣愚陋而勉力承乏了。

1993 年，我跟随郭锡良先生读博士学位，主攻的是汉语语法学。在武汉大学文学院教书时，曾教授过普通语言学数十轮，也曾长期担任古代汉语及经典导读的课程；尤其是在国学试验班讲授《论》《孟》《老》《庄》之际，有好学深思的学生不断提问，促使我加以思考。于是在 2004 年——当时《殷墟甲骨刻辞词类研究》已经出版，下一阶段准备研究金文的词类——我抱着做做"票友"的态度，开始研究起《论语》中的疑难词句来了。哪知这一开始便陷了进去，到 2014 年 4 月将《论语新注新译》全稿交付北京大学出版社为止，整整做了 10 年！书中对《论语》中 150 多个古今仁智互见的疑难词句进行了考证。差可自信的是，至少在疑难词句的解读方面，《论语新注新译》较之《论语译注》是有较大进步的。

读者现在翻阅的这部书，《论语新注新译》的研究成果大多体现于其中。只是限于本书的体例，不能将整个论证过程一一呈现出来。本书的译和注，就准确性、可信度而言，同样较之《论语译注》是有较大进步的。

以下，只想重点谈谈词句解读的排他性、唯一性问题。简言之，一句话，或一个处在句子中的词，一般只可能有一种正确解读。读者可能会笑："那还用得着你来说吗？这个我也晓得。"且慢！读过下文之后，也许你会觉得这一问题其实很有讨论的必要。

　　咬死了猎人的狗
　　山上架着炮
　　我在屋顶上看见了他

以上是歧义词组或歧义句。问题是，歧义句和歧义词组多吗？说得更明确一点，它们在所有句子和词组中所占比重大吗？我们的回答是：其比重是很小的，否则会使得语言表达含混不清，令人不知所云。于是，我们回到讨论的原点：一句话，或一个处在句子中的词，一般只可能有一种正确解读。

为什么提出这样一个问题？前不久，有一位伍先生，在看了我的《论语新注新译》原稿后，直言不讳地评论道："老兄的这部书有个严重的缺点，就是创新性严重不足。"我感到困惑，回答说："我觉得书中的创新不少啊！比如，用现代语言学的方法注解一部古书，以前是从未有过的，这本身就是一大创新啊！又比如，将证据区分为语言系统内的和语言系统外的两类，强调系统内部证据是主要的、自足的，而系统外部证据是次要的、非自足的。又比如，强调考证疑难词句时，同时代同句式的书证是至关重要的。又比如，总结高邮王氏训诂名篇的正确做法是'书证归纳格式，格式凸显意义'，我们考证时也应当如此。这些都是创新啊！"伍先生回答说："我指的不是这些。我所指的，是你在考证时，往往只是论证以往各家中哪家正确、哪家错误，而没有独出机杼，提出新解。这就是创新性严重不足！"

说实话，我很感谢伍先生提出这一看法，否则我不会认真思考词句解读的排他性、唯一性问题——尽管以前也思考过，但未认真对待。但对伍先生的结论，我不敢苟同。首先，我们考释古代词句，不是为创新而创新，而是为了正确理解书中词句的原意。其次，又回到了排他性、唯一性问题上。假如能够确证以往各家解释中，有一家的解释符合当时语言的实际，那么就意味着其他各家的解释一定不对；同时，也就意味着如果某人试图独辟蹊径作出新解，一定会归于失败。我们看：为何高邮王氏考释古书疑难词句的典范之作，即释《诗经》"终风且暴"的那篇，只有证实环节，并无证伪环节，就直接得出结论"此皆缘词生训，非经文本义"？因为只要确切证明"终"犹"既"也，"终风且暴"就是"既风且暴"的意思，那么无论"西风说"还是"终日风说"就必将是错误的了。当然，我们的考证，基本上都是从证伪和证实两方面去谈的，如我们释《论语·学而》第七章的"贤贤易色"：

"贤贤易色，尊贤轻色。"第一个"贤"是形容词的意动用法，"尊敬"的意思，第二个"贤"指贤人。何晏《集解》引孔安国说：

"言以好色之心好贤则善。"孔说以"好贤"解"贤贤"，得之；但解"易"为"交换"则误。知者，《论语》时代，表达"用……交换……"，大多是"以……易……"的句式，偶尔也会是"易之以……"或"与……易……"。例如："郑伯请释泰山之祀而祀周公，以泰山之祊易许田。"（《左传》隐公八年）"以乱易整，不武。吾其还也。"（《左传》僖公三十年）"君将以亲易怨，实无礼以速寇。"（《左传》昭公五年）"何可废也？以羊易之！……以小易大，彼恶知之？……我非爱其财而易之以羊也。"（《孟子·梁惠王上》）"曰：'否。以粟易之。''以粟易械器者，不为厉陶冶；陶冶亦以其械器易粟者，岂为厉农夫哉？'"（《孟子·滕文公上》）"柳下惠不以三公易其介。"（《孟子·尽心上》）"逢丑父与公易位。"（《左传》成公二年）有时，介词"以"的宾语不出现："宣子为初言，病有之，以易原县于乐大心。"（《左传》昭公七年）"是何伤哉？彼身织屦，妻辟纑，以易之也。"（《孟子·滕文公下》）果如孔安国所说"以好色之心好贤"，则当为"以贤贤易色"，所以，本章的"易"只能是"轻视"的意思。"易"表"轻视"的句子还有："虢必亡矣……必易晋而不抚其民矣，不可以五稔。"（《左传》僖公二年）"戎狄荐居，贵货易土，土可贾焉。"（《左传》襄公四年）"己丑，秦、晋战于栎，晋师败绩，易秦故也。"（《左传》襄公十一年）"吴乘我丧，谓我不能师也，必易我而不戒。"（《左传》襄公十三年）"且夫戎、狄荐处，贵货而易土。"（《国语·晋语七》）"贤贤易色"句式正同"贵货易土"，为两个谓宾结构组成的联合结构。

我们首先论证了"易"不能解为"交换"，因为按当时"易"的用法，应当以"以贤贤易色"的形式出现；其次论证"贤贤易色"句式正与"贵货易土"相同，是"轻视"的意思。这样从正反两方面论证，较有说服力。但其实，从理论上说，只要证明"易"在此句中是"轻视"之义，也就意味着它必然不是"交换"之义。同时，既然此句中的"易"当解为"轻视"，那么，再来一个独辟蹊径的"新解"就不但没有了必要，而且可以肯定它会是错误的。

《论语》译注

我们在《论语新注新译·导言》的第六部分，提出了"科学研究的可重复性（可验证性）"这一问题。而"可重复性"正是建立在正确结论的排他性、唯一性基础之上的。正因为此，我和蒋绍愚先生考证《论语》中的同一问题，才会得出几乎一样的结论。顺便说一句，蒋绍愚先生的《读〈论语〉札记》⑬也是论证以往几种结论谁是谁非，并未独辟蹊径提出新解，这在伍先生看来，大约也是严重缺乏创新性的。

语言学的常识表明，词在句中并不自由，而必须受上下文的制约。也即，特定的上下文，决定了其中某个位置出现的只能是特定的一组词，且限定了词的义位（即词的几个意义中的某一意义）。因此，随机用 Y（或指某词的另一意义，或指另一词）取代 X（或指某词的某意义，或指某词），往往不能满足 X 所需上下文条件，必然扞格难通。因此，在没有论证某句的原解并不符合当时语言的实际时，仅依据语言系统外部的因素，就换取词义，或另换新词（通过通假等手段），这种"创新"当然是不可取的。

说古书中的词句解读具有排他性及唯一性，必须具备一个前提，即词语解释的终极正确结论是可以接近的。如果像王力先生在《训诂学上的一些问题》一文中所指出的那样，十个训诂家分开来研究同一问题却得出十个结论⑭，那么无穷多的训诂家研究同一问题也将得出无穷多的结论，那便很难说什么接近正确结论，也就谈不上什么词句解读的排他性和唯一性了。这时来衡量学者谁更胜一筹的只能是，谁的结论更惊世骇俗，更新颖可喜，更石破天惊。伍先生说我的书稿缺乏创新，其衡量的尺子，难道不是这些吗？

注释

①本文的第一、二、三部分基本上是我为《大中华文库·论语》（湖南人民出版社、外文出版社 1999 年版）写的《前言》。

②③雅斯贝尔斯：《历史的起源与目标》，华夏出版社 1989 年版，第 8、14 页。

④参见杨伯峻的《试论孔子》，中华书局 1980 年版《论语译注》，第 17 页。

⑤这一部分大多是对杨伯峻先生《论语译注·导言》的缩写。

⑥张政烺：《关于古籍今注今译》，载《张政烺文史论集》，中华书局 2004 年版，

第 831 页。

⑦这一部分参考了十余部著作和打印稿。其中重点参考了马祖毅、任荣珍著《汉籍外译史》（湖北教育出版社 1997 年版）和刘重德教授所撰《〈论语〉韦利英译本审读意见》（打印件）。

⑧顾颉刚：《顾颉刚学术文化随笔》，中国青年出版社 1998 年版，第 311—312 页。

⑨杨树达：《积微居小学金石论丛全编》，上海古籍出版社 2007 年版，第 631 页。

⑩杨树达：《积微居小学金石论丛·自序》，商务印书馆 2011 年版。又见杨逢彬：《杨树达先生之后的杨家》，浙江大学出版社 2015 年版，可参考其中《杨树达的"大言"》一文。

⑪杨树达：《高等国文法·序例》，上海古籍出版社 2007 年版。

⑫杨逢彬整理：《积微居友朋书札》，湖南教育出版社 1986 年版。

⑬蒋绍愚：《读〈论语〉札记》，载《中国语言学》第四辑，北京大学出版社 2010 年 7 月出版。

⑭王力：《训诂学上的一些问题》，《王力语言学论文集》，商务印书馆 2000 年版，第 518 页。

学而篇第一

1.1　子曰①："学而时习之②，不亦说乎③？有朋自远方来，不亦乐乎？人不知，而不愠④，不亦君子乎？"

注释：

①子：《论语》"子曰"的"子"都是指孔子（前551—前479）。

②时：按一定的时间，定时。

③说："悦"在上古的时候写成"说"，"说"就是"悦"的古字；喜悦、高兴的意思。

④愠（yùn）：怨恨。

译文：

孔子说："学过了，再定时地实习它，不也高兴吗？朋友从远方来，不是很快乐吗？别人不了解我，我也不怨恨，不也是君子吗？"

1.2　有子曰①："其为人也孝弟②，而好犯上者，鲜矣③；不好犯上，而好作乱者，未之有也④。君子务本，本立而道生。孝弟也者，其为仁之本与⑤！"

注释：

①有子：孔子学生，姓有，名若，比孔子小33岁。

②弟（tì）："悌"的古字，弟弟对兄长的正确态度。

③鲜（xiǎn）：少。

④未之有也：可以理解为"未有之也"；先秦时代，否定句中宾语若是"之"，一般放在动词之前。

⑤与："欤"的古字。

译文：

有子说："他的为人，既孝顺父母，又尊敬兄长，却喜欢冒犯上级，这种人很少；不喜欢冒犯上级，却喜欢造反，这种人是从来没有的。君子专注于基础工作，基础树立了，'道'也就产生了。孝顺父母，尊敬兄长，这就是'仁'的基础吧！"

1.3　子曰："巧言令色①，鲜矣仁！"

注释：

①巧言令色：巧，高明，有技巧，这里指说话动听；令，美，善，这里用以形容满脸堆笑的谄媚样子；色，脸色。

译文：

孔子说："花言巧语，满脸堆笑，这种人，是没有多少仁德的。"

1.4　曾子曰①："吾日三省吾身②：为人谋而不忠乎？与朋友交而不信乎③？传不习乎？"

注释：

①曾子（前505—前435）：孔子学生，名参（shēn），字子舆，南武城（在今山东枣庄市附近）人，比孔子小46岁。

②三省（xǐng）：多次地反省。"三"、"九"等字，一般表示次数多，不是实数。如果这"三"字是实指以下三件事而言，依《论语》的句法就应当是"吾日省吾身者三"，和《宪问篇》的"君子道者三"一样。这里所反省的恰恰是三件事，只是巧合罢了。

③信：诚。

译文：

曾子说："我每天多次反省：为别人办事是不是尽心竭力了呢？和朋友交往是不是诚实守信呢？老师传授我的学业是不是复习了呢？"

1.5　子曰："道千乘之国①，敬事而信②，节用而爱人③，使民以时④。"

注释：

①道千乘（shèng）之国：道，治理；千乘之国，乘，用四匹马拉的兵车。有一千辆兵车的国家，在孔子之时已经不是大国。

②敬事：敬业，工作严肃认真。

③人：孔子时代，"人"常常指他人，"爱人"即爱别人，爱他人。有人说《论语》中的"人"都指奴隶主，"民"指奴隶，是经不起文献的检验的。

④使民以时：古代以农业为主，"使民以时"就是《孟子·梁惠王上》的"不违农时"。

译文：

孔子说："治理具有千辆兵车的国家，办事要严肃认真，诚实无欺，节约费用，爱护他人，役使老百姓要在农闲时间。"

1.6　子曰："弟子①，入则孝，出则悌②，谨而信③，泛爱众，而亲仁④。行有余力，则以学文。"

注释：

①弟子：这里指年纪幼小的人。

②入、出：指"入父宫"，"出己宫"；宫，古代房屋的通称，后来词义缩小，才专指帝王的住所。

③信：守信，讲信用。

④仁：仁人。古代汉语中常用某一具体的人或事物的特征、性质来指代那一具体的人或事物。

译文：

孔子说："后生小子，在父母跟前，就孝顺他们；离开自己房子，便敬爱兄长；谨慎而且信实，博爱大众，亲近有仁德的人。这样实践之后，有剩余力量，便凭着它去学习文献。"

1.7 子夏曰①："贤贤易色②；事父母，能竭其力；事君，能致其身③；与朋友交，言而有信。虽曰未学，吾必谓之学矣。"

注释：

①子夏（前507—?）：孔子的学生，姓卜名商，字子夏，比孔子小44岁。

②贤贤易色：尊贤轻色。第一个"贤"是形容词的意动用法，"尊敬"的意思，第二个"贤"指贤人。易，轻视。

③致：献。

译文：

子夏说："尊敬贤者，轻视美色；侍奉爹娘，能尽全力；侍奉君上，能够献身；和朋友相交，说话一定诚实守信。这种人，即便没有系统学习过，我一定说他已经学过了。"

1.8 子曰："君子不重则不威①，学则不固②。主忠信③。无友不如己者。过则勿惮改。"

注释：

①君子：这个词是引号中整段话的主语。

②固：固陋。

③主：以……为主。

译文：

孔子说："君子，如果不庄重，就没有威严；他如果学习了，就不致固陋无知。要以忠、信两种品德为主。要交比自己强的朋友。有了错误，就不怕改正。"

1.9 曾子曰："慎终，追远，民德归厚矣①。"

注释：

①德：品行；又特指好的品行，即道德。

译文：

曾子说："谨慎地对待父母的去世，追念远代祖先，老百姓的品行便归于忠厚老实了。"

1.10　子禽问于子贡曰①："夫子至于是邦也②，必闻其政，求之与，抑与之与？"

子贡曰："夫子温、良、恭、俭、让以得之。夫子之求之也，其诸异乎人之求之与③？"

注释：

①子禽：陈亢（kàng），字子禽；子贡（前520—？），孔子学生，姓端木，名赐，字子贡，卫人，比孔子小31岁。

②夫子：古代的一种敬称，凡是做过大夫的人，均可这样称呼他。孔子曾做过鲁国司寇，所以他的学生称他为"夫子"，后来沿袭以称呼老师。在一定场合下，也用以特指孔子。

③其诸：大概，或者。

译文：

子禽问子贡道："他老人家一到那个国家，一定听到该国的政事，是主动打听来的呢？还是别人主动告诉的呢？"

子贡说："是他老人家凭温和、善良、严肃、节俭、谦逊的美德取得的。他老人家的取得它，大概和别人的取得它，不相同吧！"

1.11　子曰："父在，观其志①；父没②，观其行③；三年无改于父之道④，可谓孝矣。"

注释：

①其：这里指儿子。

②没："殁"的古字，死。

③行：音xìng。

④道：有时无论好坏、善恶都可叫做"道"，更多时候表示善的好的东西。因为该词有此倾向，所以我们依从杨伯峻先生，将"父之道"译为"他父亲的合理部分"。

译文：

孔子说："当他父亲健在时，（因为他无权独立行动）要观察他的志向；父亲死了，要考察他的行为；如果多年不改变他父亲的合理部分，就可以说是'孝'了。"

1.12　有子曰："礼之用，和为贵①。先王之道，斯为美。小大由之，有所不行；知和而和，不以礼节之，亦不可行也。"

注释：

①和：适合，恰当，恰到好处。

译文：

有子说："礼的作用，以和谐为可贵；过去圣明君王的治理天下，以这一点最为美好。但是，小事大事都循此而行，有些事就不一定能行得通了；为了和谐而和谐，不用礼仪制度来节制，也是行不通的。"

1.13　有子曰："信近于义，言可复也①。恭近于礼，远耻辱也②。因不失其亲③，亦可宗也④。"

注释：

①复：实现诺言。

②远（yuàn）：使……远离，避免。

③因：通"姻"。

④宗：尊敬。

译文：

有子说："信守的诺言符合义，说的话就能实现。举止庄重合于礼，就能避免受侮辱。对姻亲保持亲近，（这种态度）也是值得推崇的。"

1.14　子曰："君子食无求饱①，居无求安，敏于事而慎于言，就有道而正焉②，可谓好学也已。"

注释：

①君子：此处指有德者。

②正：匡正。

译文：

孔子说："君子，吃饭不要求能饱，居住不要求舒适，干事情勤劳敏捷，说话却谨慎，到有道的人那里去匡正自己，这样，就可以说是好学了。"

1.15 子贡曰："贫而无谄，富而无骄，何如？"

子曰："可也；未若贫而乐，富而好礼者也。"

子贡曰："《诗》云：'如切如磋，如琢如磨①'，其斯之谓与②？"

子曰："赐也③，始可与言《诗》已矣，告诸往而知来者④。"

注释：

①这两句诗见《诗经·卫风·淇奥》。

②其斯之谓与：斯之谓，谓斯；斯，这个；与，后来写作"欤"。

③赐：子贡的名，孔子对学生都称名。

④告诸往而知来者：诸，相当于"之"，指子贡；往，过去的事，这里指已知的事；来者，未来的事，这里指未知的事。

译文：

子贡说："贫穷而不阿谀奉承，有钱而不骄傲自大，怎么样？"

孔子说："可以了；不过，还不如虽贫穷却快乐，虽有钱却好礼呢。"

子贡说："《诗经》上说：'要像对待骨、角、象牙、玉石一样，先切料，然后粗粗锉出模型，再精雕细刻，最后磨光。'就是这样的意思吧？"

孔子说："赐呀，现在可以和你说说《诗经》了。告诉你一点，你就能举一反三，有所发挥了。"

1.16 子曰："不患人之不己知①，患不知人也。"

注释：

①己知：不知己，不了解自己；知，了解。

译文：

孔子说："别人不了解我，我不担心；我担心的是自己不了解别人。"

为政篇第二

2.1 子曰："为政以德，譬如北辰①，居其所而众星共之②。"

注释：

①北辰：北极星。

②共：同"拱"，环绕，环抱。

译文：

孔子说："用道德来行使政令，便会像北极星一样，在自己的位置上，别的星辰都环绕着它。"

2.2 子曰："《诗》三百①，一言以蔽之，曰：'思无邪。'"

注释：

①《诗》三百：《诗经》实有305篇。

译文：

孔子说："《诗经》三百篇，用一句话来概括它，就是'思想纯正'。"

2.3 子曰："道之以政①，齐之以刑②，民免而无耻③；道之以德，齐之以礼，有耻且格④。"

注释：

①道之以政：道，同"导"，引导；政，最早的解释是"谓法教也"，即法律和教化，所以翻译为"政法"。

②齐之以刑：齐，使……整齐，这里意译为"整顿"；刑，刑罚。

③免：免罪，免刑。

④格：来，引申为归服，向往。

译文：

孔子说："用政法来诱导他们，用刑罚来整顿他们，老百姓只会暂时免于罪过，却没有羞耻之心。如果用道德来诱导，用礼教来整顿，老百姓不但有羞耻之心，而且人心归服。"

2.4　子曰："吾十有五而志于学①，三十而立②，四十而不惑③，五十而知天命，六十而耳顺④，七十而从心所欲，不逾矩。"

注释：

①有：同"又"。古人在整数和小一位的数字之间多用"有"字。

②立：何晏《集解》："有所成立也。"意思是，能够在（社会上）站住脚了。

③不惑：不迷惑。《子罕》《宪问》篇都有"知（智）者不惑"。

④耳顺：郑玄说："耳闻其言，而知其微旨也。"即知其微言大义。

译文：

孔子说："我15岁，有志于学问；30岁，即小有所成，能够自立；40岁，（掌握了各种知识，）不会迷惑；50岁，知晓了天命；60岁，别人一说话，便能听出大旨；到了70岁，尽管随心所欲，也不会有任何念头越出规矩。"

2.5　孟懿子问孝①。子曰："无违②。"

樊迟御③，子告之曰："孟孙问孝于我，我对曰，无违。"

樊迟曰："何谓也？"

子曰："生，事之以礼；死，葬之以礼，祭之以礼④。"

注释：

①孟懿子：鲁国大夫，把持朝政的三家大夫之一，姓仲孙，名何忌，"懿"是他死后追赠的谥号。

②违：古人凡违礼者谓之"违"。

③樊迟：孔子学生，名须，字子迟，比孔子小46岁。

④事之以礼，葬之以礼，祭之以礼：这话是针对鲁国当时把持朝政的三家大夫用诸侯之礼，甚至用天子之礼的"僭越"行为而说的。可参3.1。

译文：

孟懿子问孔子什么是孝道。孔子说："不要违背礼节。"

后来，樊迟为孔子驾车，孔子便告诉他说："孟孙向我问孝道，我答复他说，不要违背礼节。"

樊迟说："这是什么意思？"

孔子说："父母健在，按规定的礼节服侍他们；去世了，按规定的礼节埋葬他们，祭祀他们。"

2.6　孟武伯问孝①。子曰："父母唯其疾之忧。"

注释：

①武伯：即仲孙彘，孟懿子的儿子，"武"是谥号。

译文：

孟武伯向孔子请教孝道。孔子说："父母有病，孝子总是担忧。"

2.7　子游问孝①。子曰："今之孝者，是谓能养。至于犬马②，皆能有养；不敬，何以别乎？"

注释：

①子游：孔子学生，姓言名偃，字子游。

②至于：扩大到……，延及……

译文：

子游请教孝道。孔子说："如今的所谓孝，说的是要能够奉养父母。连父母的狗和马都要养着，若不发自肺腑地孝顺父母，又如何区别奉养父母和饲养狗马呢？"

2.8　子夏问孝。子曰："色难①。有事，弟子服其劳；有酒食，先生馔②，曾是以为孝乎③？"

注释：

①色难：指儿子侍奉父母时的表情。详见著者《论语译注与考证》（北京大学出版社）这一章的《考证》。

②有事，弟子服其劳，有酒食，先生馔（zhuàn）：弟子，指年幼者；先生，年长者；馔，吃喝。

③曾（céng）是以为孝乎：曾，竟，难道。孔子认为要如何做，才算尽到孝道呢？可参考 1.2、1.6、1.11、2.5、2.6、2.7、2.20、2.21、4.18、4.19、4.21、10.9、11.5、13.18、13.20、17.21、19.18 各章。

译文：

子夏请教孝道。孔子说："儿子在父母跟前经常有快乐的表情，是很难的。有事情，年轻人出力；有酒有菜，年长的人受用。难道这就可以算是孝吗？"

2.9 子曰："吾与回言终日①，不违，如愚。退而省其私，亦足以发，回也不愚。"

注释：

①回：颜回（前511—前481），孔子最得意的学生，鲁国人，字子渊，比孔子小40岁。

译文：

孔子说："我整天和颜回谈学问，他从不提反对意见和疑问，像个傻瓜。等他回家自己研究，却也能有所发挥。颜回呀不傻。"

2.10 子曰："视其所以①，观其所由②，察其所安③。人焉廋哉？人焉廋哉④？"

注释：

①所以：表示行事的方法和途径。

②所由：表示行事的缘由。

③所安：所赖以生存，所赖以安身立命者。

④人焉廋（sōu）哉：焉，何处，哪里；廋，隐藏，藏匿。

译文：

孔子说："考查一个人做事的方法、途径，观察他为什么那样做的缘由，了解他赖以安身立命的是什么。那么，这个人如何能隐藏得住呢？这个人如何能隐藏得住呢？"

2.11 子曰："温故而知新，可以为师矣①。"

注释：

①杨树达先生有《温故知新说》（载于《积微居小学述林全编》），值得一读。文中谈"温故"与"知新"的辩证关系，谓："温故而不能知新者，其病也庸；不温故而欲知新者，其病也妄。"

译文：

孔子说："既温习旧知识，又不断了解新知识，这样就可以做教师了。"

2.12 子曰："君子不器。"

译文：

孔子说："君子不像器皿一般（只有一定的用途）。"

2.13 子贡问君子。子曰："先行其言而后从之。"

译文：

子贡问怎样才能成为君子。孔子说："先实行了你要说的，再说出来（这就算是一个君子了）。"

2.14 子曰："君子周而不比①，小人比而不周。"

注释：

①周而不比：周，是以道义为基础来团结人；比（bì），由于暂时的利害关系而相互勾结。

译文：

孔子说："君子团结而不勾结，小人勾结而不团结。"

2.15 子曰："学而不思则罔①，思而不学则殆②。"

注释：

①罔：诬罔，受骗。

②殆（dài）：疑惑。

译文：

孔子说："只是读书而不思考，就会受骗上当；只是冥思苦想，却不读书，就会越想越糊涂。"

2.16 子曰："攻乎异端①，斯害也已②。"

注释：

①攻乎异端：攻，治，研究。当"攻"的宾语是人或人的居住、防御地如"城"时，"攻"是攻击、进攻的意思，其余则不是。异端，不正确的议论，不正确的学说。

②也已：复合语气词。

译文：

孔子说："研习那些不正确的学说，这就有害了。"

2.17 子曰："由①！诲女知之乎！知之为知之，不知为不知，是知也②。"

注释：

①由：孔子学生仲由（前542—前480），字子路，卞（在今山东泗水县东）人，比孔子小9岁。

②是知也：是，代词，指前面两句，类似于"生存还是毁灭，这是个问题"中的"这"；知，"智"的古字。

译文：

孔子说："由！教给你探讨学问的正确态度吧！了解就是了解，不了解就是不了解,这就叫做明智。"

2.18 子张学干禄①。子曰:"多闻阙疑②,慎言其余,则寡尤;多见阙殆③,慎行其余,则寡悔。言寡尤,行寡悔④,禄在其中矣。"

注释:

①子张学干禄:子张(前503—?),孔子的学生颛孙师,字子张,陈国人,小于孔子48岁;干禄,干,求;禄,官吏的薪水。

②阙:缺,也就是先放到一边的意思;所以译为"加以保留"。

③殆:危险,危害;这里译作"不自信"。

④行:音 xìng。

译文:

子张向孔子学求官职得俸禄的方法。孔子说:"多听,有疑问的地方,加以保留;其余足以自信的部分,谨慎地说出,就能减少错误。多看,不自信的地方,加以保留;其余足以自信的部分,谨慎地实行,就能减少懊悔。言语少错误,行动少后悔,官职俸禄就在这里面了。"

2.19 哀公问曰①:"何为则民服?"

孔子对曰②:"举直错诸枉③,则民服;举枉错诸直,则民不服。"

注释:

①哀公:鲁君,姓姬名蒋,定公之子,在位27年(前494—前466)。"哀"是谥号。

②对曰:《论语》中,臣下对答君上的询问一定用"对曰"。

③举直错诸枉:举荐正直的人,并将他们放在邪曲的人之上。错,放置,后来写成"措";诸,"之于"的合音词;枉,不正。

译文:

鲁哀公问道:"要怎样做百姓才会服从呢?"

孔子回答说:"提拔正直的人,把他们放在邪曲的人之上,百姓就服从了;如果提拔邪曲的人,把他们放在正直的人之上,百姓就不会服从。"

2.20　季康子问①："使民敬、忠以劝②，如之何？"

子曰："临之以庄，则敬；孝慈，则忠；举善而教不能，则劝。"

注释：

①季康子：即季孙肥，鲁哀公时正卿，当时鲁国权势最大的人，"康"是谥号。

②忠以劝：以，连词；类似于"而"、"且"。

译文：

季康子问道："要使人民严肃认真，尽心尽力和互相劝勉，要如何做呢？"

孔子说："你严肃认真地对待人民的事情，他们也会严肃认真地服从你的政令了；你孝顺父母，慈爱幼小，他们也就会对你尽心尽力了；你提拔好人，教育能力弱的人，他们也就会互相勉励了。"

2.21　或谓孔子曰："子奚不为政？"

子曰："《书》云①：'孝乎惟孝，友于兄弟，施于有政②。'是亦为政，奚其为为政？"

注释：

①以下三句是《尚书》的逸文。

②施于有政：施，推及，延及；有，词的前缀，加于名词之前；政，指卿相大臣。

译文：

有人对孔子说："先生为什么不从政？"

孔子说："《尚书》上说：'孝字当先，只有孝顺父母，友爱兄弟，并把这种风气影响到大官那儿去。'这也算从政了啊，你说什么才算从政呢？"

2.22　子曰："人而无信①，不知其可也。大车无輗，小车无軏②，其何以行之哉？"

注释：

①而：是用来连接两个谓语性结构的连词，用在这里，实际上是使

"人"谓语化,即"作为一个人"的意思。

②輗(ní)、軏(yuè):都是车上的关键,没有它们,便无法套住牲口,车就无法行走。

译文:

孔子说:"作为一个人,却不讲信用,不知道那怎么可以。这好比大车没有固定横木的輗,小车没有固定横木的軏,如何能行走呢?"

2.23　子张问:"十世可知也?"

子曰:"殷因于夏礼①,所损益②,可知也;周因于殷礼,所损益,可知也。其或继周者③,虽百世,可知也。"

注释:

①因:因袭,沿袭。

②损益:减损或增益。

③或:或许。

译文:

子张问:"今后十代(的礼仪制度)是可以预知的吗?"

孔子说:"殷朝沿袭夏朝的礼仪制度,所废除的和所增加的,可以知道;周朝沿袭殷朝的礼仪制度,所废除的和所增加的,也可以知道,那么,如果有继承周朝而当政的人,即使一百代,也是可以预知的。"

2.24　子曰:"非其鬼而祭之①,谄也②。见义不为,无勇也。"

注释:

①鬼:古代人死都叫"鬼",一般指已死的祖先,但也偶有泛指的;祭,是向鬼神祈求福祉,和奠不同(人刚死,陈设饮食以安其灵魂,叫做奠)。

②谄(chǎn):谄媚,讨好。

译文:

孔子说:"不该我所祭祀的鬼神,而去祭祀他,这是献媚。眼见应该挺身而出的事情,却袖手旁观,这是怯懦。"

八佾篇第三

3.1　孔子谓季氏①："八佾舞于庭②，是可忍也，孰不可忍也？"

①孔子谓季氏：《论语》中，"~~谓~~"的格式，都是"~~评论~~"的意思；而"~~谓~~曰"的格式，都是"~~对~~说"的意思，没有例外。参见6.6注①及9.21注①。季氏，鲁国的权臣季平子，即季孙意如。

②八佾（yì）：古代舞蹈奏乐，8人一行，叫一佾。八佾64人，只有天子才能用。诸侯用六佾。季氏作为大夫，只能用四佾。本章及3.2、3.6、3.10三章都表示了孔子对僭越礼制行为的谴责和不满。在春秋末年那"礼崩乐坏"的时代，孔子企图"挽狂澜于既倒"，因而栖栖惶惶，四处奔走，"知其不可而为之"。因此，对《论语》的主旨，历来有两种解释，一为"仁"，一为"礼"，可见孔子对"礼"的重视。《论语》中的"礼"，指礼法、礼仪、礼制等，这里显然是指礼制。

孔子评价季氏："他用64人在庭院中奏乐舞蹈，如果这都能够被容忍，还有什么事不能容忍！"

3.2　三家者以《雍》彻①。子曰："'相维辟公②，天子穆穆'，奚取于三家之堂？"

①三家者以《雍》彻：三家，鲁国当政的三卿；《雍》，也写作

"雝",《诗经·周颂》中的一篇；彻，通"撤"，撤除祭品。

②相（xiàng）维辟公：相，助祭者；辟公，天子的公卿大臣，也即诸侯。

译文：

仲孙、叔孙、季孙三家，当他们祭祀祖先的时候（也用天子的礼），唱着《雍》这篇诗来撤除祭品。孔子说："（《雍》诗中）'助祭的是诸侯，天子严肃静穆地在那里主祭'这两句诗，用在三家主祭的大堂上，取它的哪一点意义呢？"

3.3　子曰："人而不仁①，如礼何？人而不仁，如乐何？"

注释：

①人而不仁：这一"而"同 2.22 的"而"，不能理解为"如果"。

译文：

孔子说："作为一个人，却不仁，拿礼仪制度怎么办呢？作为一个人，却不仁，拿音乐怎么办呢？"

3.4　林放问礼之本①。子曰："大哉问！礼，与其奢也，宁俭；丧，与其易也②，宁戚。"

注释：

①林放：鲁国人。

②易：和悦，和颜悦色。

译文：

林放问礼的本质。孔子说："重大啊，这问题！就一般礼仪说，与其铺张浪费，宁可朴素节俭；就丧礼说，与其强忍悲痛而和颜悦色，宁可大放悲声。"

3.5　子曰："夷狄之有君，不如诸夏之亡也①。"

注释：

①亡：同"无"。"亡"后面承前句省略了"君"字。

孔子说："边地蛮族虽然有君主，还不如中国没有君主呢。"

3.6　季氏旅于泰山①。子谓冉有曰②："女弗能救与③？"

对曰："不能。"

子曰："呜呼！曾谓泰山不如林放乎？"

①旅：祭山。按规定，只有天子和诸侯才有祭祀名山大川的资格，季氏作为大夫去祭泰山是不合礼制的。

②冉有：孔子的学生冉求（前522—？），字子有，小于孔子29岁。当时他在季氏手下任职。

③救：挽救，指挽救天子和诸侯才有祭祀名山大川资格这一礼制。

季氏打算去祭祀泰山。孔子对冉有说："你不能阻止他吗？"

冉有答道："不能。"

孔子说："啊呀！竟可以说泰山还不如林放（懂礼，居然接受这不合规定的祭祀了）吗？"

3.7　子曰："君子无所争。必也射乎！揖让而升，下而饮。其争也君子①。"

①详见《仪礼》之《乡射礼》和《大射礼》。登堂而射，中靶少的罚酒。

孔子说："君子没有什么可争的事情。定要有所争，一定是比箭吧！那时相互作揖后登堂（竞赛）；然后下堂喝酒。这种竞争是很有君子风度的。"

3.8　子夏问曰："'巧笑倩兮①，美目盼兮②，素以为绚兮③。'何谓也?"

子曰:"绘事后素④。"

曰:"礼后乎⑤?"

子曰:"起予者商也⑥! 始可与言《诗》已矣。"

注释:

①倩(qiàn):容貌姣好。

②盼:黑白分明。

③绚(xuàn):有文采;以上第一、第二句,见《诗经·卫风·硕人》,第三句可能是逸句。

④绘事后素:绘画时,后用白色。绘事,绘画;后,此处为谓语,后做,后用;素,白色。

⑤礼后:礼仪在后,也就是以礼仪作后盾,以礼仪在幕后掌管约束的意思。

⑥起:通达疑滞。

译文:

子夏问道:"'启齿一笑酒窝微张,明眸如清泉闪着亮光,白皙在红颜间勾出瑰丽的纹章。'这几句诗说的什么?"

孔子说:"在绘画中(先画各种彩色),后用白色勾勒出文采。"

子夏说:"那么,天生丽质,还要用礼仪来约束吗?"

孔子说:"让我开窍的,就是你卜商哪!现在可以同你讨论《诗经》了。"

3.9 子曰:"夏礼,吾能言之,杞不足征也①;殷礼,吾能言之,宋不足征也②。文献不足故也③。足,则吾能征之矣。"

注释:

①不足征(zhēng):杞,国名,夏禹的后代,故城在今河南杞县。征,验证,证明。

②宋:国名,商汤的后代,故城在今河南商丘市南。

③文献:文,典籍;献,贤者。

译文:

孔子说:"夏朝的礼,我能说出来,它的后代杞国不足以作证;殷朝的礼，我能说出来，它的后代宋国不足以作证。这是两国的历史文献和贤者不够的缘故。如果够，我们就可以引以为证了。"

3.10　子曰："禘自既灌而往者①，吾不欲观之矣。"

注释：

①禘自既灌而往：禘礼是古代一种极为隆重的大祭之礼，只有天子才能举行。周成王因为周公旦对周朝有莫大的功勋，特许他举行禘祭。以后周公旦的封国——鲁国的历代君主都沿此惯例，僭越而用禘礼，因此孔子不愿看。灌，本作"祼"，祭祀中的一个项目——用活人（称为"尸"，一般用童男童女）以代受祭者。第一次献酒给尸，使他（她）闻到"郁鬯"（一种配以香料煮成的酒）的香气，叫做"祼"。

译文：

孔子说："禘祭，从第一次献酒以后，我就不想看了。"

3.11　或问禘之说。子曰："不知也①！知其说者之于天下也，其如示诸斯乎②！"指其掌。

注释：

①不知也：禘是天子之礼，鲁国举行，在孔子看来，是完全不应该的。但孔子不想明白指出，只得说"不欲观"，"不知也"，甚至说"如果有懂得的人，他对于治理天下会好像把东西放在手掌上一般容易"。

②示诸斯：示之于此，在这里展示它。诸，"之于"的合音。

译文：

有人向孔子请教关于禘祭的知识。孔子说："不了解啊！知道的人对于治理天下，就好像把东西展示在这里一样容易吧！"他一边说，一边指着自己的手掌。

3.12　祭如在①，祭神如神在。子曰："吾不与祭，如不祭。"

注释：

①祭：本义为祭祀祖先。

孔子祭祖的时候，便好像祖先真在那里；祭神的时候，便好像神真在那里。孔子说："我如果不能亲自参加祭祀，还不如不祭（决不请别人代理）。"

3.13　王孙贾问曰①："与其媚于奥，宁媚于灶②，何谓也？"子曰："不然；获罪于天，无所祷也③。"

注释：

①王孙贾：卫灵公的大臣。

②与其媚于奥，宁媚于灶：这两句疑是当时俗语，意思类似今天的"县官不如现管"。奥，房屋西南角，一室之内奥为最尊。

③王孙贾和孔子的问答都是用比喻，用意何在，只能揣想。有人认为这是王孙贾请教孔子的话。奥为一室之主，比喻卫灵公；灶指灵公的宠姬南子、宠臣弥子瑕，二人地位虽不高，却有权有势。祷，祈祷，这里比喻巴结、结纳。

译文：

王孙贾问道："与其献媚于奥神，宁可献媚于灶神，这是什么意思？"孔子说："不对，得罪了上天，祈祷也没有用。"

3.14　子曰："周监于二代①，郁郁乎文哉！吾从周。"

注释：

①周监于二代：监，"鉴"的古字，借鉴；二代，夏、商二朝。

译文：

孔子说："周朝的典章制度借鉴了夏、商两代的（又有所发展，完善），多么丰富多彩呀！我主张周朝的。"

3.15　子入太庙①，每事问。或曰："孰谓鄹人之子知礼乎②？入太庙，每事问。"

子闻之，曰："是礼也。"

注释：

①太庙：古代开国之君叫太祖，祭祀太祖的庙叫太庙。周公旦是鲁国

最初受封之君，因此这太庙便是周公的庙。

②鄹（zōu）人：鄹，又写作郰，地名。有人说就是今山东曲阜市东南的西邹集。"鄹人"指孔子父亲叔梁纥（hé），他曾经做过鄹大夫，而春秋时常将某地的大夫称作某人。

译文：

孔子到了周公庙，每件事情都发问。有人说："谁说鄹大夫的儿子懂得礼呢？他到了太庙，每件事都要问别人。"

孔子听到了这话，便说："这正是礼呀。"

3.16 子曰："射不主皮①，为力不同科②，古之道也。"

注释：

①射不主皮：古代箭靶子叫"侯"，用布或用皮做成。此处的射是演习礼乐的射，以中不中为主，而不是以穿透皮侯为主的军中武射。

②为（wèi）力不同科：为，因为；同科，同等。

译文：

孔子说："比箭，不一定要射穿箭靶子，因为各人的力气大小不相同，这是古时的规矩。"

3.17 子贡欲去告朔之饩羊①。子曰："赐也！尔爱其羊②，我爱其礼。"

注释：

①告（gù）朔之饩（xì）羊：朔，每月的第一天；"告朔饩羊"，古代的一种制度：每年秋冬之交，周天子把第二年的历书颁给诸侯；诸侯将历书藏于祖庙，每月初一，便杀只活羊祭于庙，这叫做"告朔"。到孔子时候，鲁君已不亲临祖庙，只是杀只活羊敷衍罢了。所以子贡认为不必留此形式，孔子却觉得有只羊比什么也没有好。

②爱：可惜，舍不得。

译文：

子贡要把鲁国每月初一告祭祖庙的那只活羊撤去不用。孔子说："赐呀！你舍不得那只羊，我舍不得那种礼。"

3.18　子曰："事君尽礼，人以为谄也。"

译文：

孔子说："服事君主，一切依照做臣子的礼节去做，别人却以为他献媚讨好呢。"

3.19　定公问①："君使臣，臣事君，如之何？"

孔子对曰："君使臣以礼，臣事君以忠。"

注释：

①定公：鲁国君主，名宋，昭公之弟，在位 15 年（前 509—前 495）。"定"是谥号。

译文：

鲁定公问："君主役使臣子，臣子服事君主，各自应该如何做？"

孔子答道："君主役使臣子应该依礼，臣子服事君主应该尽忠。"

3.20　子曰："《关雎》①，乐而不淫②，哀而不伤。"

注释：

①《关雎》：《诗经》的第一篇。但这篇诗并没有悲哀的情调。因此清代学者刘台拱认为，《诗》有《关雎》，《乐》亦有《关雎》。古代乐章都是合三篇为一，《乐》的《关雎》包括《诗》的《关雎》和下面的《葛覃》《卷耳》两篇。乐而不淫的指《关雎》《葛覃》，哀而不伤的指《卷耳》。可备一说。

②淫：过分以至于失当。

译文：

孔子说："《关雎》这诗，快乐而不放荡，悲哀而不伤痛。"

3.21　哀公问社于宰我①。宰我对曰："夏后氏以松，殷人以柏，周人以栗，曰，使民战栗。"

子闻之，曰："成事不说，遂事不谏②，既往不咎③。"

注释：

①社：土神；哀公所问的社，是指祭祀土神时所立的木制牌位——社主，认为它是神灵所凭依。

②谏：纠正。

③咎：追究，归咎，谴责。

译文：

鲁哀公请教宰我，做社主要用什么木材。宰我答道："夏代用松木，殷代用柏木，周代用栗木，意思是使人民有所畏惧而战栗。"

孔子听说后，（责备宰我）说："已经做了的事不必再解释了，已经完成的事不必再挽救了，已经过去的事不必再追究了。"

3.22　子曰："管仲之器小哉①！"

或曰："管仲俭乎？"

曰："管氏有三归②，官事不摄③，焉得俭？"

"然则管仲知礼乎？"

曰："邦君树塞门④，管氏亦树塞门。邦君为两君之好⑤，有反坫⑥，管氏亦有反坫。管氏而知礼，孰不知礼？"

注释：

①管仲：春秋时齐人，名夷吾，做了齐桓公的宰相，使他称霸诸侯。

②三归：三处采邑。关于"三归"有好多种解释，但只有"三处采邑"的解释最具说服力。详见著者《论语"三归"考》。

③摄：兼职。

④树：动词，立，树立；塞门：类似现在的照壁。

⑤好：音 hào。

⑥反坫（diàn）：用土筑成的用以放置器物的设备。

译文：

孔子说："管仲的器量小得很哪！"

有人便问："管仲节俭吗？"

孔子说："管氏有三处采邑，手下人员又从不兼差，怎么能算是节俭？"

那人又问："那么，管仲懂得礼节吗？"

孔子又说："国君官殿门前，立了个照壁，他管仲也立了个照壁；国君为了睦邻友好，两楹之间有反坫，他管仲也有反坫。像管仲那样的人都算懂得礼仪，那还有谁不懂得礼仪？"

3.23　子语鲁大师乐①，曰："乐其可知也：始作，翕如也②；从之③，纯如④也，皦如也⑤，绎如也⑥，以成。"

注释：

①子语（yù）鲁大（tài）师乐：语，告诉；大师，乐官之长。

②翕（xì）如：盛大、热烈的样子。

③从（zòng）：放纵，继续。

④纯：和谐。

⑤皦（jiǎo）如：声音清晰，节奏分明。

⑥绎如：络绎不绝，不绝如缕。

译文：

孔子把演奏音乐的道理告诉给鲁国的太师，他说："音乐，是可以透彻了解的：开始演奏时，翕翕地热烈，继续下去，纯纯地和谐，皦皦地清晰，绎绎地不绝，这样，然后完成。"

3.24　仪封人请见①，曰："君子之至于斯也，吾未尝不得见也。"从者见之②。出曰："二三子何患于丧乎③？天下之无道也久矣，天将以夫子为木铎④。"

注释：

①仪封人：仪，地名；封人，官名，大概是典守边疆的官。

②从者见之：从者，孔子的随行人员，即他的学生；见之，使孔子接见他。

③丧（sàng）：国家丧亡。当"丧"不带宾语时，当时文献中通常指国家丧亡。如："子言卫灵公之无道也，康子曰：'夫如是，奚而不丧？'孔子曰：'仲叔圉治宾客，祝鮀治宗庙，王孙贾治军旅。夫如是，奚其丧？'"

（14.19）城郭不完，兵甲不多，非国之灾也；田野不辟，货财不聚，非国之害也。上无礼，下无学，贼民兴，丧无日矣。"（《孟子·离娄上》）

④木铎：铜质木舌的铃铛。公家有事要宣布，便摇这铃来召集大家。

译文：

仪地的边防官请求孔子接见他，说道："凡道德君子到达此地，我从没有不和他见面的。"

随行学生请求孔子接见了他。他辞出后，对学生们说："你们这些人还用得着担心国家丧亡吗？天下无道的日子太久了，（圣人也该出来了）上天会把他老人家当作人民的导师呀。"

3.25　子谓《韶》①，"尽美矣，又尽善也②"。谓《武》③，"尽美矣，未尽善也"。

注释：

①《韶》：舜时的乐曲名。

②尽美矣，又尽善也："美"指声音，"善"指内容。舜的君位由尧"禅让"而来，故孔子认为"尽善"。周武王的王位由讨伐商纣而来，尽管是正义战，依孔子意，却认为"未尽善"。

③《武》：周武王时的乐曲名。

译文：

孔子论到《韶》，说："美极了，而且好极了。"论到《武》，说："美极了，却还不够好。"

3.26　子曰："居上不宽，为礼不敬，临丧不哀，吾何以观之哉？"

译文：

孔子说："居于上位不宽宏大量，行礼的时候不严肃认真，参加丧礼的时候不悲哀，这叫我怎么能看得下去呢？"

里仁篇第四

4.1　子曰："里仁为美①。择不处仁②，焉得知③?"

注释:

①里：这里活用为动词，居住。

②处（chǔ）：居住。

③焉得知："焉得"常常处于条件复句（例如"如果……，就……"）、因果复句（例如"因为……，所以……"）的第二个从句中，本章"择不处仁，焉得知"是个条件复句。知，读为"智"。本章可和5.19"未知，焉得仁"参看。

译文:

孔子说："住的地方，要有仁德才好。若选择居所，那儿却没有仁德，怎么能算聪明呢?"

4.2　子曰："不仁者不可以久处约①，不可以长处乐。仁者安仁，知者利仁。"

注释:

①约：窘困。

译文:

孔子说："不仁的人不可以长久地处于困境中，也不可以长久地处于安乐中。仁人安于仁（因为他只有实行仁德才心安），聪明人利用仁（因为他认识到实行仁德对自己有长远而巨大的利益）。"

4.3 子曰："唯仁者能好人，能恶人①。"

注释：

①恶（wù）：厌恶。

译文：

孔子说："只有仁人才能够恰当地喜爱某人，厌恶某人。"

4.4 子曰："苟志于仁矣，无恶也。"

译文：

孔子说："假如立志实行仁德，总没有坏处。"

4.5 子曰："富与贵，是人之所欲也；不以其道得之①，不处也。贫与贱，是人之所恶也；不以其道得之②，不去也。君子去仁，恶乎成名③？君子无终食之间违仁④，造次必于是，颠沛必于是。"

注释：

①不以其道：不用正确的方法，不走正道。《孟子·万章下》："欲见贤人而不以其道，犹欲其入而闭之门也。"《管子·戒篇》："桓公曰：'鲍叔之为人何如？'管子对曰：'鲍叔，君子也，千乘之国，不以其道予之，不受也。'"

②贫与贱……不以其道得之：有的《论语》注本认为，贫与贱，不是人人想"得之"的，应该改为"去之"。我们认为，语言并非处处必须合乎逻辑，例如我们常说的"打扫卫生""恢复疲劳"就不合逻辑，却合乎语言表达的习惯；因此，若无语言内部或版本等的确证，还是不要轻易改动。"不以其道得之，不去也"，大意是说因一时糊涂犯错而致贫贱，便将其看作对自己错误的惩罚，不会轻易摆脱这种贫贱。

③恶（wū）乎：恶，何处；"恶乎"即"于何处"。

④违：离开。

译文：

孔子说："发财升官，这是人人所渴望的；不用正确的方法去得到它，

50

君子不接受。穷愁潦倒，这是人人所厌恶的；没用正确的方法而不幸得到它，君子不离开。君子背离了仁德，怎样去成就他的声名呢？君子不会在哪怕吃一顿饭的时间背离仁德。仓卒匆忙间，他与仁德同在；颠沛流离时，他与仁德同在。"

4.6 子曰："我未见好仁者，恶不仁者。好仁者，无以尚之①；恶不仁者，其为仁矣②，不使不仁者加乎其身。有能一日用其力于仁矣乎？我未见力不足者。盖有之矣③，我未之见也。"

注释：

①尚：超过。

②矣：在这里用来停顿。

③盖：大概。

译文：

孔子说："我没有见过爱好仁德和厌恶不仁德的人。爱好仁德的人，那是再好不过的了；厌恶不仁德的人，他行仁德，只是不使不仁德的东西加在自己身上。有谁能在某一天把自己的力量用在仁德上呢？我没有见过力量不够的。大概这种人还是有的，我没有见到罢了。"

4.7 子曰："人之过也，各于其党。观过，斯知仁矣①。"

注释：

①知仁：有的《论语》注本依据清代学者的说法，认为这一章的"仁"同"人"。"知仁"在秦汉典籍中并不鲜见，没有必要改读"知人"。详见著者《论语译注与考证》这一章的《考证》。

译文：

孔子说："什么样的人犯什么样的错误。仔细考察某人的过错，就可以了解他是否具有仁德了。

4.8 子曰："朝闻道，夕死可矣。"

译文：

孔子说："早晨得知了真理，要我晚上死都可以。"

4.9 子曰："士志于道，而耻恶衣恶食者，未足与议也。"

译文：

孔子说："读书人有志于真理，却又以吃粗粮穿破衣为耻辱，便不值得同他商议了。"

4.10 子曰："君子之于天下也，无适也，无莫也①，义之与比②。"

注释：

①无适也，无莫也：适、莫很难理解，只好依据较早的郑玄注来翻译。
②义之与比（bì）：可理解为"与义比"；比，挨着，靠拢。

译文：

孔子说："君子活在天底下，没有永恒的朋友，也不盲目钦羡，一切都取决于是否符合道义。"

4.11 子曰："君子怀德，小人怀土；君子怀刑①，小人怀惠。"

注释：

①刑：古代法律制度的"刑"作"刑"，刑罚的"刑"作"荆"。

译文：

孔子说："君子怀念道德，小人怀念乡土；君子关心法度，小人关心恩惠。"

4.12 子曰："放于利而行①，多怨。"

注释：

①放（fǎng）：依据。

译文：

孔子说："依据自己的利益而行事，会招致许多怨恨。"

4.13 子曰："能以礼让为国乎^①? 何有^②? 不能以礼让为国,如礼何?"

注释:

①为国:"为"是古代汉语中一个含义很宽泛的动词,类似于现代汉语的动词"搞""做""打";这里可以译为"治理"。

②何有:有何困难;这是春秋战国时常用语。

译文:

孔子说:"能够用礼让来治理国家吗? 这有什么困难呢? 如果不能用礼让来治理国家,又拿这礼仪怎么办呢?"

4.14 子曰："不患无位,患所以立^①;不患莫己知,求为可知也。"

注释:

①患所以立:担心能否站得住。《左传》成公十七年:"人所以立,信、知、勇也。"沈玉成译作:"人能站得住,是由于有信用、明智、勇敢。"有的《论语》注本说这一句的"立"通"位",不确。

译文:

孔子说:"不发愁没有职位,只发愁没有安身立命的本领;不怕没有人了解自己,只追求可以让人了解自己的真本事。"

4.15 子曰："参乎! 吾道一以贯之^①。"

曾子曰:"唯。"

子出,门人问曰:"何谓也?"

曾子曰:"夫子之道,忠恕而已矣^②。"

注释:

①贯:贯穿。

②忠、恕:孔子都下了定义。忠,己欲立而立人,己欲达而达人;恕,己所不欲,勿施于人。

译文：

孔子说："参哪！我的学说贯穿着一个基本概念。"

曾子说："是的。"

孔子走出去以后，别的学生便问道："这是什么意思？"

曾子说："他老人家的学说，只是忠和恕罢了。"

4.16 子曰："君子喻于义①，小人喻于利。"

注释：

①喻：明白，懂得。

译文：

孔子说："君子懂得的是义，小人懂得的是利。"

4.17 子曰："见贤思齐焉，见不贤而内自省也。"

译文：

孔子说："看见贤人，就想着向他看齐；看见不贤的人，就反省自己（有没有和他一样的毛病）。"

4.18 子曰："事父母幾谏①，见志不从，又敬不违②，劳而不怨。"

注释：

①幾（jī）：轻微，婉转。

②违：冒犯。

译文：

孔子说："侍奉父母，（对他们的过错）要轻微地劝止，若见到他们的心意是不打算听从规劝，仍然恭敬地不触犯他们，虽然劳苦，但不埋怨。"

4.19 子曰："父母在，不远游，游必有方①。"

注释：

①父母在，不远游，游必有方：古代交通不方便，信息不灵通，出门

旷日持久，父母便会失去照顾；一旦得病，无法得知；一旦去世，也难以奔丧。所以孔子这样说。

译文：

孔子说："父母在世，不出远门；如果要出远门，必须有一定的去处。"

4.20　子曰："三年无改于父之道，可谓孝矣。"

译文：

孔子说："如果多年不改变父亲的合理成分，就可以说是孝了。"（参见 1.11）

4.21　子曰："父母之年，不可不知也。一则以喜，一则以惧。"

译文：

孔子说："父母的年纪不能不时时记在心里：一来因（其高寿）而欢喜，一来又因（其寿高）而有所恐惧。"

4.22　子曰："古者言之不出，耻躬之不逮也①。"

注释：

①耻躬之不逮（dài）：耻，以为可耻，动词；逮，及，赶上。

译文：

孔子说："古时候言语不轻易出口，就是怕自身的行动赶不上（而失信于人）。"

4.23　子曰："以约失之者鲜矣。"

译文：

孔子说："因为约束自己而犯过失的，总不多见。"

4.24　子曰："君子欲讷于言而敏于行①。"

①讷（nè）：言语迟钝。

孔子说："君子希望言语要谨慎迟钝，工作要勤快敏捷。"

4.25　子曰："德不孤，必有邻。"

孔子说："有道德的人不会孤单，一定会有（志同道合的人来和他做）伙伴。"

4.26　子游曰："事君数①，斯辱矣；朋友数①，斯疏矣。"

①数（shuò）：密，屡屡。这里依上下文意当理解为"烦琐"，参见12.24。

子游说："对待君主过于烦琐，就会招致侮辱；对待朋友过于烦琐，反而会被疏远。"

公冶长篇第五

5.1　子谓公冶长^①："可妻也^②。虽在缧绁之中^③，非其罪也。"以其子妻之^④。

注释：

①公冶长：孔子学生，齐人。

②妻（qì）：这里活用为动词。

③缧绁（léi xiè）：拴罪人的绳索，这里代指监狱。

④子：儿女，此处指的是女儿。

译文：

孔子评论公冶长："可以把女儿嫁给他。他虽然在监狱里关过，但不是他的罪过。"便把自己的女儿嫁给了他。

5.2　子谓南容^①："邦有道，不废；邦无道，免于刑戮。"以其兄之子妻之。

注释：

①南容：孔子的学生南宫适（kuò），字子容。

译文：

孔子评论南容："国家政治清明，（总有官做）不被废弃；国家政治黑暗，也不致被刑罚。"便把哥哥的女儿嫁给了他。

5.3　子谓子贱^①："君子哉若人！鲁无君子者，斯焉取斯？"

注释：

①子贱：孔子学生宓不齐（前521/前502—前445），字子贱，小孔子30岁（《孔子家语》作49岁）。

译文：

孔子评论宓子贱："这个人，君子呀！假如鲁国没有君子，这个人从哪里取来这种好品德呢？"

5.4　子贡问曰："赐也何如？"

子曰："女，器也。"

曰："何器也？"

曰："瑚琏也①。"

注释：

①瑚琏（hú liǎn）：即簠簋，古代祭祀时用的器皿，相当尊贵。

译文：

子贡问道："我是一个怎样的人？"

孔子说："你好比一个器皿。"

子贡说："什么器皿呢？"

孔子说："宗庙里盛黍稷的瑚琏。"

5.5　或曰："雍也仁而不佞①。"

子曰："焉用佞？御人以口给②，屡憎于人。不知其仁③，焉用佞？"

注释：

①雍也仁而不佞（nìng）：雍，孔子学生冉雍，字仲弓；佞，能言善辩，有口才。

②口给：言辞不穷，辩才无碍；给，足。

③不知其仁：不知，是孔子否定的委婉方式；这句话是说冉雍还达不到"仁"的水平。

译文：

有人说："冉雍这个人哪，有仁德，却缺乏口才。"

孔子说："何必要口才呢？伶牙俐齿与人争论，常常让人厌恶。我不晓得冉雍仁不仁，但何必要口才呢？"

5.6　子使漆雕开仕①。对曰："吾斯之未能信②。"子说。

注释：

①漆雕开：姓漆雕，名开，字子若，孔子学生。

②这句可以理解为"吾未能信斯"，用"之"来使宾语"斯"前置；斯，代词。

译文：

孔子让漆雕开去做官。他答道："我对这个还没有信心。"孔子听了很高兴。

5.7　子曰："道不行，乘桴浮于海①。从我者，其由与？"
子路闻之喜。子曰："由也好勇过我，无所取材②。"

注释：

①桴（fú）：此字上古音近似现在的"筏"，当是"筏"的本字。

②无所取材：没地方获取木材。所，处所、地方。

译文：

孔子说："主张贯彻不了，我想坐个小木筏亡命海外，跟随我的，恐怕只有仲由吧！"

子路听了这话，十分高兴。孔子说："仲由的好勇甚至超过了我，只是没有地方获取扎木筏用的木材！"

5.8　孟武伯问："子路仁乎？"子曰："不知也。"
又问。子曰："由也，千乘之国，可使治其赋也①，不知其仁也。"
"求也何如？"
子曰："求也，千室之邑②，百乘之家③，可使为之宰也④，不知其仁也。"
"赤也何如⑤？"

子曰："赤也，束带立于朝，可使与宾客言也，不知其仁也。"

注释：

①赋：兵赋，军政工作。

②邑：古代庶民居住之所。

③家：古代卿大夫的封地——采邑。

④宰：古代一县之长和大夫家的总管。

⑤赤：孔子学生，姓公西，名赤，字子华，比孔子小42岁。

译文：

孟武伯问孔子："子路是否有仁德？"孔子说："不知道。"

他又问，孔子便说："由啊，有一千辆兵车的（中等）国家，可以让他负责兵役和军政工作。至于他仁不仁，我不知道。"

（孟武伯继续问）"冉求又怎么样呢？"

孔子说："求啊，千户人家的私邑，百辆兵车的大夫封地，可以让他去当负责人。至于他仁不仁，我不知道。"

"公西赤又怎么样呢？"

孔子说："赤呀，穿着礼服，立于朝廷之上，可以让他接待外宾，办理交涉。至于他仁不仁，我不知道。"

5.9　子谓子贡曰："女与回也孰愈①？"

对曰："赐也何敢望回？回也闻一以知十，赐也闻一以知二。"

子曰："弗如也，吾与女弗如也。"

注释：

①愈：超过，胜过。

译文：

孔子对子贡说："你和颜回，谁更强些？"

子贡答道："我呢怎么敢望颜回项背？颜回呢，听到一件事，可以推知十件事；我呢，听到一件事，只能推知两件事。"

孔子说："不如他啊，我和你都不如他啊！"

5.10 宰予昼寝。子曰："朽木不可雕也，粪土之墙不可杇也①；于予与何诛?"

子曰②："始吾于人也，听其言而信其行；今吾于人也，听其言而观其行。于予与改是。"

注释:

①杇（wū）：把墙抹平。

②这是孔子停了一段时间说的，故插入"子曰"二字。

译文:

宰予白天睡觉。孔子说："腐烂了的木头雕刻不得，粪土似的墙壁粉刷不得；对于宰予，我责备他什么呢?"

孔子又说："起先，我对别人，听到他的话，便相信他的行为；现在，我对别人，听到他的话，还要考察他的行为。从宰予身上，我（吸取了教训）改变了态度。"

5.11 子曰："吾未见刚者。"

或对曰："申枨①。"

子曰："枨也欲，焉得刚?"

注释:

①申枨（chéng）：申枨大约就是《史记·仲尼弟子列传》中的"申党"。

译文:

孔子说："我没见过刚直不阿的人。"

有人答道："申枨是这样的人。"

孔子说："申枨哪，他欲望太多，怎能做到刚直不阿?"

5.12 子贡曰："我不欲人之加诸我也①，吾亦欲无加诸人。"

子曰："赐也，非尔所及也。"

注释:

①加：凌驾，侮辱。

译文：

子贡说："我不想让别人骑在我头上，我也不想骑在别人头上。"

孔子说："赐呀，这不是你能做到的啊。"

5.13　子贡曰："夫子之文章①，可得而闻也；夫子之言性与天道②，不可得而闻也。"

注释：

①文章：指有关古代文献的学问。

②性与天道：性，人的本性；天道，一般指自然和人类社会吉凶祸福的关系。

译文：

子贡说："老师关于文献方面的学问，我们听得到；老师关于人性和天道的言论，我们听不到。"

5.14　子路有闻，未之能行，唯恐有闻①。

注释：

①有闻：这一章两个"有闻"是一样的。

译文：

子路有所闻，还没来得及实行它，只怕又有所闻。

5.15　子贡问曰："孔文子何以谓之'文'也①?"

子曰："敏而好学，不耻下问，是以谓之'文'也。"

注释：

①孔文子：卫国大夫孔圉（yǔ），比孔子早死一年。

译文：

子贡问道："孔文子凭什么谥他为'文'?"

孔子说："他聪敏灵活，爱好学问，又不以向地位比他低的人发问为耻，所以用'文'字做他的谥号。"

5.16 子谓子产①："有君子之道四焉：其行己也恭，其事上也敬，其养民也惠，其使民也义。"

注释：

①子产：公孙侨，字子产，郑穆公之孙，为春秋时郑国的贤相，在郑简公、定公时执政22年。他从容周旋于争战不息的晋楚两强间，使国家得到尊重和安全，是一位杰出的政治家、外交家。

译文：

孔子评论子产，说："他有四种行为合乎君子之道：他自己的容颜庄严恭敬，他对待君上负责认真，他教养人民凭恩惠，他役使人民讲道理。"

5.17 子曰："晏平仲善与人交①，久而敬之。"

注释：

①晏平仲：齐国的贤大夫晏婴。

译文：

孔子说："晏平仲善于和人交往，相处越久，别人越敬重他。"

5.18 子曰："臧文仲居蔡①，山节藻棁②。何如其知也③？"

注释：

①臧文仲居蔡：臧文仲，鲁国大夫臧孙辰（？—前617）；居，动词，使……居；蔡，大龟。

②山节藻棁（zhuō）：节，柱上斗栱；棁，梁上短柱；山、藻，均用作定语。

③何如其知也："其知何如也"的倒装；知，同"智"。何如其知也，实际上是用反问来否定臧文仲。其知，他的智慧，他的聪明程度，他的智商。《孟子·告子上》："使弈秋诲二人弈，其一人专心致志，惟弈秋之为听。一人虽听之，一心以为有鸿鹄将至，思援弓缴而射之，虽与之俱学，弗若之矣。为是其智弗若与？曰：非然也。"

译文：

孔子说："臧文仲给一只叫蔡的大乌龟盖了间房，有巨大的斗栱和画着藻草的梁上短柱，这人的智商又如何呢?"

5.19　子张问曰："令尹子文三仕为令尹①，无喜色；三已之，无愠色。旧令尹之政，必以告新令尹。何如?"

子曰："忠矣。"

曰："仁矣乎?"

曰："未知②，焉得仁?"

"崔子弑齐君③，陈文子有马十乘④，弃而违之⑤。至于他邦，则曰，'犹吾大夫崔子也'。违之。之一邦，则又曰：'犹吾大夫崔子也。'违之。何如?"

子曰："清矣。"

曰："仁矣乎?"

曰："未知，焉得仁?"

注释：

①令尹子文：楚国的宰相叫令尹；子文即斗谷于菟（dòu gòu wū tú）。

②未知；焉得仁：因为不明智，怎么称得上"仁"呢。知，读作"智"。"未知焉得仁"是因果复句。结合："择不处仁，焉得知?"（见4.1），可见孔子认为仁与智是互为先决条件的。

③崔子弑齐君：崔子，齐国大夫崔杼（zhù）；齐君，齐庄公，名光；弑，在下的人杀在上的人；此事见《左传》襄公二十五年。

④陈文子：齐大夫，名须无。

⑤弃而违之：舍弃（马）并离开它（齐国）。弃，放弃，舍弃；违，离开。有人可能会说"弃"和"违"的宾语都应该是"之"。但如果这样，"陈文子有马十乘"就落空了。其实当时类似句子，前后两个动词共用位于后一动词之后的"之"的固然多，但不共用的也不少。仅举两例："楚师方壮，若萃于我，吾师必尽，不如收而去之。"（《左传》宣公十二年）收而去之——收兵离开这里。"楚之边邑曰卑梁，其处女与吴之边邑处女桑于境上，戏而伤卑梁之处女。卑梁人操其伤子以让吴人，吴人应之不恭，怒，杀而去之。"（《吕氏春秋·先识览》）杀而去之——杀吴人然

后离开这里。

译文:

子张问道:"令尹子文好几次做令尹,没显出高兴的样子;好几次被罢免,没显出恼怒的样子。(每次去职)一定把自己的政令全都告诉接位的人。他怎么样?"

孔子说:"可算是尽忠国家了。"

子张说:"算不算是仁呢?"

孔子说:"他未能做到'智',怎么能够算'仁'呢?"

子张又问:"崔杼无理地杀了齐庄公,陈文子有马四十匹,舍弃不要,离开齐国。到了外国,又说道:'这里掌权的和我们的崔子一样。'又离开。又到了一国,又说道:'这里掌权的和我们的崔子一样。'于是又离开。他怎么样?"

孔子说:"清白得很。"

子张说:"算不算仁呢?"

孔子说:"他未能做到'智',怎么能够算'仁'呢?"

5.20 季文子三思而后行①。子闻之,曰:"再②,斯可矣。"

注释:

①季文子:鲁国大夫季孙行父。孔子说这话时,文子死了已很久了。

②再:两次。季文子太世故圆滑,所以孔子这样说。

译文:

季文子每件事要考虑多次才行动。孔子听说了这事,说:"想两次,也就可以了。"

5.21 子曰:"宁武子①,邦有道,则知;邦无道,则愚。其知可及也,其愚不可及也。"

注释:

①宁武子:卫国大夫,姓宁名俞。

译文：

孔子说："宁武子在国家太平时节，便聪明；在国家昏暗时节，便装傻。他那聪明，别人赶得上；那装傻，别人就赶不上了。"

5.22 子在陈①，曰："归与！归与！吾党之小子狂简②，斐然成章，不知所以裁之③。"

注释：

①陈：国名，姓妫，舜的后代，春秋末被楚所灭。

②简：大。

③裁：剪裁，引申为指导。

译文：

孔子在陈国，说："回去吧！回去吧！我们那里的学生们志向高大得很，文采又斐然可观，我都不知道怎样去指导他们了。"

5.23 子曰："伯夷、叔齐不念旧恶①，怨是用希②。"

注释：

①伯夷，叔齐：孤竹国君的两个儿子，父亲死了，互相让位，都逃到了周文王那里。周武王起兵讨伐商纣，他们拦住车马劝阻。后来，他们以食周粟为耻，饿死在首阳山。恶，仇恨。

②怨是用希：是用，因此；希，稀，少。

译文：

孔子说："伯夷、叔齐两兄弟不记念过去的仇恨，怨恨他们的因此很少。"

5.24 子曰："孰谓微生高直①？或乞醯焉②，乞诸其邻而与之。"

注释：

①微生高：即《庄子》《战国策》里的尾生高。

②醯（xī）：醋。

译文：

孔子说："谁说微生高这人直爽？有人向他讨点儿醋，（他不说没有，）

却到邻居那里转讨一点给那人。"

5.25　子曰："巧言、令色、足恭①，左丘明耻之②，丘亦耻之。匿怨而友其人，左丘明耻之，丘亦耻之。"

注释：

①足恭：屈膝做出一副恭敬的样子。《大戴礼记·表记》："君子不失足于人，不失色于人，不失口于人。"《曾子立事篇》："足恭而口圣，而无常位者，君子弗与也。"失足，即足恭；失色，即令色；失口，即巧言。译文化用其意。有的注本读"足"为jù，似乎不必。详见著者《论语译注与考证》这一章的《考证》。

②左丘明：历来相传为《左传》和《国语》的作者。现可以肯定：一、《国语》和《左传》的作者不是一人；二、两书都非与孔子同时或较早于孔子的左丘明所作。

译文：

孔子说："花言巧语，满脸堆笑，屈膝以为恭顺，这种态度，左丘明认为可耻，我也认为可耻。内心怨恨某人，却装着和他亲热，这种行为，左丘明认为可耻，我也认为可耻。"

5.26　颜渊、季路侍①。子曰："盍各言尔志②？"

子路曰："愿车马衣轻裘与朋友共敝之而无憾③。"

颜渊曰："愿无伐善④，无施劳⑤。"

子路曰："愿闻子之志。"

子曰："老者安之，朋友信之，少者怀之⑥。"

注释：

①侍：《论语》有时单用一"侍"字，即孔子坐着，弟子站着；有时用"侍坐"，即孔子、弟子均坐；"侍侧"，或坐或立，不定。

②盍："何不"的合音字。

③愿车马衣轻裘与朋友共敝之而无憾：这一句不能在"共"字后断开，而要一气读下。"轻"是后人加上去的。

④伐：夸耀。

⑤无施劳：不麻烦别人劳神费力。

⑥安，信，怀：三字均为动词的使动用法。

译文：

孔子坐着，颜渊、季路各站在孔子旁边。孔子说："你俩何不说说各自的志向？"

子路说："我愿将车马衣服和朋友共同使用直到破烂也没遗憾。"

颜渊说："愿意不吹嘘自己如何了得，不麻烦别人劳神费力。"

子路问孔子："希望听听您的志向。"

孔子说："（我的志向是）老者使他安逸，朋友使他信任我，年轻人使他怀念我。"

5.27　子曰："已矣乎，吾未见能见其过而内自讼者也。"

译文：

孔子说："得了吧，我还没见过能看见自己的错误便自我批评的人呢。"

5.28　子曰："十室之邑，必有忠信如丘者焉，不如丘之好学也。"

译文：

孔子说："就是十户人家的小村，也一定有像我这样既忠心又信实的人，只是不如我喜欢学问罢了。"

雍也篇第六

6.1　子曰："雍也可使南面①。"

注释：

①南面：刘向《说苑·修文篇》说："南面者，天子也。"与先秦文献相核对，这一说法比较可信。有的《论语》注本说"南面"指卿大夫，文献依据不足。

译文：

孔子说："冉雍这个人，有能力君临天下。"

6.2　仲弓问子桑伯子①。子曰："可也简。"

仲弓曰："居敬而行简，以临其民，不亦可乎？居简而行简，无乃大简乎②？"

子曰："雍之言然。"

注释：

①子桑伯子：此人已无可考，很可能是卿大夫。

②无乃大简乎：无乃，难道不是；大，同太。

译文：

仲弓问到子桑伯子这个人。孔子说："他简单得好。"

仲弓说："若存心严肃认真，而以简单行之（识大体，不烦琐），来治理百姓，不也可以吗？若存心简单，又以简单行之，不是太简单了吗？"

孔子说："雍的这话是对的。"

6.3 哀公问："弟子孰为好学?"

孔子对曰："有颜回者好学,不迁怒,不贰过。不幸短命死矣①,今也则亡,未闻好学者也。"

注释:

①不幸短命死矣:颜渊死于鲁哀公十四年(前481),年仅31岁。

译文:

鲁哀公问:"你的学生中,哪个好学?"

孔子答道:"有一个叫颜回的人好学,不拿别人出气,也不再犯同样的过失。不幸短命死了,现在再没有这样的人了,再也没听过好学的人了。"

6.4 子华使于齐①,冉子为其母请粟②。子曰:"与之釜③。"

请益。曰:"与之庾④。"

冉子与之粟五秉⑤。

子曰:"赤之适齐也,乘肥马,衣轻裘⑥。吾闻之也:君子周急不继富⑦。"

注释:

①使(shì):出使。

②粟:小米。

③釜(fǔ):古代量名,相当于当时的6斗4升,约合今天的1斗2升8合;也即大约24斤。

④庾(yǔ):古代量名,相当于当时的2斗4升,约合今天的4升8合;也即大约9斤半。

⑤秉:古代量名,相当于当时的16斛(160斗),约合今天的3石20升;也即大约640斤。

⑥衣(yì):活用为动词,穿。

⑦周:后代写作"赒"(简体字写作"周"),救济。

译文:

公西华被派出使齐国,冉有替他母亲向孔子请求小米。孔子说:"给他一釜。"

冉有请求增加。孔子说："再给他一庾。"

冉有却给了他 5 秉小米。

孔子说："公西赤到齐国去，坐着肥马驾的车子，穿着又轻又暖的皮袍。我听说过：君子只是雪中送炭，不去锦上添花。"

6.5　原思为之宰①，与之粟九百②，辞。子曰："毋！以与尔邻里乡党乎③！"

注释：

①原思：孔子弟子原宪，字子思。之，指孔子而言。

②九百：下无单位名词（即所谓"量词"）。

③邻里乡党："五家为邻，二十五家为里，五百家为党，一万二千五百家为乡。"

译文：

原思任孔子家的总管，孔子给他小米 900（斗），他不肯受。孔子说："别推辞！有多的，给你家乡（的穷人）吧！"

6.6　子谓仲弓曰①："犁牛之子骍且角②，虽欲勿用③，山川其舍诸④？"

注释：

①子谓仲弓曰：孔子对仲弓说。有的注本作"子谓仲弓，曰"，是不对的。

②犁牛之子骍（xīng）且角：犁牛，又作"骊牛"，黄黑杂色的牛；骍，纯赤色，周朝以赤为上，祭祀时也用赤色牲畜；角，名词动用，指两角长得周正。

③用：用作牺牲；据《史记·仲尼弟子列传》，仲弓的父亲是贱人，孔子却认为其子"可使南面"。古代祭祀牺牲不用耕牛及耕牛之子。孔子这番话的意思是：耕牛之子如果够得上作牺牲，山川之神一定会接受这种祭享。那么，仲弓这样的人才，为什么因他父亲下贱而舍弃不用呢？

④诸："之乎"的合音字。

译文：

孔子对冉雍说："耕牛的儿子长着赤色的毛，整齐的角，虽然不想用它作祭祀的牺牲，山川之神难道舍得放弃它吗？"

6.7 子曰："回也，其心三月不违仁①，其余则日月至焉而已矣②。"

注释：

①三月：指较长时间。《述而》："子在齐闻《韶》，三月不知肉味。"

②日月至焉："日月"，名词作状语，修饰动词"至"。焉，于此；此，指代上文的"仁"。这里的"日月"不是时间词，而是指太阳、月亮。日月至焉，像太阳、月亮每天升起又落下一样到此应应景，点点卯。参见17.1注④。

译文：

孔子说："颜回呀，他的心长时间都不离开仁德，别的学生嘛，只是像太阳月亮每天升起又落下一样到这儿应应景罢了。"

6.8 季康子问："仲由可使从政也与？"

子曰："由也果，于从政乎何有？"

曰："赐也可使从政也与？"

曰："赐也达，于从政乎何有？"

曰："求也可使从政也与？"

曰："求也艺，于从政乎何有？"

译文：

季康子问孔子："仲由这人，可以让他治理政事吗？"

孔子说："仲由果敢决断，让他治理政事有什么困难呢？"

又问："端木赐可以让他治理政事吗？"

孔子说："端木赐通情达理，让他治理政事有什么困难呢？"

又问："冉求可以让他治理政事吗？"

孔子说："冉求多才多艺，让他治理政事有什么困难呢？"

6.9　季氏使闵子骞为费宰①。闵子骞曰："善为我辞焉！如有复我者，则吾必在汶上矣②。"

注释：

①闵子骞为费（bì）宰：闵子骞，孔子学生闵损（前536—前487），字子骞，比孔子小15岁；费，故城在今山东费县。

②汶（wèn）上：汶水两岸的地带。汶，水名，就是山东的大汶河。周秦典籍中多见"某水上"，如"淮上""河上""汉上"等，均指该水两岸。

译文：

季氏叫闵子骞做他封地费的长官。闵子骞对来人说："好好地为我辞掉吧！如果再有人来找我，那我一定会在汶水边上了。"

6.10　伯牛有疾①，子问之，自牖执其手，曰："亡之②，命矣夫！斯人也而有斯疾也！斯人也而有斯疾也！"

注释：

①伯牛：孔子学生冉耕，字伯牛。
②之：指示代词，表泛称。

译文：

伯牛生了病，孔子去慰问他，从窗子里握着他的手，说："这人完了，这就是命吧！这样的人哪，竟有这样的病哪！这样的人哪，竟有这样的病哪！"

6.11　子曰："贤哉，回也！一箪食①，一瓢饮，在陋巷，人不堪其忧，回也不改其乐。贤哉，回也！"

注释：

①箪（dān）：古代盛饭的竹器。
②陋巷：偏远的街巷。

译文：

孔子说："颜回多么有修养哪！一竹筐饭，一瓜瓢水，住在偏僻的巷子里，别人都不堪忍受那忧愁，颜回却不改他的快乐。颜回多么有修养哪！"

6.12　冉求曰："非不说子之道，力不足也。"

子曰："力不足者①，中道而废。今女画②。"

注释：

①力不足者：力量不足的人。

②画：停止。

译文：

冉求说："不是不喜欢您的学说，是力量不够。"

孔子道："力量不够的人，会半途而废；现在你却还没有开始走（就打起了小算盘）。"

6.13　子谓子夏曰："女为君子儒！无为小人儒！"

译文：

孔子对子夏说："你要做个君子式的儒者，不要做那小人式的儒者！"

6.14　子游为武城宰①。子曰："女得人焉耳乎？"

曰："有澹台灭明者②，行不由径，非公事，未尝至于偃之室也。"

注释：

①武城：鲁国城邑，在今山东费县西南。

②澹台灭明：字子羽，孔子弟子，从子游答话语气来看，此时他还没向孔子受业；因为"有……者"的提法，是表示这人是听者以前所不知道的。

译文：

子游做武城的长官，孔子说："你在这儿得到什么人才没有？"

子游说："有个叫澹台灭明的人，走路不插小道，不是公事，从不到我房里来。"

6.15　子曰："孟之反不伐①，奔而殿②，将入门，策其马，曰：

'非敢后也，马不进也。'"

注释：

①孟之反：鲁国大夫，《左传》哀公十一年作"孟之侧"。

②殿：殿后；译文参照《左传》所叙，有所增加。

译文：

孔子说："孟之反不夸耀自己，（在抵御齐国的战役中，右翼的军队溃退了，）他走在最后，掩护全军，将进城门，便鞭打马匹，一面说道：'不是我敢于殿后，是马匹不肯快走的缘故。'"

6.16　子曰："不有祝鮀之佞①，而有宋朝之美②，难乎免于今之世矣。"

注释：

①祝鮀：卫国大夫，字子鱼，以善于辞令著称。

②宋朝：宋国的公子朝。《左传》记载了他因美貌而惹起乱子的事。

译文：

孔子说："没有祝鮀的口才，只有宋朝的美貌，在如今这世上恐怕难逃祸害了。"

6.17　子曰："谁能出不由户，何莫由斯道也?"

译文：

孔子说："谁能够外出不经门户，为什么没人从我这条道上走呢?"

6.18　子曰："质胜文则野，文胜质则史。文质彬彬①，然后君子。"

注释：

①文质彬彬：既文雅又朴实。

译文：

孔子说："朴实多于文采，就未免粗野；文采多于朴实，又未免虚浮。既有文采，又不乏朴实，这才是个君子。"

6.19　子曰："人之生也直，罔之生也幸而免。"

译文：

孔子说："人活在世上，靠的是正直；不正直的人也得以活下来，那是他侥幸地免于祸害。"

6.20　子曰："知之者不如好之者，好之者不如乐之者①。"

注释：

①乐（lè）之：意动用法，以之为乐。

译文：

孔子说："（对于任何学问和事业）懂得它的人不如喜爱它的人，喜爱它的人又不如以它为乐的人。"

6.21　子曰："中人以上，可以语上也；中人以下，不可以语上也。"

译文：

孔子说："智力中等以上的人，可以告诉他高深学问；智力中等以下的人，不可以告诉他高深的学问。"

6.22　樊迟问知。子曰："务民之义，敬鬼神而远之①，可谓知矣。"

问仁，曰："仁者先难而后获，可谓仁矣。"

注释：

①远（yuàn）：动词，疏远。

译文：

樊迟问怎么样才算聪明。孔子说："管理民众的要义，是既要敬畏鬼神，但又不太接近他，这可以说是明智了。"

又问怎样才算有仁德。孔子说："仁人在付出努力后才收获，这就是所谓仁德。"

6.23　子曰："知者乐水，仁者乐山^①；知者动，仁者静；知者乐，仁者寿。"

注释：

①乐（lè）："以……为乐"的意思。旧从《经典释文》之"叶音"读作"五教切"（ào）、"义效切"（yào），释为"喜好""喜爱"，实误。"好之者不如乐之者"之"乐"亦如此（6.20）。

译文：

孔子说："聪明人以水为乐，仁人以山为乐；聪明人好动，仁人沉静；聪明人快乐，仁人长寿。"

6.24　子曰："齐一变，至于鲁；鲁一变，至于道。"

译文：

孔子说："齐国（的政治和教育）一有改革，便达到鲁国的程度；鲁国（的政治和教育）一有改革，便进而合于大道了。"

6.25　子曰："觚不觚^①，觚哉！觚哉！"

注释：

①觚（gū）：古代盛酒的器皿。这是孔子对当时事物名实不符发出的感慨。

译文：

孔子说："觚不像个觚，这是觚吗！这是觚吗！"

6.26　宰我问曰："仁者，虽告之曰，'井有仁焉^①'，其从之也？"
子曰："何为其然也？君子可逝也^②，不可陷也^③；可欺也，不可罔也。"

注释：

①仁：仁人。这和《学而》"泛爱众而亲仁"以及《微子》"殷有三仁焉"的"仁"用法相同。徐仁甫《广古书疑义举例》有"以性状代人

物例"，也可参考。

②逝：一去不回。

③陷：陷害，使陷入坑中。表示抽象意义时，和下句的"罔"一样，往往带有贬义，故以"沉沦"译之。

译文：

宰我问道："有仁德的人，即使告诉他'井里有位仁人呢'，他会跟着跳下去吗？"

孔子说："为什么要那样呢？君子，可以让他走开，却不能使他沉沦；可以欺骗他，却不能使他迷失方向。"

6.27 子曰："君子博学于文，约之以礼，亦可以弗畔矣夫①！"

注释：

①畔，同叛。

译文：

孔子说："君子广泛地学习文献，再用礼节约束自己，言行也可以不越界了吧！"

6.28 子见南子①，子路不说。夫子矢之曰："予所否者②，天厌之！天厌之！"

注释：

①南子：卫灵公夫人，把持卫国朝政，且作风不正派。

②予所否者：这几句《史记·孔子世家》作"予所不者"，"不"后面的成分则省略了。大意是"我的话如有不可信的地方"。

译文：

孔子和南子相见，子路不高兴。孔子发誓道："我的话如有不可信的地方，老天厌弃我！老天厌弃我！"

6.29 子曰："中庸之为德也①，其至矣乎？民鲜久矣。"

注释：

①中庸：这是孔子的最高道德标准。"中"，折中，无过，也无不及；"庸"，平常。孔子以这两个字来表示他的道德标准，其实就是折中的和平常的东西。

译文：

孔子说："中庸作为一种道德，该是最高的了，大家已经缺乏它很久了。"

6.30　子贡曰："如有博施于民而能济众，何如？可谓仁乎？"

子曰："何事于仁！必也圣乎！尧舜其犹病诸！夫仁者①，己欲立而立人，己欲达而达人。能近取譬，可谓仁之方也已。"

注释：

①夫（fú）：弱指示代词，可译作"那""那个"，也可不译。

译文：

子贡说："假使有这么一个人，他广泛地给人民以好处，又能帮助大家过上好生活，怎么样？可以算是仁了吧？"

孔子说："哪里仅仅是仁！那一定是圣了！尧舜或许都难做到呢！那个'仁'是什么？自己要站得住，也要使别人站得住；自己要行得通，也要使别人行得通。能够从眼前的事实中选择例子踏踏实实地去做，这就是实践仁德的方法了。"

述而篇第七

7.1 子曰："述而不作，信而好古，窃比于我老彭①。"

①窃比于我老彭：老彭，何晏《集解》引包咸说："老彭，殷贤大夫，好述古事。"大约就是《大戴礼记·虞戴德》中孔子所说的"商老彭"。定州汉墓竹简本《论语》此句作"窃比我于老彭"。先秦文献中，"我"一般不直接修饰人名；相反，"比我于老彭"这种结构则是很常见的。

孔子说："传述而不创制礼乐，相信进而喜好古代文化，且私下将我自己比作老彭。"

7.2 子曰："默而识之①，学而不厌，诲人不倦，何有于我哉②？"

①识（zhì）：记住。

②何有于我哉："何有于……"，是《论语》时代的习语，表示"……又算个什么""……又算得了什么"。这是晋代皇侃《论语义疏》的解释，与先秦文献相核，此说较为可信。《子罕》还有一处"何有于我哉"（9.16），与此相同。

孔子说："默默记住知识，学习永不厌弃，教人不知疲倦，（如能做到这些）那我孔丘又算得了什么？"

7.3　子曰："德之不修，学之不讲，闻义不能徙，不善不能改，是吾忧也。"

译文：

孔子说："品德不培养，学问不讲习，听到义的所在却不能去追求，有错误不能改正，这些都是我所忧虑的啊！"

7.4　子之燕居，申申如也①，夭夭如也②。

注释：

①申申：整肃的样子。

②夭夭：舒缓的样子。

译文：

孔子在家闲居，整齐而静穆，和乐而舒展。

7.5　子曰："甚矣吾衰也！久矣吾不复梦见周公①！"

注释：

①周公：姓姬名旦，周文王的儿子，周武王的弟弟，鲁国始祖，孔子最敬服的古代圣人之一。孔子以前常梦见周公，如今不常梦见，便感觉自己衰老了。

译文：

孔子说："我衰老得多么厉害呀！我好久好久没梦见周公了！"

7.6　子曰："志于道，据于德，依于仁，游于艺。"

译文：

孔子说："志向在'道'，根据在'德'，依靠在'仁'，而游憩于礼、乐、射、御、书、数六艺之中。"

7.7　子曰："自行束脩以上①，吾未尝无诲焉。"

注释：

①束脩：脩，干肉；束，十条；十条干肉是菲薄的礼品。那时候初次拜见要有赘礼，孔子是非常讲究礼仪的，因此要收赘礼。

译文：

孔子说："只要主动送一束干肉给我，我从没有不教诲的。"

7.8　子曰："不愤不启①，不悱不发②。举一隅不以三隅反，则不复也。"

注释：

①愤：心求通而未得。

②悱（fěi）：口欲言而未能。"不愤不启，不悱不发"的意思是：受教者必先发生困难，有求知的动机，然后去启发他，长进才快些。

译文：

孔子说："教育学生，不到他想弄明白而不得的时候，不去开导他；不到他想说却说不出的时候，不去启发他。教给他东方，他却不能由此推知西、南、北三方，便不再教他了。"

7.9　子食于有丧者之侧，未尝饱也。

译文：

孔子在死了亲属的人旁边吃饭，从没吃饱过。

7.10　子于是日哭，则不歌。

译文：

孔子在这一天哭过，就不再唱歌。

7.11　子谓颜渊曰："用之则行，舍之则藏，惟我与尔有是夫！"

子路曰："子行三军，则谁与①？"

子曰："暴虎冯河②，死而无悔者，吾不与也。必也临事而惧，好谋而成者也。"

注释：

①与：偕同。子路好勇，见孔子夸奖颜渊，便发此问。

②冯（píng）河：徒足涉河。

译文：

孔子对颜渊说："用我呢，就干起来；不用呢，就藏起来。只有我和你才能这样吧！"

子路说："您若统帅三军，谁会跟您？"

孔子说："赤手空拳和老虎搏斗，不用船只去渡河，这样死了都不后悔的人，我是不会和他共事的。（我要找他共事的）一定是面对任务便恐惧谨慎，善于谋略而能完成任务的人哪！"

7.12　子曰："富而可求也，虽执鞭之士①，吾亦为之。如不可求，从吾所好。"

注释：

①执鞭之士：指手执皮鞭维持秩序的市场守门人。

译文：

孔子说："财富如果可以求得的话，就是做市场的守门员我也肯干。如果求它不到，还是干我自己的吧。"

7.13　子之所慎：齐①、战、疾。

注释：

①齐：同"斋"。古代在祭祀之前必先斋戒。

译文：

孔子所小心谨慎的事：斋戒、战争、疾病。

7.14　子在齐闻《韶》，三月不知肉味，曰："不图为乐之至于斯也。"

译文：

孔子在齐国听到了《韶》的乐章，好几个月尝不出肉味，说："想不到欣赏音乐达到了这种境界。"

7.15　冉有曰："夫子为卫君乎①？"

子贡曰："诺，吾将问之。"

入，曰："伯夷、叔齐何人也？"

曰："古之贤人也。"

曰："怨乎？"

曰："求仁而得仁，又何怨？"

出，曰："夫子不为也。"

注释：

①夫子为（wèi）卫君：为，意义宽泛的动词，做，搞；这里可译为"帮助""赞成"。卫君，指卫出公辄，辄是卫灵公之孙，太子蒯聩之子。蒯聩得罪灵公夫人南子，逃到晋国。灵公死，立辄为君。晋国又把蒯聩送回，借机侵卫。卫抵抗晋，也拒绝了蒯聩回国。蒯聩与辄父子相残，与互相推让君位的伯夷、叔齐比较，有天壤之别。

译文：

冉有说："老师赞成卫君吗？"

子贡说："好的，我去问问他。"

子贡到孔子房里，说："伯夷、叔齐是什么样的人？"

孔子说："古代的贤人。"

子贡说："（他俩因不肯做孤竹国国君而互相推让，双双跑到国外）是不是又后悔抱怨呢？"

孔子说："他们追求仁德，又得到了仁德，怨悔什么呢？"

子贡出来，说："老师不赞成卫君。"

7.16　子曰："饭疏食，饮水①，曲肱而枕之②，乐亦在其中矣。不义而富且贵，于我如浮云。"

注释：

①水：古代冷水为水，热水为汤。

②曲肱（gōng）而枕（zhèn）之：肱，胳膊；枕，动词。

译文：

孔子说："吃粗粮，喝冷水，弯着胳膊做枕头，这中间也有乐趣。不正当而得到的富贵，对于我就如同浮云。"

7.17　子曰："加我数年，五十以学《易》①，可以无大过矣。"

注释：

①《易》：又叫《周易》、《易经》，五经之一，是一部古代用以占筮的书，其中的《卦辞》和《爻辞》是孔子以前的作品。

译文：

孔子说："让我多活几年，到50岁的时候去学习《易经》，便可以没有大过错了。"

7.18　子所雅言①，《诗》、《书》、执礼，皆雅言也。

注释：

①雅言：春秋时代各国语言不统一，当时较为通行的语言便是"雅言"。

译文：

孔子有说雅言的时候，读《诗》，读《书》，行礼，都说雅言。

7.19　叶公问孔子于子路①，子路不对。子曰："女奚不曰，其为人也，发愤忘食，乐以忘忧，不知老之将至云尔②。"

注释：

①叶（shè）公：叶公是叶地的县长，楚君称王，那县长便称公。叶公名沈诸梁，是一位贤者。叶，楚地名，在今河南叶县南30里。

②云尔：云，如此，这样；尔，同"耳"，而已，罢了。

译文：

叶公问子路孔子为人如何，子路不回答。孔子对子路说："你为什么不这样说，他的为人，发愤用功而忘记吃饭，乐在其中而忘记忧愁，浑然不知衰老就要到来，不过如此而已。"

7.20　子曰："我非生而知之者，好古，敏以求之者也。"

译文：

孔子说："我不是生来就有知识的人，而是爱好古代文化，勤奋敏捷地去求取知识的人。"

7.21　子不语怪、力、乱、神。

译文：

孔子不谈怪异、勇力、叛乱和鬼神。

7.22　子曰："三人行，必有我师焉；择其善者而从之，其不善者而改之。"

译文：

孔子说："几个人一起走路，其中一定有可以被我师法的人；我选择那些优点去学习，看出那些（自己也有的）缺点，然后改正。"

7.23　子曰："天生德于予，桓魋其如予何①？"

注释：

①桓魋（tuí）：宋国的司马向魋，他是宋桓公的后代，所以又叫桓魋。《史记·孔子世家》："孔子……与弟子习礼大树下。宋司马桓魋欲杀孔子，拔其树……孔子曰：'天生德于予，桓魋其如予何？'"

译文：

孔子说："天在我身上生就了优秀的品德，他桓魋能把我怎么样？"

7.24 子曰："二三子以我为隐乎？吾无隐乎尔！吾无行而不与二三子者，是丘也。"

译文：

孔子说："学生们，你们以为我有所隐瞒吗？我对你们无所隐瞒！我没有一点不向你们公开，这就是我孔丘的为人。"

7.25 子以四教：文、行、忠、信。

译文：

孔子用 4 种内容教育学生：文献、实践、忠诚、信实。

7.26 子曰："圣人，吾不得而见之矣；得见君子者，斯可矣。"
子曰："善人①，吾不得而见之矣；得见有恒者，斯可矣。亡而为有，虚而为盈，约而为泰②，难乎有恒矣。"

注释：

①善人：除此章外，《论语》中"善人"还出现数次："子张问善人之道。"（11.20）"善人为邦百年，亦可以胜残去杀矣。"（13.11）"善人教民七年，亦可以即戎矣。"（13.29）"周有大赉，善人是富。"（20.1）综合起来看，"善人"不是仅仅指善良的人，而是指较之圣人稍次的完善的人。

②泰：用度豪华而不吝惜。

译文：

孔子说："圣人，我不能见到了；能见到君子，就可以了。"

孔子又说："善人，我不能见到了；能见到操守坚定的人，就可以了。本来没有，却装作有；本来空虚，却装作充足；本来穷困，却装作豪华，这样的人便难以保持操守了。"

7.27 子钓而不纲①，弋不射宿②。

注释：

①纲：网上的大绳叫纲，用它来横断水流；再用生丝系钩于纲上来取

鱼，也叫做纲。这里的"纲"是后者，作动词。

②弋（yì）不射宿：弋，用带生丝的箭来射；宿，已歇宿了的鸟。

译文：

孔子钓鱼，不用大绳横断流水取鱼；用带生丝的箭射鸟，不射已归巢的鸟。

7.28　子曰："盖有不知而作之者，我无是也。多闻，择其善者而从之；多见而识之；知之次也[1]。"

注释：

①次：孔子说："生而知之者，上也；学而知之者，次也。"（《季氏篇》第九章）

译文：

孔子说："大概有无知却喜欢造作的人，我没有他这种毛病。多多地听，从中择取好的加以接受；多多地看，默默记在心里。我的知，是次于'生而知之'的'知'呀。"

7.29　互乡难与言，童子见，门人惑。子曰："与其进也[1]，不与其退也，唯何甚？人洁己以进，与其洁也，不保其往也[2]。"

注释：

①与（yù）：赞同。

②保：守，不变。

译文：

互乡这地方的人难于交谈，那里的一个童子却得到孔子的接见，弟子们疑惑。孔子说："我们赞成他的进步，不赞成他的退步，何必做得太过？别人把自己收拾得干干净净而来，便应该赞成他的干净，不要死记住他的过去。"

7.30　子曰："仁远乎哉？我欲仁，斯仁至矣。"

译文：

孔子说："仁德难道很远吗？我要仁，这仁就来了。"

7.31　陈司败问①："昭公知礼乎?"

孔子曰："知礼。"

孔子退,揖巫马期而进之②,曰:"吾闻君子不党,君子亦党乎?君取于吴③,为同姓④,谓之吴孟子⑤。君而知礼,孰不知礼?"

巫马期以告。子曰:"丘也幸,苟有过,人必知之。"

注释:

①陈司败:陈国相当于司寇的官。司败,陈、楚、唐诸国官名,相当于其他国家的司寇。

②巫马期:孔子学生,姓巫马,名施,字子期,比孔子小30岁。

③君取于吴:取,后来写作"娶";吴,国名,哀公时,为越王勾践所灭。

④为同姓:鲁、吴皆姬姓。

⑤吴孟子,春秋时,国君夫人称号一般是所生长之国名加她的本姓。鲁娶于吴,这位夫人便应称"吴姬"。但"同姓不婚"是周朝的礼法,为了掩饰,便改称"吴孟子"。"孟子"可能是这位夫人的字。

译文:

陈国的司败询问孔子:"鲁昭公是否懂得礼?"

孔子说:"懂礼。"

孔子出去以后,陈司败便向巫马期作了个揖,请他走近自己,然后说道:"我听说君子不偏袒谁,难道君子也偏袒吗?鲁君从吴国娶了位夫人,吴和鲁是同姓国家,(不便称她为吴姬)于是叫她为吴孟子。鲁君那样都算懂礼,那谁不懂礼?"

巫马期把这话转告给孔子。孔子说:"我孔丘啊真幸运,如果有错处,人家一定指出来。"

7.32　子与人歌而善,必使反之,而后和之。

译文:

孔子同别人一道唱歌,如果那人唱得好,一定请他再唱一遍,然后自己又和他。

7.33 子曰："文莫①，吾犹人也。躬行君子，则吾未之有得。"

注释：

①文莫：这两个字很不好解释，但两个字连读大约没有问题。"文莫，吾犹人也"，结构类似"听讼，吾犹人也"（12.13），译文姑且用杨伯峻先生的而稍改动之。

译文：

孔子说："书本上的学问，大约我同别人差不多。做一个践行的君子，那我还没有成功。"

7.34 子曰："若圣与仁，则吾岂敢？抑为之不厌，诲人不倦，则可谓云尔已矣。"

公西华曰："正唯弟子不能学也。"

译文：

孔子说："讲到圣和仁，我怎么敢当？不过是学习和工作总不厌倦，教导别人总不疲劳，就是如此如此罢了。"

公西华说："这一点正是我们学不到的。"

7.35 子疾病①，子路请祷②。

子曰："有诸？"

子路对曰："有之；《诔》曰：'祷尔于上下神祇③。'"

子曰："丘之祷久矣。"

注释：

①疾病：病重。"病"是"疾"的补语。

②祷：向神祈求长寿。

③《诔（lèi）》曰祷尔于上下神祇（qí）：诔，《说文解字》作"讄"，祈祷文，异于哀悼死者的"诔"。祇，地神。

译文：

孔子病重，子路要向神灵祈求延长孔子的寿命，请求孔子同意。

孔子说："有这回事吗?"

子路说："有的,《诔文》上说:'替你向天神地祇求寿。'"

孔子说："我早就求过寿了。"

7.36　子曰:"奢则不孙①,俭则固②。与其不孙也,宁固。"

注释:

①孙:同"逊"。

②固:固陋,寒伧。

译文:

孔子说："奢侈豪华就显得骄傲,省俭朴素就显得寒酸。与其骄傲,不如寒酸。"

7.37　子曰:"君子坦荡荡,小人长戚戚。"

译文:

孔子说："君子胸怀宽广平坦,小人却经常局促忧愁。"

7.38　子温而厉,威而不猛,恭而安。

译文:

孔子温和而严厉,有威仪而不凶猛,庄严而安详。

泰伯篇第八

8.1　子曰："泰伯①，其可谓至德也已矣。三以天下让，民无得而称焉。"

注释：

①泰伯：即太伯。周朝祖先古公亶父有三子：太伯、仲雍、季历。季历的儿子就是姬昌（周文王）。古公预见到昌的贤明和魄力，想把君位传给季历，继而传昌。太伯为实现父亲的意愿，便偕同仲雍出走勾吴，成为吴的始祖。

译文：

孔子说："泰伯，真可以说是品德高尚至极了。多次把天下让给季历，但老百姓（却因不知道这事而）没有称颂他。"

8.2　子曰："恭而无礼则劳，慎而无礼则葸①，勇而无礼则乱，直而无礼则绞②。君子笃于亲，则民兴于仁；故旧不遗，则民不偷③。"

注释：

①葸（xǐ）：胆怯。

②绞：尖刻刺人。

③偷：淡薄，不厚道。

译文：

孔子说："恭敬而不懂礼教，就未免劳倦；谨慎而不懂礼教，就显得懦弱；胆大而不懂礼教，就容易闯祸；直爽而不懂礼教，就尖酸刻薄。在上位的人对待亲族宽厚仁慈，老百姓就会走向仁德；在上位的人不遗弃他的老朋友，老百姓就不会对人冷漠无情。"

8.3 曾子有疾，召门弟子曰："启予足①！启予手！《诗》云：'战战兢兢，如临深渊，如履薄冰。'②而今而后，吾知免夫！小子！"

注释：

①启（启）：即《说文》的"上省"字，视也。

②这三句诗见《诗经·小雅·小旻》。

译文：

曾参病了，便把学生们召集拢来说："看着我的脚！看着我的手！《诗经》上说：'小心哪！谨慎哪！好像临近深水潭边，好像走在薄冰层上。'从今以后，我才晓得自己可以免于祸害刑戮了！同学们！"

8.4 曾子有疾，孟敬子问之①。曾子言曰："鸟之将死，其鸣也哀；人之将死，其言也善。君子所贵乎道者三：动容貌，斯远暴慢矣②；正颜色，斯近信矣；出辞气，斯远鄙倍矣③。笾豆之事④，则有司存⑤。"

注释：

①孟敬子：鲁国大夫仲孙捷。

②暴慢：暴，粗暴无礼；慢，怠慢、不敬。

③鄙倍：鄙，粗野，鄙陋；倍，同背、悖，不合理，错误。

④笾（biān）豆：笾、豆都是祭器，这里代表礼仪的具体细节。

⑤有司：主管某一具体事务的小吏。

译文：

曾参病了，孟敬子探问他。曾子说："鸟要死了，它的鸣声啊悲哀；人要死了，他说的话啊友善。在上位的人待人接物有三点是可贵的：让自己的表情严肃，就可以避免别人的粗暴和怠慢；使自己的脸色端庄，就容易令人信服；说话时，注意言辞和声调，就可以避免粗野和错误。至于礼仪的细节，自有主管人员。"

8.5　曾子曰："以能问于不能，以多问于寡；有若无，实若虚，犯而不校①——昔者吾友尝从事于斯矣②。"

注释：

①校：抵抗，报复。

②吾友：一般认为指颜回。

译文：

曾子说："有能力却向无能力的人请教，知识丰富却向知识缺乏的人请教；有知识却像没知识，满腹诗书却像一无所有；被人冒犯，却不报复——从前我的一位朋友就曾经这样做过了。"

8.6　曾子曰："可以托六尺之孤①，可以寄百里之命，临大节而不可夺也——君子人与？君子人也。"

注释：

①六尺之孤：一般指 15 岁以下的人。古代尺短，6 尺约合今 138 厘米。

译文：

曾子说："可以把幼小的孤儿和国家的命脉都托付给他，在生死存亡的紧要关头却不动摇屈服——这种人是君子人吗？是君子人哪！"

8.7　曾子曰："士不可以不弘毅①，任重而道远。仁以为己任，不亦重乎？死而后已，不亦远乎？"

注释：

①士不可以不弘毅：唐写本《论语》郑玄注："弘，大也；毅，强而能断也。士当宽大强断决，以其所任者重，而行之又久远。"

译文：

曾子说："士人不可以不宽宏大量而又果决能断，因为他负担沉重，路程遥远。以实现仁德为己任，不是很沉重吗？奋斗到死才算完，不是很遥远吗？"

8.8 子曰："兴于《诗》，立于礼，成于乐。"

译文：

孔子说："读《诗》使我振奋，礼使我能在社会上站得住，音乐使我的所学得以完成。"

8.9 子曰："民可使由之，不可使知之。"

译文：

孔子说："老百姓，可以使他们在我们指引的道路上走，不可以使他们知道那是为什么。"

8.10 子曰："好勇疾贫，乱也。人而不仁，疾之已甚，乱也。"

译文：

孔子说："以勇敢自喜却厌恶贫困，是一种祸害。对于不仁的人，痛恨太甚，也是一种祸害。"

8.11 子曰："如有周公之才之美，使骄且吝，其余不足观也已。"

译文：

孔子说："假如才能的美妙比得上周公，只要骄傲而且吝啬，别的方面也就不值得一看了。"

8.12 子曰："三年学，不至于谷①，不易得也。"

注释：

①谷：古代以谷米为俸禄，所以"谷"有"禄"的意义。

译文：

孔子说："读书 3 年还没去做官，这是难能可贵的。"

8.13 子曰："笃信好学，守死善道。危邦不入，乱邦不居。天下有道则见①，无道则隐。邦有道，贫且贱焉，耻也；邦无道，富且贵焉，耻也。"

注释：

①见：同"现"。

译文：

孔子说："坚定地相信我们的道，并努力学习它，誓死保卫它。危险的国家不去，祸乱的国家不住。天下太平，就出来工作；不太平，就隐居。国家政治清明，自己贫贱，是耻辱；政治黑暗，自己富贵，也是耻辱。"

8.14　子曰："不在其位，不谋其政。"

译文：

孔子说："不居于那个职位，便不考虑它的政务。"

8.15　子曰："师挚之始①，《关雎》之乱②，洋洋乎盈耳哉！"

注释：

①始：乐曲的开端，一般由太师演奏。师挚，鲁国太师。

②乱：乐曲的结束，犹如今天的合唱。合唱时，奏《关雎》乐章，所以说"《关雎》之乱"。

译文：

孔子说："当太师挚开始演奏时，当结尾演奏《关雎》的曲调时，满耳朵都是音乐啊！"

8.16　子曰："狂而不直，侗而不愿①，悾悾而不信②，吾不知之矣。"

注释：

①侗（dòng）而不愿：侗，无知；愿，谨慎老实。

②悾悾（kōng kōng）：诚恳貌。

译文：

孔子说："狂妄而不直率，幼稚而不老实，貌似诚恳却不守信用，这种人我真是猜不透他。"

8.17 子曰："学如不及，犹恐失之①。"

注释：

①学如不及，犹恐失之：杨树达先生《古书疑义举例续补》有"省句例"，本章即是；如补足，应为"学如不及；及之，犹恐失之"。译文即据此。

译文：

孔子说："做学问好像总也赶不上似的；赶上了，又总怕失去。"

8.18 子曰："巍巍乎，舜、禹之有天下也，而不与焉①!"

注释：

①与（yù）：参与，这里含着"私有""享受"的意思。

译文：

孔子说："崇高啊！舜和禹贵为天子，富有四海，却一点也不为自己。"

8.19 子曰："大哉尧之为君也！巍巍乎！唯天为大，唯尧则之。荡荡乎，民无能名焉。巍巍乎其有成功也，焕乎其有文章！"

译文：

孔子说："尧作为一个君主，真伟大啊！真高不可攀啊！只有天最高最大，只有尧能学习天。他的恩泽真是无处不到啊，老百姓真不知道怎样称赞他才好！他的功绩实在太崇高了，他的礼仪制度也真够美好了！"

8.20 舜有臣五人而天下治。武王曰："予有乱臣十人①。"孔子曰："才难，不其然乎？唐虞之际，于斯为盛②。有妇人焉，九人而已。三分天下有其二，以服事殷。周之德，其可谓至德也已矣。"

注释：

①乱臣：《说文》："乱，治也。"贾昌朝、林义光、孙德宣等认为训"治"的"乱"和"扰乱"的"乱"原本字形不同，读音不同，根本是两

个词，而非什么"反训"。

②斯：代词，指人才、能臣。

译文：

舜有臣子5人而天下大治。武王说："我有善于治理的能人10位。"孔子因此说："人才难得，不是这样吗？唐尧和虞舜之间，人才最为兴盛。（武王的10位能人中）有一位还是妇女，实际上只有9位罢了。周文王得了天下的三分之二，仍然服事殷商。周的道德，可以说是最高的道德了。"

8.21 子曰："禹，吾无间然矣①。菲饮食而致孝乎鬼神②，恶衣服而致美乎黻冕③，卑宫室而尽力乎沟洫。禹，吾无间然矣。"

注释：

①间（jiàn）：空隙，引申为人与人的隔阂、嫌隙。

②菲：使菲薄。

③黻（fú）：祭祀时穿的礼服；冕（miǎn）：祭祀时戴的礼帽。

译文：

孔子说："禹，我对他没有批评了。他自己吃得很差，却把祭品办得极丰盛；自己穿得很差，却把祭服缝得极华美；自己住得很坏，却倾全力于沟渠水利。禹，我对他没有批评了。"

子罕篇第九

9.1 子罕言利与命与仁。[①]

注释：

①罕言利与命与仁：罕言，很少说到。《论语》中"利"和"命"也出现好几次，但这与孔子不常说到它们是两码事，不能混为一谈。有人说，这一章当断为"子罕言利，与命与仁"，意为孔子很少说到利，但赞同命和仁。这说法没有什么道理，因为"命""仁"这样的抽象名词从不做动词"与"的宾语。

译文：

孔子很少（主动）谈到功利、命运和仁德。

9.2 达巷党人曰[①]："大哉孔子！博学而无所成名。"

子闻之，谓门弟子曰："吾何执？执御乎？执射乎？吾执御矣[②]。"

注释：

①达巷党：何晏《集解》引郑玄说："达巷者，党名也。五百家为党。"

②执射，执御：执射，射箭；执御，赶大车。射箭、赶大车当时算是比较卑贱的。孔子的回答是表示谦虚。他人赞美孔子伟大而博学，惋惜他无处施展抱负。孔子说我干的不过是射箭和赶大车的活；言下之意，我既不伟大也不算博学，无处施展抱负是自然的。

译文：

达巷这地方的一个人说："孔子真伟大！学问广博，可惜没地方成就名声。"

孔子听了这话，对学生们说："我干什么好呢？是赶大车呢？还是做弓箭手呢？我赶大车好了。"

9.3　子曰："麻冕，礼也；今也纯①，俭②，吾从众。拜下③，礼也；今拜乎上，泰也。虽违众，吾从下。"

注释：

①纯：黑色的丝。

②俭：节省。绩麻做礼帽比用丝织远为费工。

③拜下：臣子对君主的行礼——先在堂下磕头，然后升堂再磕头。

译文：

孔子说："用麻来织礼帽，是合于礼的；今天大家都用丝料，这样俭省点，我同意大家的做法。臣见君，先在堂下磕头，然后升堂又磕头，这也是合于礼的。今天，大家都只升堂后磕一次头，这是骄泰的表现。虽然违反大家的意愿，我仍然主张先在堂下磕头。"

9.4　子绝四——毋意，毋必，毋固，毋我。

译文：

孔子要断绝四种毛病——（就是要）不臆测，不武断，不固执，不自以为是。

9.5　子畏于匡①，曰："文王既没，文不在兹乎？天之将丧斯文也，后死者不得与于斯文也②；天之未丧斯文也，匡人其如予何！"

注释：

①子畏于匡：畏，通"围"，《淮南子·主术训》说孔子"围于匡，颜色不变，弦歌不辍"。孔子离开卫国去陈国，经过匡；匡人曾遭受鲁国阳货的掠夺残杀，便误抓了长相很像阳货的孔子。

②后死者不得与（yù）于斯文：后死者，孔子自称；与，参与。

译文：

孔子被匡地的老百姓围困，便说："周文王去世以后，一切文化遗产不是都在我这里吗？天如果要灭绝这种文化，那我也不会掌握这种文化了啊！天如果不灭绝这种文化，那匡人能把我怎么样！"

9.6 太宰问于子贡曰①："夫子圣者与？何其多能也？"

子贡曰："固天纵之将圣，又多能也。"

子闻之，曰："太宰知我乎？吾少也贱，故多能鄙事。君子多乎哉②？不多也。"

注释：

①太宰：官名。郑玄及刘宝楠都说此章"太宰"是吴太宰嚭。

②君子多乎哉：此处"君子"指有位者，养尊处优，当然不会做多少"鄙事"。

译文：

太宰向子贡问道："孔老先生是位圣人吗？为什么这样多才多艺呢？"

子贡说："这本来是老天让他成为圣人，又让他多才多艺的啊！"

孔子听到，便说："太宰了解我吗？我小时候贫穷，所以学会了不少鄙贱的技艺。真正的君子会有这样多的技巧吗？是不会的。"

9.7 牢曰①："子云，'吾不试②，故艺'。"

注释：

①牢：可能是孔子的学生。

②试：用。

译文：

牢说："孔子说过，'我不曾被国家所用，所以学得一些技艺'。"

9.8 子曰："吾有知乎哉？无知也。有鄙夫问于我，空空如也①，我叩其两端而竭焉。"

注释：

①空空：即《泰伯篇》（8.16）的"悾悾"，诚恳貌；不是"什么都

没有”的意思。

译文：

孔子说："我有知识吗？没有啊。有个种田的向我求教，很诚恳的样子；我从他那个问题的头和尾去盘问，然后尽量地告诉他。"

9.9　子曰："凤鸟不至，河不出图①，吾已矣夫！"

注释：

①凤鸟不至，河不出图：古代传说，凤凰出现，表示天下太平；又说，圣人受命，黄河就出现图画。

译文：

孔子说："凤凰不来，黄河也不再出现图画，我这一辈子算是完了吧！"

9.10　子见齐衰者①、冕衣裳者与瞽者②，见之，虽少，必作；过之，必趋③。

注释：

①齐衰（zī cuī）：古代丧服的一种，用缝边的粗麻布做成。

②冕衣裳者：衣冠整齐的贵族。

③作、趋：作，起；趋，快步走。这都是敬意的表示。

译文：

孔子看见穿丧服的人、穿戴礼帽礼服的人以及盲人，相见的时候，尽管他们年轻，孔子必定起身；走过的时候，一定快走几步。

9.11　颜渊喟然叹曰："仰之弥高，钻之弥坚。瞻之在前，忽焉在后。夫子循循然善诱人，博我以文，约我以礼，欲罢不能。既竭吾才，如有所立卓尔①，虽欲从之，末由也已。"

注释：

①既竭吾才，如有所立卓尔：这两句有歧义。按照孔安国的说法，是孔子"有所立"，句中的"如"是连词，"如果""假如"的意思；"如有

所立"就是"假如（夫子）有所建树"。但韩愈、李翱的《论语笔解》则说"此回自谓虽卓立，未能及夫子之高远也"，又成了颜回"有所立"，句中的"如"为副词，"好像""似乎"的意思；"如有所立"则是"似乎能够独立地工作"（杨伯峻先生译）。我们同意孔安国说。一是孔说远较《笔解》之说为早，二是《论语》中"如有"二字连言时，"如"一般都是连词，意为"如果""假如"。详见著者《论语译注与考证》这一章的《考证》。

译文：

颜渊赞叹道："老师的道德文章，越仰视，越觉得巍峨高大；越钻研，越觉得坚不可摧。（乍一看高深莫测）看着好像在前面，忽然又到后面去了。但老师循序渐进善于诱导学生，用文献来充实我，用礼节来约束我，让我（乐在其中）想停都停不下来。我已经用尽我的才华，假如老师又卓然有所建树，即使想再跟上去，又不知从何处走了。"

9.12　子疾病①，子路使门人为臣②。病间③，曰："久矣哉，由之行诈也！无臣而为有臣。吾谁欺？欺天乎！且予与其死于臣之手也，无宁死于二三子之手乎！且予纵不得大葬，予死于道路乎？"

注释：

①疾病："病"是"疾"的补语。

②为臣：和今天为有一定地位的人组织治丧委员会相似，不同者，臣在死前便开始工作。

③间（jiàn）：疾病稍有好转。

译文：

孔子病得厉害，子路便组织学生筹备治丧委员会。痊愈以后，孔子说："这么长时间了，仲由干这种欺骗的勾当！我不该享有治丧委员会，你却要组织它。我蒙骗谁呢？蒙骗老天吗？我与其死在治丧委员会手里，还不如死在同学们手里呀！况且我即使不能高规格下葬，难道我会死在路上吗？"

9.13　子贡曰："有美玉于斯，韫椟而藏诸①？求善贾而沽诸②？"

子曰："沽之哉！沽之哉！我待贾者也。"

注释：

①韫椟（yùn dú）而藏诸：韫，包裹。椟，匣子，柜子；这里活用为动词，用柜子装的意思；诸，"之乎"的合音字。

②善贾：好价钱。贾，通"价（價）"。

译文：

子贡说："这里有一块美玉，把它放在柜子里藏起来呢？还是求一个好价钱卖掉呢？"

孔子说："卖掉它，卖掉它！我是在等待识货的人哪。"

9.14　子欲居九夷①。或曰："陋②，如之何？"子曰："君子居之，何陋之有？"

注释：

①九夷：即淮夷，其北境与齐、鲁接壤。

②陋：僻陋、鄙陋，僻远而少文。

译文：

孔子想搬到九夷去住。有人说："那地方偏远闭塞，没有文化，怎么好去住？"孔子说："有君子住在那儿，就不偏远闭塞了。"

9.15　子曰："吾自卫反鲁，然后乐正，《雅》《颂》各得其所。"

译文：

孔子说："我从卫国回到鲁国，才把音乐（的篇章）整理出来，使《雅》和《颂》各有适当的位置。"

9.16　子曰："出则事公卿，入则事父兄①，丧事不敢不勉，不为酒困，何有于我哉②？"

注释：

①父兄：孔子父亲早死，故此处只有"兄"有义，古人常有这种用法。

②何有于我哉：与《述而》的"何有于我哉"（7.2）意思相同。

译文：

孔子说："出外便服事公卿，入门便服事父兄，有丧事不敢不全力以赴，不被酒所困扰，这些事对我有什么难呢？"

9.17　子在川上曰："逝者如斯夫！不舍昼夜①。"

注释：

①舍（shě）：意为放弃、抛弃，这一音义后来写作"捨"（简体字作"舍"）。

译文：

孔子在河边上叹道："消逝的时光就像这河水一样吧！日夜不停地流着。"

9.18　子曰："吾未见好德如好色者也。"

译文：

孔子说："我还没见过喜爱道德赛过喜爱美貌的人。"

9.19　子曰："譬如为山，未成一篑，止，吾止也。譬如平地，虽覆一篑，进，吾往也。"

译文：

孔子说："好比堆土成山，只差一筐土了，如果（应该）停止，我会停下来。好比平地堆土成山，即使才刚刚倒下一筐土，如果（应该）前进，我会一往无前。"

9.20　子曰："语之而不惰者，其回也与！"

译文：

孔子说："听我的话始终不懈怠的，也许只有颜回吧！"

9.21　子谓颜渊曰①："惜乎！吾见其进也，未见其止也。"

①子谓颜渊曰：唐写本《论语》郑玄注说："颜渊病，孔子往省之，故发此言，痛惜之甚。"那么，这明明是颜渊病重孔子去探视他的时候说的。先秦汉语中，"谓……曰"格式都是"对……说"的意思。有好些《论语》注本，仅仅依据一些所谓"情理"，就把"子谓颜渊曰"标点成"子谓颜渊，曰"，实不可信。这一章的"子谓颜渊曰"和7.11的"子谓颜渊曰"完全是一样的意思。

译文：

孔子对颜渊说："可惜呀！我只看见你不断地进步，从没看见你停滞不前。"

9.22 子曰："苗而不秀者有矣夫①！秀而不实者有矣夫②！"

注释：

①秀：禾黍扬花吐穗。

②"苗而不秀"不知何指，"秀而不实"当指颜回。

译文：

孔子说："庄稼长大了，却没来得及吐穗扬花，是有的吧！吐穗扬花了，却没来得及灌浆结实，是有的吧！"

9.23 子曰："后生可畏，焉知来者之不如今也？四十、五十而无闻焉，斯亦不足畏也已。"

译文：

孔子说："年少的人是可敬畏的，怎么能断定他将来赶不上现在的人呢？到了四五十岁还没有什么名声，他也就不值得惧怕了。"

9.24 子曰："法语之言，能无从乎？改之为贵。巽与之言①，能无说乎？绎之为贵。说而不绎，从而不改，吾末如之何也已矣②。"

注释：

①巽（xùn）：恭顺貌。

②末如之何：犹"莫可奈何"。

译文：

孔子说："严肃而合乎原则的话，能够不接受吗？改正错误才可贵。顺从己意的话，能不悦耳吗？分析一下才可贵。盲目高兴，不加分析；假意接受，却不改正，这种人我是拿他没办法的。"

9.25　子曰："主忠信，毋友不如己者，过则勿惮改。"

译文：

孔子说："要认忠、信两种品德为主。要交比自己强的朋友。有了错误，就不怕改正。"（参见1.8）

9.26　子曰："三军可夺帅也①，匹夫不可夺志也。"

注释：

①三军：据周朝制度，大国可以拥有三个军，因此以"三军"作为军队的通称。

译文：

孔子说："一国军队，可以使它丧失主帅；一个男子汉，却不能强迫他改变志向。"

9.27　子曰："衣敝缊袍①，与衣狐貉者立而不耻者，其由也与？'不忮不求，何用不臧②？'"

子路终身诵之。子曰："是道也，何足以臧？"

注释：

①衣（yì）敝缊（yùn）袍：衣，穿；缊，旧丝绵絮。

②这两句诗见《诗经·卫风·雄雉》。臧，善也。

译文：

孔子说道："穿着破烂的旧丝绵袍子和穿着狐貉裘的人一道站着，而不觉得惭愧的，恐怕只有仲由吧！《诗经》说：'不嫉妒，不心贪，做好啥事都不难。'"

子路听了，便老念这两句诗。孔子又说："仅仅这个样子，怎么能够好起来？"

9.28　子曰："岁寒，然后知松柏之后凋也。"

译文：

孔子说："天寒地冻，才知道松针柏叶是最后凋落的。"

9.29　子曰："知者不惑，仁者不忧，勇者不惧。"

译文：

孔子说："聪明人不致疑惑，仁德的人总是乐观，勇敢的人无所畏惧。"

9.30　子曰："可与共学，未可与适道；可与适道，未可与立①；可与立，未可与权。"

注释：

①与立：结为盟友。

译文：

孔子说："能够一道学习的人，未必会和他志同道合；能够志同道合的人，未必会成为至交；能够成为至交的人，未必会和他通权达变，事事取得一致。"

9.31　"唐棣之华，偏其反而。岂不尔思？室是远而。"子曰："未之思也，夫何远之有？"①

注释：

①唐棣……夫何远之有：唐棣，一种植物。"唐棣之华，偏其反而"大约就是颜回讲的"瞻之在前，忽焉在后"（9.11）。"夫何远之有"可能是"仁远乎哉？我欲仁，斯仁至矣"（7.30）的意思。

译文：

古诗上说："唐棣树的花儿，随风翻飞上下；难道不想念你吗？只因家远在天涯。"孔子说："他不是真正的想念哪，真的想念，那有什么远呢？"

乡党篇第十

10.1　孔子于乡党，恂恂如也①，似不能言者。其在宗庙朝廷，便便言②，唯谨尔。朝，与下大夫言，侃侃如也；与上大夫言，訚訚如也③。君在，踧踖如也④，与与如也⑤。君召使摈，色勃如也，足躩如也⑥。揖所与立，左右手，衣前后⑦，襜如也⑧。趋进⑨，翼如也。宾退，必复命曰："宾不顾矣。"入公门，鞠躬如也⑩，如不容。立不中门，行不履阈。过位⑪，色勃如也，足躩如也，其言似不足者。摄齐升堂⑫，鞠躬如也，屏气似不息者⑬。出，降一等，逞颜色，怡怡如也。没阶，趋进，翼如也。复其位，踧踖如也。

注释：

①恂（xún）：恭顺的样子。

②便便（pián pián）：说话流畅的样子。

③訚（yín）訚如：不卑不亢的样子。

④踧踖（cù jí）如：恭敬而略显局促的样子。

⑤与与如：行走安详舒泰的样子。

⑥躩（jué）：快步的样子。

⑦前后：俯仰的意思。

⑧襜（chān）：整齐的样子。

⑨趋进：俯身向前小步快走，用以表敬意。

⑩鞠躬如：谨慎恭敬的样子。

⑪过（guō）位：经过君主空着的座位。

⑫摄齐（zī）：齐，衣裳缝了边的下摆；摄，提起。

⑬屏（bǐng）气：即屏息。

译文：

孔子在本乡本土非常恭顺，好像不能说话的样子。他在宗庙里、朝廷上，便能明白晓畅地说出自己的意见，只是说得不多。上朝时，（在君主到来之前）同下大夫说话，温和而快乐；同上大夫说话，正直而恭敬。君主来了，便显出恭敬而局促的样子，行步却从容安详。鲁君召他接待国宾，面色矜持庄重，脚步也快起来。向两旁的人作揖，不停地左右拱手，衣服一俯一仰，却很整齐。快步向前，如鸟儿展翅。贵宾退下后，一定向君主报告："客人已经不回头了。"走进朝廷大门，他的仪容十分敬畏，好像无处容身。站，不站在门中间；走，不踩门槛。经过国君座位，面色矜持，脚步也快，言语也好像中气不足。提起下摆朝堂上走，恭敬谨慎，憋住气好像不呼吸。出来，下一级台阶，面色舒展，怡然自得。下完台阶，轻快地向前走几步，如同鸟儿舒展翅膀。回到自己的位置，又显出恭敬局促的样子。

10.2　执圭①，鞠躬如也，如不胜②。上如揖，下如授。勃如战色，足蹜蹜如有循③。享礼④，有容色。私觌⑤，愉愉如也。

君子不以绀緅饰⑥，红紫不以为亵服⑦。当暑，袗絺绤⑧，必表而出之。缁衣，羔裘；素衣，麑裘；黄衣，狐裘⑨。亵裘长，短右袂⑩。必有寝衣⑪，长一身有半。狐貉之厚以居⑫。

注释：

①圭：一种玉器；举行典礼的时候，君臣都拿着。

②胜（shēng）：能担负得了。

③蹜蹜（suō suō）：举脚密而狭的样子。

④享礼：出使外国，初到，便行聘问礼。"执圭"到"如有循"，正是行聘问礼时孔子的情形。聘问后，便行享礼；使臣把带来的礼物罗列满庭。

⑤觌（dí）：相见。

⑥绀緅（gàn zōu）饰：绀、緅，都是颜色。饰，镶边。古代，正式

礼服都是黑色，而这两种颜色都近于黑色，所以不用来镶边，为别的颜色作装饰。

⑦红、紫：高贵的颜色，故不宜家居所用。

⑧袗绤绤（zhěn chī xì）：袗，单，此处活用为动词，穿单衣；绤，细葛布；绤，粗葛布。

⑨这三句表示衣服里外颜色应该相称。古代皮衣毛向外，故外面一定要用罩衣，即裼（xī）衣。

⑩短右袂（mèi）：袂，袖子。右袖较短，以求工作方便。

⑪寝衣：即被子；古代大被叫"衾"，小被叫"被"。

⑫狐貉之厚以居：穿着厚狐貉裘在家接待宾客。清代刘宝楠《论语正义》认为"狐貉之厚以居"是以厚狐貉皮为坐垫。几乎所有《论语》的今注本都从刘说。这是错误的。

译文：

（孔子出使外国，举行典礼）拿着圭，恭敬谨慎得好像举不起来。向上举好像作揖，向下好像在交给别人。面色凝重如同在作战，脚步紧凑好像踩着一条线似的。献礼物时，满脸和气。和外国君臣私下相见，就显得轻松愉快。

君子不用天青色和铁灰色作镶边，浅红色和紫色的布不用来作平常居家的衣服。暑天，穿着粗的或细的葛布单衣，但一定裹着衬衣，使它露在外面。黑衣配紫羔，白衣配麑裘，黄衣配狐裘。居家的皮袄较长，但右袖要做得短些。睡觉一定有小被，约有一个半人长。（冬天）家居时接待宾客，穿厚狐貉皮袄。

10.3　去丧，无所不佩。非帷裳①，必杀之②。羔裘玄冠不以吊③。吉月④，必朝服而朝。

齐，必有明衣，布。齐必变食，居必迁坐⑤。

注释：

①帷裳：礼服裙，上朝和祭祀时穿，用整幅布做，不加剪裁。

②杀（shài）：裁去。

③羔裘、玄冠：均为黑色，用作吉服，不能穿戴着去吊丧。玄冠，一种礼帽。

④吉月：这两字有好些说法，程树德《论语集释》说是大年初一，姑从之。

⑤迁坐：改变卧室。古代上层人物平时和妻室居于"燕寝"，斋戒时则居于"外寝"（正寝），和妻室不同房。

译文：

丧服满了以后，什么东西都可以佩带。不是（上朝和祭祀穿的）用整幅布做的裙子，一定裁去一些。紫羔和黑色礼帽都不穿戴着去吊丧。大年初一，必定着上朝的礼服去朝贺。

斋戒沐浴的时候，一定有浴衣，用布做的。斋戒时，一定改变平常的饮食；居住也一定搬迁地方（不与妻室同房）。

10.4　食不厌精，脍不厌细。食饐而餲①，鱼馁而肉败②，不食。色恶，不食。臭恶，不食。失饪，不食。不时，不食。割不正③，不食。不得其酱，不食。肉虽多，不使胜食气④。唯酒无量，不及乱⑤。沽酒市脯不食⑥。不撤姜食，不多食⑦。

注释：

①食饐（yì）而餲（ài）：餲，饮食经久而腐败。

②鱼馁（něi）而肉败：馁，鱼腐烂；肉腐烂叫"败"。

③割不正：不按一定方法分解，即为"割不正"；割，牛羊肢体的分解。

④食（sì）气：饭料；气，"饩"的古字。

⑤乱：神志昏乱。

⑥沽酒市脯不食：买来的酒和肉干，担心不精致不卫生，会伤害身体，所以不吃。沽、市，都是买的意思。

⑦不撤姜食，不多食：斋戒期间，禁止食荤（葱蒜之类有气味的蔬菜，不是指鱼和肉），姜虽辛辣，但无气味，所以不撤下。姜多食伤身，故应少吃。

译文：

粮食不嫌舂得精，鱼和肉不嫌切得细。粮食霉烂发臭，鱼和肉腐烂，都不吃。食物颜色难看，不吃。气味难闻，不吃。烹调不当，不吃。不到应该吃的时候，不吃。不按一定方法切割的肉，不吃。没有一定调味的酱醋，不吃。席面上肉虽然多，吃它不超过主食。只有酒不限量，但不喝醉。买来的酒和肉干不吃。吃完了，姜不撤除，但吃得不多。

10.5　祭于公，不宿肉①。祭肉不出三日。出三日，不食之矣。

食不语，寝不言。虽疏食、菜羹、瓜祭②，必齐如也。

注释：

①不宿肉：分配的祭肉不过夜。大夫、士都须助君主祭祀。祭祀当日杀牲举行祭典，次日又祭，然后依等级分祭肉，此时肉已不太新鲜。若再留一夜再吃，恐对身体有害。

②瓜祭：《鲁论语》作"必祭"，有些注家便以为"瓜"字是因形近而讹；其实"瓜"字不讹。唐写本《论语》该"瓜"字有草字头，郑玄注"三物虽薄，祭之必敬"，与邢昺《疏》同。"三物"是指"疏食"、"菜羹"和"瓜"。《礼记·玉藻》："瓜祭上环，食中，弃所操。"证明"瓜祭"并非于文献无征。俞樾《古书疑义举例》有"探下文而省例"，"疏食菜羹"的"祭"因"瓜"后的"祭"字而省略。详见著者《论语译注与考证》这一章的《考证》。

译文：

参与国家祭祀典礼，不把祭肉留到第二天。其他的祭肉保留不超过三天。如果过了三天，便不吃它了。

即使是糙米饭、小菜汤和瓜的祭祀，祭的时候也一定像斋戒了一样。

10.6　席不正①，不坐。乡人饮酒②，杖者出，斯出矣。乡人傩③，朝服而立于阼阶④。问人于他邦⑤，再拜而送之⑥。

康子馈药⑦，拜而受之。曰："丘未达，不敢尝。"

厩焚。子退朝，曰："伤人乎？"不问马。

《论语》译注

注释：

①席：古代没有椅和凳，都是在地面上铺席子，坐在席子上。现在朝鲜、日本仍保留此种习惯。"席不正"是布席不合礼制。

②乡人饮酒：即行乡饮酒礼，详见《礼记·乡饮酒义》。

③傩（nuó）：古代风俗，迎神以驱逐疫鬼。

④阼（zuò）阶：东面的台阶，主人所立之地。

⑤问：问讯，问好。古代问讯，常致送礼物。

⑥拜：拱手并弯腰。

⑦馈（kuì）：赠送。

译文：

坐席摆的方向不合礼制，不坐。行乡饮酒礼后，要等老年人都出去了，自己才出去。本地的人们迎神驱鬼，穿着朝服站在东边的台阶上。托人给在外国的朋友问好送礼，便向受托者拜两次送行。

季康子送药给孔子，孔子拜而接受，却说："我对这药的药性不很了解，不敢试服。"

马棚失了火。孔子从朝廷回来，说："伤了人吗？"却不问马。

10.7　君赐食，必正席先尝之。君赐腥，必熟而荐之^①。君赐生，必畜之。侍食于君，君祭，先饭。

疾，君视之，东首^②，加朝服，拖绅^③。君命召，不俟驾行矣。

入太庙，每事问^④。

注释：

①荐：进奉。这里进奉的是自己的祖先，但不能视为祭祀。

②东首：国君自以为是全国的主人，就是到其臣下家也从主人方位的东阶上下，病卧在床的孔子只好脸朝东了。

③加朝服，拖绅：孔子卧病，只能将朝服盖在身上；绅，腰间所束的大带。

④此六字与 3.18 重复。

译文：

国君赐给熟食，孔子一定摆正座位先尝一尝。国君赐给生肉，一定先煮熟，再给祖宗进供。国君赐给活物，一定养着它。和国君一同吃饭，当他举行饭前祭礼的时候，自己先吃饭（不吃菜）。

孔子病了，国君来探问，他便把头朝东，把朝服盖在身上，拖着大带。国君召见，不等车辆驾好马，立即先步行。

到了周公庙，孔子每件事情都发问。

10.8　朋友死，无所归，曰："于我殡①。"朋友之馈，虽车马，非祭肉，不拜。

寝不尸，居不容②。

注释：

①殡：这里指一切丧葬事务。

②居不容：应为"居不客"，意为日常起居不必如做客般保持仪容。《经典释文》和唐石经《论语》都可证明古本本来就是"居不客"。

译文：

朋友死了，没人收敛，孔子便说："丧葬由我来料理。"朋友的赠品，即使是车马，只要不是祭肉，孔子接受时也不行礼。

孔子睡觉不像死尸一样（仰卧直躺），平日坐着也不像接见客人或自己做客人一样（跪着，屁股放在足跟上）。

10.9　见齐衰者，虽狎，必变。见冕者与瞽者，虽亵，必以貌。

凶服者式之①，式负版者②。

有盛馔，必变色而作。

迅雷风烈必变。

升车，必正立，执绥。车中，不内顾，不疾言，不亲指。

色斯举矣，翔而后集。曰："山梁雌雉，时哉时哉！"子路共之③，三嗅而作④。

注释：

①式：同"轼"；古代车辆前的横木叫"轼"，这里用作动词，用手伏轼的意思。

②版：国家图籍。

③共：同"拱"。

④嗅：同"臭（jù）"，臭，张两翅之貌。

译文：

孔子看见穿齐衰以上孝服的人，即便是最亲密的，也一定改变态度，（表示同情）。看见戴礼帽的人和盲人，即使常相见，也一定有礼貌。

在车中遇着拿了送死人衣物的人，便把身体微微向前一俯，手伏着车前的横木（表示同情）。遇见背负国家图籍的人，也手伏车前横木。

一有丰盛的菜肴，一定神采飞扬，站立起来。

遇见疾雷、大风，一定改变态度。

上车后，一定先端正地站好，拉着扶手带（登车）。在车中，不向内回顾，不很快地说话，不用手指指点点。

（孔子在山谷中行走，看见几只野鸡）孔子的脸色刚一动，野鸡便飞向空中，盘旋一阵，又都停在一处。孔子说："这些山梁上的母野鸡啊，得其时呀！得其时呀！"子路向它们拱拱手，它们又振一振翅膀飞去了。

先进篇第十一

11.1　子曰："先进于礼乐，野人也；后进于礼乐^①，君子也。如用之，则吾从先进。"

注释：

①先进、后进：子曰："周监于二代，郁郁乎文哉！吾从周。"又曰："礼，与其奢也，宁俭；丧，与其易也，宁戚。"（均见《八佾》）春秋时期，礼崩乐坏，在位之君子所行者，均非古制；而乡间鄙远，古风存焉，所谓"礼失求诸野"也。

译文：

孔子说："秉持着西周以前礼乐文教的，是野人；秉持着东周以后礼乐文教的，是君子。若要用礼乐，我主张用西周以前的。"

11.2　子曰："从我于陈、蔡者^①，皆不及门也。"

注释：

①从（zòng）我于陈、蔡者：据《史记·孔子世家》：楚使人聘孔子，适孔子在陈、蔡之间。二国大夫因平时言行与孔子相左，畏孔子为楚所用，于己不利，因使人围困孔子一行于郊野。绝粮，随从者都饿得爬不起来，唯孔子弦歌不绝。后使子贡至楚，楚兴师，围乃解。

译文：

孔子说："跟着我在陈国、蔡国之间忍饥挨饿的人，都不在我这里了。"

11.3　德行：颜渊、闵子骞、冉伯牛、仲弓。言语：宰我、子贡。

117

政事：冉有、季路。文学①：子游、子夏。

注释：

①文学：指古代文献，即孔子所传的《诗》《书》《易》等。

译文：

（孔子的学生各有千秋）德行好的有颜渊、闵子骞、冉伯牛、仲弓。能说会道的有宰我、子贡。擅长处理政务的有冉有、季路。熟悉古代文献的有子游、子夏。

11.4　子曰："回也非助我者也，于吾言无所不说。"

译文：

孔子说："颜回呀，不是对我有所帮助的人，他对我的话没有不喜欢的。"

11.5　子曰："孝哉闵子骞！人不间于其父母昆弟之言。"

译文：

孔子说："孝顺哪，闵子骞！别人对于他爹娘兄弟称赞他的话没有异议。"

11.6　南容三复白圭①，孔子以其兄之子妻之。

注释：

①白圭：白圭的四句诗见于《诗经·大雅·抑》，意思是白圭的污点还可以磨掉，我们言语中的污点却没法去掉。大概南容是个谨慎的人，能做到"邦有道，不废；邦无道，免于刑戮"（参见5.2）。

译文：

南容把"白圭之玷，尚可磨也；斯言之玷，不可为也"几句诗反复诵读，孔子便把自己的侄女嫁给他。

11.7　季康子问①："弟子孰为好学？"

孔子对曰："有颜回者好学，不幸短命死矣，今也则亡。"

注释：

①季康子问：鲁哀公也有此问，孔子回答较详，由此可见孔子对鲁君和季氏的态度。可参6.3。

译文：

季康子问："你的学生中，哪个好学？"

孔子答道："有一个叫颜回的好学，不幸短命死了，现在再没有这样的人了。"

11.8　颜渊死，颜路请子之车以为之椁①。子曰："才不才，亦各言其子也。鲤也死②，有棺而无椁。吾不徒行以为之椁。以吾从大夫之后③，不可徒行也。"

注释：

①颜路……为之椁（guǒ）：颜路，颜回父，名无繇（yóu），字路，也是孔子学生；椁，棺材外面的大棺。

②鲤：字伯鱼，孔子的儿子，50岁时死，时孔子70岁。

③以吾从大夫之后：这是谦逊的说法，意为"我曾为大夫"（孔子曾任鲁国司寇）。

译文：

颜渊死了，他父亲颜路请求孔子卖掉车子来替颜渊置办外棺。孔子说："不管有才还是没才，但总是各自的儿子。我儿子鲤死了，也只有内棺，而无外棺。我不能（卖掉车子）步行来替他买外棺。因为我也曾随行于大夫行列之后，是不能步行的。

11.9　颜渊死。子曰："噫！天丧予！天丧予！"

译文：

颜渊死了，孔子说："唉！老天要我死呀！老天要我死呀！"

11.10　颜渊死，子哭之恸。从者曰："子恸矣！"

曰："有恸乎？非夫人之为恸而谁为^①？"

注释：

①非夫人之为恸：夫人，那人；作"恸"的前置宾语。这句可理解为"非为夫人恸"。

译文：

颜渊死了，孔子哭得很伤心。随从孔子的人说："先生太伤心了！"

孔子说："真是太伤心了吗？我不为那个人伤心，还为谁伤心呢！"

11.11　颜渊死，门人欲厚葬之。子曰："不可^①。"

门人厚葬之。子曰："回也视予犹父也！予不得视犹子也！非我也，夫二三子也！"

注释：

①不可：当时礼制规定，丧葬厚薄要根据家庭经济状况来定。颜渊家贫，应薄葬。他的同学出于好意想要厚葬他，孔子遵守礼制，反对这样做。

译文：

颜渊死了，孔子的学生们想要很丰厚地埋葬他。孔子说："不可以。"

学生们仍然很丰厚地埋葬了他。孔子说："颜回呀，你对待我好像对待父亲哪！我却不能像对待儿子一样对待你呀！这不能怪我啊，是你的那些同学干的啊！"

11.12　季路问事鬼神。子曰："未能事人，焉能事鬼？"

曰："敢问死^①。"

曰："未知生，焉知死？"

注释：

①敢：表敬副词。古代地位低下者向尊贵者进言，多用之。

译文：

子路问怎样服事鬼神。孔子说："人还不能服事，又怎能去服事鬼？"

子路又说："我冒昧地请问死是怎么回事？"

孔子说："生的道理还没有弄明白，怎么能够懂得死？"

11.13 闵子侍侧，訚訚如也；子路，行行如也^①；冉有、子贡，侃侃如也。子乐。"若由也，不得其死然^②。"

注释：

①行（hàng）：行行如，刚强负气的样子。

②若由也，不得其死然：子路过于刚直，孔子担心，提醒他注意。后来子路果然死于非命。

译文：

闵子骞站在孔子身旁，显得恭敬而正直；子路显得很刚强；冉有、子贡显得温和、愉快。孔子乐了："像仲由啊，怕是不得好死。"

11.14 鲁人为长府。闵子骞曰："仍旧贯，如之何？何必改作？"

子曰："夫人不言，言必有中。"

译文：

鲁国翻修金库——长府。闵子骞道："仍像原来的样子如何？为什么一定要翻修呢？"

孔子说："那人平时不大开口，一开口却十分中肯。"

11.15 子曰："由之瑟奚为于丘之门？"

门人不敬子路。子曰："由也升堂矣，未入于室也^①。"

注释：

①升堂入室：堂是正厅，室是内室。先入门，次升堂，后入室，表示做学问的几个阶段。

译文：

孔子说："仲由弹瑟，为什么到我这里来弹呢？"

听了这话，学生们便瞧不起子路。孔子说："由啊，学问已经不错了，只是还不够精深罢了。"

11.16 子贡问："师与商也孰贤?"

子曰："师也过,商也不及。"

曰："然则师愈与?"

子曰："过犹不及①。"

注释:

①过犹不及:子曰:"中庸之为德也,其至矣乎!"(6.29)太过与不及都不是中庸,所以孔子这样说。

译文:

子贡问孔子:"颛孙师(子张)和卜商(子夏)两个人谁强?"

孔子说:"师呀,有点过分;商呢,有点赶不上。"

子贡说:"那么,师强一点么?"

孔子说:"过分和赶不上一个样。"

11.17 季氏富于周公,而求也为之聚敛而附益之。子曰:"非吾徒也。小子鸣鼓而攻之,可也。"

译文:

季氏比周公还有钱,而冉求还替他搜括,增加更多的财富。孔子说:"冉求不是我们的人,你们学生大张旗鼓地去攻击他,是可以的。"

11.18 柴也愚①,参也鲁,师也辟②,由也喭③。

注释:

①柴:高柴(前521—?),字子羔,孔子学生,比孔子小30岁。

②辟:邪,偏。《左传》昭公六年:"楚辟我衷,若何效辟?"

③喭(yàn):粗暴,鲁莽。

译文:

高柴愚笨,曾参迟钝,颛孙师偏激,仲由鲁莽。

11.19 子曰:"回也其庶乎①,屡空②。赐不受命,而货殖焉,亿则屡中③。"

注释：

①其庶乎：其庶几乎，可以了吧，差不多了吧。

②空：既贫（无财货）且穷（行不通）。

③亿：通"臆"，臆断，猜测，类似现在股民的猜测行情涨和跌。

译文：

孔子说："颜回的学问道德差不多了吧，可是常常穷得没办法。端木赐不安本分，囤积投机，猜测行情，却每每猜对了。"

11.20　子张问善人之道。子曰："不践迹，亦不入于室。"

译文：

子张问怎样做才是善人。孔子说："不踩着别人的脚印走，道德文章也难以到家。"

11.21　子曰："论笃是与①，君子者乎？色庄者乎？"

注释：

①论笃是与：与，许，赞许，推许；论笃，论笃者；"论笃"是"与"的前置宾语。

译文：

孔子说："总是推许言论笃实的人，他是真正的君子呢，还是故作深沉的人呢？"

11.22　子路问："闻斯行诸①？"

子曰："有父兄在，如之何其闻斯行之？"

冉有问："闻斯行诸？"

子曰："闻斯行之。"

公西华曰："由也问闻斯行诸，子曰：'有父兄在'；求也问闻斯行诸，子曰：'闻斯行之。'赤也惑，敢问。"子曰："求也退，故进之；由也兼人②，故退之。"

注释：

①诸："之乎"的合音字。

②兼人：兼有两个人的勇气，敢作敢为。

译文：

子路问："听到就干起来吗？"

孔子说："爸爸哥哥还健在，怎么能听到就干起来？"

冉有问："听到就干起来吗？"

孔子说："听到就干起来。"

公西华说："仲由问听到就干起来吗，您说'爸爸哥哥还健在（不能这样做）'；冉求问听到就干起来吗，您却说'听到就干起来'。我给弄糊涂了，大胆地来问问您。"

孔子说："冉求平时做事退缩，所以我给他打打气；仲由却有两个人的胆量，所以我要给他泼点冷水。"

11.23　子畏于匡，颜渊后。子曰："吾以女为死矣。"

曰："子在，回何敢死？"

译文：

孔子在匡被围困了之后，颜渊最后才来。孔子说："我还以为你死了。"

颜渊说："您还健在，我怎么敢死呢？"

11.24　季子然问①："仲由、冉求可谓大臣与？"

子曰："吾以子为异之问，曾由与求之问。所谓大臣者，以道事君，不可则止。今由与求也，可谓具臣矣。"

曰："然则从之者与？"

子曰："弑父与君，亦不从也。"

注释：

①季子然：当为季氏同族之人。

译文：

季子然问："仲由和冉求可以说是大臣吗？"

孔子说："我以为您是问别人，原来问的是由与求啊。我们所说的大臣，应心怀仁义来服事君主，如果这样行不通，就宁愿辞职不干。如今由和求这两个人，可以说是具备相当才能的臣子了。"

季子然又问："那么，他们会服从上级吗？"

孔子说："杀父亲和君主的事，他们也不会服从的。"

11.25 子路使子羔为费宰。子曰："贼夫人之子！"

子路曰："有民人焉，有社稷焉，何必读书，然后为学？"

子曰："是故恶夫佞者。"

译文：

子路叫子羔去做费县县长。孔子说："这是害了那里人的儿子！"

子路说："那地方有老百姓，有土地和五谷，为什么定要读书才叫做学问呢？"

孔子说："所以我讨厌那巧舌如簧的人。"

11.26 子路、曾皙①、冉有、公西华侍坐。

子曰："以吾一日长乎尔，毋吾以也。居则曰②：'不吾知也！'如或知尔，则何以哉？"

子路率尔而对曰："千乘之国，摄乎大国之间，加之以师旅，因之以饥馑；由也为之，比及三年③，可使有勇，且知方也。"

夫子哂之。

"求！尔何如？"

对曰："方六七十④，如五六十⑤，求也为之，比及三年，可使足民。如其礼乐，以俟君子。"

"赤！尔何如？"

对曰："非曰能之，愿学焉。宗庙之事，如会同，端章甫⑥，愿为小相焉⑦。"

"点！尔何如？"

鼓瑟希，铿尔，舍瑟而作⑧，对曰："异乎三子者之撰。"

子曰："何伤乎？亦各言其志也。"

曰:"莫春者⑨,春服既成⑩,冠者五六人,童子六七人,浴乎沂⑪,风乎舞雩⑫,咏而归。"

夫子喟然叹曰⑬:"吾与点也!"

三子者出,曾皙后。曾皙曰:"夫三子者之言何如?"

子曰:"亦各言其志也已矣。"

曰:"夫子何哂由也?"

曰:"为国以礼,其言不让,是故哂之。"

"唯求则非邦也与⑭?"

"安见方六七十如五六十而非邦也者?"

"唯赤则非邦也与?"

"宗庙会同,非诸侯而何?赤也为之小,孰能为之大?"

注释:

①曾皙:名点,曾参的父亲,也是孔子学生。

②居:平居,平常。

③比(bì):等到。

④方六七十:方圆六七十里。

⑤如:或者。

⑥端章甫:端,礼服;章甫,礼帽;这里都活用作动词。

⑦相(xiàng):赞礼者。

⑧作:站立。

⑨莫:"暮"的古字。

⑩成:定。

⑪沂(yí):水名,源出山东邹县西北,西经曲阜与洙水合,入于泗水。

⑫舞雩(yú):用以求雨的台名。在今曲阜市南郊。

⑬喟(kuì)然:长叹息貌。

⑭唯:用在句首引出话题的助词。

译文:

子路、曾皙、冉有、公西华四人陪孔子坐着。

孔子说道:"因为我比你们痴长几天,(老了,)没有人用我了。你们平日说:'人家不了解我啊!'如果有人了解你们,(打算请你们出去,)那

126

你们怎么办呢？"

子路不假思索地答道："一千辆兵车的国家，局促地处在几个大国之间，外面有军队侵犯它，国内又常闹灾荒。我去治理，等到三年以后，可以使人人有勇气，而且懂得大道理。"

孔子微微一笑。

又问："冉求！你怎么样？"

答道："方圆六七十里或者五六十里的小国家，我去治理，等到三年以后，可以使人民丰衣足食。至于修明礼乐，那只有等待贤人君子了。"

孔了又问："公西赤！你怎么样？"

答道："不是说我已经很有能力了，我愿意这样学习：祭祀的工作或者同外国会盟，我穿着礼服，戴着礼帽，做一个小司仪者。"

又问："曾点！你怎么样？"

他弹瑟正近尾声，铿的一声把瑟放下，站起来答道："我的志向和他们三位所讲的不同。"

孔子说："有什么关系呢，正是要各人说出自己的志向哪！"

曾皙便说："暮春时节，春天衣服都已穿定了，我和五六位成年人，六七个小孩，在沂水中洗洗澡，在舞雩台上吹吹风，再唱着歌儿回家。"

孔子长叹一声说："我同意曾点的主张哪！"

子路、冉有、公西华三人都出去了，曾皙后走。曾皙问道："那三位同学的话怎样？"

孔子说："也不过各人说说自己的志向罢了。"

曾皙又说："先生为什么对仲由微笑呢？"

孔子说："治理国家应该讲求礼，可是他的话一点都不谦让，所以笑笑他。"

"难道冉求所讲的就不是国家吗？"

孔子说："怎么见得方圆六七十里或五六十里地就不够一个国家呢？"

"公西赤所讲的不是国家吗？"

孔子说："有宗庙，有国际间的盟会，不是国家是什么？（我笑仲由的不是说他不能治理国家，而是笑他说话的内容和态度不够谦虚。譬如公西赤，他是个十分懂得礼仪的人，但他只说愿意学着做一个小司仪者。）如果他只做一个小司仪者，又有谁来做大司仪者呢？"

颜渊篇第十二

12.1　颜渊问仁。子曰："克己复礼为仁。一日克己复礼，天下归仁焉[1]。为仁由己，而由人乎哉？"

颜渊曰："请问其目。"子曰："非礼勿视，非礼勿听，非礼勿言，非礼勿动。"

颜渊曰："回虽不敏，请事斯语矣。"

注释：

①天下归仁：天下（的百姓）都将归向仁德。清代毛奇龄说这章的"归仁"乃是"称仁"的意思，不确。

译文：

颜渊问仁德。孔子说："抑制自己，使言语行动都回复到礼所允许的范围，就是仁。一旦这样做成了，天下的人都会归向仁德。实践仁德，全靠自己，难道还靠别人不成？"

颜渊说："请问行动的纲领。"孔子说："不合礼的事不看，不合礼的话不听，不合礼的话不说，不合礼的事不做。"

颜渊说："我虽不聪敏，也要实行您这话。"

12.2　仲弓问仁。子曰："出门如见大宾，使民如承大祭。己所不欲，勿施于人。在邦无怨，在家无怨[1]。"

仲弓曰："雍虽不敏，请事斯语矣。"

注释：

①在邦无怨，在家无怨：在邦，指在诸侯朝廷做事；在家，指在卿大

夫采邑中做事。参见 12.21；《左传》文公四年"在国必乱，在家必亡"的"家"，也指卿大夫的采邑。无怨，不是指别人无怨于我，而是指我对别人没有怨恨。

译文：

仲弓问仁德。孔子说："出门（工作）好像去接待贵宾，役使百姓好像去承担大祀典（事事严肃认真，小心谨慎），自己所不喜欢的事物，就不强加于别人。仕于诸侯不心生怨恨，仕于卿大夫也不心生怨恨。"

仲弓说："我虽然不聪敏，也要实行您这话。"

12.3　司马牛问仁[①]。子曰："仁者，其言也讱。"

曰："其言也讱，斯谓之仁已乎？"

子曰："为之难，言之得无讱乎？"

注释：

①司马牛问仁：《史记·仲尼弟子列传》："司马耕，字子牛，牛多言而躁，问仁于孔子。孔子曰：'仁者其言也讱。'"

译文：

司马牛问仁德。孔子说："仁人，他的言语迟钝。"

司马牛说："言语迟钝，这就叫做仁了吗？"

孔子说："做起来不容易，说话能够不迟钝吗？"

12.4　司马牛问君子。子曰："君子不忧不惧。"

曰："不忧不惧，斯谓之君子已乎？"

子曰："内省不疚，夫何忧何惧？"

译文：

司马牛问怎样才能成为一个君子。孔子说："君子不忧愁，不恐惧。"

司马牛说："不忧愁，不恐惧，这样就可以叫做君子了吗？"

孔子说："自己问心无愧，那有什么可以忧愁和恐惧的呢？"

12.5　司马牛忧曰："人皆有兄弟，我独亡。"

子夏曰："商闻之矣①：死生有命，富贵在天。君子敬而无失，与人恭而有礼。四海之内，皆兄弟也！君子何患乎无兄弟也？"

注释：

①商：卜商，字子夏。

译文：

司马牛忧愁地说："别人都有兄弟，就我没有。"

子夏说："我听说过：死生听之命运，富贵由天安排。君子只是对待工作严肃认真，不出差错，对待别人辞色恭谨，合乎礼节。普天之下，到处都有兄弟！君子又何必着急没有兄弟呢？"

12.6 子张问明。子曰："浸润之谮①，肤受之愬②，不行焉，可谓明也已矣。浸润之谮，肤受之愬，不行焉，可谓远也已矣。"

注释：

①谮（zèn）：谗言。

②愬：同"诉"，控诉，这里指诬告。

译文：

子张问怎样做才算是个明白人。孔子说："点滴而来、日积月累的谗言和肌肤所受、急迫切身的诬告在你这里都行不通，那你可以算是看得明白的了。点滴而来、日积月累的谗言和肌肤所受、急迫切身的诬告在你这里都行不通，那你可以算是看得远的了。"

12.7 子贡问政。子曰："足食，足兵，民信之矣①。"

子贡曰："必不得已而去，于斯三者何先？"

曰："去兵。"

子贡曰："必不得已而去，于斯二者何先？"

曰："去食。自古皆有死，民无信不立。"

注释：

①信：信任，相信。"听其言而信其行。"（5.10）按，此处"信"不

能释为"信仰",因为《论语》时代以至以后很长一段时期"信"都没有"信仰"的意义。

译文：

子贡问怎样去治理政事。孔子说："充足粮食，充足军备，百姓就信任政府了。"

子贡说："如果迫不得已，在粮食、军备和人民的信任三者之中一定要去掉一项，先去掉哪一项？"

孔子说："去掉军备。"

子贡说："如果迫不得已，在粮食和人民的信任两者之中一定要去掉一项，先去掉哪一项？"

孔子说："去掉粮食。（没有粮食，不过一死，但）自古以来谁都免不了死亡。如果人民缺乏对政府的信任，国家是站不起来的。"

12.8　棘子成曰[①]："君子质而已矣，何以文为？"

子贡曰："惜乎，夫子之说君子也！驷不及舌。文犹质也，质犹文也。虎豹之鞟犹犬羊之鞟[②]。"

注释：

①棘子成：卫国大夫。古代大夫都可被尊称为"夫子"。

②鞟（kuò）：去了毛的兽皮。

译文：

棘子成说："君子只要有好的本质就行了，要那些文采（那些仪节、那些形式）干什么？"

子贡说："可惜呀，先生这样谈论君子。一言既出，驷马难追。本质和文采，是同等重要的。假若把虎豹和犬羊两类兽皮拔去有文采的毛，那这两类皮革就很难区别了。"

12.9　哀公问于有若曰："年饥，用不足，如之何？"

有若对曰："盍彻乎？"

曰："二，吾犹不足，如之何其彻也？"

对曰："百姓足，君孰与不足？百姓不足，君孰与足？"

译文：

鲁哀公向有若问道："年成不好，国家用度不足，该怎么办？"

有若答道："为什么不实行十分抽一的税率呢？"

哀公说："十分抽二，我还不够，怎么能十分抽一呢？"

答道："如果百姓的用度够，您怎么会不够？如果百姓的用度不够，您又怎么会够？"

12.10 子张问崇德辨惑。子曰："主忠信，徙义①，崇德也。爱之欲其生，恶之欲其死。既欲其生，又欲其死，是惑也。'诚不以富，亦祗以异②。'"

注释：

①徙义：徙于义，以义为归依。徙，迁往，归附。

②诚不以富，亦祗（zhī）以异：见《诗经·小雅·我行其野》。用在这里，很可能是错简所致。祗，只，仅仅。

译文：

子张问怎样提高品德，辨别迷惑。孔子说："以忠诚信实为主，唯义是从，就可以提高品德。爱一个人，希望他长寿，厌恶起来，恨不得他马上死去。既要他长寿，又要他短命，这便是迷惑。这样，的确对自己毫无益处，只是使人奇怪罢了。"

12.11 齐景公问政于孔子。孔子对曰："君君，臣臣，父父，子子。"

公曰："善哉！信如君不君，臣不臣，父不父，子不子，虽有粟，吾得而食诸？"

译文：

齐景公向孔子问政治。孔子答道："君要像个君，臣要像个臣，父亲要像父亲，儿子要像儿子。"

景公说："对呀！若真是君不像君，臣不像臣，父不像父，子不像子，虽然有很多粮食，我能吃得上吗?"

12.12　子曰:"片言可以折狱者①，其由也与?"

注释:

①片言:单辞。打官司一定有原告、被告两方面的人，叫做"两造"。孔子说子路片言可以折狱，不过表示他的为人诚实直率，别人不愿欺他罢了。

译文:

孔子说:"根据一方面的言语就可以判决案件的，大概只有仲由吧!"

12.13　子路无宿诺。

译文:

子路从不拖延诺言。

12.14　子曰:"听讼①，吾犹人也，必也使无讼乎!"

注释:

①听讼:孔子曾任治理刑事的大司寇一职。

译文:

孔子说:"审理诉讼，我同别人差不多。一定要使诉讼的事件完全消灭才好。"

12.15　子张问政。子曰:"居之无倦，行之以忠。"

译文:

子张问政治。孔子说:"在位不要疲倦懈怠，执行政令要忠心。"

12.16　子曰:"博学于文，约之以礼，亦可以弗畔矣夫!"

译文:

孔子说:"君子广泛地学习文献，再用礼节约束自己，言行也可以不

越界了吧!"（同 6.27）

12.17 子曰:"君子成人之美,不成人之恶。小人反是。"

译文:

孔子说:"君子成全别人的好事,不促成别人的坏事。小人却和这相反。"

12.18 季康子问政于孔子。孔子对曰:"政者,正也。子帅以正,孰敢不正?"

译文:

季康子向孔子问政治。孔子答道:"'政'字的意思就是端正。您自己带头端正,谁敢不端正呢?"

12.19 季康子患盗,问于孔子。孔子对曰:"苟子之不欲,虽赏之不窃。"

译文:

季康子苦于盗贼太多,向孔子求教。孔子答道:"假如您不贪求太多的财货,就是奖励偷抢,他们也不会干。"

12.20 季康子问政于孔子曰①:"如杀无道,以就有道,何如?"

孔子对曰:"子为政,焉用杀?子欲善而民善矣。君子之德风,小人之德草。草上之风,必偃。"

注释:

①季康子问政于孔子:季孙肥(康子)袭其父位于鲁哀公三年七月,以上三章季康子之问当在此以后。

译文:

季康子向孔子请教政治,说道:"假若杀掉坏人来亲近好人,怎么样?"

孔子答道："您治理国家，为什么要杀戮？您想把国家治理好，百姓就会好起来。领导人的作风好比风，老百姓的作风好比草。风向哪边吹，草就向哪边倒。"

12.21　子张问："士何如斯可谓之达矣？"

子曰："何哉，尔所谓达者？"

子张对曰："在邦必闻，在家必闻。"

子曰："是闻也，非达也。夫达也者，质直而好义，察言而观色，虑以下人。在邦必达，在家必达。夫闻也者，色取仁而行违，居之不疑。在邦必闻，在家必闻。"

译文：

子张问："读书人要怎样做才可以叫做通达？"

孔子说："你所说的通达是什么意思？"

子张答道："在朝廷做官时一定有名望，在大夫家工作时一定有名望。"

孔子说："这是闻名，不是通达。怎样才是通达呢？品质正直，遇事讲理，善于分析别人的言语，观察别人的颜色，从思想上愿意对别人退让。这样，他在朝廷做官必定事事通达，在大夫家也一定事事通达。至于闻名，表面上似乎爱好仁德，实际行为却不如此，而自己竟以仁人自居而毫不怀疑。这种人，做朝廷的官时一定会博取名望，在大夫家工作时也一定会博取名望。"

12.22　樊迟从游于舞雩之下，曰："敢问崇德，修慝①，辨惑。"

子曰："善哉问！先事后得，非崇德与？攻其恶，无攻人之恶，非修慝与？一朝之忿，忘其身，以及其亲，非惑与？"

注释：

①修慝（tè）：修有修理、整理、清理、清算、修饰、修好、修治等意思；此处"修慝"的"修"，是"修治"的意思，故译为"消除"。慝，藏匿于心中的怨恨。

《论语》译注

译文:

樊迟陪同孔子在舞雩台下游玩,他说:"请问怎样提高自己的品德,怎样消除别人对自己不露于面的怨恨,怎么辨别出哪种是糊涂事。"

孔子说:"问得好!首先付出劳动,然后收获,不是提高品德了吗?批判自己的坏处,不去批判别人的坏处,不就消除无形的怨恨了吗?因为偶然的忿怒,便忘记自己,甚至忘记了爹娘,不是糊涂吗?"

12.23　樊迟问仁。子曰:"爱人。"问知。子曰:"知人。"

樊迟未达。子曰:"举直错诸枉①,能使枉者直。"

樊迟退,见子夏曰:"乡也吾见于夫子而问知②,子曰,'举直错诸枉,能使枉者直',何谓也?"

子夏曰:"富哉言乎!舜有天下,选于众,举皋陶③,不仁者远矣。汤有天下④,选于众,举伊尹⑤,不仁者远矣。"

注释:

①举直错诸枉:错,安放,安置;诸,"之于"的合音字;枉,不正。

②乡:同"向",刚才。

③皋陶(gāo yáo):舜的臣子。

④汤:商朝开国之君,名履,伐夏桀而得天下。

⑤伊尹:汤的辅相。

译文:

樊迟问什么是仁。孔子说:"爱人。"又问什么是智,孔子说:"善于了解别人。"

樊迟还不理解。孔子说:"提拔正直的人,把他安置在不正直的人之上,能够使不正直的人正直。"

樊迟退了出来,找到子夏,说道:"刚才我去见老师,请教什么是智,他说:'提拔正直的人,把他安置在不正直的人之上,能够使不正直的人正直。'这是什么意思?"

子夏答道:"这话的意义多么丰富啊!舜有了天下,在众人之中挑选,提拔了皋陶,坏人就被疏远了。汤有了天下,在众人之中挑选,提拔了伊尹，坏人就被疏远了。”

12.24 子贡问友。子曰："忠告而善道之，不可则止，毋自辱焉。"

译文：

子贡问如何对待朋友。孔子说："忠心地劝告他，好好地引导他，他不听从，也就罢了，不要自取其辱。"

12.25 曾子曰："君子以文会友，以友辅仁。"

译文：

曾子说："君子用文章学问来聚会朋友，用朋友来帮助自己培养仁德。"

子路篇第十三

13.1　子路问政。子曰："先之劳之。"

请益。曰："无倦。"

译文：

子路问执政之道。孔子说："先给百姓做榜样，然后役使他们。"

子路请求多讲一点。孔子又说："兢兢业业地工作。"

13.2　仲弓为季氏宰，问政。子曰："先有司，赦小过，举贤才。"

曰："焉知贤才而举之？"

子曰："举尔所知；尔所不知，人其舍诸？"

译文：

仲弓当了季氏的管家，向孔子问政治。孔子说："给工作人员做榜样，原谅别人的小过失，推举贤能的人。"

仲弓说："怎样去识别贤能的人并提拔他们呢？"

孔子说："推举你所知道的；你所不知道的，别人难道会舍弃他吗？"

13.3　子路曰："卫君待子而为政①，子将奚先？"

子曰："必也正名乎！"

子路曰："有是哉，子之迂也！奚其正？"

子曰："野哉，由也！君子于其所不知，盖阙如也。名不正，则言不顺；言不顺，则事不成；事不成，则礼乐不兴；礼乐不兴，则刑罚不中；刑罚不中，则民无所错手足②。故君子名之必可言也，言之必可行也。君子于其言，无所苟而已矣。"

注释：

①卫君：卫出公，名辄。

②错：放置。

译文：

子路对孔子说："卫君等着您去治理国政，您准备首先干什么？"

孔子说："那一定是纠正名分上的用词不当吧！"

子路说："您的迂腐竟到了如此地步吗！这又何必纠正？"

孔子说："你怎么这样粗野！君子对于他所不懂的，大概采取保留态度（而不会像你这样乱说）。用词不当，言语就不能顺理成章；言语不顺理成章，工作就不能搞好；工作搞不好，国家的礼乐制度也就举办不起来；礼乐制度举办不起来，刑罚也就不会得当；刑罚不得当，百姓就会（无所适从）连手脚都不晓得摆在哪里好。所以君子用一个词，一定可以说得出用它的道理来；而顺理成章的话也一定行得通。君子对于措词说话要没有一点马虎的地方，才肯罢休。"

13.4　樊迟请学稼。子曰："吾不如老农。"

请学为圃。曰："吾不如老圃。"

樊迟出。子曰："小人哉，樊须也①！上好礼，则民莫敢不敬；上好义，则民莫敢不服；上好信，则民莫敢不用情。夫如是，则四方之民襁负其子而至矣，焉用稼？"

注释：

①樊须：字子迟。

译文：

樊迟请求学种庄稼。孔子说："我不如老农夫。"

又请求学种蔬菜。孔子说："我不如老菜农。"

樊迟出去了。孔子说："樊须真是小人！做官的讲礼节，老百姓就没人敢不尊敬；做官的讲道理，老百姓就没人敢不服从；做官的讲信誉，老百姓就没人敢不说真话。能做到这样，四面八方的老百姓都会背负着小儿女来投靠，为什么要自己种地呢?"

13.5 子曰:"诵《诗》三百,授之以政,不达;使于四方,不能专对①;虽多,亦奚以为②?"

注释:

①使于四方不能专对:古代使节,只接受使命,至于交涉应对,全靠随机应变,这就是"专对"。又,当时的外交酬酢和谈判,多以背诵《诗经》来表达己意。

②亦奚以为:奚以,怎样,如何。为,做。

译文:

孔子说:"熟读《诗经》三百篇,让他处理政务,却不能顺畅通达;出使外国,又不能独立应对;即便读得多,又如何去做呢?"

13.6 子曰:"其身正,不令而行;其身不正,虽令不从。"

译文:

孔子说:"当权者自己行得正,不发命令,政令也能贯彻。自己行为不检点,即使三令五申,老百姓也不会听从。"

13.7 子曰:"鲁卫之政,兄弟也。"

译文:

孔子说:"鲁国和卫国的政治,像兄弟一般(相差无几)。"

13.8 子谓卫公子荆:"善居室。始有,曰:'苟合矣①。'少有,曰:'苟完矣。'富有,曰:'苟美矣。'"

注释:

①苟合:差不多合适,基本上够了。

译文:

孔子谈到卫国的公子荆,说:"他善于居家过日子。刚有一点,便说:

'差不多合适了。'增加了一点，又说道：'差不多完备了。' 多有一点，便说道：'差不多美轮美奂了。'"

13.9　子适卫，冉有仆①。子曰："庶矣哉！"

冉有曰："既庶矣，又何加焉？"

曰："富之。"

曰："既富矣，又何加焉？"

曰："教之。"

注释：

①仆：动词，驾御车马。

译文：

孔子到卫国，冉有替他驾车子。孔子说："人真多啊！"

冉有说："人口已经众多了，又该干什么呢？"

孔子说："让他们富起来。"

冉有说："已经富裕了，又该干什么呢？"

孔子说："教育他们。"

13.10　子曰："苟有用我者，期月而已可也①，三年有成。"

注释：

①期月：一年；期，同"朞"，音jī。

译文：

孔子说："如有用我主持国家政事的，一年也就差不多了，三年便会很有成绩。"

13.11　子曰："'善人为邦百年，亦可以胜残去杀矣。'诚哉是言也！"

译文：

孔子说："'善人治理国家100年，也可以克服残暴免除杀戮了。'这话说得真对呀！"

13.12　子曰："如有王者，必世而后仁①。"

注释：

①世：30 年为一世。

译文：

孔子说："假如有王者兴起，一定需要30年才能使仁政大行。"

13.13　子曰："苟正其身矣，于从政乎何有？不能正其身，如正人何？"

注释：

①何有：有什么困难。

译文：

孔子说："假若端正了自己，治理国家还有什么困难呢？连本身都不能端正，又怎能端正别人呢？"

13.14　冉子退朝。子曰："何晏也？"

对曰："有政。"

子曰："其事也，如有政，虽不吾以，吾其与闻之①。"

注释：

①与（yù）：参与。

译文：

冉有从办公的地方回来。孔子说："今天为什么回得晚了呢？"

冉有答道："有政务。"

孔子说："那只是事务罢了。如果有政务，虽然不用我了，我也会知道的。"

13.15　定公问："一言而可以兴邦，有诸？"

孔子对曰："言不可以若是其几也①。人之言曰：'为君难，为臣不易。'如知为君之难也，不几乎一言而兴邦乎？"

曰："一言而丧邦，有诸？"

孔子对曰："言不可以若是其几也。人之言曰：'予无乐乎为君，唯其言而莫予违也。'如其善而莫之违也，不亦善乎？如不善而莫之违也，不几乎一言而丧邦乎？"

注释：

①言不可以若是其几也：有些《论语》注本作"言不可以若是，其几也"，我们不取。"若是其"为当时习语，不能拆开。

译文：

鲁定公问："一句话兴盛国家，有这事吗？"

孔子答道："说话可不能像这样地简单机械。不过，大家都说：'做君主很难，做臣子不容易。'如果知道做君主的艰难（事事自然会认真谨慎地去干），这不就接近一句话便兴盛国家了吗？"

定公又说："一句话丧失国家，有这事吗？"

孔子答道："说话可不能像这样地简单机械。不过，大家都说：'我做君主没有别的快乐，只是我说任何话都没人敢违抗。'如果说的话正确而没人敢违抗，不也好么？如果说的话不正确也没人敢违抗，这不就接近一句话便丧失国家了吗？"

13.16 叶公问政。子曰："近者悦，远者来①。"

注释：

①近者悦，远者来：有的注家译为"境内的人使他高兴，境外的人使他来投奔"，"境内的人使他们欢悦，远方的人使他们来归"，我们不取。因为，按《论语》的句法，如要这样翻译，应作"近者悦之，远者来之"。

译文：

叶公问政治。孔子说："只有境内的人欢悦，境外的人才会来归。"

13.17 子夏为莒父宰①，问政。子曰："无欲速，无见小利。欲速，则不达；见小利，则大事不成。"

①莒（jǔ）父：鲁国之一邑。

子夏做了莒父的县长，问政治。孔子说："不要图快，不要顾小利。图快，反而达不到目的；顾小利，大事就办不成功。"

13.18　叶公语孔子曰："吾党有直躬者，其父攘羊①，而子证之②。"

孔子曰："吾党之直者异于是：父为子隐，子为父隐，直在其中矣③。"

①攘：《淮南子》高诱注："凡六畜自来而取者，曰'攘'也。"

②证：告发，检举。

③直在其中：孔子伦理哲学的基础就在于"孝"和"慈"，因之说父子相隐，直在其中。目前除极个别国家外，现代各国刑法都有"亲属容隐制"，"父为子隐，子为父隐"，隐者无罪。

叶公告诉孔子说："我那里有个正直坦率的人，他父亲顺手牵羊，他便告发。"

孔子说："我们那里正直坦率的人和你们的不同：父亲替儿子隐瞒，儿子替父亲隐瞒。正直就在这里面。"

13.19　樊迟问仁。子曰："居处恭，执事敬，与人忠。虽之夷狄①，不可弃也。"

①之：到，往。

樊迟问仁。孔子说："平日容貌态度端正庄严，工作严肃认真，为别人忠心诚意。这几种品德，纵是到了非中原之地，也是不能废弃的。"

13.20　子贡问曰："何如斯可谓之士矣？"

子曰："行己有耻，使于四方，不辱君命，可谓士矣。"

曰："敢问其次。"

曰："宗族称孝焉，乡党称弟焉。"

曰："敢问其次。"

曰："言必信，行必果，硁硁然小人哉①！——抑亦可以为次矣。"

曰："今之从政者何如？"

子曰："噫！斗筲之人②，何足算也？"

注释：

①硁（kēng）硁然：浅薄固执的样子。

②斗筲（shāo）之人：指气度狭小的人。筲，饭筐。

译文：

子贡问道："怎样才可以叫做'士'？"

孔子说："自己行为保持羞耻之心，出使各国，不负君主的使命，这就可以叫做'士'了。"

子贡说："请问次一等的。"

孔子说："宗族称赞他孝顺父母，乡里称赞他恭敬兄长。"

子贡又说："请问再次一等的。"

孔子说："言语一定信实，行为一定坚决，这是不问黑白而只管自己贯彻言行的小人哪！但也可以说是再次一等的'士'了。"

子贡说："现在的执政诸公怎么样？"

孔子说："咳！这班器识狭小的人算什么东西！"

13.21　子曰："不得中行而与之，必也狂狷乎①！狂者进取，狷者有所不为也。"

注释：

①狷（juàn）：洁身自好。

孔子说："不能得到言行方正的人和他相交，又硬要交友的话，那总要交到狂放和狷介的人吧，狂放者敢于进取，狷介者还不至于做坏事。"

13.22　子曰："南人有言曰：'人而无恒，不可以作巫医①。'善夫！"

"不恒其德，或承之羞。"子曰："不占而已矣。"

①巫医：巫者和医师。

孔子说："南方人有句话说，'作为一个人，却没有恒心，连巫者和医生都做不了'。这话说得好啊！"

《易经·恒卦》的爻辞说："三心二意，翻云覆雨，总有人招致羞耻。"孔子又说："这话的意思是叫无恒心的人不必去占卦罢了。"

13.23　子曰："君子和而不同，小人同而不和①。"

①和，同：春秋时代的两个常用术语。和，指多种事物的和谐相处，即所谓相反相成。"和"表现在君臣关系上，就是臣子赞成君主的正确意见，而不赞成他的错误意见。同，则与之相反，只是一味地盲从，以求明哲保身。

孔子说："君子追求在正确前提下的和谐，却不肯盲从；小人只会盲从，却不肯坚持正确立场。"

13.24　子贡问曰："乡人皆好之，何如？"

子曰："未可也。"

"乡人皆恶之，何如？"

子曰："未可也；不如乡人之善者好之，其不善者恶之。"

译文：

子贡问道："一乡的人都喜欢他，这个人怎么样？"

孔子说："还不行。"

子贡又说："一乡的人都厌恶他，这个人怎么样？"

孔子说："还不行。最好一乡的好人都喜欢他，一乡的坏人都厌恶他。"

13.25　子曰："君子易事而难说也①。说之不以道，不说也；及其使人也，器之。小人难事而易说也。说之虽不以道，说也；及其使人也，求备焉。"

注释：

①易事而难说（yuè）：易事，容易共事；说，"悦"的古字。

译文：

孔子说："在君子手下工作很容易，讨他的欢喜却难。不用正当的方式去讨他的欢喜，他是不会欢喜的；等到他使用人的时候，却衡量各人的才德去分配任务。在小人手下工作很难，讨他的欢喜却容易。用不正当的方式去讨他的欢喜，他会欢喜；等到他使用人的时候，便会百般挑剔，求全责备。"

13.26　子曰："君子泰而不骄，小人骄而不泰①。"

注释：

①泰、骄："泰"和"骄"是同义词，且都是贬义。"泰"、"骄"的共同特点是看上去自高自大，严厉不好接近。"泰"是矜持自负之意。"骄"则不但自大，还盛气凌人，且显摆自己。此章实辨明君子的缺点和小人的做派是有本质区别的。详见著者《论语译注与考证》这一章的《考证》。

译文：

孔子说："君子自负，但不盛气凌人；小人盛气凌人，却并不自负。"

13.27　子曰："刚、毅、木、讷近仁。"

译文：

孔子说："刚强、果断、质朴、说话谨慎，有这四种品德的人近于仁德。"

13.28　子路问曰："何如斯可谓之士矣？"

子曰："切切偲偲①，怡怡如也②，可谓士矣。朋友切切偲偲，兄弟怡怡。"

注释：

①切切偲（sī）偲：互相批评，共同促进。

②怡怡：和顺貌。

译文：

子路问道："怎么样才可以叫做'士'了呢？"

孔子说："互相批评，和睦相处，就可以叫做'士'了。朋友之间，互相批评；兄弟之间，和睦相处。"

13.29　子曰："善人教民七年①，亦可以即戎矣②。"

注释：

①七年：约数，好几年。

②即戎：即，就，往；戎，兵戎。

译文：

孔子说："善人教导人民七八年，也能够叫他们作战了。"

13.30　子曰："以不教民战①，是谓弃之。"

注释：

①不教民：即"不教之民"。

译文：

孔子说："用未经训练的人民去作战，这等于糟踏生命。"

宪问篇第十四

14.1　宪问耻。子曰："邦有道，穀；邦无道，穀，耻也。"[1]

"克、伐、怨、欲不行焉，可以为仁矣？"

子曰："可以为难矣，仁则吾不知也。"

注释：

[1]这一段应与8.13对照看。

译文：

原宪问何为耻辱。孔子说："国家政治清明，就做官拿薪水；国家政治黑暗，还做官拿薪水，这就是耻辱。"

原宪又说："好胜、自夸、怨恨和贪心都不曾表现过，这可以算具有仁德了吗？"

孔子说："可以算是难能可贵了，有没有仁德，我可不知道。"

14.2　子曰："士而怀居[1]，不足以为士矣。"

注释：

[1]怀居：怀，留恋；居，安居。

译文：

孔子说："作为一个读书人，却贪图安逸，真不配做读书人了。"

14.3　子曰："邦有道，危言危行[1]；邦无道，危行言孙[2]。"

注释：

[1]危：正也。

②孙：同"逊"。

译文：

孔子说："政治清明，言语正直，行为正直；政治黑暗，行为正直，言语谦逊。"

14.4　子曰："有德者必有言，有言者不必有德。仁者必有勇，勇者不必有仁。"

译文：

孔子说："有德者定有至理名言，但有名言者却不一定有德。仁人定有大勇，但有大勇者却不一定仁。"

14.5　南宫适问于孔子曰①："羿善射②，奡荡舟③，俱不得其死然。禹、稷躬稼而有天下。"夫子不答。

南宫适出，子曰："君子哉若人！尚德哉若人！"

注释：

①南宫适（kuò）：孔子学生南容。
②羿（yì）：夏代有穷国君主，射箭能手。
③奡（ào）：夏代寒浞的儿子，字又作"浇"。

译文：

南宫适向孔子问道："羿擅长射箭，奡擅长水战，都没有得到好死。禹和稷自己下地种田，却得到了天下。（怎样理解这些历史？）"孔子没有答复。

南宫适退出去后，孔子说："这个人，好一个君子！这个人，多么崇尚道德！"

14.6　子曰："君子而不仁者有矣夫，未有小人而仁者也①。"

注释：

①这里的君子、小人是指在位者和老百姓。

译文：

孔子说："作为一个君子却不仁的，是有的吧？从来没有是个小人却有仁德的。"

14.7 子曰:"爱之,能勿劳乎? 忠焉^①,能勿诲乎?"

注释:

①忠焉:孔子时代,"忠"可以指对朋友,甚至对晚辈的负责。

译文:

孔子说:"爱他,能不磨砺他吗? 忠于他,能不教诲他吗?"

14.8 子曰:"为命^①,裨谌草创之^②,世叔讨论之^③,行人子羽修饰之^④,东里子产润色之^⑤。"

注释:

①为命:据《左传》,这里的"命"为外交辞令。

②裨谌(pí chén):郑国大夫。

③世叔讨论之:世叔,即《左传》的子太叔(古"太"与"世"通),名游吉;讨论,一个人研究而后提意见。

④行人子羽:行人,古代外交官;子羽,公孙挥的字。

⑤东里:地名,在今郑州市,子产所居。

译文:

孔子说:"郑国外交辞令的撰写过程,由裨谌打草稿,世叔提意见,外交官子羽修改,东里的子产做文辞上的加工。"

14.9 或问子产。子曰:"惠人也。"

问子西^①。曰:"彼哉! 彼哉^②!"

问管仲。曰:"人也。夺伯氏骈邑三百^③,饭疏食,没齿无怨言^④。"

注释:

①子西:子产的兄弟公孙夏。

②彼哉,彼哉:当时表示轻蔑的惯用语;彼,指示代词,那,那人。

③伯氏骈邑:伯氏,齐国大夫;骈邑,地名,在山东临朐的柳山寨。

④齿:人的寿命。

译文：

有人向孔子问子产是怎样的人物。孔子说："他是宽厚慈惠的人。"

又问到子西。孔子说："那个人哪，那个人哪！"

又问到管仲。孔子说："他是个人才。剥夺了伯氏骈邑 300 户的封地，使他只能吃粗粮，却到死也没有怨言。"

14.10　子曰："贫而无怨难，富而无骄易。"

译文：

孔子说："贫穷却没有怨恨，很难；富贵却不骄傲，倒容易做到。"

14.11　子曰："孟公绰为赵魏老则优①，不可以为滕薛大夫②。"

注释：

①孟公绰为赵魏老则优：孟公绰，鲁国大夫；老，大夫的家臣；优，优裕，优游。

②滕、薛：鲁国附近的小国。

译文：

孔子说："孟公绰，让他做晋国卿大夫赵氏、魏氏的家臣，是能胜任愉快的，但没有能力做滕、薛这类小国的大夫。"

14.12　子路问成人。子曰："若臧武仲之知①，公绰之不欲，卞庄子之勇②，冉求之艺，文之以礼乐，亦可以为成人矣。"

曰："今之成人者何必然？见利思义，见危授命，久要不忘平生之言③，亦可以为成人矣。"

注释：

①臧武仲：鲁国大夫臧孙纥。他很聪明，能预见齐庄公被杀而设法辞去庄公给他的田。

②卞庄子：鲁国的勇士。

③要：通"约"，穷困。

译文：

　　子路问怎样才是全人。孔子说："智慧像臧武仲，清心寡欲像孟公绰，勇敢像卞庄子，多才多艺像冉求，再用礼乐来成就他的文采，也可以说是全人了。"

　　等了一会，又说："现在的全人哪里一定要这样？看见利益能想起该不该得，遇到危险肯付出生命，经过长久的穷困日子都不忘记平日的诺言，也可以说是全人了。"

　　14.13　子问公叔文子于公明贾曰①："信乎，夫子不言，不笑，不取乎？"

　　公明贾对曰："以告者过也②。夫子时然后言，人不厌其言；乐然后笑，人不厌其笑；义然后取，人不厌其取。"

　　子曰："其然？岂其然乎？"

注释：

　　①子问公叔文子于公明贾（jiǎ）：公叔文子，卫国大夫；公明贾，卫人。

　　②以告者过也：这是由于传话者的错误所致。

译文：

　　孔子向公明贾问到公叔文子，说："他老人家不说话，不笑，不取，是真的吗？"

　　公明贾答道："是由于传话的人说错了。他老人家到该说话的时候才说话，别人便不讨厌他的话；快乐了才笑，别人便不讨厌他的笑；应该取才取，别人便不讨厌他的取。"

　　孔子说："如此吗？真的如此吗？"

　　14.14　子曰："臧武仲以防求为后于鲁①，虽曰不要君②，吾不信也。"

注释：

　　①臧武仲以防求为后于鲁：此事见《左传》襄公二十三年；防，臧武仲的封地，离齐国很近。

　　②要（yāo）：要挟。

译文：

孔子说："臧武仲（逃到齐国之前）凭借着他的封地防城请求立其子弟继他为鲁国卿大夫，虽然有人说他不是要挟国君，但我是不相信的。"

14.15　子曰："晋文公谲而不正，齐桓公正而不谲①。"

注释：

①晋文公谲而不正，齐桓公正而不谲：晋文公，名重耳；齐桓公，名小白。他俩是春秋五霸中最有名声的两个霸主。谲（jué），欺诈，玩弄权术阴谋。

译文：

孔子说："晋文公好欺诈而不正派，齐桓公正派而不好欺诈。"

14.16　子路曰："桓公杀公子纠，召忽死之，管仲不死①。"
曰："未仁乎?"
子曰："桓公九合诸侯②，不以兵车，管仲之力也。如其仁③! 如其仁!"

注释：

①管仲不死：小白和公子纠都是齐襄公的弟弟。襄公无道，小白便由鲍叔牙侍奉逃到莒（jǔ）国，公子纠也由管仲和召忽侍奉逃往鲁国。后襄公被杀，小白先入齐国为君，是为桓公。齐兴兵伐鲁，逼鲁杀公子纠，召忽自杀以殉，管仲却做了桓公的宰相。
②九合：齐桓公纠合诸侯共11次，"九"是虚数。
③如其仁：合于"仁"，符合"仁"。

译文：

子路说："齐桓公杀了公子纠，（公子纠的师傅）召忽因此自杀，（但是他的另一师傅）管仲却活着。"

接着又说："管仲怕是不仁吧?"

孔子说："齐桓公多次主持诸侯间的盟会，消弭了战祸，这都是管仲的力量。（他这样做）符合仁德啊，符合仁德!"

14.17 子贡曰:"管仲非仁者与? 桓公杀公子纠,不能死,又相之。"

子曰:"管仲相桓公,霸诸侯,一匡天下,民到于今受其赐。微管仲^①,吾其被发左衽矣^②。岂若匹夫匹妇之为谅也^③,自经于沟渎而莫之知也^④?"

注释:

①微:非,没有。

②吾其被发左衽矣:被,同"披";左衽,当时夷狄衣襟朝左边开。

③谅:小信,无原则地守信。

④自经于沟渎(dú):自经,自尽;渎,沟。

译文:

子贡说:"管仲该不是仁人吧,桓公杀了公子纠,他不但不能以身殉难,还去辅相他。"

孔子说:"管仲辅相桓公,称霸诸侯,使天下一切都得以匡正,人民到今天还感受到他的好处。如果没有管仲,我们都会披散着头发,衣襟向左边开着(沦落为夷狄了)。他难道要像普通老百姓一样守着小节小信,在山沟里自杀,死了还没人知道吗?"

14.18 公叔文子之臣大夫僎与文子同升诸公^①。子闻之,曰:"可以为'文'矣。"

注释:

①诸:用法约同"于"。

译文:

公叔文子的家臣大夫僎,(由于文子的推荐)和文子一道做了国家的大臣。孔子知道这事,便说:"这便可以谥为'文'了。"

14.19 子言卫灵公之无道也,康子曰:"夫如是,奚而不丧^①?"孔子曰:"仲叔圉治宾客^②,祝鮀治宗庙,王孙贾治军旅。夫如是,奚其丧?"

注释:

①奚:为什么。

②仲叔圉（yǔ）：即孔文子，卫国大夫。

译文：

孔子讲到卫灵公的昏乱，康子说："既然这样，到底为什么不败亡？"孔子说："他有仲叔圉接待宾客，祝鮀管理祭祀，王孙贾统率军队，像这样，怎么会败亡？"

14.20　子曰："其言之不怍①，则为之也难。"

注释：

①怍（zuò）：惭愧。

译文：

孔子说："那个人大言不惭，他实行就不容易。"

14.21　陈成子弑简公①。孔子沐浴而朝②，告于哀公曰："陈恒弑其君，请讨之。"

公曰："告夫三子！"

孔子曰③："以吾从大夫之后，不敢不告也。君曰'告夫三子'者！"

之三子告，不可。孔子曰："以吾从大夫之后，不敢不告也。"

注释：

①陈成子弑简公：陈成子，就是陈恒；简公，齐简公，名壬。
②沐浴而朝：这时孔子已告老还家，特为这事来朝见鲁君。
③孔子曰：这是孔子退朝后的话。

译文：

陈恒杀了齐简公。孔子斋戒沐浴后朝见鲁哀公，报告道："陈恒杀了他的君主，请你出兵讨伐他。"

哀公说："你向季孙、仲孙、孟孙那三个人去报告吧！"

孔子（退了出来）说："因为我曾忝为大夫，不敢不来报告，但是君上却对我说，'给那三个人报告吧'！"

孔子又去报告三位大臣，不肯出兵。孔子说："因为我曾为大夫，不敢不报告。"

14.22　子路问事君。子曰:"勿欺也,而犯之。"

译文:

子路问怎样服事人君。孔子说:"不要(阳奉阴违地)欺骗他,却可以(当面)触犯他。"

14.23　子曰:"君子上达,小人下达。"

译文:

孔子说:"君子通达于仁义,小人通达于财利。"

14.24　子曰:"古之学者为己,今之学者为人。"

译文:

孔子说:"古代学者是为了提高自己的道德文章做学问,现代学者做学问却是为了装门面给人家看。"

14.25　蘧伯玉使人于孔子①。孔子与之坐而问焉②,曰:"夫子何为?"

对曰:"夫子欲寡其过而未能也③。"

使者出。子曰:"使乎!使乎!"

注释:

①蘧伯玉:卫国大夫,名瑗。孔子曾住他家。

②孔子与之坐:孔子和他一道坐下。

③夫子欲寡其过而未能也:《淮南子·原道》:"蘧伯玉年五十而知四十九年非。"

译文:

蘧伯玉派一位使者访问孔子。孔子和他一道坐下,而后问道:"他老人家干些什么?"

使者答道:"他老人家想减少过错却还没能做到。"

使者出去后，孔子说："好一位使者！好一位使者！"

14.26　子曰："不在其位，不谋其政①。"

曾子曰："君子思不出其位。"

注释：

①这段话又见《泰伯篇》。

译文：

孔子说："不居于那个职位，便不考虑它的政务。"

曾子说："君子所思虑的不超出自己的工作岗位。"

14.27　子曰："君子耻其言而过其行。"

译文：

孔子说："说得多，做得少，君子以为耻。"

14.28　子曰："君子道者三，我无能焉：仁者不忧，知者不惑，勇者不惧。"

子贡曰："夫子自道也。"

译文：

孔子说："君子所行的三件事，我一件也没能做到：仁德的人不忧虑，聪明的人不迷惑，勇敢的人不畏惧。"

子贡说："他老人家所刻画的正是他自己呀！"

14.29　子贡方人①。子曰："赐也贤乎哉？夫我则不暇。"

注释：

①方：谤，诽谤。

译文：

子贡讥评别人。孔子对他说道："你就够好了吗？我却没有这闲工夫。"

14.30　子曰："不患人之不己知，患其不能也。"

译文：

孔子说："不着急别人不了解我，只着急自己没有能力。"

14.31　子曰："不逆诈，不亿不信，抑亦先觉者，是贤乎！"

译文：

孔子说："不预先怀疑别人的欺诈，也不无根据地猜测别人的不老实，却能及早发觉，这样的人是一位贤者吧！"

14.32　微生亩谓孔子曰："丘何为是栖栖者与①？无乃为佞乎？"
孔子曰："非敢为佞也，疾固也。"

注释：

①是：如此，这样。

译文：

微生亩对孔子说："你为什么要这样忙忙碌碌呢？难道是要逞你的口才吗？"

孔子说："我不是敢逞口才，而是讨厌那种顽固不化的人。"

14.33　子曰："骥不称其力，称其德也。"

译文：

孔子说："称千里马为'骥'，不是称赞它的力气，而是称赞它的品质。"

14.34　或曰："以德报怨①，何如？"
子曰："何以报德？以直报怨，以德报德。"

注释：

①以德报怨：当时的成语。

译文：

有人对孔子说："拿恩惠来回答怨恨，怎么样？"

孔子说："那又拿什么来报答恩惠呢？应该拿公平正直来回答怨恨，拿恩惠来报答恩惠。"

14.35　子曰："莫我知也夫！"

子贡曰："何为其莫知子也？"

子曰："不怨天，不尤人，下学而上达，知我者其天乎！"

译文：

孔子叹道："怕是没有人了解我了吧！"子贡说："为什么没有人了解您呢？"孔子说："不怨恨天，不责备人，学习一些平常的知识，却透彻地了解很高的道理。了解我的，只有天吧！"

14.36　公伯寮愬子路于季孙①。子服景伯以告②，曰："夫子固有惑志；于公伯寮，吾力犹能肆诸市朝③。"

子曰："道之将行也与，命也；道之将废也与，命也。公伯寮其如命何？"

注释：

①公伯寮愬子路：公伯寮，《史记》作"公伯僚"，字子周；愬，同"诉"。

②子服景伯：鲁大夫，名何。

③夫子固有惑志……肆诸市朝：他老人家固然有糊涂想法，但对于公伯寮，我的力量还能把他的尸首在街头示众。惑志，糊涂的想法。肆，陈尸示众；诸，之于；市朝，集市和朝廷。现在有好些《论语》注本，这段话是下面这样标点的："夫子固有惑志于公伯寮，吾力犹能肆诸市朝。"这是不对的。

译文：

公伯寮在季孙那里污蔑子路。子服景伯将这事告诉了孔子，并且说："他老人家固然有些糊涂想法；但对于公伯寮，我的力量还足以将他的尸首示众集市。"

孔子说："我的主张将实现吗，全听凭命运哪；我的主张将永不实现吗，也听凭命运哪。公伯寮能奈何我的命运吗？"

14.37　子曰："贤者辟世①，其次辟地，其次辟色，其次辟言。"

子曰："作者七人矣。"

注释：

①辟："避"的古字。

译文：

孔子说："有些贤者逃避乱世而隐居，次一等的择地而处，再次一等的避免不好的脸色，再次一等的躲避恶言。"

孔子又说："这样的人出现过7位了。"

14.38　子路宿于石门①。晨门曰："奚自？"

子路曰："自孔氏。"

曰："是知其不可而为之者与？"

注释：

①石门：鲁都曲阜城门。

译文：

子路在石门住了一晚，（第二天清早进城）司门者问道："从哪里来？"

子路说："从孔家来。"

司门者说道："就是那个知道做不到却偏要去做的人吗？"

14.39　子击磬于卫，有荷蒉而过孔氏之门者，曰："有心哉，击磬乎！"

既而曰："鄙哉，硁硁乎！莫己知也，斯己而已矣。深则厉，浅则揭①。"

子曰："果哉！末之难矣。"

注释：

①深则厉，浅则揭：这两句诗见《诗经·邶风·匏有苦叶》。水深比喻社会黑暗，只得听之任之；水浅比喻社会黑暗程度不深，便无妨撩起衣裳，免得浸湿。

译文：

孔子在卫国，一天正敲着磬，有一个挑着草筐子的人恰在孔家门前走过，这人说道："有深意的啊，这个敲磬！"

等一会又说道:"磬声铿铿的,可鄙呀!(它好像在说,没有人了解我啊!)没人了解自己,就自己相信自己好了。水深,索性连衣裳走过去;水浅,无妨撩起衣裳走过去。"

孔子说:"好坚决!没有办法说服他了。"

14.40 子张曰:"《书》云:'高宗谅阴^①,三年不言。'何谓也?"

子曰:"何必高宗,古之人皆然。君薨,百官总己以听于冢宰三年。"

注释:

①谅阴:居丧时所住的房子,又叫"凶庐"。所引两句见《尚书·无逸》。

译文:

子张说:"《尚书》说:'殷高宗守孝,住在凶庐,三年不言语。'这是什么意思?"

孔子说:"不仅仅高宗,古人都是这样:国君死了,(新君三年不问政事)所有官员这三年都约束自己听命于宰相。"

14.41 子曰:"上好礼,则民易使也。"

译文:

孔子说:"在上位的人若遇事依礼而行,就容易使百姓听从指挥。"

14.42 子路问君子。子曰:"修己以敬。"

曰:"如斯而已乎?"

曰:"修己以安人^①。"

曰:"如斯而已乎?"

曰:"修己以安百姓。修己以安百姓,尧舜其犹病诸?"

注释:

①人:别人,他人。

译文:

子路问怎样做君子。孔子说:"通过修养自己,来严肃认真对待一切。"

子路说："这样就行了吗?"

孔子说："修养自己来安定别人。"

子路说："这样就行了吗?"

孔子说："修养自己来安定众人。修养自己来安定众人,尧舜还为此大伤脑筋呢!"

14.43 原壤夷俟①。子曰："幼而不孙弟②,长而无述焉,老而不死,是为贼。"以杖叩其胫。

注释:

①原壤夷俟:原壤,孔子的老朋友,他母亲死的时候,孔子去帮助他治丧,他却站在棺材上唱起歌来。夷,箕踞,张开腿坐在地上。俟,等待。

②孙弟:同"逊悌"。

译文:

原壤两腿像八字一样张开坐在地上,等着孔子。孔子骂道:"你小时候不敬重尊长,长大了没什么值得一说的成绩,老了还白吃粮食,真是个害人精。"说完,用拐杖敲了敲他的小腿。

14.44 阙党童子将命①。或问之曰:"益者与?"

子曰:"吾见其居于位也②,见其与先生并行也③。非求益者也,欲速成者也。"

注释:

①阙党童子将命:将命,持命,传达消息;阙党,孔子故里。

②吾见其居于位:《礼记》:"童子无事则立主人之北,南面。"可见"居于位"是不合当时礼节的。

③见其与先生并行:春秋时礼节,童子不能和成人并行。

译文:

阙党的一个童子来向孔子传达信息。有人问孔子说:"这小孩是肯求上进的人吗?"

孔子说:"我看见他(大模大样地)坐在位子上,又看见他和长辈并肩而行。这不是个肯求上进的人,只是一个急于求成的人。"

卫灵公篇第十五

15.1　卫灵公问陈于孔子①。孔子对曰："俎豆之事②，则尝闻之矣；军旅之事，未之学也。"明日遂行。

注释：

①陈：就是现在的"阵"字。

②俎豆之事：礼仪之事；俎豆，古代祭器。

译文：

卫灵公问孔子军队如何布阵。孔子答道："礼仪的事情，我曾经听到过；军队的事情，却从没学过。"第二天便离开了卫国。

15.2　在陈绝粮，从者病，莫能兴。子路愠见，曰："君子亦有穷乎?"

子曰："君子固穷，小人穷，斯滥矣。"

注释：

①固穷：固然有穷愁潦倒的时候。有的《论语》注本说"固穷"是"固守其穷""坚守着贫困"，不确。

译文：

孔子在陈国断绝了粮食供应，跟随的人都饿病了，爬不起来。子路拉长了脸来见孔子，说："难道君子也有一筹莫展的时候吗?"

孔子说："君子固然有极度窘迫的时候；不过小人极度窘迫的时候，就无所不为了。"

15.3　子曰："赐也，女以予为多学而识之者与？"

对曰："然，非与？"

曰："非也，予一以贯之①。"

注释：

①一以贯之：这和《里仁篇》"夫子之道，忠恕而已矣"的"一贯"相同。子贡他们所重视的，是孔子的博学多才；而孔子自己所重视的，则在于他的以忠恕之道贯穿于其整个学行之中。

译文：

孔子说："赐呀，你以为我是学得多又记得住的人吗？"

子贡答道："对啊，难道不是这样的吗？"

孔子说："不是的，我有一个基本观念来贯穿它。"

15.4　子曰："由！知德者鲜矣。"

译文：

孔子对子路说："由！懂得'德'的人可少啦。"

15.5　子曰："无为而治者其舜也与？夫何为哉？恭己正南面而已矣。"

译文：

孔子说："自己从容安静而使天下太平的大概只有舜吧？他干了什么呢？庄严端正地坐朝廷罢了。"

15.6　子张问行。子曰："言忠信，行笃敬，虽蛮貊之邦，行矣。言不忠信，行不笃敬，虽州里，行乎哉？立则见其参于前也①，在舆则见其倚于衡也，夫然后行。"子张书诸绅②。

注释：

①参于前：仿佛能够看见"言忠信，行笃敬"这几个字在自己面前排列、显现。

②绅：古代士大夫束在腰上的大带子。

译文：

子张问怎样才能行得通。孔子说："言语忠诚老实，行为忠厚严肃，即使到蛮貊的国度，也行得通。言语不忠诚老实，行为不忠厚严肃，即使在本乡本土，能行得通吗？站立时，看见'忠诚老实忠厚严肃'几个字在面前晃着；在车里，看见它刻在前面的横木上；那样才能到处行得通。"子张把这些话写在大带上。

15.7 子曰："直哉史鱼①！邦有道，如矢；邦无道，如矢。君子哉蘧伯玉！邦有道，则仕；邦无道，则可卷而怀之。"

注释：

①史鱼：卫国大夫史，字子鱼。他临死时嘱咐儿子说："我在卫国朝廷，不能进用蘧伯玉，斥退弥子瑕，这说明我作为臣子不能帮助君上正直。活着不能帮助君上正直，那么死了也不能采用与大臣相称的葬礼。我死之后，你把我的遗体放置在窗下。"他儿子照做了。卫灵公来吊唁，感到奇怪。其子据实以告。灵公愕然变色，说："这都是我的错啊！"于是下令将史鱼遗体"殡于客位"（古礼：出殡之前，遗体应置放在客位），并进用蘧伯玉，斥退弥子瑕，古人称这种行为为"尸谏"。

译文：

孔子说："好一个刚直不阿的史鱼！政治清明，他像箭一般直；政治黑暗，他也像箭一般直。好一个君子蘧伯玉！政治清明就出来做官，政治黑暗就可把自己的本领收藏起来。"

15.8 子曰："可与言而不与之言，失人；不可与言而与之言，失言①。知者不失人，亦不失言。"

注释：

①失言：说错话。《论语》时代的"失言"，都是说错话的意思，书证很多。

译文：

孔子说："可以同他谈而不同他谈，这是错过人才；不可同他谈却同他谈，这是浪费言语。聪明人既不错过人才，也不浪费言语。"

15.9　子曰："志士仁人，无求生以害仁，有杀身以成仁。"

译文：

孔子说："志士仁人，不贪生怕死因而损害仁德，只有勇于牺牲生命来成全仁德。"

15.10　子贡问为仁。子曰："工欲善其事，必先利其器。居是邦也，事其大夫之贤者，友其士之仁者①。"

注释：

①士：有时指有一定修养的人，如"士志于道"（参见4.9）；这里指有一定社会地位的人。

译文：

子贡问如何成就仁德。孔子说："工匠要把事情干好，一定先要完善他的工具。我们住在这个国家，就要敬奉那些大臣中的贤人，结交那些士人中的仁人。"

15.11　颜渊问为邦。子曰："行夏之时①，乘殷之辂②，服周之冕③，乐则《韶》《舞》④。放郑声，远佞人。郑声淫，佞人殆。"

注释：

①行夏之时：夏朝用自然历（相当于今之农历），较合乎自然现象。
②辂（lù）：商代的车子，较为质朴。
③服周之冕：周代礼帽比较华美，孔子是赞同礼服华美的。
④《韶》《舞》：《韶》是舜时的音乐；《舞》同《武》，是周武王时乐曲。

译文：

颜渊问如何治理国家。孔子说："用夏朝的历法，坐殷朝的车子，戴周朝的礼帽，音乐就用《韶》和《武》。放弃郑国的乐曲，斥退小人。郑国的乐曲淫秽，小人危险。"

15.12　子曰："人无远虑，必有近忧。"

译文：

孔子说："一个人没有长远的考虑，一定会有眼前的忧患。"

15.13　子曰："已矣乎！吾未见好德如好色者也①。"

注释：

①可参9.18。

译文：

孔子说："完了吧，我还从没见过喜欢美德如同喜欢美貌一样的呢！"

15.14　子曰："臧文仲其窃位者与①！知柳下惠之贤而不与立也②。"

注释：

①臧文仲：鲁国大夫臧孙辰。可参《公冶长篇》"臧文仲居蔡"章 (5.18)。

②知柳下惠之贤而不与立：柳下惠，鲁国贤者，本名展获，字禽，又名展季；不与立，不与他做盟友，也即不与之并立于朝。

译文：

孔子说："臧文仲大概是个做官不管事的人，他明知柳下惠贤良，却不给他官位。"

15.15　子曰："躬自厚而薄责于人①，则远怨矣。"

注释：

①躬自厚：即"躬自厚责"，"责"字探下而省，严于律己的意思。

译文：

孔子说："多责备自己而少责备别人，便不会招致怨恨了。"

15.16　子曰："不曰'如之何，如之何'者，吾末如之何也已矣。"

译文：

孔子说："（一个人）不想想'怎么办，怎么办'的，对这种人，我也不知道怎么办了。"

15.17　子曰："群居终日，言不及义，好行小慧，难矣哉！"

译文：

孔子说："一帮人整天混在一块，说的又毫不涉及道义，只喜欢卖弄小聪明，这些人难有所成啊！"

15.18　子曰："君子义以为质，礼以行之，孙以出之^①，信以成之。君子哉！"

注释：

①孙以出之：孙，同"逊"；出，出言，讲话。

译文：

孔子说："君子（对于事业），以道义为原则，依礼节实行它，用谦逊的言语说出它，用诚实的态度完成它。这才是真君子呀！"

15.19　子曰："君子病无能焉，不病人之不己知也。"

译文：

孔子说："君子只惭愧自己没有能力，不怨恨别人不了解自己。"

15.20　子曰："君子疾没世而名不称焉。"

译文：

孔子说："君子深感遗憾的是到死而名字不被人家称道。"

15.21　子曰："君子求诸己，小人求诸人。"

译文：

孔子说："君子要求自己，小人要求别人。"

15.22 子曰："君子矜而不争，群而不党。"

译文：

孔子说："君子庄矜而不争执，合群而不闹宗派。"

15.23 子曰："君子不以言举人，不以人废言。"

译文：

孔子说："君子不因某人一句话（说得好）便提拔他，也不因某人是坏人而鄙弃他的好话。"

15.24 子贡问曰："有一言而可以终身行之者乎？"
子曰："其恕乎！己所不欲，勿施于人。"

译文：

子贡问道："有没有仅仅一个字就可以终身奉行的呢？"

孔子说："大概是'恕'吧！自己所不想要的任何事物，都不要加给别人。"

15.25 子曰："吾之于人也，谁毁谁誉？如有所誉者，其有所试矣。斯民也，三代之所以直道而行也。"

译文：

孔子说："我对于别人，诋毁了谁，称赞了谁？假如我对他有所称赞，一定是考验过他的。夏、商、周三代的人都是这样做的，所以那时能直道而行。"

15.26 子曰："吾犹及史之阙文也，有马者借人乘之。今亡矣夫①。"

注释：

①吾犹及……今亡矣夫：可以理解为"吾犹及史之阙文也，史之阙

文，如有马者借人乘之"。

译文：

　　孔子说："我还能够看到史书中有存疑以待后人的地方，如同有马自己不会调教而先借给别人使用一样。今天恐怕没人这样做了吧！"

15.27　子曰："巧言乱德。小不忍[1]，则乱大谋。"

注释：

　　①忍：忍心；从《论语》《左传》时代到战国末年，"不忍"不带宾语时，都是"不忍心"的意思。

译文：

　　孔子说："花言巧语足以败坏道德。小事的不忍心，便会败坏大事情。"

15.28　子曰："众恶之，必察焉；众好之，必察焉[1]。"

注释：

　　①此章当与13.24共读。

译文：

　　孔子说："大家厌恶他，一定要去考察；大家喜爱他，也一定要去考察。"

15.29　子曰："人能弘道，非道弘人。"

译文：

　　孔子说："人能够把道发扬光大，而不是用道来光大人。"

15.30　子曰："过而不改，是谓过矣。"

译文：

　　孔子说："有错误而不改正，这本身就是一个错误！"

15.31　子曰："吾尝终日不食，终夜不寝，以思，无益，不如学也。"

译文：

孔子说："我曾经整天不吃，整夜不睡，去想，没有益处，不如去学习。"

15.32　子曰："君子谋道不谋食。耕也，馁在其中矣；学也，禄在其中矣。君子忧道不忧贫①。"

注释：

①这一章可与13.4结合着看。

译文：

孔子说："君子用心力于学术，不用心力于衣食。耕田，也常常饿肚皮；学习，却常得到俸禄。君子只着急得不到道，不着急得不到财。"

15.33　子曰："知及之，仁不能守之，虽得之，必失之。知及之，仁能守之，不庄以涖之①，则民不敬。知及之，仁能守之，庄以莅之，动之不以礼，未善也。"

注释：

①涖（lì）：治理，管理。

译文：

孔子说："聪明才智足以得到它，仁德不足以保持它，就是得到，也一定会丧失。聪明才智足以得到它，仁德足以保持它，不用严肃态度来治理百姓，百姓也不会认真（地生活和工作）。聪明才智足以得到它，仁德足以保持它，且能用严肃的态度来治理百姓，假如不合理合法地动员百姓，也不是尽善尽美的。"

15.34　子曰："君子不可小知而可大受也，小人不可大受而可小知也。"

译文：

孔子说："君子不可以用小事情来考验他，却可以接受重大任务；小人不可以接受重大任务，却可以用小事情考验他。"

15.35　子曰："民之于仁也，甚于水火①。水火，吾见蹈而死者矣，未见蹈仁而死者也。"

注释：

①甚于水火：《论语》时代，"甚"作为动词，多为"过分""严重"的意思。该词用作谓语时，通常用于描述一些不好的、恶劣的事物。《论语》时代的典籍中，"水火"通常代表可怕的、容易伤害人的事物。鉴于这两点，我们的翻译与一些译家不同（杨伯峻先生翻译为：百姓需要仁德，更急于需要水火），但合于王弼注（皇侃《论语义疏》所引）。

译文：

孔子说："百姓害怕'仁'，超过害怕水火。水火，我看见进去便死了的，却从没见过实践仁德而死的。"

15.36　子曰："当仁，不让于师①。"

注释：

①当仁，不让于师：与孔子同一时代的古希腊哲人亚里士多德有言："吾爱吾师，吾尤爱真理。"与此章相通。

译文：

孔子说："面临着仁德，就是老师，也不同他谦让。"

15.37　子曰："君子贞而不谅。"

译文：

孔子说："君子讲大信，却不讲小信。"

15.38　子曰："事君，敬其事而后其食。"

译文：

孔子说："对待君上，认真工作，把拿俸禄的事放在后面。"

15.39　子曰："有教无类。"

译文：

孔子说："人人我都教育，没有（贫富、地域等）区别。"

15.40　子曰："道不同，不相为谋。"

译文：

孔子说："主张不同，不互相商议。"

15.41　子曰："辞达而已矣。"

译文：

孔子说："言辞，足以达意便行了。"

15.42　师冕见①，及阶，子曰："阶也。"及席，子曰："席也。"皆坐，子告之曰："某在斯，某在斯。"

师冕出，子张问曰："与师言之道与?"

子曰："然，固相师之道也。"

注释：

①师冕：师，乐师，一般是盲人；冕，人名。

译文：

师冕来见孔子，走到阶沿，孔子说："这是阶沿啦。"走到坐席边，孔子说："这是坐席啦。"都坐定了，孔子告诉他说："某人在这里，某人在这里。"

师冕辞出后，子张问道："这是同盲人讲话的方式吗?"

孔子说："对的，这本来是帮助盲人的方式。"

季氏篇第十六

16.1　季氏将伐颛臾①。冉有、季路见于孔子曰："季氏将有事于颛臾②。"

孔子曰："求！无乃尔是过与③？夫颛臾，昔者先王以为东蒙主④，且在邦域之中矣，是社稷之臣也，何以伐为？"

冉有曰："夫子欲之，吾二臣者皆不欲也。"

孔子曰："求！周任有言曰⑤：'陈力就列，不能者止⑥。'危而不持，颠而不扶，则将焉用彼相矣？且尔言过矣，虎兕出于柙，龟玉毁于椟中，是谁之过与？"

冉有曰："今夫颛臾，固而近于费⑦。今不取，后世必为子孙忧。"

孔子曰："求！君子疾夫舍曰欲之而必为之辞。丘也闻有国有家者，不患寡而患不均，不患贫而患不安。盖均无贫，和无寡，安无倾。夫如是，故远人不服，则修文德以来之。既来之，则安之。今由与求也，相夫子，远人不服，而不能来也；邦分崩离析，而不能守也；而谋动干戈于邦内。吾恐季孙之忧，不在颛臾，而在萧墙之内也⑧。"

注释：

①颛臾（zhuān yú）：鲁国的附庸国，在今山东费县西北。

②有事：《左传》："国之大事，在祀与戎。"这"有事"即指用兵。

③尔是过："尔"是"过"的宾语，可理解为"过尔"，"责备你"的意思。

④东蒙：即蒙山，在今山东蒙阴县南，接费县境。

⑤周任：古代史官。

⑥陈力就列,不能者止:将自己的能力显示出来,然后到与这种能力相称的岗位上工作;感觉自己能力不够时,就辞职不干了。

⑦费(bì):鲁国季氏采邑,在今山东费县西南。

⑧萧墙之内:萧墙,鲁君所用的屏风;萧墙之内,暗指鲁君。当时季孙把持鲁国朝政,怕鲁君起兵收回主权时,颛臾凭借有利地势帮忙,于是要先下手为强。

译文:

季氏准备攻打颛臾。冉有、子路两人谒见孔子,说道:"季氏要对颛臾下手了。"

孔子说:"冉求!这难道不该责备你吗?那颛臾呢,先王曾经授权它主持东蒙山的祭祀,而且它早就在我们最初被封时的疆域之内,这正是我国安危与共的藩属,为什么要攻打它呢?"

冉有说:"季孙要这么干,我们两人本来都是不同意的。"

孔子说:"冉求!周任有句话说:'能够贡献自己的力量,再去任职;如果不行,就该辞职。'譬如盲人遇到危险,不去扶持;将要摔倒,不去搀扶,又何必用那助手呢?况且你说得不对。老虎犀牛从笼里逃出来,龟壳美玉毁坏在匣子里,这是谁的责任呢?"

冉有说:"如今那颛臾呢,城墙牢固而且离季孙的采邑费城很近。如今不去占领它,日子久了,一定会给子孙留下祸害。"

孔子说:"冉求!君子讨厌那种不说自己贪心却一定要找些说辞的态度。我听说过:有国家或有封地的人,不必担心衣食太少,只需担心不平均;不必担心贫困,只需担心不安定。财富平均,便无所谓贫穷;境内和谐,便不会觉得人少;境内平安,便不会倾危。这样的话,远方的人还不归服,便可修明仁义礼乐的政教来招致他们。他们来了,就得使他们安心。如今仲由和冉求两人辅相季孙,远方的人不归服,而不能招致;国家支离破碎,却不能保全;反而想在国境之内大动干戈。我恐怕季孙的忧愁不在颛臾,却在鲁君哪!"

16.2 孔子曰:"天下有道,则礼乐征伐自天子出;天下无道,则礼乐征伐自诸侯出。自诸侯出,盖十世希不失矣;自大夫出,五世希不失矣；陪臣执国命，三世希不失矣。天下有道，则政不在大夫。天下有道，则庶人不议。"

译文：

孔子说："天下太平，制礼作乐以及出兵都由天子决定；天下混乱，制礼作乐以及出兵便由诸侯决定了。由诸侯决定，大约传到十代还能维持的，就很少了；由大夫决定，传到五代还能维持的，就很少了；若是由大夫的家臣操纵国家命运，传到三代便很少还能维持。天下太平，国家的最高政治权力就不会由大夫掌握。天下太平，老百姓就不会议论纷纷。"

16.3 孔子曰："禄之去公室五世矣，政逮于大夫四世矣，故夫三桓之子孙微矣①。"

注释：

①三桓：鲁国的三卿，仲孙（即孟孙）、叔孙、季孙都出于鲁桓公，故称"三桓"。

译文：

孔子说："国家政权离开了鲁君，已经五代了；政权到了大夫手里，已经四代了，所以那桓公的三房子孙现在也衰微了。"

16.4 孔子曰："益者三友，损者三友。友直，友谅，友多闻，益矣。友便辟，友善柔，友便佞，损矣。"

译文：

孔子说："有益的朋友有三种，有害的朋友有三种。同正直的人交友，同信实的人交友，同见多识广的人交友，便有益了。同阿谀奉承的人交友，同口蜜腹剑的人交友，同夸夸其谈的人交友，便有害了。"

16.5 孔子曰："益者三乐，损者三乐。乐节礼乐，乐道人之善，乐多贤友，益矣。乐骄乐，乐佚游，乐晏乐，损矣。"

译文：

孔子说："有益的快乐有三种，有害的快乐有三种。以得到礼乐的调节为乐，以宣扬别人的好处为乐，以交了不少有益的朋友为乐，就有益了。以骄傲为乐，以浪游不归为乐，以饮食荒淫为乐，就有害了。"

16.6 孔子曰："侍于君子有三愆①：言未及之而言谓之躁，言及之而不言谓之隐，未见颜色而言谓之瞽。"

注释：

①愆（qiān）：过失。

译文：

孔子说："陪着君子说话容易犯三种过失：没轮到他说话而说，叫做急躁；该说话了却不说，叫做隐瞒；不看看脸色便贸然开口，叫做盲人。"

16.7 孔子曰："君子有三戒：少之时，血气未定，戒之在色；及其壮也，血气方刚，戒之在斗；及其老也，血气既衰，戒之在得。"

译文：

孔子说："君子有三件事情应该警惕戒备：年轻时，血气未定，便要警戒，莫迷恋女色；到了壮年，血气正旺盛，便要警戒，莫好胜喜斗；等到年老了，血气已经衰弱，便要警戒，莫贪得无厌。"

16.8 孔子曰："君子有三畏：畏天命，畏大人①，畏圣人之言。小人不知天命而不畏也，狎大人，侮圣人之言。"

注释：

①大人：指在高位的人。

译文：

孔子说："君子有三怕：怕天命，怕王公大人，怕圣人的言语。小人不懂得天命，因而不怕它；轻视王公大人；轻侮圣人的言语。"

16.9 孔子曰："生而知之者上也，学而知之者次也；困而学之，又其次也；困而不学，民斯为下矣。"

译文：

孔子说："生来就知道的是上等，学习然后知道的是次一等；遇到困难，才去学习，是再次一等；遇到困难也不学，老百姓就是这种最下等的了。"

16.10　孔子曰："君子有九思：视思明，听思聪，色思温，貌思恭，言思忠，事思敬，疑思问，忿思难，见得思义。"

译文：

孔子说："君子有九种考虑：看的时候，考虑是否看明白了；听的时候，考虑是否听清楚了；脸上的表情，考虑是否温和；举止容貌，考虑是否端庄；言语谈吐，考虑是否忠诚老实；工作态度，考虑是否严肃认真；遇到疑问，考虑如何向人请教；要生气了，考虑有什么后患；看见可得的，考虑自己是否该得。"

16.11　孔子曰："见善如不及，见不善如探汤，吾见其人矣，吾闻其语矣。隐居以求其志，行义以达其道，吾闻其语矣，未见其人也。"

译文：

孔子说："看见善良，努力追求，好像赶不上似的；遇见邪恶，使劲避开，好像手快挨到沸水了，我见过这样的人，也听过这样的话。避世隐居以求保全他的意志，依义而行以求贯彻他的主张，我听过这样的话，却还没见过这样的人。"

16.12　齐景公有马千驷①，死之日，民无德而称焉②；伯夷叔齐饿于首阳之下，民到于今称之。其斯之谓与③？

注释：

①千驷：古代一般用四匹马驾一辆车，一驷就是四匹马。

②德：感恩戴德。

③其斯之谓与：从这一句和此章没有"子曰"来看，可能前面有阙文。

译文：

齐景公有马4000匹，死了以后，老百姓没有哪个感戴称颂他；伯夷叔齐两人饿死在首阳山下，老百姓现在还称颂他们。大概就是说的这个吧！

16.13　陈亢问于伯鱼曰①：“子亦有异闻乎？”

对曰：“未也。尝独立，鲤趋而过庭。曰：‘学诗乎？’对曰：‘未也。’‘不学诗，无以言。’鲤退而学诗。他日，又独立，鲤趋而过庭。曰：‘学礼乎？’对曰：‘未也。’‘不学礼，无以立。’鲤退而学礼。闻斯二者。”

陈亢退而喜曰：“问一得三，闻诗，闻礼，又闻君子之远其子也。”

注释：

①陈亢（gāng）：即陈子禽。

译文：

陈亢向孔子的儿子伯鱼问道：“您在老师那儿，也得到过与众不同的传授吗？”

答道：“没有。他曾经一个人站在庭中，我恭敬地走过。他问道：‘学诗没有？’我答：‘没有。’他便说：‘不学诗，便不会说话。’我退回便学诗。过了几天，他又一个人站在庭中，我又恭敬地走过。他问道：‘学礼没有？’我答：‘没有。’他便说：‘不学礼，便没法在社会上立足。’我退回便学礼。就听到这两件。”

陈亢回去非常高兴地说：“我问一件事，知道了三件事。知道诗，知道礼，又知道君子对儿子与学生一视同仁。”

16.14　邦君之妻，君称之曰夫人，夫人自称曰小童；邦人称之曰君夫人，称诸异邦曰寡小君；异邦人称之亦曰君夫人①。

注释：

①这章可能也是孔子所言，却遗落了“子曰”两字。

译文：

国君的妻子，国君称她为夫人，她自称为小童；国内的人称她为君夫人，但对外国人便称她为寡小君；外国人称她也为君夫人。

阳货篇第十七

17.1　阳货欲见孔子①，孔子不见，归孔子豚②。

孔子时其亡也，而往拜之，遇诸途。

谓孔子曰："来！予与尔言。"曰："怀其宝而迷其邦，可谓仁乎？"曰："不可！好从事而亟失时③，可谓知乎？"曰："不可！日月逝矣④，岁不我与。"

孔子曰："诺，吾将仕矣⑤。"

注释：

①阳货：即阳虎，季氏的家臣，此时他正权倾朝野，炙手可热。

②归：通"馈"，赠送。

③亟（qì）：屡屡。

④日月逝矣：太阳、月亮升起又落下。

⑤吾将仕矣：孔子于阳货当权时并未出仕。

译文：

阳货想要孔子来拜会他，孔子不去，他便派人送给孔子一个（蒸熟了的）小猪（想让孔子到他家来道谢）。

孔子趁他不在家的时候，去拜谢，结果在归途中遇着了。

他对孔子叫道："来！我要和你说话。"（孔子走了过去）他又说："怀有一身本领，却听任国事混乱不堪，这可以叫做仁爱吗？"（孔子不作声）他又接着说："不可以！一个人喜欢做官，却屡屡错过机会，这可以叫做聪明吗？"（孔子仍不作声）他又一次接着说："不可以！时光一去，就再不回来了啊！"

孔子这才说道:"好吧,我打算做官了。"

17.2 子曰:"性相近也,习相远也。"

译文:

孔子说:"各人的本性都相差不远,只因所受的影响不同,才拉开了距离。"

17.3 子曰:"唯上知与下愚不移①。"

注释:

①此章当与 16.9 合看。

译文:

孔子说:"只有上等的智者和下等的愚人是改变不了的。"

17.4 子之武城,闻弦歌之声。夫子莞尔而笑①,曰:"割鸡焉用牛刀?"

子游对曰:"昔者偃也闻诸夫子曰:'君子学道则爱人,小人学道则易使也。'"

子曰:"二三子! 偃之言是也。前言戏之耳。"

注释:

①莞(wǎn)尔:微笑貌。

译文:

孔子到了(子游当县长的)武城,听到了弹琴瑟唱诗歌的声音。孔子微微一笑,说道:"杀鸡,哪里用得着宰牛的刀(治理这个小地方,用得着教育吗)?"

子游答道:"以前我听老师说过,做官的学习了,就会有仁爱之心;老百姓学习了,就容易使唤(可见教育总是有用的)。"

孔子说:"诸位! 言偃的话是对的。我刚才的话不过是和他开玩笑罢了。"

17.5 公山弗扰以费畔①，召，子欲往。

子路不说，曰："末之也已，何必公山氏之之也②？"

子曰："夫召我者，而岂徒哉③？如有用我者，吾其为东周乎？"

注释：

①公山弗扰以费畔：公山弗扰，又名公山不狃（niǔ），字子泄，鲁国大夫季孙氏的家臣。畔，反叛。

②何必公山氏之之也：即"何必之公山氏也"。第一个"之"，用于复指宾语"公山氏"的代词，第二个"之"，动词，往。

③而岂徒哉：这句话说完整是"而岂徒召我哉"。徒，徒然，白白地，平白无故。

译文：

公山弗扰盘踞费邑造反，叫孔子去，孔子准备去。

子路很不高兴，说："没有地方去了吗？为什么一定要去公山氏那里呢？"

孔子说："那个叫我去的人，难道是白白召我吗？假若有人用我，我大概会让周文王周武王之道在东方复兴吧？"

17.6 子张问仁于孔子。孔子曰："能行五者于天下为仁矣。"

"请问之。"

曰："恭、宽、信、敏、惠。恭则不侮，宽则得众，信则人任焉，敏则有功，惠则足以使人。"

译文：

子张向孔子问仁。孔子说："能够处处实行五种品德，便是仁人了。"

子张说："请问哪五种？"

孔子说："庄重、宽厚、诚实、勤敏、慈惠。庄重就不遭致侮辱，宽厚就能得到拥戴，诚实就被别人任用，勤敏就有大的贡献，慈惠就能使唤他人。"

17.7 佛肸召①，子欲往。

子路曰："昔者由也闻诸夫子曰：'亲于其身为不善者，君子不入也。'佛肸以中牟畔,子之往也,如之何?"

子曰:"然,有是言也。不曰坚乎,磨而不磷②;不曰白乎,涅而不缁③。吾岂匏瓜也哉④?焉能系而不食?"

注释:

①佛肸(xī):晋国范中行的家臣,为中牟(晋邑,故址在今河北邢台、邯郸间)县长。赵简子攻打范中行,佛肸据中牟抗拒赵。

②磷(lìn):薄。

③涅(niè)而不缁:涅,染黑;缁,黑。

④匏(hù)瓜:匏,今写作"瓠",即葫芦,可系于腰免水。

译文:

佛肸叫孔子去,孔子打算动身。

子路说:"从前我听老师说过'亲自做坏事的人那里,君子是不去的'。如今佛肸盘踞中牟谋反,您却要去,怎么说得过去呢?"

孔子说:"对,我说过这话。但是,你不知道吗?极坚固的东西,磨也磨不薄;极白的东西,染也染不黑。我难道是匏瓜吗?哪里只能系在腰间而不让人吃呢?"

17.8 子曰:"由也!女闻六言六蔽矣乎①?"

对曰:"未也。"

"居!吾语女。好仁不好学,其蔽也愚;好知不好学,其蔽也荡;好信不好学,其蔽也贼;好直不好学,其蔽也绞②;好勇不好学,其蔽也乱;好刚不好学,其蔽也狂。"

注释:

①言:这里指字;六言,即仁、知、信、直、勇、刚。

②绞:尖刻刺人。

译文:

孔子说:"仲由啊,你听过有6种品德便会有6种弊病吗?"

子路答道:"没有。"

孔子说:"坐下!我告诉你。爱仁德,而不爱学问,它的弊病就是容易受人愚弄；爱玩弄小聪明，而不爱学问，它的弊病就是放荡而无基础；爱诚实，而不爱学问，它的弊病就是（容易被人利用，反而）害了自己；爱直率，而不爱学问，它的弊病就是说话尖刻，刺痛人心；爱勇敢，而不爱学问，它的弊病就是捣乱闯祸；爱刚强，而不爱学问，它的弊病就是胆大妄为。"

17.9　子曰："小子何莫学夫《诗》？《诗》，可以兴，可以观，可以群，可以怨。迩之事父，远之事君；多识于鸟兽草木之名。"

译文：

孔子说："同学们，你们中间为什么没有人学习《诗经》？读《诗经》，可以培养想象力，可以提高观察力，可以锻炼合群性，可以学会讽刺方法。近呢，可以运用其中的道理来服事父母；远呢，可以用来服事君上；而且能多多记住鸟兽草木的名称。"

17.10　子谓伯鱼曰："女为《周南》《召南》矣乎①？人而不为《周南》《召南》，其犹正墙面而立也与②？"

注释：

①《周南》《召南》：《诗经·国风》排在最前面的两个部分，《周南》有11首诗，《召南》有14首诗。

②正墙面而立：意思是说虽近在咫尺，却不能见，不能行。

译文：

孔子对伯鱼说："你研究过《周南》和《召南》了吗？人如果不研习《周南》和《召南》，那就如同脸对着墙壁站着呢！"

17.11　子曰："礼云礼云，玉帛云乎哉？乐云乐云，钟鼓云乎哉？"

译文：

孔子说："礼呀礼呀，难道只是就玉帛等礼物说的吗？乐啊乐啊，难道只是就钟鼓等乐器说的吗？"

17.12　子曰："色厉而内荏，譬诸小人，其犹穿窬之盗也与①？"

注释：

①穿窬（yú）：穿，在墙上打洞；窬，翻墙。

译文：

孔子说："脸色严厉，内心怯弱，若用坏人作比喻，怕像个挖洞跳墙的小偷吧！"

17.13　子曰："乡愿，德之贼也。"

译文：

孔子说："不分是非的好好先生是足以败坏道德的小人。"

17.14　子曰："道听而途说，德之弃也。"

译文：

孔子说："听到小道消息就四处传播，这是应该革除的作风。"

17.15　子曰："鄙夫可与事君也与哉①？其未得之也，患得之②。既得之，患失之。苟患失之，无所不至矣。"

注释：

①可与事君：王引之《经传释词》说"可与"即"可以"，误。与，介词，其宾语"之"未出现。介词"与"后的宾语常常不出现。

②患得之：古今诸多学者认为"患得之"上脱去一"不"字，我们认为未必如此。《老子》十三章："得之若惊，失之若惊，是谓宠辱若惊。"可知当时语言中有着与"患得患失"类似的说法。

译文：

孔子说："鄙陋的人，难道能同他一道侍奉君主吗？当他没得到的时候，害怕会得到；已经得到，又害怕会失去。假如总担心失去，就什么事都做得出来了。"

17.16　子曰："古者民有三疾，今也或是之亡也。古之狂也肆，今之狂也荡；古之矜也廉①，今之矜也忿戾；古之愚也直，今之愚也诈而已矣。"

注释：

①廉：本义是器物的棱角，引申为行为方正有威。

译文：

孔子说："古代的人民还有三种（可贵的）毛病，现在呀，或许连这些也没有了。古代的狂人肆意直言，现在的狂人便放荡无羁了；古代矜持的人还有些不能触犯的地方，现在矜持的人却只是一味恼羞成怒，无理取闹罢了；古代的愚人还直率，现在的愚人只是耍耍欺诈手段罢了。"

17.17　子曰："巧言令色，鲜矣仁！"①

译文：

孔子说："花言巧语，满脸堆笑，这种人，是没有多少仁德的。"（同1.3）

17.18　子曰："恶紫之夺朱也①，恶郑声之乱雅乐也，恶利口之覆邦家者。"

注释：

①紫之夺朱：春秋时，紫色已逐渐取代朱色的正色地位了。

译文：

孔子说："我憎恶紫色夺去了大红色的光彩和地位，憎恶郑国的乐曲破坏了典雅的乐曲，憎恶强嘴利舌颠覆国家的人。"

17.19　子曰："予欲无言。"

子贡曰："子如不言，则小子何述焉？"

子曰："天何言哉？四时行焉，百物生焉，天何言哉？"

译文：

孔子说："我想不说话了。"

子贡说："您假如不说话，那我们传述什么呢？"

孔子说："天说了什么呢，四季还是照样运行，百物还是照样生长，天说了什么呢？"

17.20 孺悲欲见孔子①，孔子辞以疾。将命者出户，取瑟而歌，使之闻之②。

注释：

①孺悲：鲁国人。

②据孟子所说，这样做也是"教"的一种方法。

译文：

孺悲来，要会晤孔子，孔子托言有病，拒绝见他。传命的人刚出房门，孔子便取下瑟边弹边唱，故意使孺悲听见。

17.21 宰我问："三年之丧，期已久矣。君子三年不为礼，礼必坏；三年不为乐，乐必崩。旧谷既没，新谷既升，钻燧改火①，期可已矣②。"

子曰："食夫稻③，衣夫锦，于女安乎？"

曰："安。"

"女安，则为之！夫君子之居丧，食旨不甘，闻乐不乐，居处不安④，故不为也。今女安，则为之！"

宰我出，子曰："予之不仁也！子生三年⑤，然后免于父母之怀。夫三年之丧，天下之通丧也，予也有三年之爱于其父母乎？"

注释：

①钻燧改火：古代钻木取火，被钻的木，四季不同，一年一轮回。

②期（jī）：一年。

③稻：古代北方稻的耕种面积很小，稻米自是珍品。

④居处不安：古代孝子要住在草棚里，睡草垫子，用土块做枕头。这里"居处"是指平日的居住生活。

⑤三年：三个年头。

译文：

宰我问道："父母死了，守孝三年，为期也太久了。君子三年不去演习礼仪，礼仪一定会被废弃；三年不去演奏音乐，音乐一定会失传。陈谷既已吃完，新谷又已登场；打火用的燧木又经过了一个轮回，一年，应该是够了。"

孔子说："（父母死了，不到三年）你便吃那白米饭，穿那花缎衣，你心里安不安呢？"

宰我说："安。"

（孔子便抢着说：）"你觉得安，你就这样做吧！君子守孝，吃美味不晓得甜，听音乐不觉得快乐，住在家里不以为舒适，才不这样做。如今你既然心安理得，就去这样做好了。"

宰我退出去后，孔子说："宰予真不仁哪！儿女生下来，三年后才能完全脱离父母的怀抱。替父母守孝三年，天下都是这样的。宰予难道就没有从他父母那里得到怀抱三年的爱护吗？"

17.22　子曰："饱食终日，无所用心，难矣哉！不有博弈者乎①？为之，犹贤乎已②。"

注释：

①博：一种棋局。

②已：不动。

译文：

孔子说："整天吃饱了撑着，什么事也不做，不行的啊！不是有掷采下棋的游戏吗？干干也比闲着好。"

17.23　子路曰："君子尚勇乎？"子曰："君子义以为上①，君子有勇而无义为乱，小人有勇而无义为盗。"

注释：

①尚、上："尚勇"的"尚"和"上"相同，但用作动词。

译文：

子路问道："君子尊尚勇敢吗？"孔子说："君子认为义是最值得尊尚的，君子只有勇，没有义，就会捣乱造反；小人只有勇，没有义，就会做土匪强盗。"

17.24 子贡曰："君子亦有恶乎①?"

子曰："有恶:恶称人之恶者,恶居下流而讪上者②,恶勇而无礼者,恶果敢而窒者。"

曰："赐也亦有恶乎?"

"恶徼以为知者③,恶不孙以为勇者,恶讦以为直者④。"

注释:

①恶(wù):厌恶,憎恶。

②居下流而讪(shàn)上:流,晚唐以前的《论语》文本无此字,可见为衍文;讪,诋毁。

③徼(jiāo):徼袭,抄袭,据为己有。

④讦(jié):揭别人隐私。

译文:

子贡说:"君子也有所憎恶的事吗?"

孔子说:"有憎恶的事:憎恶专讲别人缺点的人,憎恶在下位而诋毁上级的人,憎恶勇敢却不懂礼节的人,憎恶勇于贯彻自己的主张,却顽固不化,一条道走到黑的人。"

孔子又说:"赐,你也有所憎恶的事吗?"

子贡随即答道:"我憎恶抄袭别人的成果还自以为得计的人,憎恶毫不谦虚却自以为勇敢的人,憎恶揭发别人隐私却自以为直率的人。"

17.25 子曰："唯女子与小人为难养也,近之则不孙,远之则怨。"

译文:

孔子说:"只有女子和小人是难得打交道的,亲近了,他便无礼;疏远了,他又怨恨。"

17.26 子曰："年四十而见恶焉,其终也已。"

译文:

孔子说:"到了40岁还被人厌恶,这个人的一生就算完了。"

微子篇第十八

18.1 微子去之①，箕子为之奴②，比干谏而死③。孔子曰："殷有三仁焉。"

注释：

①微子去之：微子，名启，纣王之兄；去，离开；之，指商纣王。

②箕子：纣王的叔父，数谏纣王，不听，佯狂为奴。

③比干：纣王的叔父，力谏纣王，被剖心致死。

译文：

（纣王荒淫残暴）微子便离开了他，箕子做了他的奴隶，比干进谏而被杀。孔子说："殷朝有三位仁人。"

18.2 柳下惠为士师，三黜。人曰："子未可以去乎？"

曰："直道而事人，焉往而不三黜？枉道而事人，何必去父母之邦？"

译文：

柳下惠当法官，多次被撤职。有人对他说："您不可以离开鲁国吗？"

孔子说："正直地工作，到哪里去不多次被撤职？不正直地工作，为什么一定要离开祖国呢？"

18.3 齐景公待孔子曰："若季氏，则吾不能；以季孟之间待之。"曰："吾老矣，不能用也①。"孔子行。

注释：

①曰："吾老矣，不能用也。"：这两句话有歧义，是齐景公说的还是

191

孔子说的，有不同解释；如果是齐景公说的，是景公说自己"不能用"，还是说不能用孔子，也有不同解释。我们经过详细论证，认为这话是齐景公说的，是齐景公说自己"不能用"。见著者《论语译注与考证》。

译文：

齐景公讲到怎样对待孔子时说："用鲁君对待季氏的规格，那我做不到；我要给他次于季氏而高于孟氏的待遇。"又说："我老了，没什么作为了。"孔子便离开了齐国。

18.4 齐人归女乐①，季桓子受之②，三日不朝，孔子行。

注释：

①归：通"馈"。

②季桓子：即季孙斯，时为掌握鲁国权柄的执政上卿。

译文：

齐国送了许多歌姬舞女给鲁国，季桓子接受了，三天不问政事，孔子就离职走了。

18.5 楚狂接舆歌而过孔子曰①："凤兮凤兮！何德之衰？往者不可谏，来者犹可追②。已而，已而！今之从政者殆而！"

孔子下，欲与之言。趋而辟之，不得与之言。

注释：

①接舆：《论语》所记隐士皆非真名。如司门者谓之"晨门"，持杖者谓之"丈人"，被问津者谓之"沮""溺"，接（靠近）孔子之舆（车子）者谓之"接舆"。

②犹可追：赶得上、来得及的意思。

译文：

楚国的狂人接舆一边走过孔子的车子，一边唱着歌："凤凰啊，凤凰啊！为什么美的德行会如此衰微？过去的已不可劝止，未来的还可以追回。算了吧，算了吧！现在的执政者们危乎其危！"

孔子下车，想和他谈谈，他却连忙躲开，孔子没和他谈成。

18.6 长沮、桀溺耦而耕①，孔子过之，使子路问津焉。

长沮曰："夫执舆者为谁②？"

子路曰："为孔丘。"

曰："是鲁孔丘与？"

曰："是也。"

曰："是知津矣。"

问于桀溺。

桀溺曰："子为谁？"

曰："为仲由。"

曰："是鲁孔丘之徒与？"

对曰："然。"

曰："滔滔者天下皆是也，而谁以易之？且而与其从辟人之士也③，岂若从辟世之士哉？"耰而不辍④。

子路行以告。

夫子怃然曰⑤："鸟兽不可与同群，吾非斯人之徒与而谁与？天下有道，丘不与易也。"

注释：

①耦耕：古代一种人力耕田法，但春秋时已普及牛耕，这里的"耦耕"不过是二人做庄稼活罢了。

②执舆：执辔驾车；本是子路负责驾车，因子路已下车，所以孔子代为驾御。

③而与其从辟人之士：而，同"尔"；辟，同"避"。

④耰（yōu）：即播种之后，再以土覆之。

⑤怃（wǔ）然：怅然失意的样子。

译文：

长沮、桀溺两人一同耕田，孔子从那儿路过，让子路去问渡口。

长沮问子路："那位驾车子的是谁？"

子路说："是孔丘。"

他又说："他是鲁国的那位孔丘吗？"

子路说："对呀。"

长沮说："他嘛，早晓得渡口在哪儿了。"

又去问桀溺。

桀溺说："您是谁？"

子路说："我是仲由。"

桀溺说："您是鲁国孔丘的门徒吗？"

子路答道："是的。"

桀溺便说："像洪水一样的坏东西到处都是，你们同谁去改革它呢？你与其跟着（孔丘那种）逃避坏人的人，为什么不跟着（我们这些）逃避整个社会的人呢？"说完，仍旧不停地干农活。

子路回来把这些报告给孔子。

孔子很失望地说："我们既然不可以同飞禽走兽合群共处，若不同人群打交道，又同什么去打交道呢？如果天下太平，我就不会同你们一道来从事改革了。"

18.7　子路从而后，遇丈人，以杖荷蓧①。

子路问曰："子见夫子乎？"

丈人曰："四体不勤，五谷不分，孰为夫子？"植其杖而芸。子路拱而立。

止子路宿，杀鸡为黍而食之，见其二子焉。

明日，子路行以告。

子曰："隐者也。"使子路反见之。至，则行矣。

子路曰："不仕无义。长幼之节，不可废也；君臣之义，如之何其废之？欲洁其身，而乱大伦。君子之仕也，行其义也；道之不行，已知之矣。"

注释：

①蓧（diào）：古代除草用的农具。

译文：

子路跟随着孔子，掉了队，碰到一个老头儿，用拐杖挑着除草用的工具。

子路问道："您看见我的老师了吗？"

老头儿道："你这人，四肢不劳动，五谷不认识，谁认识你的老师？"说完，便扶着拐杖去除草。

子路拱着手恭敬地站着。

老头儿便留子路到他家住宿，杀鸡、做饭给子路吃，又叫他两个儿子出来相见。

第二天，子路赶上了孔子，报告了这件事。

孔子说："这是位隐士。"叫子路返回去再看看他。子路到了那里，他却走开了。

子路便说："不做官是不对的。长幼间的人伦，是不可能废弃的；君臣间的大义，怎么能不管呢？你原想不玷污自身，却不知这样做便违反了君臣之间的大伦常。君子出来做官，只是为了尽应尽之责；至于我们的政治主张行不通，早就知道了。"

18.8　逸民①：伯夷、叔齐、虞仲、夷逸、朱张、柳下惠、少连②。子曰："不降其志，不辱其身，伯夷、叔齐与！"谓："柳下惠、少连，降志辱身矣，言中伦，行中虑，其斯而已矣。"谓："虞仲、夷逸，隐居放言，身中清，废中权。我则异于是，无可无不可。"

注释：

①逸民：隐逸之民。
②虞仲、夷逸、朱张、少连：4人言行多已不可考。

译文：

古今隐逸不仕的贤人有伯夷、叔齐、虞仲、夷逸、朱张、柳下惠、少连。孔子说："不动摇自己意志，不辱没自己身份的，是伯夷、叔齐吧！"又说："柳下惠、少连降低自己意志，屈辱自己身份了，可是言语合乎法度，行为经过思虑，那也不过如此罢了。"又说："虞仲、夷逸逃世隐居，放肆直言。行为廉洁，被废弃的是他的权术。我就和他们这些人不同，没有什么可以，也没有什么不可以。"

18.9　大师挚适齐①，亚饭干适楚②，三饭缭适蔡③，四饭缺适秦，鼓方叔入于河，播鼗武入于汉④，少师阳、击磬襄入于海⑤。

①大师挚：可能是《泰伯》中的"师挚"（8.15），即鲁国太师。如果这样，下文的各人也都是鲁国乐官。

②亚饭：古代天子诸侯用饭要奏乐，所以乐官有"亚饭""三饭""四饭"之名。

③缭：音 liáo。

④鼗（táo）：有柄的小鼓。

⑤磬（qìng）：石制的乐器，形状似矩。

译文：

太师挚逃到了齐国，亚饭乐师干逃到了楚国，三饭乐师缭逃到了蔡国，四饭乐师缺逃到了秦国，打鼓的方叔入居黄河之滨，摇小鼓的武居汉水之涯，少师阳和击磬的襄入居海边。

18.10 周公谓鲁公曰①："君子不施其亲②，不使大臣怨乎不以。故旧无大故③，则不弃也。无求备于一人。"

注释：

①鲁公：周公旦的儿子伯禽。

②施：通"弛"。

③大故：孔安国说："大故，谓恶逆之事也。"即不忠不孝之事。

译文：

周公对鲁公说道："君子不怠慢他的亲族，不让大臣抱怨没被信用。老臣故人没有不忠不孝，就不抛弃他。不要对某一人求全责备！"

18.11 周有八士："伯达、伯适、仲突、仲忽、叔夜、叔夏、季随、季騧①。"

注释：

①此八人已无可考；騧，音 guā。

译文：

周朝有 8 个有教养的人："伯达、伯适、仲突、仲忽、叔夜、叔夏、季随、季騧。"

子张篇第十九

19.1 子张曰："士见危致命，见得思义，祭思敬，丧思哀，其可已矣。"

译文：

子张说："读书人看见危险便肯献出生命，看见有所得便考虑是否该得，祭祀时想到要严肃恭敬，居丧时记着要悲痛哀伤，那也就可以了。"

19.2 子张曰："执德不弘①，信道不笃，焉能为有？焉能为亡？"

注释：

①弘：大，强大，强烈。

译文：

子张说："对德行的秉持不坚定，对道义的信守不执着，（这种人，）有他也可，无他也可。"

19.3 子夏之门人问交于子张。子张曰："子夏云何？"

对曰："子夏曰：'可者与之，其不可者拒之。'"

子张曰："异乎吾所闻：君子尊贤而容众，嘉善而矜不能。我之大贤与，于人何所不容？我之不贤与，人将拒我，如之何其拒人也？"

译文：

子夏的学生向子张请教怎样交朋友。子张说："子夏说了些什么？"

答道："子夏说，可以交的结交他，不可以交的拒绝他。"

子张说："这不同于我所听到的：君子尊敬贤人，也容纳普通人；鼓励好人，可怜无能的人。我是大好人吗，什么人容不下呢？我是坏人吗，别人将拒绝我，我还如何去拒绝别人呢？"

19.4　子夏曰："虽小道，必有可观者焉；致远恐泥，是以君子不为也。"

译文：

子夏说："即便是小技艺，也一定有可取之处；恐怕它影响远大目标，所以君子不去从事。"

19.5　子夏曰："日知其所亡，月无忘其所能，可谓好学也已矣。"

译文：

子夏说："每天学习所未知的，每月复习所掌握的，就可以说是好学了。"

19.6　子夏曰："博学而笃志①，切问而近思，仁在其中矣。"

注释：

①笃志：笃于其志，坚守自己的志向。

译文：

子夏说："广泛地学习，坚守自己的志向；恳切地发问，多考虑当前的问题，仁德就在这中间了。"

19.7　子夏曰："百工居肆以成其事，君子学以致其道。"

译文：

子夏说："工匠们在工棚里完成他们的任务，君子则通过学习来求得真理。"

19.8　子夏曰："小人之过也必文。"

译文：

子夏说："小人对于错误一定加以掩饰。"

19.9 子夏曰："君子有三变：望之俨然，即之也温，听其言也厉。"

译文：

子夏说："君子有三变：远望着庄严令人敬畏；走近又显得和蔼可亲；听他说话，则严厉不苟。"

19.10 子夏曰："君子信而后劳其民；未信，则以为厉己也。信而后谏；未信，则以为谤己也。"

译文：

子夏说："君子必须得到信仰以后才去动员百姓，否则百姓会以为你在折磨他们。必须得到信任以后才去进谏，否则君上会以为你在毁谤他。"

19.11 子夏曰："大德不逾闲①，小德出入可也。"

注释：

①闲：栅栏，此指一定的范围。

译文：

子夏说："人的重大节操不能逾越界限，生活小节上稍微放松一点是可以的。"

19.12 子游曰："子夏之门人小子，当洒扫应对进退，则可矣——抑末也，本之则无。如之何？"

子夏闻之，曰："噫！言游过矣！君子之道，孰先传焉？孰后倦焉？譬诸草木，区以别矣。君子之道，焉可诬也？有始有卒者，其惟圣人乎！"

译文：

子游说："子夏的学生，叫他们做做打扫、接待客人、应对进退的工作，是可以的；不过这都只是末节，学术的根本他们却缺乏。这怎么可以呢？"

子夏听了这话，便说："嗨！言游说错了！君子的学术，哪一项先传授，哪一项后讲述呢？学术好比草木，是要区别为各种各类的。君子的学术，如何可以歪曲？（按部就班，循序渐进地传授学术而）有始有终的，大概只有圣人吧！"

19.13　子夏曰："仕而优则学①，学而优则仕。"

注释：

①优：优游，得闲，得空。

译文：

子夏说："做官了，有空闲便去学习；学习了，有空闲便去做官。"

19.14　子游曰："丧致乎哀而止。"

译文：

子游说："居丧，真正做到了哀伤也就够了。"

19.15　子游曰："吾友张也为难能也，然而未仁。"

译文：

子游说："我的朋友子张是难能可贵的了，然而还算不上仁。"

19.16　曾子曰："堂堂乎张也，难与并为仁矣。"

译文：

曾子说："子张真够得上是威仪堂堂了，难以携带别人一同进入仁德。"

19.17　曾子曰："吾闻诸夫子：人未有自致者也，必也亲丧乎！"

译文：

曾子说："我听老师说过，平常时候，人的感情不可能自动地充分得以发挥，如果有，那一定是父母亡故的时候吧！"

19.18　曾子曰："吾闻诸夫子：孟庄子之孝也①，其他可能也；其不改父之臣与父之政，是难能也。"

注释:

①孟庄子：鲁大夫孟献子仲孙蔑之子，名速。这一章当与"三年无改于父之道，可谓孝矣"(1.11)结合看。

译文:

曾子说："我听老师说过：孟庄子的孝，别的都容易做到；而他留用父亲的旧臣，保持父亲的旧政，这是难以做到的。"

19.19　孟氏使阳肤为士师①，问于曾子。曾子曰："上失其道，民散久矣②。如得其情③，则哀矜而勿喜！"

注释:

①阳肤：曾子的弟子。
②民散：与"民处""民聚"意义相反，指人民流离失所。
③情：实情，真实情形。

译文:

孟氏任命阳肤为法官，阳肤向曾子求教。曾子说："在上位的人胡作非为，百姓早就流离失所了。你如果能够审出罪犯的真实情形，便应该抱着同情的态度，千万别以此为乐！"

19.20　子贡曰："纣之不善①，不如是之甚也。是以君子恶居下流，天下之恶皆归焉。"

注释:

①纣：即帝辛，殷商最末之君，为周武王所伐，自焚死。

译文:

子贡说："商纣的坏，不像现在传说的这么厉害。所以君子憎恶居于下流，一居下流，天下的坏事都归结于他了。"

19.21　子贡曰："君子之过也，如日月之食焉：过也，人皆见之；更也，人皆仰之。"

子贡说："君子的过失好比日食月食：错的时候，每个人都见得到；改的时候，每个人都仰望着。"

19.22　卫公孙朝问于子贡曰[①]："仲尼焉学?"

子贡曰："文武之道，未坠于地，在人。贤者识其大者，不贤者识其小者。莫不有文武之道焉。夫子焉不学，而亦何常师之有?"

①卫公孙朝：公孙朝，人名；言卫公孙朝者，以别于鲁、楚、郑诸国之公孙朝也。

卫国的公孙朝向子贡问道："孔子（仲尼）的学问是从哪里学来的?"

子贡说："周文王周武王的道，并没有失传，散在人间。贤能的人便抓住大处，不贤能的人只抓些末节。文王武王之道无处不在。我的老师何处不学，又为什么要有一定的老师、专门的传授呢?"

19.23　叔孙武叔语大夫于朝曰[①]："子贡贤于仲尼。"

子服景伯以告子贡。

子贡曰："譬之宫墙[②]，赐之墙也及肩，窥见室家之好。夫子之墙数仞[③]，不得其门而入，不见宗庙之美，百官之富。得其门者或寡矣。夫子之云，不亦宜乎!"

①叔孙武叔：鲁大夫，名州仇。
②宫墙：围墙。
③仞：7尺。

叔孙武叔在朝堂之上对众官员说："子贡比仲尼还要强些。"

子服景伯便把这话告诉了子贡。

子贡说："把这事儿比做围墙吧：我家的围墙只能齐肩，谁都能一望而知房屋的美好。我老师的围墙高达数丈，找不到大门进去，就看不到那宗庙的雄伟、百官的威仪。能够找到大门的人或许不多吧，那么，武叔他老人家说这话不是很自然吗？"

19.24　叔孙武叔毁仲尼。子贡曰："无以为也！仲尼不可毁也。他人之贤者，丘陵也，犹可逾也；仲尼，日月也，无得而逾焉。人虽欲自绝，其何伤于日月乎？多见其不知量也①。"

注释：

①多：程度副词，与"多行不义必自毙"的"多"用法一样；可翻译为"足以""确实"。

译文：

叔孙武叔毁谤仲尼。子贡说："不要这样做！仲尼是不应该被诋毁的。别人的贤能，好比山丘，还可以越过去；仲尼，简直是太阳和月亮，是不可逾越的。一个人纵然要自绝于太阳月亮，那对太阳月亮有什么损害呢？足以显示他不自量罢了。"

19.25　陈子禽谓子贡曰："子为恭也，仲尼岂贤于子乎？"

子贡曰："君子一言以为知，一言以为不知，言不可不慎也。夫子之不可及也，犹天之不可阶而升也。夫子之得邦家者，所谓立之斯立，道之斯行，绥之斯来，动之斯和。其生也荣，其死也哀，如之何其可及也？"

译文：

陈子禽对子贡说："您太谦虚了，仲尼难道比您还强吗？"

子贡说："有身份的人可以因一句话表现出他的智慧，也可因一句话表现出他的无知，所以说话不可不谨慎。他老人家的不可超越，犹如青天的不可以用阶梯爬上去。他老人家如果得国而为诸侯，或者得到采邑而为卿大夫，那正如我们所说的一叫百姓人人能立足于社会，百姓自会人人能立足于社会；一引导百姓，百姓自会前进；一安抚百姓，百姓自会从远方来投靠；一动员百姓，百姓自会同心协力。他老人家，生得光荣，死得可惜，又怎么能够赶得上呢？"

尧曰篇第二十

20.1　尧曰："咨！尔舜！天之历数在尔躬①，允执其中②。四海困穷，天禄永终。"

舜亦以命禹③。

曰："予小子履敢用玄牡④，敢昭告于皇皇后帝⑤：有罪不敢赦，帝臣不蔽，简在帝心⑥。朕躬有罪，无以万方⑦；万方有罪，罪在朕躬。"

周有大赉⑧，善人是富。"虽有周亲，不如仁人。百姓有过，在予一人⑨。"

谨权量，审法度⑩，修废官⑪，四方之政行焉。兴灭国，继绝世，举逸民，天下之民归心焉。

所重：民、食、丧、祭。

宽则得众，信则民任焉⑫，敏则有功，公则说。

注释：

①天之历数在尔躬：上天所定的帝位顺序已经轮替到你身上了；也即，从此天命在你一身了。历数，帝位的顺序；尔躬，你身上。

②允执其中：允，公允，诚信；执，拿着，保持；中，中正之道。

③此章文字前后不相连贯，疑有脱落。

④予小子履敢用玄牡：予小子，同"予一人"，上古帝王自称之词；履，汤的别名；玄，黑；牡，母牛。

⑤皇皇后帝：皇皇，光明伟大的样子；"后"和"帝"同义，都是帝王的意思。

⑥帝臣不蔽，简在帝心：帝臣，天子之臣。不蔽，不蔽（其善）。简，

检阅，明白。此句的意思是，众臣之善我也不隐瞒掩盖，您心里是清楚明白的。

⑦万方：应即《尚书》《诗经》中常见的"万邦"。"方"、"邦"古音相同。万方，天下万国，也即各大小部落。

⑧赉（jī）：赐予。

⑨此4句为周武王封诸侯之辞。

⑩谨权量，审法度：权，衡轻重者；量，衡体积者；法度，衡长短者。

⑪此9字以下是孔子的话。

⑫此5字为衍文。

译文：

尧（让位给舜的时候）说道："啧啧！你这位舜，上天的大命已经落在你身上了，诚实地保持着那正确吧！如果天下的百姓都困苦贫穷，上天给你的禄位也会永远终止。"

舜让位给禹的时候，也说了这番话。

（汤）说："我后生晚辈履谨用黑色牡牛作牺牲，斗胆明白无误地禀告光明伟大的天帝：有罪的人（我）不敢擅自去赦免他，诸臣工（的好处）我也不隐瞒掩盖，您心里应该是清楚明白的。我本人若有罪，就不要牵连天下万方；天下万方若有罪，都归我一人来承担。"

周朝大封诸侯，使善人都富贵起来。"我虽然有至亲，却不如有仁德之人。百姓如果有过错，应该由我来担承。"

检验并审定度量衡，修复已废弃的机关工作，全国的政令就会通行。复兴被灭亡的国家，承续已断绝的后代，提拔被遗落的人才，天下的百姓就都会心悦诚服了。

所重视的：人民、粮食、丧礼、祭祀。

宽厚就会得到群众的拥护，勤敏就会有功绩，公平就会使百姓高兴。

20.2　子张问于孔子曰："何如斯可以从政矣？"子曰："尊五美，屏四恶，斯可以从政矣。"

子张曰："何谓五美？"子曰："君子惠而不费，劳而不怨，欲而不贪^①，泰而不骄，威而不猛。"

子张曰："何谓惠而不费?"

子曰："因民之所利而利之，斯不亦惠而不费乎? 择可劳而劳之，又谁怨^②? 欲仁而得仁，又焉贪? 君子无众寡，无小大，无敢慢，斯不亦泰而不骄乎? 君子正其衣冠，尊其瞻视，俨然人望而畏之，斯不亦威而不猛乎?"

子张曰："何谓四恶?"

子曰："不教而杀谓之虐；不戒视成谓之暴；慢令致期谓之贼；犹之与人也，出纳之吝谓之有司^③。"

注释：

①欲：指欲得仁义，从下文"欲仁而得仁，又焉贪"可知。

②又谁怨：又怨谁。"谁"在这里是谓语之前的宾语。如果"谁"做主语，则应该在"又"的前边。

③出纳之吝谓之有司：出纳，这里用作偏义复词，只有"出"的意义；有司，古代管事者，职务卑微。

译文：

子张问孔子说："要怎样才可以治理政事呢?"孔子说："尊尚五美，摒弃四恶，这样就可以治理政事了。"

子张说："什么叫五美?"孔子说："君子为人民谋利益，自己却无所耗费；劳动百姓，百姓却不怨恨；欲仁欲义，而不贪财贪利；安泰矜持却不骄傲；威严却不凶猛。"

子张说："为人民谋利益，自己却无所耗费，这是什么意思?"

孔子说："顺应大众的利益而使他们得利，这不是施惠于人自己却没破费吗? 选择可以役使的时机去役使百姓，（百姓）又能怨恨谁呢? 追求仁德又得到了仁德，还贪求什么呢? 无论人多人少，无论势力大小，都不怠慢他们，这不就是虽然矜持自负却不盛气凌人吗? 君子衣冠整齐，目不邪视，庄严地使人望之顿生敬畏之心，这不是威严却不凶猛吗?"

子张说："什么是四恶?"

孔子说："不加以教育便横加杀戮叫做虐；不加申诫便要成绩叫做暴；

起先懈怠，突然限期叫做贼；同是给人以财物，出手悭吝，叫做小家子气。"

20.3　孔子曰："不知命，无以为君子也；不知礼，无以立也；不知言，无以知人也。"

译文：

孔子说："不懂得命运，没有可能成为君子；不懂得礼，没有可能立足于社会；不懂得分辨人家的言语，没有可能认识人。"

《孟子》译注

杨逢彬　　译注

导　读

杨逢彬

　　读者朋友，您手中这部《孟子译注》，如果光就文字注释的准确性而言，如同和它一道出版的《论语·大学·中庸译注》一样，是一个好注本。至少在字词句注释的准确度上，它较之杨伯峻先生的名著《孟子译注》又跨进了一大步。

　　此前，我曾花了十几年精力写出一部《论语新注新译》，郭锡良先生评价这部书"这的确是在语法系统规律指导下的'竭虑殚精'之作，在杨伯峻《论语译注》的基础上，无疑又跨进了一大步"（为边滢雨《〈论语〉语法分析词典》所作的《序言》）。《孟子新注新译》也将在不久之后出版。这次出版的《孟子译注》《论语·大学·中庸译注》，都是以上面两部《新注新译》为基础注释的。

　　在此之前，就文字注释的准确性而言，中华书局出版的杨伯峻先生的《孟子译注》，如同他的《论语译注》一样，应该是最好的。因为杨伯峻先生既是语言学家，又是文献学家；以语言学为利器治文献学，故所得独多。

　　杨伯峻先生的叔父，笔者的祖父杨树达（遇夫）先生之治《汉书》，有《汉书窥管》，该书之所以精湛绝伦，同样得力于文献学和语言学的结合。

　　再上溯到清代高邮二王，其《读书杂志》《经义述闻》所体现出的功力是那样炉火纯青，前人未能解决的那么多的疑难问题，他们都解决了；乃正如杨树达先生多次指出的那样，虽然那时尚无成系统的语法学，但王氏父子已有相当强的语法观念了。这实际上就是文献学和语言学的结合，遇夫先生称之为"虚实交会"。他在《词诠·序例》中写道：

> 凡读书者有二事焉，一曰明训诂，二曰通文法。训诂治其实，文法求其虚。清儒善说经者，首推高邮王氏。其所著书，如《广雅疏证》，征实之事也；《经传释词》，捣虚之事也。其《读书杂志》《经义述闻》，则交会虚实而成者也。呜呼！虚实交会，此王氏之所以卓绝一时，而独开百年来治学之风气也。

所以，文献学和语言学（尤其是其中的语法学）的结合，是解决古书疑难问题的康庄大道。中华书局版《论语译注》《孟子译注》之成功，实得力于此。

中国古典文献学已经有 2000 年历史了，而理论语言学之在中国，才100 年左右的历史。从《论语译注》《孟子译注》的问世至于今天，又过去近一个甲子了，其间，语言学的进展真是不可以道里计。

相较于语法学的不断进步，技术手段的进步更是突飞猛进，一日千里。比如，一种语言的语法是不断发展变化的，汉代汉语的语法有些不同于先秦汉语的语法，其间细小的差异，特别是词义的变化，在以前的技术条件下是难以捉摸的，现在借助于计算机检索却能够做到了。

所以，利用大大进步了的语言学，利用大大进步了的技术手段，解决《论语译注》《孟子译注》的千虑之失，是后来者必须承担的任务。如果我能在保留以上二书固有优点的基础之上，较好地完成这一任务，那就能够百尺竿头更进一步。做到了这一点，以好的注本自居，也就有了把握，有了自信。

杨树达先生利用语法规律解读《汉书》，因而被陈寅恪先生誉为"汉圣"。据周秉钧先生在《〈汉书窥管〉文法为训释例》（《杨树达诞辰百年纪念集》，湖南教育出版社 1985 年版）一文中统计，《汉书窥管》用语法规律来解决《汉书》词句问题达 200 处以上。可见，语法规律确实能解决古书中的实际问题；而这，毋庸讳言，恰恰是当今古籍整理方面比较欠缺、从而大有潜力可挖的。

本书利用语法规律解决了若干问题，其中包括一些杨伯峻《孟子译注》未能解决的问题。例如：

导 读

其一：

《公孙丑上》："心勿忘，勿助长也。"焦循《孟子正义》说："'忘'通'妄'，即《易》'无妄'之'妄'。"焦说不确。先秦典籍中未见"勿妄"；因为"妄"是性质形容词，不能受"勿"修饰。"勿"修饰"忘"则没有问题。"忘"是及物动词，可带宾语。如："志士不忘在沟壑，勇士不忘丧其元。"（《滕文公下》）而当"勿"修饰及物动词时，其宾语不能出现。如："齐桓公问管子曰：'吾念有而勿失，得而勿忘，为之有道乎？'"（《管子·桓公问》）"心勿忘"正是这样。

其二：

《滕文公上》："夷子不来。"许多注本包括《孟子译注》将此四字放在引号内，译为孟子对夷子的使者说让夷子别来，这是不对的。因为如果这样，按语法规律来讲，否定副词应当用禁止性的"勿""毋"（《孟子》"毋"都写作"无"）而不能用"不"。

通过对《孟子》全书的考察，也确实如此：除"夷子不来"一例外，《孟子》中"不"出现 1083 次，没有表禁止、劝阻的。而全书的"勿"或"毋"（无）均表禁止："王请勿疑！"（《梁惠王下》）"王勿异也。"（《万章下》）

因此，"夷子不来"意为"夷子没有来"，应该放在引号之外。

其三：

《离娄上》："商之孙子，其丽不亿。"丽，数；亿，十万。《孟子译注》翻译这句话为"数目何止十万"，未达一间。"不 + 数词（或数量结构）"格式一般都指达不到这一数字。例如："天子之地方千里；不千里，不足以待诸侯。诸侯之地方百里；不百里，不足以守宗庙之典籍。"（《告子下》）大家耳熟能详的"战不三合，挥刀将××斩于马下"，也属于这种表达。

利用语法规律来解决古书疑难词句问题，还必须掌握一定的普通语言学知识。下面，我结合普通语言学常识，来讲解一下我是如何解决《孟子》中的疑难词句问题的。

首先，语言，包括语言的各要素，都是在历史长河中速度不一地发展着的，这就是语言的历史性。今日某个词的所有意义（我们称之为义位），

《论语》《孟子》的时代不一定全有；现代汉语具有的某种句式，《论语》《孟子》时代不一定有。因此，不能以今律古。例如：

《梁惠王上》："狗彘食人食而不知检。"这一句中"检"当读为"敛"。这句话的意思是：丰年时，谷贱伤农，狗彘都能吃上人的食物，当政者却不平价收买，储藏之以备荒年。这样的解释，是颜师古对《汉书·食货志·赞》"孟子亦非'狗彘食人之食而不知敛'"所作的解释。《汉书·食货志》"检"也作"敛"。但《孟子》赵岐注却解释为"不知以法度检敛也"，也就是不知以法度约束的意思。我们赞同颜师古的说法，是因为"检"之有法度义最早见于《荀子》，至于在此基础上产生的约束、限制义更是晚见于东汉的《论衡》。赵岐注显然是用汉代才有的意义解读这段话了。相反，"敛"的收藏、收捡义，在《孟子》成书的年代则较为常见。

又如同一篇的"凶年不免于死亡"，《孟子》时代，"死亡"是一个短语，意为死去和逃亡，不是意为"死掉"的一个词。

《公孙丑上》的"配义与道"，我们注意到，当时"配"这个词，其宾语所指往往为主要的，而主语（或未出现的主语）所指则为次要的，用来配合宾语的某些事物。所以，该"配"字应译为"配合""辅助"。配义与道，即配合辅助义和道。

《滕文公上》："且许子何不为陶冶，舍皆取诸其宫中而用之？何为纷纷然与百工交易？何许子之不惮烦？"句中的"舍"，有人说即现代汉语的"啥"。姑不论"啥"出现较晚，难以和先秦的"舍"挂上钩，即以"啥皆取"这种"代词＋副词＋动词"的形式表示周遍意义来说，诸如"什么都吃""谁都认识"之类，无论是意义还是形式，都是很晚才产生的。故此句中的"舍"决不能以"啥"释之。

其次，语言是具有社会性的，语言的表达要符合那一时代那一社会的表达习惯，即，你这样说，别人也这样说。因此任何词、任何句式都不可能是在那时的语言中"绝无仅有"的，而必须是"无独有偶"的。任何人要解释某部古书中的一段话或一个词，他必须找到和这部书同一时代的其他类似的话或词作为证据，否则便不能成立。有人解《论语·阳货》中的"唯女子与小人为难养也"一句中"女子"为"你的儿子""你这位先生"，可是先秦古籍中除此之外再也找不到第二例了，也就说明这种"新颖可喜"的"妙解"是不能成立的。

《孟子·告子上》："孔子曰：'操则存，舍则亡；出入无时，莫知其乡。'惟心之谓与？"我们同意赵岐注"乡，犹里，以喻居也"，而未采纳《孟子译注》（杨伯峻）所引焦循《正义》说的"近读'乡'为'向'"，就是因为在《孟子》前后时代典籍中的"其乡"都是表示某一处所，而不是表示某一方向。如《荀子·乐论》："百姓莫不安其处，乐其乡。"

类似"其乡"的还有《告子下》的"乐善"，我们不从赵岐注的"乐闻善言"，就是因为先秦典籍中的诸多"乐善"都大致是"爱好美好事物"的意思。

第三，语言是具有系统性的，其中的要素，如词，其意义的引申，如词组，其间词的组合，都是有脉络可循的，不是一团乱麻。

如上文所说的"舍"，它在先秦典籍中最为常见的意义是舍弃，动词；而且这一动词可带复杂的谓词性宾语，如《论语·季氏》的"君子疾夫舍曰欲之而必为之辞"，《战国策·齐策六》的"夫舍南面之称制，乃西面而事秦，为大王不取也"。所以我们认为"舍"后的"皆取诸其宫中而用之"都是"舍"的宾语。

又以《告子上》的"无他，利与善之间也"，《告子下》的"山径之蹊间，介然用之而成路"为例。先秦词法的规律是，双音节后接"之间"，单音节后接"间"。前者如"天地之间""陈蔡之间""两陛之间""两楹之间""君臣之间""父子之间"等，后者如"人间""民间""草间""苇间""鼻间""乳间"等。这两种形式都表示两者之间的距离，进而表示抽象的人与人之间的关系。因此我们既不能同意"山径之蹊，间介然用之而成路"的读法，也无法苟同朱熹解"利与善之间"的"间"为"异"，因为后者只是一种随文释义的训释。

古书的训释方法千头万绪，这里不能全面展开，只能重点介绍一种最为行之有效，而且是以往可望不可即而当今的技术手段使之变得可以实现的方法。这就是杨树达先生所说的"审句例"，也即我们所说的"考察分布"。

王引之的下面这篇作品一直被视为考证疑难词句的典范，它所采用的

《孟子》译注

方法正是"审句例"：

> 《终风篇》："终风且暴。"《毛诗》曰："终日风为终风。"《韩诗》曰："终风，西风也。"此皆缘词生训，非经文本义。"终"犹"既"也，言既风且暴也……《燕燕》曰："终温且惠，淑慎其身。"《北门》曰："终窭且贫，莫知我艰。"《小雅·伐木》曰："神之听之，终和且平。"（《商颂·那》曰："既和且平。"）《甫田》曰："禾易长亩，终善且有。"《正月》曰："终其永怀，又窘阴雨。""终"字皆当训为"既"。

以往的学者对此虽心向往之，却鞭长莫及。而今，我们利用计算机检索，也能够予以模仿：

其一：

《梁惠王上》的"吾不忍其觳觫若无罪而就死地"，传统的断句为"吾不忍其觳觫，若无罪而就死地"。俞樾《孟子平议》在"若"字后断句，"觳觫若"为"害怕发抖的样子"。杨树达先生《古书句读释例》与俞书同。但表示"……的样子"，《孟子》用"然"而不用"若"。先秦文献中只有《诗经》偶用"若"表示"……的样子"。

郑子瑜从吴昌莹、王引之说，认为"若"训"其"，指代"牛"，也讲不通。因为与代词"其"类似的"若"，与"其"一样，也处于定语位置，不处于主语位置。"若"在此句中，当然是"好比""好像"的意思。

为什么要否定传统读法呢？因为许多人认为牛本无罪，何须用一"若"字？又有人认为杨伯峻先生译"无罪"为"无罪之人"，乃是"增字解经"。其实，在《孟子》成书年代的语言中，"有罪""无罪"一定是指人或指人的社会单位如"国"，因此应当译为"无罪之人"，即今译时必须补出"之人"；这并非什么"增字解经"，而是将隐含的语义揭示出来。正因为"无罪"指人不指牛，所以用一"若"字。

其二：

同篇之"为长者折枝"，杨伯峻先生注释说："古来有三种解释：甲、折取树枝；乙、弯腰行礼；丙、按摩搔痒。译文取第一义。"我们取丙说。这主要因为甲、乙二说除晚起外，均与当时语言实际不符。

先看甲说。a. 宾语或受事主语为人、兽或人兽身体一部分时，该"折"的"折断"义带有伤害性。b. 宾语或受事主语为树木或物体时，该"折"的"折断"不是人类的自主行为，例如为风所摧折。"折取树枝"说显然与此不符。

再看乙说。其说为"馨折腰枝，盖犹今拜揖也"。"腰肢"若为定中结构，指腰，其意义甚晚起，《孟子》时代无此义。若为并列结构，则原文为"折枝"，并无"腰"或其古字"要"；且当时"枝"也无"腰肢"义。

丙说甚早，且古人多理解"折枝"为按摩，故采纳之。

其三：

《梁惠王下》的"如水益深，如火益热"，这两句的"如"，是"好像……那样"的意思，不是"如果"的意思。

表示"好像……那样"的"如"，其后通常接名词或名词词组，如："如金如锡，如圭如璧。"（《诗经·卫风·淇奥》）

当表示这个意义的"如"后面所接的是一主谓结构时，主谓之间通常有一"之"字："如川之流，绵绵翼翼。"（《诗经·大雅·常武》）但也不尽然："诛其君，吊其民，如时雨降"（《滕文公下》）、"如水益深，如火益热"就属于后面这一类。

若"如"表示"如果"，则为"如 + （非主谓结构的）谓词性成分"；而且，这种意义的"如"还位于条件复句的第一个分句，也可归纳为"（S）如……，（则）……。"（S，指主语）例如："富而可求也，虽执鞭之士，吾亦为之。如不可求，从吾所好。"（《论语·述而》）"王如知此，则无望民之多于邻国也。"（《孟子·梁惠王上》）

其四：

《滕文公下》的"井上有李，螬食实者过半矣"，"李"有两解：李树、李子。杨伯峻先生《孟子译注》倾向于后一解释，我们却认为是指李树。

首先，先秦典籍中出现的"桃""李""梅"等等，特别是当下文出现"实"（果实）时，都是指桃树、李树、梅树等。如："摽有梅，其实七兮。"（《诗经·召南·摽有梅》）

其次，若此"李"指李实，则此句当为"井上有李，螬食之过半矣。"

"有"的宾语，在下句再度出现时，一般以代词"之"指代。如："一心以为有鸿鹄将至，思援弓缴而射之。"（《告子上》）

　　近几十年来，借助于新的方法和新的工具，古籍整理工作有了长足的进步，相信《论语·大学·中庸译注》《孟子译注》及本人相关著作的出版，将把《论语》《孟子》的研究推向一个新的高度。

梁惠王章句上（凡七章）①

1.1 孟子见梁惠王。王曰："叟不远千里而来②，亦将有以利吾国乎？"

孟子对曰："王何必曰利？亦有仁义而已矣③。王曰'何以利吾国'，大夫曰'何以利吾家'，士庶人曰'何以利吾身④'，上下交征利而国危矣⑤。万乘之国，弑其君者⑥，必千乘之家；千乘之国⑦，弑其君者，必百乘之家⑧。万取千焉，千取百焉，不为不多矣。苟为后义而先利⑨，不夺不餍⑩。未有仁而遗其亲者也，未有义而后其君者也。王亦曰仁义而已矣，何必曰利？"

注释：

①梁惠王：即魏惠王，名䓨（yīng），"惠"是他的谥号。前362年，魏国都城由安邑迁往大梁（今河南开封市），所以又叫梁惠王。他在即位最初二十几年内，使魏国在战国诸雄中最为强大。本篇名为"梁惠王章句上"，是因为《孟子》的篇名和《论语》一样，不过是择取每篇开头的一个重要的词或词组而已。"章句"是汉代经学家常用的术语，即分析古书章节句读的意思，在这里用作训解古书的题名。这里"梁惠王章句上"是东汉赵岐所著《孟子章句》的旧题，他把《孟子》7篇各分为上下两卷，所以这里题为"章句上"。

②叟（sǒu）：老先生。

③亦：不过，只是。

④庶（shù）人：平民。

⑤征：取。

219

⑥弒：以下杀上，以卑杀尊。

⑦万乘（shèng）之国，千乘之国：兵车一辆叫一乘；春秋战国时以兵车的多少来衡量国家的大小强弱；战国七雄为万乘，宋、卫、中山、东周、西周为千乘。

⑧千乘之家，百乘之家：古代的执政大夫有一定的封邑，拥有这种封邑的大夫叫家。

⑨苟：假如，假设，如果。

⑩餍（yàn）：饱，满足。

译文：

孟子晋见梁惠王。惠王说："老先生不辞千里长途的辛劳而来，是不是将给我国带来利益呢？"

孟子答道："王何必非要说利呢？只要讲仁义就行了。如果王只是说'怎样才有利于我的国家呢'，大夫也说'怎样才有利于我的封地呢'，那一般士子和老百姓也都会说'怎样才有利于我自己呢'，这样，上上下下都竞相追逐私利，国家便危险了！在拥有10000辆兵车的国家里，杀掉它的国君的，一定是拥有1000辆兵车的大夫；在拥有1000辆兵车的国家里，杀掉它的国君的，一定是拥有100辆兵车的大夫。在10000辆兵车里头他就拥有1000辆，在1000辆兵车里头他就拥有100辆，这些大夫的产业不能不说是够多的了；假若他把'义'弃诸脑后而事事'利'字当先，那他不把国君的一切都剥夺，是不会满足的。从没有以'仁'存心的人会遗弃父母的，也没有以'义'存心的人会怠慢君上的。王只要讲仁义就可以了，为什么一定要讲'利'呢？"

1.2 孟子见梁惠王。王立于沼上，顾鸿雁麋鹿①，曰："贤者亦乐此乎？"

孟子对曰："贤者而后乐此，不贤者虽有此，不乐也。《诗》云：'经始灵台，经之营之。庶民攻之②，不日成之③。经始勿亟④，庶民子来⑤。王在灵囿，麀鹿攸伏⑥。麀鹿濯濯⑦，白鸟鹤鹤⑧。王在灵沼，於牣鱼跃⑨。'文王以民力为台为沼，而民欢乐之，谓其台曰灵台，谓其沼曰灵沼，乐其有麋鹿鱼鳖。古之人与民偕乐，故能乐也。《汤誓》

曰⑩：'时日害丧⑪，予及女偕亡。'民欲与之偕亡，虽有台池鸟兽，岂能独乐哉？"

注释：

①顾：转动脖子看。

②攻：治，工作。

③不日：不设期限。

④经始勿亟：这是文王所说；亟，急。

⑤子：像儿子那样。

⑥麀（yōu）鹿攸伏：麀，母鹿。攸，所。

⑦濯濯：肥而光泽貌。

⑧鹤鹤：羽毛洁白貌。

⑨於牣（wū rèn）：於，词的前缀，无实义；牣，满。

⑩《汤誓》：《尚书》中的一篇，为商汤伐桀誓师词。

⑪时日害丧：时，此，这；害，同"曷"，何，何时。

译文：

孟子晋见梁惠王。王站在池塘边，一边欣赏着鸟兽，一边说："有德行的人也享受这种快乐吗？"

孟子答道："只有有德行的人才能体会到这种快乐，没有德行的人纵然有这一切，也没法享受。（怎么这样说呢？我拿周文王和夏桀的史实作例子来说明吧。）《诗经·大雅·灵台》中写道：'开始筑灵台，经营又经营。百姓都来做，慢慢就完成。王说才开始，不要太着急。百姓如儿子，都来出把力。王到鹿苑中，母鹿正栖息。母鹿肥又亮，白鸟毛如雪。王到灵沼上，满池鱼跳跃。'周文王虽然用了百姓的力量筑高台挖深池，可是百姓高兴这样做，他们管这台叫做'灵台'，管这池叫做'灵沼'，还高兴那里有许多麋鹿和鱼鳖。古时候的圣君贤王因为能与老百姓同乐，才能得到真正的快乐。（夏桀却恰恰相反，百姓诅咒他死，他却自比太阳：'太阳什么时候消灭，我才什么时候死亡。'）《汤誓》中便记载着百姓的哀歌：'太阳呀，你什么时候灭亡呢？我宁肯和你一道去死！'老百姓恨不得与他同归于尽，纵然有高台深池、珍禽异兽，他又怎么能够独自享受呢？"

1.3－1　梁惠王曰："寡人之于国也①，尽心焉耳矣。河内凶，则移其民于河东②，移其粟于河内③。河东凶亦然。察邻国之政，无如寡人之用心者。邻国之民不加少④，寡人之民不加多，何也？"

孟子对曰："王好战，请以战喻⑤。填然鼓之⑥，兵刃既接⑦，弃甲曳兵而走⑧。或百步而后止⑨，或五十步而后止。以五十步笑百步，则何如？"

曰："不可；直不百步耳⑩，是亦走也⑪。"

注释：

①寡人：寡德之人，古代王侯的自谦之辞；寡，少。

②河内、河东：魏国的河东地，在今山西省夏县西北一带；河内地，在今河南省济源市一带。

③粟：禾、黍的子粒。

④加少：减少。

⑤请：请您允许我……

⑥填然鼓之：填然，即"填填地（响）"；鼓，击鼓；之，这里指击鼓的事由。

⑦兵：兵器，武器。

⑧走：上古跑叫"走"，这里指逃跑。

⑨或：有的人。

⑩直：只是，不过。

⑪是：此，这。

译文：

梁惠王（对孟子）说："我对于国家，可算是操心到家了。河内地方遭了灾，我便把那里的百姓迁到河东，还把河东的粮食运到河内。河东遭了灾也这么办。细察邻国的政治，没有一个君主能像我这样费尽心思的。尽管这样，邻国的百姓并不减少，我的百姓并不增多，这是为什么呢？"

孟子答道："王喜欢战争，就请让我用战争来打个比喻吧。战鼓咚咚一响，双方刀枪一碰，就有人扔掉盔甲拖着兵器逃跑。有的一口气跑了100步停下，有的一口气跑了50步停下。假设跑了50步的耻笑跑了100

步的战士（胆小），那怎么样？"

王说："这不行，他只不过没跑到 100 步罢了，但这也是逃跑了呀。"

1.3-2　曰："王如知此，则无望民之多于邻国也①。不违农时，谷不可胜食也②；数罟不入洿池③，鱼鳖不可胜食也；斧斤以时入山林④，材木不可胜用也。谷与鱼鳖不可胜食，材木不可胜用，是使民养生丧死无憾也。养生丧死无憾，王道之始也。"

注释：

①无：毋，不要。

②胜（shēng）：尽。

③数（shuò）罟（gǔ）不入洿（wū）池：数，密；罟，鱼网；洿，不流动的水，池塘。

④以时：按一定的时间，按时。

译文：

孟子说："王如果懂得这个道理，就不要指望你的老百姓比邻国多了。如果在农忙时，不去（征农当兵）占用耕作的时间，那粮食便会吃不完了；如果不用太过细密的网到池塘去捕鱼，那鱼鳖也就吃不完了；如果砍伐树木有固定的时间，木材也就用不尽了。粮食和鱼鳖吃不完，木材用不尽，这样就使老百姓对生养死葬没有遗憾了。老百姓对生养死葬没有遗憾，这就是王道的开端！"

1.3-3　"五亩之宅，树之以桑，五十者可以衣帛矣①。鸡豚狗彘之畜②，无失其时，七十者可以食肉矣。百亩之田，勿夺其时，数口之家可以无饥矣。谨庠序之教③，申之以孝悌之义④，颁白者不负戴于道路矣⑤。七十者衣帛食肉，黎民不饥不寒，然而不王者⑥，未之有也。

"狗彘食人食而不知检⑦，途有饿莩而不知发⑧；人死则曰'非我也，岁也'，是何异于刺人而杀之，曰'非我也，兵也'。王无罪岁，斯天下之民至焉⑨。"

注释：

①衣（yì）：这里是穿的意思。

223

②鸡豚狗彘之畜（xù）：鸡和猪、狗的畜养；畜，畜养，饲养。

③庠（xiáng）序：古代的地方学校。

④申：一再，重复。

⑤颁白者不负戴于道路：颁白，须发半白，也写作"斑白"；负，背负；戴，顶在头上。

⑥王（wàng）：以仁义统一天下。

⑦狗彘食人食而不知检：这句中"检"当读为"敛"；这句话的意思是，丰年时，谷贱伤农，狗彘都能食人之食，当政者却不平价收买，储藏起来以备荒年。

⑧莩（piǎo）：饿死的人。

⑨斯：这就。

译文：

"每家都有五亩地的宅院，院里种满桑树，50岁以上的人就可以穿上丝棉袄了。鸡、狗和猪的畜养，不要耽误繁殖的时机，70岁以上的人就可以有肉吃了。一家人百亩的耕地，不要挤占他们耕种收割的时机，一家几口人就可以吃得饱饱的了。好好地办些学校，反复地用孝顺父母敬爱兄长的道理教育他们，那么，须发斑白的老人也就用不着背负或头顶着重物奔波于道路上了。70岁以上的人有丝棉衣穿，有肉吃，平民百姓不受冻饿，这样还不能使天下归服的，是从未有过的事。

"（丰收年份）猪狗能吃上人吃的粮食，却不晓得及时收购以备荒年；道路上有饿死的人，也没想到要打开仓库赈济灾民。老百姓死了，就说'不怪我呀，怪年成不好'。这种说法和拿刀子杀了人却说'不怪我呀，怪兵器'有什么不同呢？王假如不去怪罪年成（而切切实实地去改革政治），这样，天下的百姓都会来投奔你了。"

1.4 梁惠王曰："寡人愿安承教①。"

孟子对曰："杀人以梃与刃②，有以异乎？"

曰："无以异也。"

"以刃与政，有以异乎？"

曰："无以异也。"

曰:"庖有肥肉③,厩有肥马④,民有饥色,野有饿莩,此率兽而食人也!兽相食,且人恶之;为民父母,行政,不免于率兽而食人,恶在其为民父母也⑤?仲尼曰⑥:'始作俑者,其无后乎!'为其象人而用之也。如之何其使斯民饥而死也⑦?"

注释:

①安:安心,安然。

②梃(tǐng):直的木棒。

③肥肉:厚肉。肉,肌肉;肥,肉质丰满;那时的"肥肉"和现在的"肥肉"意义有所不同。

④厩(jiù):马栏,马厩。

⑤恶(wū):何。

⑥仲尼:孔子的字。

⑦斯民:这些老百姓;斯,此。

译文:

梁惠王(对孟子)说:"我愿意耐心地接受您的教诲。"

孟子答道:"用棍子和用刀子杀人,有什么不同吗?"

王说:"没有什么不同。"

"用刀子和用政治(杀人),有什么不同吗?"

王说:"没有什么不同。"

孟子又说:"厨房里有厚实的肉,马厩里有健壮的马,老百姓却面色菜黄,郊野也饿殍横陈,这就是率领着禽兽来吃人!野兽间弱肉强食,人尚且厌恶;作为老百姓的父母官执政,还不免率领着禽兽来吃人,这又怎么算是老百姓的父母官呢?孔子曾说:'最开始制作人俑来陪葬的人,该会断子绝孙吧!'这是因为人俑如同大活人,却用来陪葬。(用人俑陪葬,尚且不可)又怎能让老百姓活活饿死呢?"

1.5　梁惠王曰:"晋国①,天下莫强焉②,叟之所知也。及寡人之身,东败于齐,长子死焉③;西丧地于秦七百里④;南辱于楚⑤。寡人耻之,愿比死者壹洒之⑥。如之何则可?"

《孟子》译注

孟子对曰："地方百里而可以王⑦。王如施仁政于民，省刑罚，薄税敛，深耕易耨⑧；壮者以暇日修其孝悌忠信⑨，入以事其父兄，出以事其长上，可使制梃以挞秦楚之坚甲利兵矣⑩。

"彼夺其民时，使不得耕耨以养其父母。父母冻饿，兄弟妻子离散⑪。彼陷溺其民，王往而征之，夫谁与王敌？故曰：'仁者无敌。'王请勿疑！"

注释：

①晋国：这里指魏国；韩、赵、魏三国瓜分晋国，魏国最为强大，所以用"晋国"指代魏国。

②天下莫强焉：莫，没有……；焉，于是，于斯，于此；此句意为"天下没有哪个国家强于它（魏）"。

③东败于齐，长子死焉：指马陵（今河南范县西南）之役；魏伐韩，韩求救于齐，齐军袭魏，魏军败于马陵，主将庞涓自杀，魏太子申被俘；焉，于此。

④西丧地于秦七百里：马陵之役后，魏又屡败于秦，割河西之地及上郡之十五城。

⑤南辱于楚：梁惠王后元十一年（前324年），楚遣柱国（武官名）昭阳统兵攻魏，破之于襄陵（河南睢县西），得八邑。

⑥愿比（bì）死者壹洒之：比，替；壹，全；洒，音义均同"洗"，洗雪，雪耻。

⑦地方百里：当理解为"地，方百里"；"方百里"，意谓长宽各为百里。

⑧易耨（nòu）：易，速；耨，锄草。

⑨悌：弟弟尊敬兄长。

⑩制：通"揭"，举起。

⑪妻子：妻子和儿女；妻，妻子；子，子女。

译文：

梁惠王（对孟子）说："魏国的强大，当时天下没有比得上的，老先生是知道的。但到了我这时候，先是东边败于齐国，长子都死在那儿；西边割让了700里土地给秦国；南边又被楚国所羞辱（被夺去了八个城池）。我为此深感屈辱，希望为死难者报仇雪恨，要怎样办才好呢？"

孟子答道："即使方圆百里的小国也可以行仁政使天下归服，（何况像魏国呢？）您如果向百姓施行仁政，减免刑罚，减轻赋税，使百姓能够深翻土，勤除草；青壮年在闲暇时能讲求孝顺父母、敬爱兄长、为人忠心、诚实守信的德行，并用来在家里侍奉父兄，在朝廷服事上级，这样，就是举着木棒也足以抗击披坚执锐的秦楚大军了。

"那秦国、楚国（却相反），侵夺了老百姓的生产时间，使他们不能耕种来养活父母，父母因此受冻挨饿，兄弟妻儿东逃西散。那秦王、楚王使他们的百姓陷在痛苦的深渊里，您去讨伐他们，那还有谁来与您为敌呢？所以说：'仁人无敌于天下。'请您不要疑虑了吧！"

1.6　孟子见梁襄王[1]，出，语人曰[2]："望之不似人君，就之而不见所畏焉。卒然问曰[3]：'天下恶乎定[4]？'吾对曰：'定于一。''孰能一之[5]？'对曰：'不嗜杀人者能一之。''孰能与之[6]？'对曰：'天下莫不与也[7]。王知夫苗乎？七八月之间旱[8]，则苗槁矣。天油然作云，沛然下雨，则苗浡然兴之矣[9]。其如是，孰能御之？今夫天下之人牧[10]，未有不嗜杀人者也。如有不嗜杀人者，则天下之民皆引领而望之矣[11]。诚如是也，民归之，由水之就下[12]，沛然谁能御之？'"

注释：

①梁襄王：梁惠王之子，名嗣。

②语（yù）：告诉。

③卒然：同"猝然"。

④恶乎：怎样。

⑤孰：谁。

⑥与：跟随。

⑦莫：没有谁。

⑧七八月：这是用的周代历法，相当于夏历的五六月，正是禾苗需要雨水的时候。

⑨浡（bó）：浡然，兴起貌。

⑩人牧：治理人民的人，指国君。

⑪引领：伸长脖子。

⑫由：同"犹"。

译文：

孟子谒见了梁襄王，出来后告诉别人说："远远望去，不像个国君的样子；挨近他，也看不出哪一点值得敬畏。猛一开口就问：'天下如何才安定？'我答道：'天下一统，才会安定。'他又问：'谁能一统天下？'我又答：'不好杀人的国君，就能一统天下。'他又问：'那有谁会跟随他呢？'我又答：'普天之下没有不跟随他的。您熟悉那禾苗吗？七八月间天旱，禾苗就枯槁了。这时，一团浓黑的乌云出现，哗啦哗啦下起了大雨，禾苗又苗壮茂盛地生长起来。这种趋势，谁能阻挡得住呢？当今那各国的君主，没有不好杀人的。如有一位不好杀人的，那么，天下的老百姓都会伸长着脖子来盼望他了。真这样的话，百姓归附他、跟随他，就好像水向下奔流一般，汹涌澎湃，谁能阻挡？'"

1.7–1　齐宣王问曰①："齐桓、晋文之事可得闻乎②？"

孟子对曰："仲尼之徒无道桓文之事者，是以后世无传焉，臣未之闻也③。无以④，则王乎？"

曰："德何如则可以王矣？"

曰："保民而王⑤，莫之能御也。"

曰："若寡人者，可以保民乎哉？"

曰："可。"

曰："何由知吾可也？"

曰："臣闻之胡龁曰⑥，王坐于堂上，有牵牛而过堂下者，王见之，曰：'牛何之⑦？'对曰：'将以衅钟⑧。'王曰：'舍之！吾不忍其觳觫⑨，若无罪而就死地⑩。'对曰：'然则废衅钟与？'曰：'何可废也，以羊易之！'——不识有诸⑪？"

曰："有之。"

注释：

①齐宣王：威王之子，名辟疆。

②齐桓、晋文：齐桓公名小白，晋文公名重耳，在春秋时代先后称霸，为"五霸"之列。

③臣未之闻：我没有听说过这个；当时语言，如果是否定句，代词作宾语一般要放在谓语动词之前；其他篇章的"未之有""未之见""未之学""未之尽""未之知"等也是如此。

④无以：不得已；以，同"已"。

⑤保：安。

⑥龁：音 hé。

⑦之：往。

⑧衅：祭礼名，宰杀一只活物来祭某种新器物或宗庙。

⑨觳觫（hú sù）：惊恐战栗貌。

⑩若无罪而就死地：好像无罪之人却被处死；有人说，加"之人"是"增字解经"，并非如此；因为当时语言中，"有罪""无罪"本来就是专指人的，而译为现代汉语，若不加"之人"则不通。

⑪诸："之乎"的合音。

译文：

齐宣王问孟子："齐桓公、晋文公的事迹，我能请您讲给我听吗？"

孟子答道："孔子的门徒们没有谈到齐桓公、晋文公的事迹的，所以后世没有流传，我也没听说过。非要讲的话，就说说'王道'吧！"

宣王问道："要多高的道德才能够实行王道呢？"

孟子说："通过爱护百姓去实现王道，便没有人能够阻挡。"

宣王说："像我这样的人，可以爱护百姓吗？"

孟子说："能够。"

宣王说："根据什么晓得我能够做到呢？"

孟子说："我听胡龁说，王坐在殿堂上，有人牵着牛从殿下走过，王看见了，便问：'牵牛到哪里去？'那人答道：'准备杀它来衅钟。'王便说：'放了它吧！我实在不忍心看到它那哆哆嗦嗦的样子，好像没罪的人却被押送刑场！'那人说：'那么，就不衅钟了吗？'王又说：'这怎么可以废弃呢？用只羊来代替吧！'——有这回事吗？"

宣王说："有的。"

1.7-2 曰："是心足以王矣。百姓皆以王为爱也①，臣固知王之不忍也。"

王曰："然，诚有百姓者。齐国虽褊小②，吾何爱一牛？即不忍其觳觫，若无罪而就死地，故以羊易之也。"

曰："王无异于百姓之以王为爱也③。以小易大，彼恶知之？王若隐其无罪而就死地④，则牛羊何择焉？"

王笑曰："是诚何心哉？我非爱其财而易之以羊也。宜乎百姓之谓我爱也。"

注释：

①爱：吝啬，舍不得。

②褊（biǎn）：小。

③异：惊异，奇怪。

④隐：怜悯。

译文：

孟子说："有这样的想法足以实行王道了。老百姓都以为王是舍不得，我早就知道王是不忍心哪。"

宣王说："对呀，确实有这样想的百姓。齐国虽狭小，我又何至于舍不得一头牛？我只是不忍心看到它不停地哆嗦，就像没犯罪的人却被押去斩决，所以才用羊来替换它。"

孟子说："百姓以为王舍不得，王也不必奇怪。您用小的来换取大的，那些人怎么会清楚王的想法呢？如果说可怜它'像没犯罪的人却被押去斩决'，那么牛和羊又有什么好选择的呢？"

宣王笑着说："这到底是一种什么心理呀？我确实不是吝惜钱财才用羊来代替牛。（您这么一说）百姓说我舍不得真是理所当然的了。"

1.7-3 曰："无伤也，是乃仁术也，见牛未见羊也。君子之于禽兽也，见其生，不忍见其死；闻其声，不忍食其肉。是以君子远庖厨也①。"

王说曰②："《诗》云③：'他人有心，予忖度之④。'夫子之谓也。

夫我乃行之，反而求之，不得吾心。夫子言之，于我心有戚戚焉⑤。此心之所以合于王者，何也？”

曰：“有复于王者曰：‘吾力足以举百钧⑥，而不足以举一羽；明足以察秋毫之末⑦，而不见舆薪，则王许之乎⑧？”

曰：“否。”

注释：

①远：使……远离。

②说：“悦”的古字。

③《诗》云：见《诗经·小雅·巧言》。

④忖度（cǔn duó）：揣测。

⑤戚戚：心动的样子。

⑥钧：三十斤。

⑦秋毫之末：鸟尾上的细毛，是极细小的东西；舆薪：一车薪柴。

⑧许：同意。

译文：

孟子说：“这也没什么关系。这种怜悯心正是仁爱呀！因为王只看见了牛可怜，却没有看见羊可怜。君子对于飞禽走兽，看见它们活着的可爱，便不再忍心看到它们死去；听到它们的啼叫，便不再忍心吃它们的肉。君子总是远离厨房，就是这个道理。”

宣王高兴地说：“有两句诗说：‘别人想的啥，我能猜到它。’就是说的您这样的人。我只是这样做了，再反躬自问，却想不出个所以然来。经您老这么一说，我的心便豁然开朗了。但我的这种想法合于王道，又是为什么呢？”

孟子说：“假如有个人向王报告说：‘我的臂力能够举起3000斤，却拿不起一根羽毛；我的眼力能把鸟儿秋天生的毫毛看得一清二楚，却看不见眼前的一车柴火。’您会同意这话吗？”

宣王说：“不会。”

1.7-4 “今恩足以及禽兽，而功不至于百姓者，独何与？然则一羽之不举，为不用力焉；舆薪之不见，为不用明焉；百姓之不见保，为不用恩焉。故王之不王，不为也，非不能也。"

曰："不为者与不能者之形何以异？"

曰："挟太山以超北海①，语人曰'我不能'，是诚不能也。为长者折枝②，语人曰'我不能'，是不为也，非不能也。故王之不王，非挟太山以超北海之类也；王之不王，是折枝之类也。"

注释：

①挟太山以超北海：太山即泰山，北海即渤海。

②折枝：按摩肢体；枝，通"肢"。历来还有"折取树枝"与"弯腰行礼"两种解释。

译文：

孟子马上接着说："如今王的好心好意足以及于禽兽，却不能及于百姓，这是为什么呢？这样看来，一根羽毛都拿不起，只是不肯下力气的缘故；一车子柴火都看不见，只是不肯用眼睛的缘故；老百姓不被保养，只是不肯施恩的缘故。所以，王未曾实行王道，只是不肯干，不是不能干。"

宣王说："不肯干和不能干有什么不同呢？"

孟子说："把泰山夹在胳膊下跳过北海，告诉别人说'这个我办不到'，这是真的不能。替老年人按摩肢体，告诉别人说'这个我办不到'，这是不肯干，不是不能干。王的不行仁政不是属于把泰山夹在胳膊下跳过北海一类，而是属于替老年人按摩肢体一类的。"

1.7-5 "老吾老，以及人之老①；幼吾幼，以及人之幼。天下可运于掌。《诗》云：'刑于寡妻②，至于兄弟，以御于家邦③。'言举斯心加诸彼而已。故推恩足以保四海，不推恩无以保妻子。古之人所以大过人者，无他焉，善推其所为而已矣。今恩足以及禽兽，而功不至于百姓者，独何与？

"权，然后知轻重；度，然后知长短。物皆然，心为甚。王请度之！

"抑王兴甲兵④，危士臣，构怨于诸侯，然后快于心与？"

注释： 🎵

①老吾老，以及人之老：尊敬自己的长辈，并把这尊敬延及他人的长辈；第一个"老"活用为动词，尊敬的意思；及，推及，延及；人，别人，他人。下句第一个"幼"也是动词活用，慈爱、爱护之意。

②"《诗》云"以下三句：见《诗经·大雅·思齐》；刑，同"型"，示范；寡妻，嫡妻。

③家：指卿大夫之有采邑者。

④抑：还是。表示选择。

译文： 🎵

"孝敬我家里的长辈，并把这孝敬推广到别人家的长辈；呵护我家里的儿女，并把这呵护推广到别人家的儿女。（如果一切施政措施都基于这一点）治理天下就如同在手心转动小球一样了。《诗经》上说：'先给妻子做榜样，扩展到兄弟，进而推广到封邑和国家。'就是说把这样的好心好意扩展到其他方面就行了。所以由近及远地把恩惠推展开，便足以保有天下；不这样，甚至连自己的妻子儿女都保护不了。古代的圣贤之所以远远地超过一般人，没有别的诀窍，只是他们善于扩展他们的好行为罢了。如今您的恩情足以扩展到动物，百姓却得不到好处，这是为什么呢？

"称一称，才晓得轻重；量一量，才知道长短。什么东西都如此，人的心更是这样。王考虑一下吧！

"难道说，动员全国军队，让将士冒着危险，去和别国结仇构怨，这样做您心里才痛快吗？"

1.7-6 王曰："否，吾何快于是？将以求吾所大欲也。"

曰："王之所大欲可得闻与？"王笑而不言。

曰："为肥甘不足于口与？轻暖不足于体与？抑为采色不足视于目与①？声音不足听于耳与？便嬖不足使令于前与②？王之诸臣皆足以供之，而王岂为是哉？"

曰："否，吾不为是也。"

曰："然则王之所大欲可知已，欲辟土地③，朝秦楚④，莅中国而抚四夷也⑤。以若所为求若所欲⑥，犹缘木而求鱼也。"

王曰："若是其甚与？"

曰："殆有甚焉⑦。缘木求鱼，虽不得鱼，无后灾。以若所为求若所欲，尽心力而为之，后必有灾。"

注释：

①采色：即"彩色"。

②便嬖（pián bì）：得到王的宠幸且朝夕相伴者。

③辟：开辟。

④朝：使其朝觐。

⑤莅（lì）：临。

⑥若：如此，后来写作"偌"。

⑦殆：可能。

译文：

宣王说："不，我为什么非要这样做才痛快呢？这样做，不过是追求实现我的最大愿望啊。"

孟子说："我可以听听王的最大愿望吗？"宣王只是笑，不做声。

孟子接着说："是为了肥美的食物不够吃吗？是为了轻暖的衣服不够穿吗？或者是为了鲜艳的色彩不够看吗？是为了曼妙的音乐不够听吗？是为了贴身的小臣不够您使唤吗？这些，您的臣下都能尽量供给，但是王真的是为了这些吗？"

宣王说："不，我不是为了这些。"

孟子说："那么，您的最大愿望可以知道了。您是想要广辟疆土，您是要秦楚来朝，您是要治理华夏而抚有四夷；不过，以您这样的作为来满足您这样的愿望，就好比爬到树上去抓鱼一样。"

宣王说："有这样严重吗？"

孟子说："恐怕比这更严重呢！爬上树去抓鱼，虽然抓不到，却没有灾祸。以您这样的作为去满足您这样的欲望，殚精竭虑去干了，（不但达不到目的）还有灾祸在后头。"

1.7-7　曰："可得闻与？"

曰："邹人与楚人战^①，则王以为孰胜？"

曰："楚人胜。"

曰："然则小固不可以敌大，寡固不可以敌众，弱固不可以敌强。海内之地，方千里者九，齐集有其一。以一服八，何以异于邹敌楚哉？盖亦反其本矣^②。今王发政施仁，使天下仕者皆欲立于王之朝，耕者皆欲耕于王之野，商贾皆欲藏于王之市，行旅皆欲出于王之途，天下之欲疾其君者皆欲赴愬于王^③。其若是，孰能御之？"

王曰："吾惛^④，不能进于是矣。愿夫子辅吾志，明以教我。我虽不敏，请尝试之。"

注释：

①邹：国名，就是邾国，国土极小。

②盖：同"盍"，"何不"的合音。

③愬：同"诉"。

④惛：同"昏"。

译文：

宣王说："（这是什么道理呢？）可以让我听听吗？"

孟子说："假设邹国和楚国打仗，王以为谁会胜利呢？"

宣王说："楚国会胜。"

孟子说："这样看来，小国本来就不可以抗拒大国，人少的国家也不可以抗拒人多的国家，弱国不可以抗拒强国。现在华夏的土地，有9个纵横各1000里那么大，齐国不过占有它的1/9。凭1/9之力想叫8/9归服，这跟邹国抗拒楚国有什么不同呢？（既然这条路根本行不通，那么）为什么不从根基着手呢？现在王如果能改良政治，广施仁德，使天下的士大夫都想站立在齐国的朝廷，庄稼汉都想耕种在齐国的田野，行商坐贾都想把货物囤积在齐国的市场，来往旅客都想奔走在齐国的路途，各国痛恨本国君主的人也都想到王这儿来一吐苦水。若能做到这样，又有谁能抵挡得住呢？"

宣王说："我头脑昏乱，不能达到这样的高度了。希望您老人家辅导我达到目的，明明白白地教导我。我虽不聪明，也不妨试它一试。"

1.7-8 曰："无恒产而有恒心者，惟士为能。若民①，则无恒产，因无恒心。苟无恒心，放辟邪侈，无不为已。及陷于罪，然后从而刑之，是罔民也②。焉有仁人在位罔民而可为也？是故明君制民之产③，必使仰足以事父母，俯足以畜妻子，乐岁终身饱，凶年免于死亡；然后驱而之善，故民之从之也轻④。今也制民之产，仰不足以事父母，俯不足以畜妻子；乐岁终身苦，凶年不免于死亡⑤。此惟救死而恐不赡⑥，奚暇治礼义哉⑦？"

注释：

①若：至于。
②罔：同"网"，网罗，陷害。
③制：制订法度。
④轻：轻易，容易。
⑤死亡：死去和逃亡。
⑥赡（shàn）：足够。
⑦奚：何，哪里。

译文：

孟子说："没有固定的产业而有恒定的信念，只有士人才能够做到。如果是老百姓，没有固定的产业，因而也就没有恒定的信念。若没有恒定的信念，就会胡作非为，违法乱纪，什么事都干得出来。等到他犯了法，然后再处以刑罚，这等于陷害。哪有仁爱的人当政却做出陷害老百姓的事呢？所以英明的君主规定老百姓的产业，一定要使他们上足以赡养父母，下足以抚养妻儿；好年成，一年到头吃得饱；坏年成，也不至于饿死或逃亡；然后驱使他们往善良的路上走，这样老百姓要听从教导也容易。现在呢，规定老百姓的产业，上不足以赡养父母，下不足以抚养妻儿；好年成，一年到头困苦；坏年成，要么死要么逃。这样，每个人要救活自己都怕做不到，哪有闲工夫学习礼义呢？"

1.7-9 "王欲行之，则盍反其本矣①：五亩之宅，树之以桑，五十者可以衣帛矣。鸡豚狗彘之畜，无失其时，七十者可以食肉矣。百亩之田，勿夺其时，八口之家可以无饥矣。谨庠序之教，申之以孝悌之义，颁白者不负戴于道路矣。老者衣帛食肉，黎民不饥不寒，然而不王者，未之有也。"

注释：

①盍："何不"的合音。

译文：

"王如果要施行仁政，为什么不从根基着手呢？每家都有五亩地的宅院，院里种满桑树，50岁以上的人就可以穿上丝棉袄了。鸡、狗和猪的畜养，不要耽误繁殖的时机，70岁以上的人就可以有肉吃了。每家都有百亩田地，不耽误农时，八口之家就可以吃饱肚子了。好好地办些学校，反复地用孝顺父母敬爱兄长的道理教育他们，那么，须发斑白的老人也就用不着背负或头顶着重物奔波于道路上了。70岁以上的人有丝棉衣穿，有肉吃，平民百姓不受冻饿，这样还不能使天下归服的，是从未有过的事。"

梁惠王章句下（凡十六章）

2.1－1　庄暴见孟子，曰："暴见于王[1]，王语暴以好乐[2]，暴未有以对也。"曰[3]："好乐何如？"

孟子曰："王之好乐甚，则齐国其庶几乎[4]！"

他日，见于王曰："王尝语庄子以好乐，有诸？"

王变乎色，曰："寡人未能好先王之乐也，直好世俗之乐耳。"

曰："王之好乐甚，则齐其庶几乎！今之乐由古之乐也。"

曰："可得闻与？"

曰："独乐乐，与人乐乐，孰乐？"

曰："不若与人。"

曰："与少乐乐，与众乐乐，孰乐？"

曰："不若与众。"

注释：

①暴见于王：庄暴被王接见。

②乐（yuè）：音乐。

③曰：一个人的话中间又加一"曰"字，表示讲话人有所停顿。

④庶几：差不多。

译文：

（齐国的大臣）庄暴来见孟子，说："我去朝见王，王告诉我，他爱好音乐，我不知道该怎样回答。"又说："爱好音乐好不好？"

孟子说："王如果非常爱好音乐，那齐国便会不错了。"

过了些时日，孟子谒见齐王，问道："您曾经告诉庄暴，说您爱好音乐,有这回事吗?"

齐王脸红了,不好意思地说:"我没能爱好先王的雅乐,只是爱好流行音乐罢了。"

孟子说:"只要您爱好音乐,那齐国便会不错了。现代音乐和古代音乐都是一样的。"

齐王说:"这道理我可以听听吗?"

孟子说:"一个人欣赏音乐很快乐,和别人一道欣赏音乐也很快乐,哪一种更快乐呢?"

齐王说:"跟别人一道欣赏更快乐。"

孟子说:"跟少数人欣赏音乐很快乐,跟多数人欣赏音乐也很快乐,哪一种更快乐呢?"

齐王说:"跟多数人一起欣赏更快乐。"

2.1-2 "臣请为王言乐①。今王鼓乐于此,百姓闻王钟鼓之声,管籥之音②,举疾首蹙频而相告曰③:'吾王之好鼓乐,夫何使我至于此极也?父子不相见,兄弟妻子离散。'今王田猎于此④,百姓闻王车马之音,见羽旄之美⑤,举疾首蹙频而相告曰:'吾王之好田猎,夫何使我至于此极也?父子不相见,兄弟妻子离散。'此无他,不与民同乐也。

"今王鼓乐于此,百姓闻王钟鼓之声,管籥之音,举欣欣然有喜色而相告曰:'吾王庶几无疾病与,何以能鼓乐也?'今王田猎于此,百姓闻王车马之音,见羽旄之美,举欣欣然有喜色而相告曰:'吾王庶几无疾病与,何以能田猎也?'此无他,与民同乐也。今王与百姓同乐,则王矣。"

注释:

①乐:此处双关,既指"音乐",又指"娱乐"。

②管籥(yuè):古代吹奏乐器,类似今之箫笙。

③举疾首蹙频(cù è):举,全都;蹙,皱着;频,鼻梁。

④田猎:打猎。

⑤羽旄:旗帜。

译文:

孟子马上说:"请让我为王谈谈音乐。如果王在这里奏乐,老百姓听到敲钟打鼓的声音，听到吹奏箫管的声音，大家全都皱着眉头奔走相告：'我们的王这样爱好音乐，那为什么使我困苦到这样的境地呢？父子不能相见，兄弟妻儿东逃西散？'如果王在这里打猎，老百姓听到车马的声音，看到仪仗的华丽，大家全都皱着眉头奔走相告：'我们的王这样爱好打猎，为什么使我困苦到这样的境地呢？父子不能相见，兄弟妻儿东逃西散？'这没有别的原因，就因为王（只图自己快活而）不和大家一道娱乐的缘故。

"如果王在这里奏乐，老百姓听到敲钟打鼓的声音，听到吹奏箫管的声音，全都眉开眼笑地奔走相告：'我们的王大概很健康吧，要不怎么能够奏乐呢？'如果王在这里打猎，老百姓听到车马的声音，看到仪仗的华丽，全都眉开眼笑地奔走相告：'我们的王大概很健康吧，要不怎么能够打猎呢？'这没有别的原因，只是因为王同百姓一道娱乐罢了。如果王同百姓一道娱乐，就可以使天下归服了。"

2.2　齐宣王问曰："文王之囿方七十里①，有诸？"

孟子对曰："于传有之。"

曰："若是其大乎？"

曰："民犹以为小也。"

曰："寡人之囿方四十里，民犹以为大，何也？"

曰："文王之囿方七十里，刍荛者往焉②，雉兔者往焉③，与民同之。民以为小，不亦宜乎？臣始至于境，问国之大禁，然后敢入。臣闻郊关之内有囿方四十里④，杀其麋鹿者如杀人之罪，则是方四十里为阱于国中。民以为大，不亦宜乎？"

注释：

①囿：没围墙的猎场叫"囿"。

②刍荛（chú ráo）：刍，草；荛，柴。这里指打草砍柴。

③雉（zhì）兔：狩猎。

④郊关：四郊之门——古代城邑四郊起拱卫防御作用的关门。

译文：

齐宣王（问孟子）说："听说周文王有一处猎场，纵横各70里，有这回事吗？"

孟子答道："史书上记载着呢。"

宣王说："竟然有这么大吗？"

孟子说："老百姓还嫌小呢。"

宣王说："我的猎场纵横只有40里，老百姓还嫌大了，为什么呢？"

孟子说："文王的猎场纵横各70里，割草打柴的能去，打鸟捕兽的也能去，是和老百姓一道用的。老百姓以为太小，不是很自然吗？（而您恰恰相反。）我刚到边界，就打听齐国的重要的禁令，然后才敢入境。我听说首都郊外有一处猎场，纵横各40里，谁要宰了里头的麋鹿，就如同犯了杀人之罪。那么，这就等于在国内挖了一个纵横40里的大陷阱。百姓认为太大了，不是很自然吗？"

2.3　齐宣王问曰："交邻国有道乎？"

孟子对曰："有。惟仁者为能以大事小，是故汤事葛①，文王事昆夷②。惟智者为能以小事大，故太王事獯鬻③，勾践事吴④。以大事小者，乐天者也；以小事大者，畏天者也。乐天者保天下，畏天者保其国。《诗》云：'畏天之威，于时保之⑤。'"

王曰："大哉言矣！寡人有疾，寡人好勇。"

对曰："王请无好小勇。夫抚剑疾视曰：'彼恶敢当我哉！'此匹夫之勇，敌一人者也。王请大之！

"《诗》云：'王赫斯怒⑥，爰整其旅⑦，以遏徂莒⑧，以笃周祜⑨，以对于天下。'此文王之勇也。文王一怒而安天下之民。

"《书》曰⑩：'天降下民，作之君，作之师⑪，惟曰其助上帝宠之。四方有罪无罪惟我在，天下曷敢有越厥志⑫？'一人衡行于天下⑬，武王耻之。此武王之勇也。而武王亦一怒而安天下之民。今王亦一怒而安天下之民，民惟恐王之不好勇也。"

注释：

①汤事葛：《滕文公下》第五章论之较详，可参。

②昆夷：亦作"混夷"，周朝初年的西戎国名。

③太王事獯鬻（xūn yù）："太王"即古公亶父；獯鬻，即猃狁（xiǎn yǔn），当时北方的少数民族。

④勾践事吴：越王勾践惨败于吴，卑辞厚礼求和，替吴王当马前卒；后返国，十年生聚，十年教训，终于兴国灭吴。

⑤"畏天"句：见《诗经·周颂·我将》；保，安定。

⑥赫斯：勃然大怒的样子。此诗见《诗经·大雅·皇矣》。

⑦爰：句首语气词，无实义。

⑧以遏徂莒：遏，止；徂，往；莒，国名。

⑨以笃周祜（hù）：笃，厚；祜，福。

⑩《书》曰：以下为《尚书》逸文，《伪古文尚书》采入《泰誓》上篇。

⑪作之君，作之师：为他们造作君主，为他们造作师长。

⑫厥：略同"其"。

⑬衡：同"横"。一人，指商纣王。

译文：

齐宣王问道："和邻国打交道有什么方法途径吗？"

孟子答道："有的。只有仁爱的人才能够以大国的身份服事小国，所以商汤服事葛伯，文王服事昆夷。只有聪明的人才能够以小国的身份服事大国，所以太王服事獯鬻，勾践服事夫差。以大国身份服事小国的，是乐行天命的人；以小国身份服事大国的，是敬畏天命的人。乐行天命者能保有天下，敬畏天命者能保有本国。《诗经》说得好：'敬畏上天的威灵，（因此谨慎又小心）于是保住他。'"

宣王说："这话真伟大！不过，我有个小毛病，就是太喜爱勇武。"

孟子答道："那么，请王不要喜好这小勇。有种人，只会手按着剑柄、圆睁双眼说：'那人怎么敢抵挡我呢？'这只是凡夫俗子的勇武，只能镇得住一个人。希望王能把它扩大。

"《诗经》说：'我王赫然一发怒，整肃军阵如猛虎，阻止侵莒的敌人，增添周室的福禄，报答天下的拥护。'这便是文王的勇武。文王一发怒便使天下的百姓生活安定。

"《书经》说：'天降生了芸芸众民，也为他们造作了君主，也为他们造作了师长，这些君主和师长的唯一职责，就是帮助上帝来爱护人民。因此，四面八方的有罪者和无罪者，都由我负责。普天之下，谁敢超越他的本分（胡作非为）？’当时有个人在世上横行霸道，武王便认为是奇耻大辱。这便是武王的勇武。武王也一发怒而使天下的百姓生活安定。如今王若是也一怒而安定天下的百姓，那么，百姓还生怕王不喜爱勇武呢！”

2.4-1　齐宣王见孟子于雪宫①。王曰：“贤者亦有此乐乎？”

孟子对曰：“有。人不得，则非其上矣。不得而非其上者，非也；为民上而不与民同乐者，亦非也。乐民之乐者，民亦乐其乐；忧民之忧者，民亦忧其忧。乐以天下，忧以天下②，然而不王者，未之有也。”

注释：

①雪宫：齐宣王的离宫（别墅）。

②乐以天下，忧以天下：乐，以天下（民之乐），忧，以天下（民之忧）；即，以天下民之乐为乐，以天下民之忧为忧。

译文：

齐宣王在他的别墅雪宫里接见孟子。宣王问道：“贤人也有这种快乐吗？”

孟子答道：“有的。人们要是得不到这种快乐，就会非议他们的统治者。得不到快乐就讲统治者的坏话，固然不对；作为老百姓的统治者有快乐而不与老百姓一同享受，也是不对的。把老百姓的快乐当成他自己的快乐的，老百姓也会把他的快乐当成自己的快乐；把老百姓的忧愁当成他自己的忧愁的，老百姓也会把他的忧愁当成自己的忧愁。以天下万民之乐为乐，以天下万民之忧为忧，这样还不能使天下归服于他的，是从来不曾有的事。”

2.4-2　“昔者齐景公问于晏子曰①：‘吾欲观于转附、朝儛②，遵海而南③，放于琅邪④，吾何修而可以比于先王观也？’晏子对曰：‘善哉问也！天子适诸侯曰巡狩。巡狩者，巡所守也。诸侯朝于天子曰述职。述职者，述所职也。无非事者。春省耕而补不足，秋省敛而助不给。夏谚曰：“吾王不游，吾何以休？吾王不豫⑤，吾何以助？一游一豫，为诸侯度。”今也不然：师行而粮食⑥，饥者弗食⑦，劳者弗息。睊睊胥谗⑧，民乃作慝⑨。方命虐民⑩，饮食若流。流连荒亡，为诸侯忧。

从流下而忘反谓之流，从流上而忘反谓之连，从兽无厌谓之荒，乐酒无厌谓之亡。先王无流连之乐，荒亡之行。惟君所行也。'"

注释：

①昔者齐景公问于晏子曰：齐景公，春秋时齐国之君，姓姜名杵臼；晏子，齐国贤臣，名婴。

②观于转附、朝儛：转附疑即今之芝罘（fú）山（即芝罘岛）；朝儛疑即今山东荣城东之召石山。

③遵海而南：沿着海岸往南行。遵，循，沿着。

④放（fǎng）于琅邪：放于，至于；琅邪，山名，在今山东诸城市东南。

⑤豫：同"游"。

⑥粮食：这里是筹措粮食的意思。

⑦饥者弗食：受饿者吃不上饭；弗，不，"弗"修饰的动词一般不带宾语。

⑧睊（juàn）睊胥谗：睊睊，因忿恨侧目而视的样子；胥，都；谗，毁谤。

⑨慝（tè）：恶。

⑩方命：抗命；命，指上帝意旨。

译文：

"当年齐景公问晏子：'我想到转附山和朝儛山去视察，然后沿着海岸南行，一直到琅邪，我该如何做才能够比得上过往圣王贤君的巡游呢？'晏子答道：'问得好呀！天子到诸侯国去叫做巡狩。巡狩，就是巡视诸侯职守的意思。诸侯去朝见天子叫做述职。述职就是报告分内工作的意思。这一切都是工作。春天巡视耕种，补助贫穷农户；秋天考察收获，补助缺粮农户。夏朝的谚语说："我王不出来游，我便劳作不休；我王不出来走，我的补助哪有？我王四处巡游，给诸侯树立榜样。"如今就不同了：君王仪仗还没动，官吏四处筹粮米。饿汉越发没饭吃，苦力累死难休息。大家切齿又骂娘，铤而走险揭竿起。既违天命又害民，成天大摆流水席。流连荒亡无节制，诸侯如何不着急！（流连荒亡是什么意思呢？）顺流而下地游玩、乐而忘返叫做流，溯流而上地游玩、乐而忘返叫做连，打猎从不厌倦叫做荒，喝酒不知节制叫做亡。过去的圣王贤君没有这种流连的乐趣、荒亡的行为。（视察工作的出巡和只知自己快乐的流连荒亡）您施行哪一种，您自己选择吧！'"

2.4-3 "景公悦,大戒于国^①,出舍于郊。于是始兴发补不足^②。召大师曰^③:'为我作君臣相说之乐!'盖《徵招》《角招》是也^④。其诗曰:'畜君何尤^⑤?'畜君者,好君也。"

注释:

①戒:告诫,发布命令。

②兴发:兴,实行仁政;发,开仓济贫。

③大师:即"太师",古代乐官之长。

④《徵招》《角招》:徵(zhǐ)和角是古代五音(宫、商、角、徵、羽)中的两个。招同"韶"。

⑤尤:错误,过失。

译文:

"景公听了,大为高兴。先在都城发布命令,然后驻扎郊外。这时便大行仁政,拿出钱粮救济穷人。景公又把太师叫来,对他说:'给我创作君臣同乐的乐曲!'这乐曲就是《徵招》《角招》。歌词说:'畜君有什么不对呢?'畜君,就是喜爱国君的意思。"

2.5-1 齐宣王问曰:"人皆谓我毁明堂^①,毁诸?已乎^②?"

孟子对曰:"夫明堂者,王者之堂也。王欲行王政,则勿毁之矣。"

王曰:"王政何得闻与?"

对曰:"昔者文王之治岐也^③,耕者九一^④,仕者世禄,关市讥而不征^⑤,泽梁无禁^⑥,罪人不孥^⑦。老而无妻曰鳏^⑧,老而无夫曰寡,老而无子曰独,幼而无父曰孤。此四者,天下之穷民而无告者。文王发政施仁,必先斯四者。《诗》云:'哿矣富人,哀此茕独^⑨。'"

王曰:"善哉言乎!"

曰:"王如善之,则何为不行?"

注释:

①明堂:明堂是天子召见诸侯的处所,此处之明堂在齐国境内,可能是准备天子东巡召见诸侯时用的。

②已:止。

③岐：在今陕西岐山县一带。

④耕者九一：这话可能是指孟子理想的土地制度井田制而言。每井900亩，8家各100亩，叫做私田；当中100亩，叫做公田，由8家共同耕种。

⑤讥：同"稽"，稽核，核查。

⑥泽梁：在流水中拦鱼的一种装置。

⑦孥：妻室儿女，这里指不株连妻室儿女。

⑧鳏（guān）：老而无妻者。

⑨哿（gě）矣富人，哀此茕（qióng）独：哿，可；茕，单独；这两句诗见《诗经·小雅·正月》。

译文：

齐宣王问道："别人都劝我拆掉明堂，到底是拆了呢，还是不拆？"

孟子答道："那明堂呢，是凭道德一统天下的王者的殿堂。您如果要实行王政，就不要把它给拆了。"

王说："实行王政的事，我可以听听吗？"

答道："从前周文王治理岐地，对农夫征税九分抽一；做官的人能世袭俸禄；关卡和市场只稽查，不征税；湖泊任意捕鱼，没有禁令；罪犯只惩罚本人，不株连家属。老了没妻子的叫鳏夫，老了没丈夫的叫寡妇，没有儿女的老人叫孤独者，死了父亲的儿童叫孤儿。这四种人是世上最穷苦无依的人。周文王实行仁政，一定最先照顾这四种人。《诗经》说：'那有钱人生活真美好，可怜这些人无依无靠！'"

宣王说："这话说得真好！"

孟子说："您如果认为这话好，那为什么不实行呢？"

2.5-2　"寡人有疾，寡人好货。"

对曰："昔者公刘好货①，《诗》云②：'乃积乃仓③，乃裹糇粮④，于橐于囊⑤，思戢用光⑥，弓矢斯张，干戈戚扬⑦，爰方启行⑧。'故居者有积仓，行者有裹囊也。然后可以'爰方启行'。王如好货，与百姓同之，于王何有？⑨"

王曰："寡人有疾，寡人好色。"

对曰："昔者太王好色，爱厥妃。《诗》云⑩：'古公亶父，来朝走马，率西水浒⑪，至于岐下。爰及姜女⑫，聿来胥宇⑬。'当是时也，内无怨女，外无旷夫⑭。王如好色，与百姓同之，于王何有？"

注释：

①公刘：后稷的后代，周朝创业的始祖。

②《诗》云：以下引诗见《诗经·大雅·公刘》。

③仓：装满仓。

④糇（hóu）粮：干粮。

⑤橐、囊：两种口袋。橐两端有底，旁边开口；囊则无底，两头都扎起。

⑥思戢（jí）用光：思，语助词，无实义；戢，和，安；光，发扬光大。

⑦干、戈、戚、扬：都是兵器。

⑧爰（yuán）：句首语气词，无实义。

⑨何有："何难之有"的意思。

⑩《诗》云：以下见《诗经·大雅·绵》。

⑪率西水浒：率，沿着；浒，水涯，指漆水沿岸。

⑫爰及姜女：姜女，即太姜，太王之妃。

⑬聿来胥宇：聿，语气助词；胥，省视，视察；宇，屋宇。

⑭内无怨女，外无旷夫：古代以女子居内，男子居外。

译文：

宣王说："我有个毛病，我喜爱财物（实行王政怕有困难）。"

孟子说："从前公刘也喜爱财物，《诗经》说：'粮食堆满仓，用来做干粮，还装满橐囊，百姓安居国威扬。箭上弦，弓开张，干、戈、戚、扬都上场，浩浩荡荡向前方。'留在家里的人都有存粮，行军的人都有干粮。这样才能'浩浩荡荡向前方'。王如果喜爱财物，能跟百姓一道，对您实行王政会有什么困难呢？"

王又说："我有个毛病，我喜爱女色（实行王政怕有困难）。"

孟子答道："从前太王也喜爱女色，十分娇宠他的那个妃子。《诗经》说：'古公亶父清早骑着马，沿着漆水西边，来到岐山下。视察民众的住宅，姜氏女始终伴随着他。'那时，家中没有嫁不掉的大龄女，野外也没有娶不上亲的单身汉。王如果喜爱女色，能跟老百姓一道，对您实行王政会带来什么困难呢?"

2.6 孟子谓齐宣王曰:"王之臣有托其妻子于其友而之楚游者^①,比其反也^②,则冻馁其妻子^③,则如之何?"

王曰:"弃之。"

曰:"士师不能治士^④,则如之何?"

王曰:"已之。"

曰:"四境之内不治,则如之何?"

王顾左右而言他^⑤。

注释:

①之:到……去。

②比(bì)其反也:比,及,至,等到;反,同"返"。

③馁(něi):饥饿。

④士师:古代的司法官。

⑤顾左右而言他:往左看看,往右看看,说些别的话;他,其他的,别的。

译文:

孟子对齐宣王说:"您有一个臣子把老婆孩子托付给朋友照顾,自己游楚国去了。等他回来的时候,他的老婆孩子却在挨饿受冻。这样的朋友,该拿他怎么办?"

齐王说:"和他一刀两断。"

孟子说:"司法长官不能约束他的下级,该拿他怎么办?"

齐王说:"撤他的职!"

孟子说:"国家治理得不好,那该怎么办?"

齐王一边扭头东张西望,一边转移话题东拉西扯。

2.7 孟子见齐宣王,曰:"所谓故国者,非谓有乔木之谓也^①,有世臣之谓也。王无亲臣矣,昔者所进,今日不知其亡也^②。"

王曰:"吾何以识其不才而舍之?"

曰："国君进贤，如不得已，将使卑逾尊，疏逾戚，可不慎与？左右皆曰贤，未可也；诸大夫皆曰贤，未可也；国人皆曰贤，然后察之；见贤焉，然后用之。左右皆曰不可，勿听；诸大夫皆曰不可，勿听；国人皆曰不可，然后察之；见不可焉，然后去之。左右皆曰可杀，勿听；诸大夫皆曰可杀，勿听；国人皆曰可杀，然后察之；见可杀焉，然后杀之。故曰，国人杀之也。如此，然后可以为民父母。"

注释：

①乔木：大树；乔，高。

②亡：去位、去国之意。

译文：

孟子谒见齐宣王，说："我们所说的'故国'，并不是说该国有高大树木的意思，而是有世代功勋的老臣的意思。您现在没有亲信的臣子了，过去所进用的今天都不知到哪儿去了。"

王问："我怎样去识别那些没才能的人从而放弃他呢？"

孟子答道："国君选拔贤人，如不得已要起用新人，就不得不把卑贱者提拔到尊贵者之上，把疏远的人提拔到亲近的人之上，这种事能不慎重吗？因此，周围亲近的人都说某人好，还不行；各位大夫都说某人好，还不行；全国的人都说某人好，再考察他，发现他真的不错，再起用他。周围亲近的人都说某人不好，不要听信；各位大夫都说某人不好，也不要听信；全国的人都说某人不好，然后考察他，发现他真的不行，再罢免他。周围亲近的人都说某人该杀，不要听信；各位大夫都说某人该杀，也不要听信；全国的人都说某人该杀，然后考察他，发现他真的该杀，再杀他。所以说，他是全国人杀的。这样，才能做百姓的父母。"

2.8 齐宣王问曰："汤放桀①，武王伐纣②，有诸③？"

孟子对曰："于传有之④。"

曰："臣弑其君⑤，可乎？"

曰："贼仁者谓之'贼'，贼义者谓之'残'。残贼之人谓之'一夫⑥'。闻诛一夫纣矣⑦，未闻弑君也。"

《孟子》译注

注释：

①汤放桀：汤，商代开国之君。夏桀暴虐，汤兴兵讨伐他，把桀流放到南巢（今安徽巢湖）。

②武王伐纣：商纣王无道，周武王伐之；纣王兵败，自焚而死。

③有诸：有之乎；诸，"之乎"的合音字。

④传（zhuàn）：传记。

⑤弑：臣下无理地杀死君主，儿女杀死父母，都叫做"弑"。

⑥一夫："独夫"的意思。

⑦诛：合乎正义地讨杀罪犯叫做"诛"。

译文：

齐宣王问道："商汤流放夏桀，周武王讨伐商纣王，有这回事吧？"

孟子答道："史书上有这样的记载。"

宣王说："做臣子的弑他的君主，可以吗？"

孟子说："破坏仁爱的人叫做'贼'，破坏道义的人叫做'残'。残贼俱全的人，叫做'一夫'。我只听说过武王诛杀了一夫殷纣，没有听说过他是以臣弑君的。"

2.9　孟子见齐宣王，曰："为巨室，则必使工师求大木①。工师得大木，则王喜，以为能胜其任也。匠人斫而小之②，则王怒，以为不胜其任矣。夫人幼而学之，壮而欲行之，王曰'姑舍女所学而从我'，则何如？今有璞玉于此③，虽万镒④，必使玉人雕琢之。至于治国家，则曰'姑舍女所学而从我'，则何以异于教玉人雕琢玉哉？"

注释：

①工师求大木：工师，古代官名，主管各种工匠；大木，大树。

②斫（zhuó）：砍削。

③璞（pú）玉：玉之在石中者。

④万镒：表示极为贵重，20两为一镒。

译文：

孟子谒见齐宣王，说："建筑一幢大屋，就一定要派工师去寻找大树。

工师找到了大树，王就高兴，认为他能够尽到他的责任。如果木匠把木料砍小了，王就会生气，认为他担负不了他的责任。（可见要学好一门手艺是很难的。）比如某人从小学习一门手艺，长大了便想靠它赚钱养家。可是王却对他说：'暂时放下你所学的，听从我的话吧！'那将如何呢？假如这里有一块没雕琢过的玉石，即使它非常值钱，也一定要请玉工来雕琢它。可是一到了治国理政，您却（对政治家）说：'暂时放下你所学的，听从我的话吧！'这跟您要教导玉工雕琢玉石，又有何不同呢？"

2.10 齐人伐燕，胜之①。宣王问曰："或谓寡人勿取，或谓寡人取之。以万乘之国伐万乘之国，五旬而举之，人力不至于此。不取，必有天殃②。取之，何如？"

孟子对曰："取之而燕民悦，则取之。古之人有行之者，武王是也。取之而燕民不悦，则勿取。古之人有行之者，文王是也③。以万乘之国伐万乘之国，箪食壶浆以迎王师④，岂有他哉？避水火也。如水益深，如火益热⑤，亦运而已矣⑥。"

注释：

①齐人伐燕，胜之：事在齐宣王五年（前315年），燕王哙把燕国让给他的相国子之，国人不服，将军市被、太子平攻子之，子之反攻，杀市被、太子平。齐宣王派匡章乘机攻打燕国。燕士卒不战，城门不闭，燕君哙死，齐因而速胜。

②不取，必有天殃：类似文字常见于先秦古籍，当是当时流行的观念。

③文王是也：《论语·泰伯》说周文王三分天下有其二，仍服事殷商。

④箪食（dān shí）壶浆：箪，古代盛饭的竹筐；食，饭；浆，用米熬成的酸汁，古人用以代酒。

⑤如水益深，如火益热：这两句的"如"都是"好像"的意思，不是"如果"的意思。

⑥运：徒，奔走逃避。

译文：

齐国攻打燕国，大获全胜。齐宣王问道："有些人劝我别兼并燕国，也有人劝我兼并它。（我想：）以一个万乘之国去讨伐另一个万乘之国，50天便打下来了，光靠人力达不到这一目的（一定是天意如此）。如果不去兼并，上天会（认为我们违反了他的旨意而）降下灾害来。兼并它，怎么样？"孟子答道："如果兼并它，燕国百姓高兴，便兼并它。古人有这样做的，周武王就是个例子。如果兼并它，燕国百姓不高兴，就不要兼并它。古人有这样做的，周文王就是个例子。以一个万乘之国去讨伐燕国这个万乘之国，燕国的百姓却用筐盛着饭，用壶盛着酒来欢迎王的军队，难道会有别的意思吗？只不过想躲开那水深火热之苦罢了。假设齐军来了，燕国形势反而更糟糕，像是加倍的水深火热，那燕国百姓也只会奔走逃避的。"

2.11 齐人伐燕，取之。诸侯将谋救燕。宣王曰："诸侯将谋伐寡人者，何以待之？"

孟子对曰："臣闻七十里为政于天下者，汤是也；未闻以千里畏人者也。《书》曰：'汤一征，自葛始①。'天下信之，东面而征，西夷怨；南面而征，北狄怨，曰：'奚为后我？'民望之，若大旱之望云霓也②。归市者不止，耕者不变，诛其君而吊其民③，若时雨降。民大悦。《书》曰：'徯我后④，后来其苏⑤。'今燕虐其民，王往而征之，民以为将拯己于水火之中也，箪食壶浆以迎王师。若杀其父兄，系累其子弟⑥，毁其宗庙，迁其重器⑦，如之何其可也？天下固畏齐之强也，今又倍地而不行仁政，是动天下之兵也。王速出令，反其旄倪⑧，止其重器，谋于燕众，置君然后去之，则犹可及止也。"

注释：

①汤一征，自葛始：《滕文公下》引作"汤始征，自葛载"；载，始。

②云霓：霓，虹；虹出是下雨的兆头。

③吊：抚恤，慰问。

④徯（xī）：等待。

⑤苏：苏醒，复活。

⑥系累：束缚，捆绑。

⑦重器：宝器，鼎鼐。

⑧旄倪：旄，同"耄"（mào），八九十岁的老人；倪，就是"儿"。

译文：

齐国讨伐燕国，兼并了它。别的国家在酝酿救助燕国。宣王问道："许多国家正在酝酿要讨伐我，要该怎样对待呢？"

孟子答道："我听说过，凭着方圆70里土地最终号令天下的，商汤就是；还没听说过拥有方圆1000里土地而害怕别国的。《书经》说过：'商汤第一次征伐，从葛国开始。'天下人都相信他，因此，出征东面，西方的夷人便不高兴；出征南面，北方的狄人便不高兴，都说：'为什么把我们放到后面呢？'人们盼望他，就好像久旱以后盼望乌云和虹霓一样。（汤征伐时）做买卖的依然熙来攘往，种庄稼的照样埋头耕耘，因为他们知道这军队是来诛杀那暴虐的国君，是来抚慰那被残害的百姓的。真像降了场及时雨呀，所以十分高兴。《书经》又说：'盼望我王，他来了，我们才活过来了！'如今燕国的君主虐待百姓，王去征伐他，那里的百姓认为您是要把他们从水深火热中拯救出来，因此都提着饭筐和酒壶来欢迎王的军队。您却杀掉他们的父兄，掳掠他们的子弟，毁坏他们的宗庙祠堂，搬走他们的传世宝器，这又怎么可以呢？天下各国本来就害怕齐国的强大，如今它的土地又扩大了一倍，而且还暴虐无道，这就等于引发各国兴兵动武。您赶快发出命令，遣送回俘虏中的老幼者，停止搬运燕国的宝器，再与燕国人士商量，择立一位君主，然后撤军。这样做，要让各国停止兴兵，还是来得及的。"

2.12 邹与鲁哄①。穆公问曰②："吾有司死者三十三人③，而民莫之死也④。诛之，则不可胜诛；不诛，则疾视其长上之死而不救⑤，如之何则可也？"

孟子对曰："凶年饥岁，君之民老弱转乎沟壑⑥，壮者散而之四方者，几千人矣⑦；而君之仓廪实，府库充，有司莫以告⑧，是上慢而残下也。曾子曰⑨：'戒之戒之！出乎尔者，反乎尔者也。'夫民今而后得反之也。君无尤焉⑩！君行仁政，斯民亲其上，死其长矣。"

注释：

①哄（hòng）：争斗。

②穆公：当是邹穆公；孟子是邹人，所以穆公问他。

③有司：有关部门。

④莫之死：可理解为"莫死之"，意为"没有人为他们牺牲"。

⑤疾视其长上之死而不救："疾"是主要动词，痛恨的意思；其他则为"疾"的宾语。

⑥转：弃尸。

⑦几：几乎。

⑧有司莫以告：有司莫以之告，有关部门没有谁把以上情况告诉(您)。介词"以"的宾语经常省略，这里省略的宾语"之"指"凶年饥岁，君之民老弱转乎沟壑，壮者散而之四方者，几千人矣；而君之仓廪实，府库充"等情形。

⑨曾子：孔子弟子曾参。

⑩尤：责备，怪罪。

译文：

邹国和鲁国发生了争斗。邹穆公问孟子："这一次冲突，我的官员死难了33人，老百姓却没有一人为这事儿而死的。杀了他们吧，又杀不了那么多；不杀吧，又憎恨他们瞪着两眼看着长官被杀却不去救。该怎么办才好呢？"

孟子答道："灾荒年岁，您的百姓，年老体弱的弃尸于沟壑之中，年轻力壮的便四处逃难，这样的几乎有1000人了。而您的谷仓里堆满了粮食，库房里装满了财宝。这种情形，您的官员们谁也不来报告，这就是在上位的人对百姓漠然处之，甚至还残害他们。曾子说过：'警惕呀，警惕呀！你怎么对待人家，人家就怎样回报你！'现在，那百姓今儿可逮着报复的机会了。您不要责备他们吧！您如果实行仁政，您的百姓自然就会爱护他们的上级，情愿为他们的长官牺牲了。"

2.13　滕文公问曰①："滕，小国也，间于齐、楚。事齐乎？事楚乎？"

孟子对曰："是谋非吾所能及也。无已，则有一焉：凿斯池也②，筑斯城也③，与民守之，效死而民弗去④，则是可为也。"

梁惠王章句下

注释：

①滕文公：滕，周朝一小国，故城在今山东滕州市西南。

②池：护城河。

③城：城墙；"长城"的"城"就是"城墙"的意思。

④效：献。

译文：

滕文公问道："滕国是一个弱小的国家，夹在齐、楚两大国中间。是服事齐国呢，还是服事楚国呢？"

孟子答道："这个问题不是我的能力所能回答的。如您定要我说，就只有一个主意：把护城河挖深，把城墙筑牢，与百姓一道来保卫它，百姓宁愿死也不离去，这样还是有办法的。"

2.14　滕文公问曰："齐人将筑薛①，吾甚恐，如之何则可？"

孟子对曰："昔者大王居邠②，狄人侵之③，去之岐山之下居焉④。非择而取之，不得已也。苟为善，后世子孙必有王者矣。君子创业垂统，为可继也。若夫成功，则天也，君如彼何哉？强为善而已矣。"

注释：

①薛：周初一小国，姓任，故城在今山东滕州市东南；后为齐所灭，以之封田婴。

②邠：同"豳（bīn）"，在今陕西旬邑县西。

③狄：即獯鬻。

④岐山：即今陕西岐山县城凤鸣镇东北60里之箭括山。

译文：

滕文公问道："齐国人准备修筑薛邑的城池，我很害怕，怎么办才好呢？"孟子答道："从前太王住在邠地，狄人来侵犯，他便搬迁到岐山下定居。他并不是主动选取了这个地方，完全是出于不得已。要是一个君主能实行仁政，后代子孙定会有成为帝王的。有德君子创立功业，传于子孙，正是为了能代代相传。至于成不成功，自有天命。您奈何得了齐人吗？只有努力实行仁政罢了。"

2.15 滕文公问曰："滕，小国也，竭力以事大国，则不得免焉①，如之何则可？"

孟子对曰："昔者大王居邠，狄人侵之。事之以皮币②，不得免焉；事之以犬马，不得免焉；事之以珠玉，不得免焉。乃属其耆老而告之曰③：'狄人之所欲者，吾土地也。吾闻之也：君子不以其所以养人者害人。二三子何患乎无君？我将去之④。'去邠，逾梁山⑤，邑于岐山之下居焉⑥。邠人曰：'仁人也，不可失也。'从之者如归市⑦。或曰：'世守也，非身之所能为也⑦。效死勿去。'君将择于斯二者。"

注释：

①免：幸免。

②皮币：皮，裘皮衣；币，缯帛。

③属其耆（qí）老：属，召集，集合；耆老，一地之年长者。

④去之：离开我们的土地；去，离开。

⑤梁山：在今陕西乾县西北五里；由邠至岐，梁山为必经之地。

⑥邑：建筑城邑。

⑦归市：归，归向，趋向；市，集市。

⑦身：本身，本人。

译文：

滕文公问道："滕是个小国，尽心竭力服事大国，仍然难免于祸害，怎么办才好呢？"

孟子答道："从前太王住在邠地，狄人来侵犯他。用皮裘和布帛去笼络，不能幸免；用好狗名马去笼络，不能幸免；用珍珠宝玉去笼络，仍然不能幸免。太王便召集邠地德高望重的老年人，向他们宣布：'狄人所要的，乃是我们的土地。我听说过这个：有德行的人不让本来用以养人的东西成为祸害。你们何必害怕没有君主呢？我得离开了。'于是离开邠地，翻过梁山，在岐山之下重新建了个城邑住了下来。邠地的老百姓说：'这是有仁德的人哪，我们不能失去他。'追随而去的好像赶集的一样多。也有人说：'土地是祖宗传下、世世代代必须守住的基业，不是我本人能擅自把它丢弃的，宁愿死也不离开。'以上两条道路，您可以在其中选择。"

2.16 鲁平公将出①，嬖人臧仓请曰②："他日君出，则必命有司所之。今乘舆已驾矣③，有司未知所之，敢请④。"

公曰："将见孟子。"

曰："何哉，君所为轻身以先于匹夫者⑤？以为贤乎？礼义由贤者出；而孟子之后丧逾前丧⑥。君无见焉！"

公曰："诺。"

乐正子入见，曰："君奚为不见孟轲也？"

曰："或告寡人曰'孟子之后丧逾前丧'，是以不往见也。"

曰："何哉，君所谓逾者？前以士，后以大夫；前以三鼎，而后以五鼎与⑦？"

曰："否，谓棺椁衣衾之美也⑧。"

曰："非所谓逾也，贫富不同也。"

乐正子见孟子，曰："克告于君⑨，君为来见也⑩，嬖人有臧仓者沮君⑪，君是以不果来也⑫。"

曰："行，或使之；止，或尼之⑬。行止，非人所能也。吾之不遇鲁侯，天也。臧氏之子焉能使予不遇哉？"

注释：

①鲁平公：景公之子，名叔。

②嬖人：被宠幸的人；此处指亲信的小臣。

③乘（shèng）舆：车马。

④敢：谦敬副词，无实义。

⑤何哉，君所为轻身以先于匹夫者：倒装句，下文之"何哉，君所谓逾者"与此同。

⑥后丧逾前丧：后丧指其母丧，前丧指其父丧。

⑦三鼎、五鼎：鼎是古代的一种器皿，祭祀时用以盛祭品者；祭礼，天子九鼎，诸侯七，卿大夫五，元士三。三鼎五鼎体现了士礼和卿大夫礼的差别。

⑧棺椁衣衾：内棺曰棺，外棺曰椁（音guǒ，古代士以上的人常用两层以上的棺木）；衣衾，死者装殓的衣被。

⑨克：乐正子之名，当是孟子学生。

⑩为（wèi）：王引之《经传释词》说这句的"为"是"将"的意思。

⑪沮：一本作"阻"，阻止。

⑫不果来：没有来成。

⑬尼（nì）：即今之所谓"拖后腿"。

译文：

鲁平公准备外出，他所宠幸的小臣臧仓来请示说："平日您外出，一定要告诉管事的人您到哪儿去。现在车马都预备好了，管事的人还不知道您要到哪儿去，因此我才冒昧来请示。"

平公说："我要去拜访孟子。"

臧仓说："您轻视自己的身份先去拜访一个普通人，是为了什么呢？您以为他是贤德之人吗？礼义应该是由贤者实践的，而孟子办他母亲的丧事超过他从前办父亲的丧事，（这是贤德的人所应有的行为吗？）您不要去看他了！"

平公说："好吧。"

乐正子入宫见平公，问道："您为什么不去看孟轲呀？"

平公说："有人告诉我，'孟子办他母亲的丧事超过他以前办父亲的丧事'，所以不去看他了。"

乐正子说："什么意思呢，您所说的'超过'？是指父丧用士礼，母丧用大夫礼吗？是指父丧用三只鼎摆放祭品，而母丧用五只鼎摆放祭品吗？"

平公说："不，我指的是棺椁衣衾的精美。"

乐正子说："那便不能叫'超过'，只是前后贫富不同罢了。"

乐正子去见孟子，说："我跟鲁君说了您，鲁君刚要来看您，可是有一个受宠的小臣名叫臧仓的阻止了他，所以他没有来成。"

孟子说："某人要干件事情，会有种力量在推动他；要想不干，也有种力量在阻止他。干与不干，不是单凭人力所能做到的。我不能和鲁侯见面，是由于天命。臧家那小子，怎能使我和鲁侯见不上面呢？"

公孙丑章句上（凡九章）

3.1-1 公孙丑问曰①："夫子当路于齐②，管仲、晏子之功③，可复许乎④？"

孟子曰："子诚齐人也，知管仲、晏子而已矣。或问乎曾西曰⑤：'吾子与子路孰贤⑥？'曾西蹴然曰⑦：'吾先子之所畏也⑧。'曰：'然则吾子与管仲孰贤？'曾西艴然不悦⑨，曰：'尔何曾比予于管仲⑩？管仲得君如彼其专也，行乎国政如彼其久也，功烈如彼其卑也；尔何曾比予于是？'"

曰⑪："管仲，曾西之所不为也，而子为我愿之乎⑫？"

注释：

①公孙丑：孟子弟子。

②当路：当权，当政。

③管仲、晏子：管仲，齐桓公之相；晏子即晏婴，齐景公之相。

④许：兴。

⑤曾西：曾申，字子西，鲁人，曾参之子。

⑥吾子与子路孰贤：吾子，对对方表亲密的称谓词；子路，孔子弟子，即仲由。

⑦蹴然：不安貌。

⑧先子：古人用以称其已逝世的长辈，此处指曾参（孔子弟子，与子路为同学，年辈晚于子路）。

⑨艴（bó）然：愤怒貌；艴然，就是"勃然"。

⑩曾：竟然。

⑪曰：仍是孟子所说，重一"曰"字者，表示孟子说话有停顿。

⑫为：以为。

译文：

公孙丑问道："您如果在齐国当权，管仲、晏子的功业可以复兴吗？"

孟子说："你真是个齐国人，仅仅知道管仲、晏子而已。曾经有人问曾西：'您和子路相比，谁强些？'曾西不安地说：'他是先父所敬畏的人。'那人又问：'那么，您和管仲相比，谁强些？'曾西马上变了脸色，不高兴地说：'你为什么竟把我和管仲相比？管仲得到君上的信赖是那样的专一，操持国家的大政是那样的长久，而功绩却那样的卑小。你为什么竟把我和他相比？'"

停了一会儿，孟子又说："管仲是曾西不愿相比的人，而你以为我会愿意吗？"

3.1－2　曰："管仲以其君霸，晏子以其君显①。管仲、晏子犹不足为与？"

曰："以齐王，由反手也②。"

曰："若是，则弟子之惑滋甚③。且以文王之德④，百年而后崩，犹未洽于天下⑤；武王、周公继之⑥，然后大行。今言王若易然，则文王不足法与？"

曰："文王何可当也？由汤至于武丁，贤圣之君六七作⑦，天下归殷久矣，久则难变也。武丁朝诸侯，有天下，犹运之掌也。纣之去武丁未久也⑧，其故家遗俗，流风善政，犹有存者；又有微子、微仲、王子比干、箕子、胶鬲——皆贤人也——相与辅相之⑨，故久而后失之也。"

注释：

①以：使，把。

②由：同"犹"。

③滋甚：更厉害；滋，愈加，更加。

④且：况且。

⑤洽：霑润，周遍。

⑥周公：姓姬，名旦，武王之弟；助武王伐纣，一统天下；后又辅助成王安定天下；他是鲁国的始祖。

⑦作：兴起。

⑧纣之去武丁未久也：由武丁至纣，虽然经历七帝，但时间并不长。

⑨又有……相与辅相（xiàng）之：微子名启，纣的庶兄；微仲，微子之弟，名衍。王子比干，纣的叔父，屡次向纣进谏，纣说"吾闻圣人心有七窍"，于是剖之以观其心。箕子也是纣的叔父，比干被杀，箕子装疯为奴，又被囚；武王灭商后，他被释放。胶鬲（gé）：纣王之臣。相与，共同；辅相，辅佐。

译文：

公孙丑说："管仲使桓公称霸天下，晏子使景公名扬诸侯，管仲、晏子难道还不值得学习吗？"

孟子说："以齐国来统一天下，易如反掌。"

公孙丑说："像您这样说，我的疑惑便更深了。像文王那样的德行，活了百年才崩殂，他推行的德政，还没有周遍于天下；武王、周公继承了他的事业，然后才大大地推行了王道（统一了天下）。现在你把统一天下说得那么容易，那么，文王也不值得效法了吗？"

孟子说："文王谁又能比得上呢？从汤到武丁，出现了六七个贤明之君，天下的人归服殷朝已经很久了，时间一久便很难转变。武丁使诸侯来朝，治理天下就好像在手掌中运转小球一样。纣王的年代距武丁时并不太久，当时的世家耆老、善良习俗、先民遗风、仁惠政教还有留存的，又有微子、微仲、王子比干、箕子、胶鬲——都是贤德的人——共同辅佐他，所以维持很久才亡国。"

3.1-3 "尺地，莫非其有也；一民，莫非其臣也；然而文王犹方百里起，是以难也。齐人有言曰：'虽有智慧，不如乘势；虽有镃基，不如待时①。'今时则易然也：夏后、殷、周之盛②，地未有过千里者也，而齐有其地矣；鸡鸣狗吠相闻，而达乎四境，而齐有其民矣。地不改辟矣，民不改聚矣③，行仁政而王，莫之能御也。"

注释：

①虽有镃基，不如待时：镃基，锄头；时，农时。

②夏后：夏代的君主。后，君主；这一"后"的繁体字不能写成"後"。

③改辟、改聚：改，更；辟，开辟；聚，人会合，人众多。

译文：

"当时，没有哪一尺土地不是纣王所有，没有哪一个百姓不是纣王臣属，即便这样，文王还是凭着方圆一百里的土地而兴旺发达，所以是非常困难的。齐国有句俗话：'即使很聪明，还须趁势而起；即使有锄头，还得等待农时。'当今之世要推行王政，就容易了：即便在夏、商、周最兴旺发达的时候，也没有哪个国家的土地超过方圆一千里的，现在齐国却有这么辽阔的国土了；鸡鸣狗叫的声音，此起彼伏，处处相闻，一直传到四方边境，齐国有这样稠密的人口了。国土不必再开拓了，百姓也不必再增加了，只要实行仁政来统一天下，就没有谁能够阻止得了。"

3.1-4　"且王者之不作，未有疏于此时者也；民之憔悴于虐政，未有甚于此时者也。饥者易为食，渴者易为饮①。孔子曰：'德之流行，速于置邮而传命②。'当今之时，万乘之国行仁政，民之悦之，犹解倒悬也。故事半古之人，功必倍之，惟此时为然。"

注释：

①饥者易为食，渴者易为饮：为食，为其置办食物；为饮，为其置办饮料。

②置邮而传命：设置驿站传达政令；置，设置，邮，驿站；命，国家的政令。

译文：

"而且（能够统一天下的）贤明君主的未曾出现，从来没有如今这样长久过；老百姓被暴虐的政治所摧残折磨，也从来没有如今这样厉害过。肚子饥饿的人容易为他置办食物，口干舌燥的人容易为他置办饮料。孔子说过：'德政的流行，比驿站传达政令还迅速。'如今这个时代，拥有万辆兵车的大国实行仁政，老百姓欢迎它，就如同倒挂着的人被解救了一般。

所以，用古人一半的事功，必将完成两倍于他们的伟业，也只有当今这个时代才行。"

3.2-1　公孙丑问曰："夫子加齐之卿相①，得行道焉，虽由此霸王，不异矣②。如此，则动心否乎？"

孟子曰："否，我四十不动心。"

曰："若是，则夫子过孟贲远矣③。"

曰："是不难，告子先我不动心④。"

注释：

①加：加官。

②异：以为奇异。

③孟贲：古代勇士，卫国人，一说齐国人。

④告子：墨子的弟子，较孟子年长三四十岁。

译文：

公孙丑问道："老师若晋升为齐国的卿相，能够实现自己的主张，即使从此而成就霸业、王业，也是不足为奇的。果然能这样，您是不是（有所惶恐）而动心呢？"

孟子说："不，我40岁以后就不再动心了。"

公孙丑说："像这样看来，老师比孟贲强多了。"

孟子说："这个不难，告子能不动心比我还早呢。"

3.2-2　曰："不动心有道乎？"

曰："有。北宫黝之养勇也①：不肤挠②，不目逃；思以一豪挫于人③，若挞之于市朝④；不受于褐宽博⑤，亦不受于万乘之君；视刺万乘之君若刺褐夫；无严诸侯⑥，恶声至，必反之。孟施舍之所以养勇也⑦，曰：'视不胜犹胜也；量敌而后进，虑胜而后会⑧，是畏三军者也。舍岂能为必胜哉？能无惧而已矣。'孟施舍似曾子，北宫黝似子夏⑨。夫二子之勇，未知其孰贤，然而孟施舍守约也。昔者曾子谓子襄曰⑩：'子好勇乎？吾尝闻大勇于夫子矣⑪：自反而不缩⑫，虽褐宽博，吾不惴焉^⑬；自反而缩，虽千万人，吾往矣。'孟施舍之守气，又不如曾子之守约也。"

注释：

①北宫黝（yǒu）：其人已不可考。

②桡（náo）：退。

③豪：毫毛。

④市朝：市，买卖之所；朝，朝廷；市朝，此处只有"市"义。

⑤褐（hè）宽博：地位低下者所穿的粗衣；"褐宽博"也就是下文的"褐夫"，地位低下的人。

⑥严：尊敬；此处译为"敬畏"。

⑦孟施舍：已无可考。

⑧会：会战，交战。

⑨子夏：孔子弟子卜商。

⑩子襄：曾子弟子。

⑪夫子：指孔子。

⑫缩：直。

⑬惴（zhuì）：使……惊惧。

译文：

公孙丑说："不动心有方法吗？"

孟子说："有。北宫黝培养勇气的表现：肌肤被刺不后退，眼睛被刺也不眨，想着输给对手一毫毛就如同大庭广众中遭鞭挞。既不能忍受卑贱之人的侮辱，也不能忍受大国君主的侮辱；他看待刺杀大国君主如同刺杀卑贱之人一样；对各国的君主毫不畏惧，挨了骂，一定回敬。孟施舍培养勇气的方法（又有所不同），他说：'我看待不能战胜的敌人，跟看待足以战胜的敌人一样（无所畏惧）。如果先估量敌人的力量才进攻，先考虑胜败才交锋，是害怕强敌大军的人。我岂能做到遇敌必胜呢？能做到无所畏惧罢了。'——孟施舍像曾子，北宫黝像子夏。这两个人的勇气，我不知道谁更胜一筹，即便这样，（我还是认为）孟施舍的比较简单易行。从前曾子对子襄说：'你喜欢勇敢吗？我曾经从我的先生那里听到过什么叫

"大勇"：反躬自问，自己不占理，对方即便是最下贱的人，我不去恐吓他；反躬自问，自己占了理，对方即便有千军万马，我也勇往直前。'孟施舍保养一股无所畏惧的气概，但比不上曾子保养一种更简单易行的价值判断。"

3.2-3　曰："敢问夫子之不动心与告子之不动心，可得闻与？"

"告子曰：'不得于言，勿求于心；不得于心，勿求于气①。'不得于心，勿求于气，可；不得于言，勿求于心，不可。夫志，气之帅也；气，体之充也。夫志至焉，气次焉②；故曰：'持其志③，无暴其气④。'"

"既曰：'志至焉，气次焉。'又曰：'持其志，无暴其气。'何也？"

曰："志壹则动气⑤，气壹则动志也，今夫蹶者趋者⑥，是气也，而反动其心。"

注释：

①不得于言，勿求于心；不得于心，勿求于气：译文根据的是赵岐的解释。

②至、次：至，到；次，止，停留。

③持：保持。

④暴：乱。

⑤壹：读为"噎"，闭塞。

⑥蹶（jué）：跌倒。

译文：

公孙丑说："我冒昧地问问，老师您的不动心和告子的不动心，可以让我听听吗？"

孟子说："告子曾说：'言语上看不出有善意，就不管他心里头如何有善意；心里头看不出有善意，就不管他意气感情上如何有善意。'（我认为）心里头看不出有善意，就不管他意气感情上如何有善意，是对的；言语上看不出有善意，就不管他心里头如何有善意，这不对。因为心中的意志统率着意气感情，意气感情充斥体内（并表现在外）。心中意志到了哪里，表情动作举止也跟着洋溢在哪里。所以我说：'要坚定心中意志，也不要滥用表情动作举止。'"

公孙丑说:"您既然说'心中意志到了哪里,表情动作举止也跟着洋溢在哪里',可是您又说'要坚定心中意志,也不要滥用表情动作举止',这是为什么呢?"

孟子说:"心志闭塞,表情动作举止也将随之逝去;表情动作举止闭塞,心中意志也必然受到影响。比如跌倒与奔跑,这主要是身体的动作,但必然影响到思想,引起心志的波动。"

3.2-4 "敢问夫子恶乎长?"

曰:"我知言①,我善养吾浩然之气。"

"敢问何谓浩然之气?"

曰:"难言也。其为气也,至大至刚,以直养而无害,则塞于天地之间。其为气也,配义与道;无是,馁也。是集义所生者,非义袭而取之也。行有不慊于心②,则馁矣。我故曰,告子未尝知义,以其外之也③。必有事焉④,而勿正⑤;心勿忘,勿助长也,无若宋人然。宋人有闵其苗之不长而揠之者⑥,芒芒然归⑦,谓其人曰⑧:'今日病矣⑨!予助苗长矣!'其子趋而往视之,苗则槁矣。天下之不助苗长者寡矣。以为无益而舍之者,不耘苗者也⑩;助之长者,揠苗者也——非徒无益,而又害之。"

注释:

①知言:说话得体。

②慊(qiè):同"惬",满足,畅快。

③外之:把它看做外在的。

④事:服事,帮助。

⑤正:使正,扶正它。

⑥闵其苗之不长而揠(yà)之:闵,今作"悯",忧虑;揠,拔。

⑦芒芒然:疲惫貌。

⑧其人:其家人。

⑨病:疲倦。

⑩耘：又作"芸"，除草。

译文：

公孙丑问道："请问，老师擅长哪一方面？"

孟子说："我说话得体，还善于培养我的浩然之气。"

"请问，什么叫做'浩然之气'呢？"

孟子说："很难讲清楚。它作为一种气呀，最浩大，最坚强。用正直去培养它，使它不受伤害，它就会充溢于天地之间。这种气呀，必须配合辅助道和义；要是缺乏它，道和义就没有力量了。这种气是由正义在内心汇聚而产生的，不是由义从外入内取代它而产生的。只要做一次于心有愧的事，它就疲软了。所以我说，告子是不懂义的，因为他把它看做心外之物（其实义是心内固有的）。一定要培养它，却不刻意扶持它；时刻惦记它，却不刻意助它成长。不要学那个宋国人的样儿。宋国有一个担心禾苗生长不快而去把它拔高的人，疲倦无神地回到家，对家人说：'今天累坏了！我帮助禾苗生长了！'他儿子赶快跑去一看，禾苗都枯槁了。其实天下不帮助禾苗生长的人是很少的。认为干预禾苗生长没好处而放弃不干的，就是种庄稼不锄草的懒汉；违背自然规律'帮助'它生长的，就是拔苗的人——非但没有好处，反而伤害了它。"

3.2 – 5　"何谓知言？"

曰："诐辞知其所蔽①，淫辞知其所陷②，邪辞知其所离③，遁辞知其所穷④。——生于其心，害于其政；发于其政，害于其事。圣人复起，必从吾言矣⑤。"

"宰我、子贡善为说辞⑥，冉牛、闵子、颜渊善言德行⑦。孔子兼之，曰：'我于辞命，则不能也。'然则夫子既圣矣乎？"

曰："恶⑧！是何言也？昔者子贡问于孔子曰：'夫子圣矣乎？'孔子曰：'圣则吾不能，我学不厌而教不倦也。'子贡曰：'学不厌，智也；教不倦，仁也。仁且智，夫子既圣矣。'夫圣，孔子不居——是何言也？"

注释：

①诐（bì）辞知其所蔽：诐，偏颇；蔽，蒙蔽，局限。

②淫辞知其所陷：淫，过度，过分；陷，失陷，犯错误。

③邪辞知其所离：邪，离于正则为邪。

④遁辞知其所穷：遁，躲避；穷，乏。

⑤从：听从。

⑥宰我、子贡：孔子弟子宰予、端木赐。

⑦冉牛、闵子、颜渊：孔子弟子冉耕（字伯牛）、闵损（字子骞）、颜回（字子渊）。

⑧恶：叹词，表惊讶不安。

译文：

公孙丑问："什么叫做'说话得体'？"

孟子答道："说得不全面的话我知道它哪里片面，说得过头的话我知道它哪里有缺陷，不合正道的话我知道它哪里有偏差，躲躲闪闪的话我知道它哪里没道理。这四种话，从思想中产生，必然会危害政事；如果由执政者说出，一定会危害具体工作。如果圣人再出现，也一定听从我这话的。"

公孙丑说："宰我、子贡善于讲话，冉牛、闵子、颜渊善于阐述德行，孔子兼有两长，但他依然说：'我对于辞令，太不擅长。'（而您既说话得体，又善于养浩然之气，言语、道德兼而有之，）那么，您已经是圣人了吧？"

孟子说："哎呀！这叫什么话！从前子贡问孔子说：'老师已经是圣人了吗？'孔子说：'圣人，我算不上；我不过学习不知厌倦，教人不知疲倦罢了。'子贡便说：'学习不知厌倦，这是智；教人不知疲倦，这是仁。仁而且智，老师已经是圣人了。'圣人，孔子都不自居，（你却说我是）这叫什么话呢！"

3.2-6 "昔者窃闻之①：子夏、子游、子张皆有圣人之一体②，冉牛、闵子、颜渊则具体而微③，敢问所安④？"

曰："姑舍是⑤。"

曰："伯夷、伊尹何如⑥？"

曰："不同道。非其君不事，非其民不使；治则进，乱则退，伯夷也。何事非君，何使非民；治亦进，乱亦进，伊尹也。可以仕则仕，可以止则止⑦，可以久则久，可以速则速，孔子也。皆古圣人也，吾未能有行焉；乃所愿⑧，则学孔子也。"

注释：

①窃：私下，用以表谦虚。

②子夏、子游、子张皆有圣人之一体：子游、子张，孔子弟子言偃、颛孙师；一体，四肢叫做"四体"，一体就是一条胳膊或一条腿。"皆有圣人之一体"是比喻的说法。

③具体而微：具备四体，但小一些；这也是比喻的说法。

④所安：以之安身立命的，这里译为"自命"。

⑤姑舍是：姑，暂且；是，此。孟子自负，于子夏等有不屑之意，故避而不谈；下文云"乃所愿，则学孔子也"，则似乎以当代孔子自居。

⑥伯夷、伊尹：伯夷，与其弟叔齐为孤竹国君之二子，互相让位，终于逃去；周武王伐纣，两人叩马而谏；周既一统，不食其粟，饿死于首阳山。伊尹，商汤之相。

⑦止："仕"的反面。

⑧乃："至于"的意思。

译文：

公孙丑说："从前我曾听说过，子夏、子游、子张都各有孔子的一些长处；冉牛、闵子、颜渊大体近于孔子，却不如他那样博大精深。请问老师，您以其中哪一位自命？"

孟子说："暂且不谈他们。"

公孙丑又问："伯夷和伊尹怎么样？"

孟子答道："他俩人生态度不同。不是他理想的君主，他不去服事；不是他理想的百姓，他不去使唤；天下太平就出仕，天下昏乱就隐居，伯夷就是如此。哪个君主不可以服事，哪个百姓不可以使唤，天下太平出仕，天下昏乱也出仕，伊尹就是如此。应该出仕就出仕，应该辞职就辞职，应该持续做就持续做，应该马上走就马上走，孔子就是如此。他们都是古代的圣人，可惜我都没有做到；至于我所希望的，是学习孔子。"

3.2-7 "伯夷、伊尹于孔子,若是班乎①?"

曰:"否;自有生民以来,未有孔子也。"

曰:"然则有同与?"

曰:"有。得百里之地而君之②,皆能以朝诸侯,有天下;行一不义,杀一不辜,而得天下,皆不为也。是则同。"

注释：

①班:班配,一样。

②君:成为君主的意思。

译文：

公孙丑问:"伯夷、伊尹与孔子,能将他们等量齐观吗?"

孟子答道:"不;自有人类以来,没有比得上孔子的。"

公孙丑又问:"那么,他们三人有相同的地方吗?"

孟子答道:"有。如果得到方圆100里的土地而君临它,他们都能够使诸侯来朝并一统天下;即使叫他们做一件不义之事,杀一个无辜之人,便能得到天下,他们也都不会干的。这就是他们相同的地方。"

3.2-8 曰:"敢问其所以异。"

曰:"宰我、子贡、有若①,智足以知圣人,污不至阿其所好②。宰我曰:'以予观于夫子③,贤于尧、舜远矣④。'子贡曰:'见其礼而知其政,闻其乐而知其德,由百世之后,等百世之王⑤,莫之能违也。自生民以来,未有夫子也。'有若曰:'岂惟民哉?麒麟之于走兽,凤凰之于飞鸟,太山之于丘垤⑥,河海之于行潦⑦,类也。圣人之于民,亦类也。出于其类,拔乎其萃⑧——自生民以来,未有盛于孔子也。'"

注释：

①有若:孔子弟子,鲁人。

②污:卑劣,不好。

③予:宰我之名,古人常自称其名以示谦。

④尧、舜:古代传说中上古的两位圣君。

⑤等:衡量。

⑥垤（dié）：小土堆，小山头。

⑦行潦（lǎo）：小水流。

⑧萃：聚，群。

译文：

公孙丑说："请问，他们不同的地方又在哪里呢？"

孟子说："宰我、子贡、有若三人，他们的聪明才智足以了解圣人，（即使）他们再不好，也不致偏袒他们所爱好的人。（但他们都不约而同地称颂孔子。）宰我说：'以我来看老师，比尧、舜都强多了。'子贡说：'看见一国的礼制，就了解它的政治；听到一国的音乐，就知道它的德教。从现在到百代以后，来衡量这百代之中君王的高下，其标准都不能违离孔子之道。自有人类以来，没有人能够比得上他老人家的。'有若说：'难道只有百姓如此吗？麒麟相比于走兽，凤凰相比于飞鸟，泰山相比于土堆，河海相比于溪涧，何尝不是同类？圣人相比于百姓，也是同类；虽然他来自民间，却远远超出大众——自有人类以来，还没有比孔子更伟大的。'"

3.3　孟子曰："以力假仁者霸，霸必有大国；以德行仁者王，王不待大——汤以七十里，文王以百里①。以力服人者，非心服也，力不赡也②；以德服人者，中心悦而诚服也，如七十子之服孔子也③。《诗》云④：'自西自东，自南自北，无思不服⑤。'此之谓也。"

注释：

①汤以七十里，文王以百里：两句都承上省略了主要动词"王"字。

②赡：足。

③七十子：《史记·孔子世家》："孔子以诗书礼乐教弟子，盖三千焉；身通六艺七十有二人。"通称为"七十子"。

④《诗》云：所引诗在今《诗经·大雅·文王有声》。

⑤无思不服：和"无往不复"类似，"思"是动词，表示想；《毛诗》郑玄的笺说："心无不归服者。"

译文：

孟子说："仗着实力假借仁义征伐天下，可以称霸诸侯，称霸一定要凭借国力的强大；依靠道德来实行仁义的，可以使天下归心，这样做却不必凭借强大国力——汤就仅仅用他方圆 70 里的土地，文王也就仅仅用他方圆 100 里的土地（实行了仁政，而使人心归服）。仗着实力来使人服从的，人家不会心悦诚服，只是因为他本身的实力不够的缘故；依靠道德来使人服从的，人家才会心悦诚服，就好像 70 多位弟子归服孔子一样。《诗经》说过：'从西从东，从南从北，无不心悦诚服。'正是这个意思。"

3.4-1 孟子曰："仁则荣，不仁则辱；今恶辱而居不仁，是犹恶湿而居下也。如恶之，莫如贵德而尊士，贤者在位，能者在职；国家闲暇，及是时，明其政刑①。虽大国，必畏之矣。《诗》云②：'迨天之未阴雨，彻彼桑土③，绸缪牖户④。今此下民⑤，或敢侮予？'孔子曰：'为此诗者，其知道乎！能治其国家，谁敢侮之？'"

注释：

①刑：法。
②《诗》云：以下诗句见《诗经·豳风·鸱鸮》。
③彻彼桑土：彻，取；桑土，桑根；这里指桑根之皮，可作绳索用。
④绸缪（móu）：缠结。
⑤下民：百姓，人民；站在天的角度，故称下民。

译文：

孟子说："如果实行仁政，就会得到无上荣光；如果不行仁政，就会招致屈辱。如今这些人，害怕受屈辱，却依然处于不仁的境地；这正好比害怕潮湿，却依然处于低洼之地一样。若真害怕受屈辱，最好是崇尚道德而尊敬士人，让贤人居于高位，让能人担任要职。国家无内忧外患，趁着这时修明政治法典，这样即便是大国也害怕它了。《诗经》说：'趁雨没下来云没起，桑树根上剥些皮，门儿窗儿都修理。下面的人们，谁敢把我欺！'孔子说：'这诗的作者真懂道理呀！能治理好他的国家，谁敢侮辱他？'"

3.4-2 "今国家闲暇，及是时，般乐怠敖①，是自求祸也。祸福无不自己求之者②。《诗》云③：'永言配命④，自求多福。'《太甲》

曰⑤：'天作孽，犹可违⑥；自作孽，不可活⑦。'此之谓也。"

注释：

①般乐怠敖：般乐，快活；怠，怠惰；敖，同"遨"，出游。

②自己求之者：从自己那儿获得的；自，从；己，自己。

③《诗》云：以下诗句见《诗经·大雅·文王》。

④永言配命：永，长；配命，说我周朝之命与天命相配；言，词缀，无实义。

⑤《太甲》：《尚书》篇名，今已亡佚。

⑥违：避。

⑦活：《礼记·缁衣》引作"逭（huàn）"；逭，逃。

译文：

"如今国家没有内忧外患，追求享乐，懒惰游玩，这等于自己找祸上身。祸害和幸福没有不是自己找来的。《诗经》说：'永远要和天命相配合，自己去追求更多的幸福。'《太甲》也说：'天造作的罪孽，还可以逃掉；自己造作的罪孽，却无处可逃。'正是这个意思。"

3.5　孟子曰："尊贤使能，俊杰在位①，则天下之士皆悦，而愿立于其朝矣；市，廛而不征②，法而不廛③，则天下之商皆悦，而愿藏于其市矣；关，讥而不征④，则天下之旅皆悦⑤，而愿出于其路矣；耕者，助而不税⑥，则天下之农皆悦，而愿耕于其野矣；廛⑦，无夫里之布⑧，则天下之民皆悦，而愿为之氓矣⑨。信能行此五者，则邻国之民仰之若父母矣⑩。率其子弟，攻其父母，自生民以来未有能济者也。如此，则无敌于天下。无敌于天下者，天吏也。然而不王者，未之有也。"

注释：

①俊杰：才能、德行出众者。

②廛（chán）而不征：廛，指市中储藏、堆积货物的栈房，这里指用栈房储藏；征，征税。

③法而不廛：依法收购，使不积压于栈房。

④讥：通"稽"，稽查，稽核。

⑤旅：行旅，旅客。

⑥助：上古900亩为一井，状如囲，8家各有100亩，中为公田，公事毕然后敢治私事，这种制度叫"助"。

⑦廛：此处指民居。

⑧夫里之布：即夫布、里布。布，币，钱；不能助耕公田，以钱相抵，就是"夫布"；里布，即土地税。

⑨氓（máng）：外来之民。

⑩仰：仰望；引申为爱戴，依赖。

译文：

孟子说："尊重有道德的人，使用有能力的人，杰出的人物都有官位，那么天下的士子都会高兴，都愿意到这个朝廷来效力了；在市场，拨出房屋储藏货物，却不征税，如果滞销，依法收购，不让它长久积压，那么天下的商人都会高兴，愿意把货物存放在这个市场了；关卡，只稽查而不收税，那么天下的旅客都会高兴，愿意从这里的道路经过了；对种田人实行井田制，只助耕公田，不再收税，那么天下的农夫都会高兴，愿意到这里的田野来耕种了；人们居住之地，空宅不征空置税，无业者也不派发劳役，那么天下的百姓都会高兴，愿意到这里定居了。真正能够做到这五项，那么邻近国家的百姓都会举头仰望他就像仰望父母一样了。（如果邻国之君要率领人民来攻打他，便好比）率领儿女去攻打他们的父母，从人类诞生以来，这种事没有能够成功的。真能这样，便会天下无敌。天下无敌的人叫做'天吏'。这样还不能统一天下的，是从来不曾有过的。"

3.6　孟子曰："人皆有不忍人之心。先王有不忍人之心，斯有不忍人之政矣。以不忍人之心，行不忍人之政，治天下可运之掌上。所以谓人皆有不忍人之心者，今人乍见孺子将入于井①，皆有怵惕恻隐之心②——非所以内交于孺子之父母也③，非所以要誉于乡党朋友也④，非恶其声而然也。由是观之，无恻隐之心，非人也；无羞恶之心，非人也；无辞让之心，非人也；无是非之心，非人也。恻隐之心，仁之端也⑤；羞恶之心，义之端也；辞让之心，礼之端也；是非之心，智之端也。人之有是四端也，犹其有四体也。有是四端而自谓不能者，自贼者也；谓其君不能者，贼其君者也。凡有四端于我者，知皆扩而充之矣，若火之始然⑥，泉之始达。苟能充之，足以保四海⑦；苟不充之，不足以事父母。"

注释：

①乍：忽然。

②怵惕（chù tì）恻隐：怵惕，惊惧；恻隐，哀痛。

③内交：内，同"纳"，内交，即结交。

④要（yāo）：求。

⑤端：发端，开始。

⑥然："燃"的本字。

⑦保：定。

译文：

孟子说："人人都有同情心。先王因为有同情心，于是就有同情别人的政治了。凭着同情心来实行同情别人的政治，治理好天下就像手掌里转动个小玩意一样简单。我之所以说人人都有同情心，道理就在于：现在忽然看见一个小孩子将要掉到井里去了，每个人都会产生惊骇同情的心情——这不是为了要和这小孩的爹妈攀上交情，不是为了要在乡里朋友间博得声誉，也不是讨厌那小孩的哭声才这样的。从这一点来看，人没有同情之心，便不算是人；没有羞耻之心，便不算是人；没有推让之心，便不算是人；没有是非之心，便不算是人。同情之心是仁的萌芽，羞耻之心是义的萌芽，推让之心是礼的萌芽，是非之心是智的萌芽。人具备这四种首要的善心，就好比他有手足四肢一般自然。有这四种首要善心却认为自己不行的人，是自暴自弃的人；有这四种首要善心却认为他的君主不行的人，是离弃那君主的人。凡是具有这四种首要善心的人，若明白把它们都扩充起来，那就会像刚点燃的火苗（终成燎原之势），刚涌出的泉水（终汇为江河）。真的能够扩充，便足以安定天下；如果不肯扩充（让它自生自灭），最终连赡养父母都办不到。"

3.7 孟子曰："矢人岂不仁于函人哉①？矢人唯恐不伤人，函人唯恐伤人。巫匠亦然②。故术不可不慎也。孔子曰：'里仁为美。择不处仁，焉得智③?'夫仁，天之尊爵也，人之安宅也。莫之御而不仁④，是不智也。不仁、不智、无礼、无义，人役也。人役而耻为役，由弓人而耻为弓⑤，矢人而耻为矢也。如耻之，莫如为仁。仁者如射：射者正己而后发；发而不中，不怨胜己者，反求诸己而已矣。"

注释：

①函人：制造铠甲的工匠；函，铠甲。

②巫匠：巫，巫师，有时也以巫术治病；匠，木匠，这里特指造棺材的木匠。

③焉得智：引语见《论语·里仁》。

④莫之御：可理解为"莫御之"；莫，没有人；御，抵御，抗拒。上古汉语的否定句，当宾语为代词时，一般要置于谓语动词之前。

⑤由：同"犹"。

译文：

孟子说："制箭师难道比造甲师要残忍吗? ——制箭师只怕他的箭伤害不了人，而造甲师只怕他造的甲被戳穿而伤到人。巫师和做棺材的木匠也是这样。可见一个人选择谋生技术不能不慎重。孔子说：'与仁共居最美好。不选择与仁共处，怎么能算聪明呢?'仁，是天最尊贵的爵位，是人最安逸的住宅。没有人来阻拦你，你却不仁，这是不明智的。不仁、不智、无礼、无义，这种人只能做仆役。作为仆役而自以为耻，就好比造弓师以造弓为耻，制箭师以制箭为耻。如果真的以它为耻，不如好好去践行仁义。行仁者如同弓箭手：弓箭手必先端正姿式然后开弓；开弓没有射中，不埋怨那些胜过自己的人，只能反躬自问罢了。"

3.8　孟子曰："子路，人告之以有过，则喜。禹闻善言①，则拜。大舜有大焉②，善与人同，舍己从人，乐取于人以为善。自耕稼、陶、渔以至为帝③，无非取于人者。取诸人以为善④，是与人为善者也。故君子莫大乎与人为善⑤。"

注释：

①禹：古代历史传说中开创夏朝的天子，也是中国第一位成功治理洪

水的伟大人物。

②有：杨伯峻释为同"又"，误。

③耕稼、陶、渔：《史记·五帝本纪》云："舜耕历山，历山之人皆让畔；渔雷泽，雷泽之人皆让居；陶河滨，河滨器皆不苦窳。一年所居成聚，二年成邑，三年成都。"

④取诸人：取之于人。诸，"之于"二字的合音字。

⑤故君子莫大乎与人为善：故，这一"故"不表示"因此""所以""于是"，而与"夫"类似，可以不译；与，偕同，一道。

译文：

孟子说："子路，别人指出他的错误，他便高兴。禹听到了有价值的话，就给人下拜。大舜有个了不起之处，他善与人通——放弃自己的观点，而听从别人的有益的话，乐于从别人那儿吸取优点来行善。他从干农活、制陶器、打渔直到做天子，没有哪一优点不是取自于人。优点取自于人而用来行善，就是和别人一道行善。君子最高的德行就是和别人一道行善。"

3.9　孟子曰："伯夷，非其君，不事；非其友，不友。不立于恶人之朝①，不与恶人言；立于恶人之朝，与恶人言，如以朝衣朝冠坐于涂炭。推恶恶之心，思与乡人立，其冠不正，望望然去之②，若将浼焉③。是故诸侯虽有善其辞命而至者，不受也。不受也者，是亦不屑就已。柳下惠不羞污君④，不卑小官；进不隐贤⑤，必以其道；遗佚而不怨⑥，厄穷而不悯⑦。故曰，'尔为尔，我为我，虽袒裼裸裎于我侧⑧，尔焉能浼我哉？'故由由然与之偕而不自失焉⑨，援而止之而止⑩。援而止之而止者，是亦不屑去已。"孟子曰："伯夷隘，柳下惠不恭。隘与不恭，君子不由也⑪。"

注释：

①不立于恶人之朝：不在恶人之朝做官。

②望望然：惭愧的样子。

③浼（měi）：弄脏。

④柳下惠：鲁大夫展获，其采邑曰柳下，谥曰惠，后世因称柳下惠。

⑤进不隐贤：进，在朝为官；不隐贤，见贤人不隐蔽而荐举之。

⑥遗佚：即遗逸，不被用。

⑦悯：忧。

⑧袒裼裸裎（tǎn xī luǒ chéng）：裸体。

⑨由由然：高兴的样子。

⑩援而止之：扯住他不让走。援，牵引，扯；止，使动用法，使……停止不动。

⑪由：行，走。

译文

孟子说："伯夷，不是他理想的君主，不去服事；不是他理想的朋友，不去结交。不站在坏人的朝堂上，不和坏人交谈；站在坏人的朝堂上，和坏人交谈，就好比穿戴着礼服礼帽坐在淤泥和炭灰里。把这种厌恶坏人坏事的心情推广开来，他便觉得即便同家乡人站在一块，若那人的帽子没有戴正，他也会惭愧地走开，好像自己会被弄脏似的。所以即便当时诸侯有好言好语来招致他的，他也不接受。他之所以不接受，就是因为他不屑于去就职。柳下惠却不以侍奉坏君主为耻，不以自己官职小为卑下；在朝做官，不隐蔽贤人，但荐举他一定要按自己的原则来办；不被起用，也不怨恨；艰难困苦，也不愤懑。他说：'你是你，我是我，你就是赤身裸体站在我旁边，你又怎能玷污我呢？'所以什么人他都高兴地与之相处，而且从不失态。牵住他，叫他留住，他就留住。叫他留住就留住，也是因为他不屑于离开的缘故。"孟子又说："伯夷太狭隘，柳下惠不大严肃，狭隘和不严肃，都是君子所不取的。"

公孙丑章句下（凡十四章）

4.1　孟子曰："天时不如地利①，地利不如人和。三里之城，七里之郭②，环而攻之而不胜③。夫环而攻之，必有得天时者矣；然而不胜者，是天时不如地利也④。城非不高也，池非不深也，兵革非不坚利也⑤，米粟非不多也；委而去之⑥，是地利不如人和也。故曰：域民不以封疆之界⑦，固国不以山溪之险，威天下不以兵革之利。得道者多助，失道者寡助。寡助之至，亲戚畔之⑧；多助之至，天下顺之。以天下之所顺，攻亲戚之所畔；故君子有不战，战必胜矣。"

注释：

①天时、地利、人和：当时常用词组。

②郭：外城。

③环：围。

④是天时不如地利：略同"此天时不如地利"；是，代词，意义近于"此"。

⑤革：皮革，指甲胄。

⑥委：丢弃。

⑦域：界限，限定。

⑧畔：同"叛"。

译文：

孟子说："天时不如地利，地利不如人和。比如有一座小城，它的每一边有 3 里长，外郭每一边有 7 里长。敌人围攻它，却不能取胜。能够围而攻之，必有得天时的时候，然而不能取胜，这就说明得天时不如占地利。（有时）城墙不是不高，护城河不是不深，兵器甲胄不是不锐利坚固，粮食不是不多；最终却放弃这些而逃走，这就说明占地利不如得人和。所以说，限制人民不必用国家的疆界，巩固国家不必靠山川的险阻，威慑天下不必凭兵器的锐利。行仁政的人大家都来帮助他，不行仁政的人就很少有人帮助他。帮助的人少到了极点，就连亲戚都背叛他；帮助的人多到了极点，普天之下都顺他。用普天之下都顺从的力量去攻打连亲戚都背叛的人，那么，君子要么不战，若要一战，就必然胜利。"

4.2-1 孟子将朝王，王使人来曰："寡人如就见者也①，有寒疾，不可以风。朝，将视朝，不识可使寡人得见乎？"

对曰："不幸而有疾，不能造朝。"

明日，出吊于东郭氏②。公孙丑曰："昔者辞以病③，今日吊，或者不可乎④？"

曰："昔者疾，今日愈，如之何不吊？"

王使人问疾，医来。孟仲子对曰⑤："昔者有王命，有采薪之忧⑥，不能造朝。今病小愈，趋造于朝，我不识能至否乎？"

使数人要于路⑦，曰："请必无归，而造于朝！"不得已而之景丑氏宿焉⑧。

注释：

①如：宜，应当。

②东郭氏：齐国大夫。

③昔者：以前，此处指昨日。

④或者：大概。

⑤孟仲子：大约是孟子的堂兄弟。

⑥采薪之忧：疾病的委婉说法，为当时交际上的习惯用语。

⑦要（yāo）：遮拦。

⑧景丑氏：其人已不可考。

译文：

孟子正要去朝见齐王，这时王派了个人来传话："我本来应该去你那儿看你，但是感冒了，不能吹风。如果你肯来朝，我也将临朝办公，不知道能让我见见您吗？"

孟子答道："很不幸，我也有病，不能上朝。"

第二天，孟子要到东郭大夫家去吊丧。公孙丑说："昨天假托有病辞掉了王的召见，今天又去吊丧，大概不好吧？"

孟子说："昨天有病，今天好了，为什么不能去吊丧呢？"

齐王打发人来探病，医生也一同来了。孟仲子对来人说："昨天王有命令来，他得了小病，不能奉命上朝。今天刚好一点，就急忙上朝去了，但我不晓得他能否走到？"

然后孟仲子派了好几个人分别在路上拦截孟子，说："您一定不要回家，要赶快上朝廷去。"孟子没有办法，就去景丑家住一宿。

4.2-2 景子曰："内则父子，外则君臣，人之大伦也。父子主恩，君臣主敬。丑见王之敬子也，未见所以敬王也。"

曰："恶①！是何言也！齐人无以仁义与王言者，岂以仁义为不美也？其心曰，'是何足与言仁义也'云尔，则不敬莫大乎是。我非尧舜之道，不敢以陈于王前，故齐人莫如我敬王也。"

景子曰："否，非此之谓也。《礼》曰：'父召，无诺②；君命召，不俟驾③。'固将朝也，闻王命而遂不果④，宜与夫礼若不相似然⑤。"

注释：

①恶（wū）：叹词。

②父召，无诺：应答时一般用"诺"，十分恭敬则用"唯"。

③君命召，不俟驾：这是当时大家都遵守的礼节。

④不果：事情不合于预期的叫做"不果"。

⑤宜：应该是。

译文：

景丑说："在家父子，出门君臣，这是人际间最重大的伦常。父子之间以德惠为主，君臣之间以恭敬为主。我只看见王对您很尊敬，却没见到您怎样尊敬王。"

孟子说："哎，这算什么话呀！齐国人中，没有一个跟王讲仁义的，他们难道以为仁义不好吗？（不是的。）他们心里不过是想着'这人哪值得和他谈仁义呢'罢了。那么，对王不敬，没有比这更厉害的。我呢，若非尧舜之道，不敢拿来在王面前陈述，所以说，齐国人中间没有谁比我更崇敬王的。"

景丑说："不，我说的不是这个。《礼经》上说，父亲召唤，'唯'一声就起身，不说'诺'；君主召唤，不等车马驾好就先走。你本来准备朝见王，一听到王召见你，反而不去了。这应该是和那《礼经》所说有点不相合吧？"

4.2-3 曰："岂谓是与？曾子曰：'晋楚之富，不可及也；彼以其富，我以吾仁；彼以其爵，我以吾义，吾何慊乎哉①？'夫岂不义而曾子言之？是或一道也。天下有达尊三：爵一，齿一，德一。朝廷莫如爵，乡党莫如齿，辅世长民莫如德。恶得有其一以慢其二哉？故将大有为之君，必有所不召之臣；欲有谋焉，则就之。其尊德乐道，不如是，不足与有为也。故汤之于伊尹，学焉，然后臣之，故不劳而王；桓公之于管仲，学焉，然后臣之，故不劳而霸。今天下地醜德齐②，莫能相尚，无他，好臣其所教③，而不好臣其所受教。汤之于伊尹，桓公之于管仲，则不敢召。管仲且犹不可召，而况不为管仲者乎？"

注释：

①慊（qiǎn）：遗憾，不满足；这里是以为少的意思。
②醜：相同。
③好（hào）臣其所教：好，喜好；臣，以……为臣。

译文：

孟子说："难道是说的这个吗？曾子说过：'晋国和楚国的财富，我们是赶不上的。但他凭他的财富，我凭我的仁；他凭他的爵位，我凭我的义，我有什么遗憾呢？'难道不义的话曾子能说吗？这或许是个真理。天下公认尊贵的有三样：爵位是一样，年龄是一样，道德是一样。在朝堂上，没什么比得上爵位；在乡党中，没什么比得上年龄；至于辅助君主统治百姓自然是没什么比得上道德。他凭什么拿他拥有的一种来侮慢我所拥有的两种呢？所以大有作为的君主必定有他不能召见的臣子；如有什么要商量，就到臣子那儿去。这君主要崇尚道德，追求真理，如果他不这样做，〔臣子〕便不足以和他一道有所作为。因此，商汤对于伊尹，先向他学习，然后以他为臣，所以不费大力气便一统天下；桓公对于管仲，也是先向他学习，然后以他为臣，所以不费大力气而称霸诸侯。当今天下各大国土地大小相当，行为作风也差不多，没有谁能够超过许多，这没有其他原因，就因为这些国家的君主喜欢以听他说教的人为臣，不喜欢以能教导他的人为臣。商汤对于伊尹，桓公对于管仲，就不敢召见。管仲尚且不可以召见，何况不屑于做管仲的我呢？"

4.3　陈臻问曰[1]："前日于齐，王馈兼金一百而不受[2]；于宋，馈七十镒而受；于薛[3]，馈五十镒而受。前日之不受是[4]，则今日之受非也；今日之受是，则前日之不受非也；夫子必居一于此矣。"

孟子曰："皆是也。当在宋也，予将有远行，行者必以赆[5]；辞曰：'馈赆。'予何为不受？当在薛也，予有戒心，辞曰：'闻戒，故为兵馈之。'予何不受？若于齐，则未有处也[6]。无处而馈之，是货之也[7]。焉有君子而可以货取乎？"

注释：

①陈臻：孟子弟子。

②兼金一百：兼金，好金，其价兼倍于一般者；古之所谓金，实际上是铜；一百，100 镒；一镒重 20 两。

③薛：齐靖郭君田婴封邑，本来是春秋时代的薛国，后亡于齐。

④是：对，正确。

⑤赆（jìn）：送行时赠给别离者的礼物。

⑥处：引申为"理由"。

⑦货：贿赂。

译文：

陈臻问道："之前在齐国，齐王馈赠上等金 100 镒，您不接受；后来在宋国，宋君馈赠 70 镒，您接受了；在薛，田家馈赠 50 镒，您也接受了。如果之前不接受是对的，那今天接受就错了；如果今天接受是对的，那之前不接受就错了。在此，老师必居其一。"

孟子说："都是对的。当在宋国的时候，我正要远行，对远行之人一定要送些盘缠，宋君说：'奉上些盘缠。'我为什么不受？在薛的时候，我听说路上有危险要戒备，薛君说：'听说您要戒备，奉上些钱买兵器吧。'我为什么不受？至于在齐国，却没什么理由。没什么理由却奉送钱财，这是贿赂我。哪里有正人君子会被贿赂收买的呢？"

4.4　孟子之平陆①，谓其大夫曰②："子之持戟之士③，一日而三失伍④，则去之否乎⑤？"

曰："不待三。"

"然则子之失伍也亦多矣。凶年饥岁，子之民，老羸转于沟壑，壮者散而之四方者，几千人矣⑥。"

曰："此非距心之所得为也。"

曰："今有受人之牛羊而为之牧之者，则必为之求牧与刍矣⑦。求牧与刍而不得，则反诸其人乎？抑亦立而视其死与？"

曰："此则距心之罪也。"

他日，见于王曰："王之为都者⑧，臣知五人焉。知其罪者，惟孔距心。"为王诵之⑨。

王曰："此则寡人之罪也。"

注释：

①平陆：齐边境城邑名，在今山东汶上县北。

②大夫：战国时的地方首长亦称大夫，相当现在的县长；当时平陆大夫为孔距心。

③持戟（jǐ）之士：战士；戟，古代兵器的一种。

④失伍：落伍，掉队。

⑤去之：使之离去，开除。

⑥几千人：几乎有 1000 人；几，几乎。

⑦牧：牧地。

⑧都：凡邑，有宗庙先君牌位者为都，无则曰邑；但都、邑多通称。

⑨诵：背诵复述。

译文：

孟子到了平陆，对当地长官（孔距心）说："如果你的战士一天几次擅离职守，你开除他吗？"

答道："用不着几次（我就开除他了）。"

孟子说："那么，你自己的失职也很多了。灾荒之年，你的百姓，年老体弱到沟壑中去等死的，青壮年到四面八方去逃难的，将近1000人了。"

答道："这不是距心我个人之力能挽回的。"

孟子说："比如有人接受别人的牛羊而替人放牧，那一定要替牛羊寻找牧场和草料了。牧场和草料没找到，是把牛羊退还原主呢，还是站在那儿看着它们一个个饿死呢？"

答道："这就是距心我的罪过了。"

后来，孟子朝见齐王，说："王的地方长官，我认识了五位。明白自己罪过的，只有孔距心。"并将和孔距心的谈话对王又复述一遍。

王说："这个也是我的罪过呢！"

4.5　孟子谓蚳蛙曰①："子之辞灵丘而请士师②，似也，为其可以言也。今既数月矣，未可以言与？"蚳蛙谏于王而不用，致为臣而去③。齐人曰："所以为蚳蛙则善矣；所以自为，则吾不知也。"

公都子以告④。曰："吾闻之也：有官守者，不得其职则去；有言责者，不得其言则去。我无官守，我无言责也，则吾进退岂不绰绰然有余裕哉⑤？"

注释：

①蚳（chí）蛙：齐大夫。

②灵丘：齐国边境邑名。

③致：放弃。

④公都子：孟子弟子。

⑤绰绰：宽松的样子。

译文：

孟子对蚔蛙说："你辞去灵丘县长，要去做治狱官，好像是对的，因为可以向王进言。现在，已经好几个月了，你还不能向王进言吗？"蚔蛙向王进谏不被采纳，因此辞职而去。齐国有人说："孟子替蚔蛙打主意打得不错，但是他如何替自己打主意，那我还不知道。"

公都子把这话转告孟子。孟子说："我听说过这样的话：有官职的，不能尽其职责，便应该离去；有进言责任的，进谏不被采纳，也应该离去。我既无官职，又无言责，那么我是留下还是离去，不是有很大的回旋余地吗？"

4.6　孟子为卿于齐，出吊于滕①，王使盖大夫王驩为辅行②。王驩朝暮见，反齐滕之路，未尝与之言行事也。

公孙丑曰："齐卿之位，不为小矣；齐滕之路，不为近矣，反之而未尝与言行事，何也？"

曰："夫既或治之，予何言哉？"

注释：

①出吊于滕：吊滕文公之丧。

②盖大夫王驩为辅行：盖（gě），齐国邑名，故城在今山东沂水县西北80里；辅行，副使。

译文：

孟子在齐国作卿，奉命到滕国去吊丧，齐王还派盖邑长官王驩当副使同行。王驩同孟子朝夕相处，而在齐、滕两国来回的旅途中，孟子没和他谈过公事。

公孙丑说："齐国卿的官位，也不算小了；齐、滕间的路途，也不算近了；但来回一趟，却没和他谈过公事，为什么呢？"

孟子答道："他既然独断专行，我还说什么呢？"

4.7　孟子自齐葬于鲁，反于齐，止于嬴①。充虞请曰②："前日不知虞之不肖③，使虞敦匠④。事严⑤，虞不敢请。今愿窃有请也：木若以美然⑥。"

曰："古者棺椁无度，中古棺七寸⑦，椁称之。自天子达于庶人，非直为观美也，然后尽于人心。不得⑧，不可以为悦；无财，不可以为悦。得之为有财，古之人皆用之，吾何为独不然？且比化者无使土亲肤⑨，于人心独无恔乎⑩？吾闻之也：君子不以天下俭其亲。"

注释：

①嬴：在今山东莱芜市西北。

②充虞：孟子弟子。

③不知虞之不肖：这是客气话。

④敦匠：敦，治；匠，指木工。

⑤事严：事情急迫。

⑥木若以美然：棺木似乎感觉太豪华了；若，似乎；以，以为。此处"以"不能释为"太"。

⑦中古：谓周公制礼以来。

⑧不得：得不到上文所说的 7 寸之棺并与之相称的椁。

⑨且比（bì）化者无使土亲肤：比，为了；化，死。

⑩恔（xiào）：快意。

译文：

孟子从齐国到鲁国营葬，然后返回齐国，停留在了嬴县。充虞请问道："承您看得起我，让我总管棺椁的制造工作。事情很急迫，我便不敢请教。今天私下想请教：棺木似乎太豪华了。"

孟子答道："上古棺椁的尺寸，并没有什么规范；到了中古，才规定棺厚 7 寸，椁的厚度与棺相称。从天子一直到老百姓，讲究棺椁，不单单为了美观，而是必须这样，才算尽了孝子之心。好材料不能得到，当然不称心；没有财力买那好材料，还是不称心。好材料最终到手了，当然就是有财力；古人又都这样做了，我为什么单单不这样做呢？而且，仅仅做到不让死者的遗体挨着泥土，对孝子来说，难道就称心如意了吗？我听说过：无论如何，都不应当在父母身上去省钱。"

4.8 沈同以其私问曰^①：“燕可伐与？”

孟子曰：“可。子哙不得与人燕，子之不得受燕于子哙。有仕于此^②，而子悦之，不告于王而私与之吾子之禄爵；夫士也，亦无王命而私受之于子，则可乎？——何以异于是？”

齐人伐燕。或问曰：“劝齐伐燕，有诸^③？”

曰：“未也。沈同问：‘燕可伐与？’吾应之曰：‘可。’彼然而伐之也。彼如曰：‘孰可以伐之？’则将应之曰：‘为天吏，则可以伐之。’今有杀人者，或问之曰：‘人可杀与？’则将应之曰：‘可。’彼如曰：‘孰可以杀之？’则将应之曰：‘为士师，则可以杀之。’今以燕伐燕，何为劝之哉？”

注释：

①沈同：齐大臣。

②仕：通“士”。

③诸：“之乎”的合音字。

译文：

沈同凭着他与孟子的私交问道：“燕国可以讨伐吗？”

孟子答道：“可以。子哙不可以把燕国让给别人，子之也不可以从子哙那儿接受燕国。比如有个士人，你很喜欢他，不跟王说一声就把你的俸禄官位都送给他；那士人呢，也没得到王的任命就从你那儿接受了俸禄官位，这样可以吗？——子哙、子之私相授受的事和这件事有什么不同呢？”

齐国讨伐了燕国。有人问孟子：“你曾劝齐国伐燕国，有这回事吗？”

孟子答道：“没有。沈同曾问我：‘燕国可以讨伐吗？’我回答说：‘可以。’他们就这样讨伐燕国去了。他如果问：‘谁可以去讨伐它？’那我会回答说：‘是天吏，才可以讨伐它。’比如现在有个杀人犯，有人问道：‘这犯人该杀吗？’那我会说：‘该杀。’如果他再问：‘谁可以杀他？’那我会回答：‘治狱官才可以杀他。’如今却是另一个像燕国一样暴虐的齐国去讨伐燕国，我为什么去劝它呢？”

4.9　燕人畔①。王曰："吾甚惭于孟子②。"

陈贾曰③："王无患焉。王自以为与周公孰仁且智？"

王曰："恶！是何言也！"

曰："周公使管叔监殷④，管叔以殷畔⑤；知而使之，是不仁也；不知而使之，是不智也。仁、智，周公未之尽也，而况于王乎？贾请见而解之。"

见孟子，问曰："周公何人也？"

曰："古圣人也。"

曰："使管叔监殷，管叔以殷畔也，有诸？"

曰："然。"

曰："周公知其将畔而使之与？"

曰："不知也。"

"然则圣人且有过与？"

曰："周公，弟也；管叔，兄也。周公之过，不亦宜乎？且古之君子，过则改之；今之君子，过则顺之。古之君子，其过也，如日月之食，民皆见之；及其更也，民皆仰之⑥。今之君子，岂徒顺之，又从为之辞。"

注释：

①燕人畔：齐破燕，燕王哙死，子之亡。赵国召燕公子职，遣乐池护送入燕而立为王；齐宣王志在吞并燕国，故云"畔（叛）"。

②吾甚惭于孟子：孟子曾劝齐王"速出令，反其旄倪，止其重器，谋于燕众，置君然后去之"（见2.11），齐宣王不听。

③陈贾：齐大夫。

④周公使管叔监殷：武王既克纣，乃封叔鲜于管，是为管叔；封叔度于蔡，是为蔡叔；使二人监纣子武庚，治殷遗民。

⑤管叔以殷畔：《史记·管蔡世家》云："武王既崩，成王少，周公旦专王室，管叔、蔡叔疑周公为之不利于成王，乃挟武庚以作乱。周公旦承成王命伐诛武庚，杀管叔而放蔡叔，迁之。"

⑥仰：抬头望。

译文：

燕国人反叛齐国。齐王说："我对于孟子感到很惭愧。"

陈贾说："王不要忧虑。王自己想想，您和周公比比，谁更仁更智呢？"

齐王说："哎！这算什么话呀！（我怎敢和周公相比？）"

陈贾说："周公让管叔监督殷国遗民，管叔却率领他们叛乱；如果周公预知而派管叔去，那便是不仁；如果周公未能预知而派他去，那便是不智。仁和智，连周公都没有完全做到，何况您呢？我请求您让我去见见孟子，以便解释解释。"

陈贾来见孟子，问道："周公是怎样的人？"

答道："古代的圣人。"

陈贾说："他让管叔监督殷朝遗民，管叔却率领他们叛乱，有这回事吗？"

答道："有的。"

问道："周公是料到他会叛乱而派他去的吗？"

答道："没有料到的。"

陈贾说："如此说来，圣人也会犯错吗？"

孟子答道："周公是弟弟，管叔是哥哥（难道弟弟会疑心哥哥吗），周公的错误，不是合情合理的吗？而且，古代的君子，有了错误，随时改正；今天的君子，有了错误，还将错就错。古代的君子，他的过错，就像日食月食一般，老百姓人人都看得到；当他改正时，人人都抬头望着。今天的君子，又何止将错就错，还要为这错误振振有词说一通呢！"

4.10 孟子致为臣而归。王就见孟子，曰："前日愿见而不可得，得侍同朝，甚喜；今又弃寡人而归，不识可以继此而得见乎？"

对曰："不敢请耳，固所愿也。"

他日，王谓时子①曰："我欲中国②而授孟子室，养弟子以万钟③，使诸大夫国人皆有所矜式。子盍为我言之！"

时子因陈子而以告孟子，陈子以时子之言告孟子。孟子曰："然，夫时子恶知其不可也？如使予欲富，辞十万而受万，是为欲富乎？季孙曰：'异哉子叔疑④！使己为政，不用，则亦已矣，又使其子弟为卿。人亦孰不欲富贵？而独于富贵之中有私龙断焉⑤。'古之为市也，以其所有易其所无者，有司者治之耳。有贱丈夫焉⑥，必求龙断而登之，以左右望，而罔市利。人皆以为贱，故从而征之。征商自此贱丈夫始矣。"

注释：

①时子：齐臣。

②中国：国都之中。

③钟：古容量单位。

④季孙、子叔疑：不知何许人。

⑤龙断：垄断。

⑥丈夫：成年男子的通称。

译文：

孟子辞去官职准备回老家，齐王到孟子家中相见，说："过去希望看到您，未能如愿；后来能够同朝共事，我真高兴；现在您又扔下我回去了，不晓得我们今后还可以见面不？"

孟子答道："这个，我只是不敢请求罢了，本来是很希望的。"

过了几天，齐王对时子说："我想在齐国都城给孟子一幢房屋，用万钟之粟来养活他的学生，使各位大夫和百姓都有个榜样。你何不为我去和孟子谈谈！"

时子便托陈臻把齐王的话转告孟子，陈臻也就把时子托付的话告诉了孟子。孟子说："就是，那时子哪晓得这事是做不得的呢？假使我想发财，辞去10万钟的俸禄来接受这1万钟的赠予，有这种发财法吗？季孙说过：'奇怪呀子叔疑！自己要做官，别人不用，也就算了，却还要让他的儿子兄弟来做卿大夫。是人嘛，谁不想升官发财？而他却想把升官发财的事都垄断起来。'（什么叫'垄断'呢？）古代做买卖，是拿自己有的去换自己没有的，有关部门只是管理管理罢了。却有那么个低贱男人，一定要找个高坡登上去，左边望望，右边望望，想把整个市场的利润一口独吞。别人都觉得这家伙卑劣，因此征他的税。向商人征税就是从这个低贱男人开始的。"

4.11　孟子去齐，宿于昼①。有欲为王留行者，坐而言。不应，隐几而卧②。客不悦曰："弟子齐宿而后敢言③，夫子卧而不听，请勿复敢

《孟子》译注

见矣。"

曰："坐！我明语子。昔者鲁缪公无人乎子思之侧，则不能安子思^④；泄柳、申详无人乎缪公之侧，则不能安其身^⑤。子为长者虑^⑥，而不及子思；子绝长者乎？长者绝子乎？"

注释：

①昼：齐都临淄西南地名。

②隐几：隐，靠着，伏着；几，即居几、坐几，为坐时所倚靠的一种家具。

③齐宿：先一日斋戒。齐通"斋"。

④"昔者鲁缪公"句：缪同"穆"。鲁缪公，名显，在位33年；子思，孔子之孙，名伋。缪公尊敬子思，经常派人向子思表达他的诚意，子思于是能安心地留下来。

⑤泄柳、申详句：泄柳，即后文12.6中的"子柳"，鲁缪公时贤人；申详，孔子学生子张之子，子游之婿。

⑥长者：孟子年老，故自称长者。

译文：

孟子离开齐国，在昼县过夜。有一位想替齐王挽留孟子的人坐着对孟子说话，孟子未予理睬，伏在坐几上打瞌睡。来人不高兴地说："为了和您谈话，我昨天就整洁身心，想不到您竟打瞌睡，不听我说，我今后再不敢和您见面了。"（说着，起身要走。）

孟子说："坐下来！让我明白地告诉你。过去，（鲁缪公是如何对待贤者的呢？）他如果没有人在子思身边，就不能使子思安心；如果泄柳、申详没有人在鲁缪公身边，也就不能使自己安心。你替我这个老人考虑一下吧：我的待遇还比不上子思（你不去劝齐王改变态度，却来挽留我），那么，是你对我这老人家做得绝呢，还是我这老人家对你做得绝？"

4.12　孟子去齐。尹士语人曰^①："不识王之不可以为汤武，则是不明也；识其不可，然且至，则是干泽也^②。千里而见王，不遇故去，三宿而后出昼，是何濡滞也^③？士则兹不悦^④！"

292

高子以告⑤。曰："夫尹士恶知予哉？千里而见王，是予所欲也；不遇故去，岂予所欲哉？予不得已也。予三宿而出昼，于予心犹以为速，王庶几改之⑥！王如改诸，则必反予。夫出昼，而王不予追也⑦，予然后浩然有归志⑧。予虽然，岂舍王哉！王由足用为善⑨；王如用予，则岂徒齐民安，天下之民举安。王庶几改之！予日望之！予岂若是小丈夫然哉⑩？谏于其君而不受，则怒，悻悻然见于其面⑪，去则穷日之力而后宿哉？"

尹士闻之曰："士诚小人也！"

注释：

①尹士：齐人。

②干泽：求禄位。干，求；泽，禄位。

③濡滞：停留，迟滞。

④兹不悦：兹，此；"兹不悦"即"不悦此"。

⑤高子：孟子弟子。

⑥庶几：或许。

⑦不予追：不追回我；予，我；先秦汉语中，否定句中的代词作宾语通常要置于谓语动词前面。

⑧浩然：水流汹涌的样子。

⑨由：通"犹"。

⑩是：此，这。

⑪悻悻然见于其面：悻悻然，小人猥琐器量狭小的样子；见，同"现"。

译文：

孟子离开了齐国，尹士对别人说："不晓得齐王不能够做商汤、周武王，那是孟子糊涂；晓得他不行，然而还要来，那他就是来求取富贵的。大老远跑来，话不投机而离去，在昼县住了三晚才离开，为什么这样拖拖拉拉呢？这种情形我很不喜欢！"

高子把这话告诉了孟子。孟子说："那尹士哪能了解我呢？大老远跑来和齐王见面，是我抱有希望；话不投机而离去，难道是我希望的吗？我只是不得已罢了。我在昼县住了三晚才离开，我心里觉得还是太快了，我总是希望王或许会改变态度的；王如果改变态度，就一定会召我返回。我出了昼县，王还没有追回我，我才铁定了回乡的念头。即便这样，我难道肯抛弃王吗？王仍然足以行仁政；王如果用我，又何止齐国的百姓得享太平，天下的百姓都将得享太平。王或许会改变态度的！我天天盼啊盼啊！我难道非要像那小肚鸡肠男人一般：向王进谏，王不接受，便生闷气，失望不满全写在在脸上；一旦离开，就跑得精疲力竭才肯歇脚吗？"

伊士听了这话后说："我真是个小人哪！"

4.13 孟子去齐，充虞路问曰："夫子若有不豫色然①。前日虞闻诸夫子曰：'君子不怨天，不尤人②。'"

曰："彼一时，此一时也。五百年必有王者兴，其间必有名世者③。由周而来，七百有余岁矣。以其数，则过矣；以其时考之，则可矣。夫天未欲平治天下也；如欲平治天下，当今之世，舍我其谁也！吾何为不豫哉？"

注释：

①豫：喜悦，快活。

②不怨天，不尤人：这是孟子向他的学生转述孔子的话，见于《论语·宪问》。

③名世者：或许就是后代的"命世"。《三国志·魏志·武帝纪》云："天下将乱，非命世之才不能济也。"

译文：

孟子离开齐国，在路上，充虞问道："您的脸色好像不太高兴似的。可以前我听您讲过：'君子不抱怨天，不责怪人。'"

孟子说："那是一个时候，现在又是一个时候（情况不同了。从历史上看来），每过500年一定有位圣君兴起，这期间还会有命世之才脱颖而出。从周武王以来，已经700多年了。论年数，已过了500年；论时势，也该有圣君贤臣出来了。除非上苍还没想到要让天下太平，如果他想要让天下太平，当今这个时代，除了我，又有谁能做到呢！我为什么要不高兴呢？"

4.14　孟子去齐，居休①。公孙丑问曰："仕而不受禄，古之道乎？"

曰："非也；于崇②，吾得见王，退而有去志；不欲变，故不受也。继而有师命③，不可以请。久于齐，非我志也。"

注释：

①休：故城在今山东滕州市北15里，距孟子家约100里。

②崇：地名，今不可考。

③师命：师旅之命。

译文：

孟子离开齐国，住在休地。公孙丑问道："做官却不受俸禄，合乎古道吗？"

孟子说："不；在崇邑，我见到了齐王，回来便有离开的想法；因为不想改变这个意愿，所以不接受俸禄。不久，齐国有战事，这时不宜请求离开。然而长久淹留在齐国，并不是我的心意。"

滕文公章句上（凡五章）

5.1　滕文公为世子^①，将之楚，过宋而见孟子。孟子道性善，言必称尧舜。世子自楚反，复见孟子。孟子曰："世子疑吾言乎？夫道一而已矣。成䏊谓齐景公曰^②：'彼^③，丈夫也；我，丈夫也；吾何畏彼哉？'颜渊曰：'舜，何人也？予，何人也？有为者亦若是。'公明仪曰^④：'文王，我师也；周公岂欺我哉？'今滕，绝长补短，将五十里也，犹可以为善国。《书》曰：'若药不瞑眩，厥疾不瘳^⑤。'"

注释：

①世子：即"太子"。

②成䏊（jiàn）：齐之勇臣。

③彼：那人，设想的某人；彼，远指代词，不是第三人称代词。

④公明仪：曾子弟子。

⑤若药不瞑眩（miàn xuàn），厥疾不瘳（chōu）：瞑眩，就是眼花；瘳，病愈。

译文：

滕文公做太子的时候，要到楚国去，经过宋国，会见了孟子。孟子和他讲人性本是善良的道理，开口不离尧舜。太子从楚国回来，又来见孟子。孟子说："太子怀疑我的话吗？天下的真理是一致的。成䏊对齐景公说：'那人是个男子汉，我也是个男子汉，我凭什么怕那人呢？'颜渊说：'舜是怎样的人？我是怎样的人？有作为的人也应像他那样。'公明仪说：'文王是我的老师，周公难道会骗我吗？'现在的滕国，截长补短，折算下来，有将近方圆50里的土地，还可以治理成一个好国家。《书经》说：

'那药吃了如不叫人晕头涨脑，那种病是好不了的。'"

5.2-1　滕定公薨①，世子谓然友曰②："昔者孟子尝与我言于宋，于心终不忘。今也不幸至于大故③，吾欲使子问于孟子，然后行事。"

然友之邹问于孟子。孟子曰："不亦善乎！亲丧，固所自尽也。曾子曰：'生，事之以礼；死，葬之以礼，祭之以礼，可谓孝矣④。'诸侯之礼，吾未之学也；虽然，吾尝闻之矣。三年之丧，齐疏之服⑤，飦粥之食⑥，自天子达于庶人，三代共之。"

注释：

①滕定公：文公之父。

②然友：世子的师傅。

③大故：重大的不幸。

④曾子曰诸句：见《论语·为政》，乃孔子所言。

⑤齐（zī）疏之服：齐，缝边；疏，粗。

⑥飦：同"饘"（zhān），粥。

译文：

滕定公去世，太子对他的师傅然友说："过去在宋国，孟子曾和我谈话，我一直难以忘怀。现在不幸父亲去世，我想请您到孟子那里问问，然后再办丧事。"

然友便到邹国去问孟子。孟子说："这样很对呀！父母去世，本来就应该让自己把悲痛尽情宣泄的。曾子说：'父母健在时，依礼去奉侍；他们去世了，依礼去埋葬，依礼去祭祀。这才可算是尽到孝心了。'诸侯的礼节，我没有学过；即便如此，却也听说过。从天子直到老百姓，实行三年的丧礼，穿着粗布缝边的孝服，吃着稀粥——夏、商、周三代都是这样的。"

5.2-2　然友反命，定为三年之丧。父兄百官皆不欲，曰："吾宗国鲁先君莫之行①，吾先君亦莫之行也，至于子之身而反之，不可。且《志》曰②：'丧祭从先祖。'曰：'吾有所受之也。'"

谓然友曰："吾他日未尝学问，好驰马试剑。今也父兄百官不我足也，恐其不能尽于大事③，子为我问孟子！"

然友复之邹问孟子。

注释：

①宗国：周朝重宗法，鲁、滕诸国的始封祖都是周文王之子；其中周公封鲁，行辈较长，因之其余姬姓诸国均以鲁为宗国。

②志：记录国家大事的书。

③其：世子自指。

译文：

然友回国传达了孟子的话，太子便决定行 3 年的丧礼。父老官吏都不愿意，说："我们宗主国鲁国的历代君主没有实行过，我国的历代君主也没有实行过，到你这一代却来改变成法，这是要不得的。而且《志》说过：'丧礼祭礼一律依照祖宗成法。'意思是说，我们是有成法可依的。"

太子便对然友说："我过去不曾做过学问，只喜欢跑马舞剑。现在，父老们官吏们都对我的主张不满，恐怕这一丧礼不能够让我尽心竭力去做，您再替我去问问孟子吧！"

于是，然友又到邹国去问孟子。

5.2-3 孟子曰："然，不可以他求者也。孔子曰：'君薨，听于冢宰①，歠粥②，面深墨，即位而哭，百官有司莫敢不哀③，先之也。'上有好者，下必有甚焉者矣。君子之德，风也；小人之德，草也。草尚之风，必偃④。是在世子。"

然友反命。世子曰："然，是诚在我。"

五月居庐⑤，未有命戒。百官族人可，谓曰知。及至葬，四方来观之，颜色之戚，哭泣之哀，吊者大悦。

注释：

①冢宰：约相当于后之相国、宰相。

②歠（chuò）：饮。

③有司：有关部门，下级官吏。

④草尚之风：尚，同"上"；草上之风，谓草上加之以风。

⑤五月居庐：诸侯薨五月乃葬，葬前，孝子必居凶庐——土砖砌成，覆之以草。

译文：

孟子说："是的！这种事是求不得别人的。孔子说过：'君主去世，政务任由首相处理，世子喝着粥，面色墨黑，走近孝子之位便哭，大小官吏没有人敢不悲哀，这是因为世子带了头。'上位者有所爱好，下位者一定爱好得更加厉害。君子的德好像风，小人的德好像草，风向哪边吹，草就向哪边倒。这件事完全取决于太子。"

然友回来向太子转达。太子说："对，这事真的取决于我。"

于是太子居于丧庐中五月，不曾颁布过任何命令和禁令。官吏、同族都很赞成，认为知礼。等到举行葬礼的时候，四方的人都来观礼，世子表情的悲戚，哭泣的哀痛，使来吊丧的人都很满意。

5.3-1　滕文公问为国。孟子曰："民事不可缓也。《诗》云①：'昼尔于茅②，宵尔索绹③；亟其乘屋④，其始播百谷。'民之为道也，有恒产者有恒心，无恒产者无恒心。苟无恒心，放辟邪侈，无不为已。及陷乎罪，然后从而刑之，是罔民也。焉有仁人在位罔民而可为也？是故贤君必恭俭礼下，取于民有制。阳虎曰⑤：'为富不仁矣，为仁不富矣。'"

注释：

①《诗》云：引自《诗经·豳风·七月》。

②于茅：于，往；茅，取茅草。

③索绹（táo）：索，搓；绹，绳索。

④亟其乘屋：亟，急；乘，登上。

⑤阳虎：字货，鲁国正卿季氏的总管，事迹多见于《论语》。

译文：

滕文公请教怎样治理国家。孟子说："老百姓的事是延缓不起的。《诗经》上说：'白天把茅草割，晚上把绳儿搓；赶紧上房修理，按时把五谷播。'老百姓有他们的规律：有固定产业的人才有一定的原则，没有固定产业的人便不会有一定的原则。没有一定原则的人，就会胡作非为、违法乱纪，什么事都做得出来。等到他们犯了罪，然后加以处罚，这等于陷害。哪有仁人在位却做出陷害老百姓的事呢？所以贤明的君主一定要敬业、节俭，礼遇臣下，尤其是取之于民（征收赋税）要依照一定的制度。阳虎曾经说过：'要想发财就不能仁爱，要想仁爱就不能发财。'"

5.3-2 "夏后氏五十而贡，殷人七十而助，周人百亩而彻，其实皆什一也。彻者，彻也①；助者，藉也②。龙子曰③：'治地莫善于助，莫不善于贡。'贡者，挍数岁之中以为常④。乐岁，粒米狼戾⑤，多取之而不为虐，则寡取之；凶年，粪其田而不足，则必取盈焉。为民父母，使民盻盻然⑥，将终岁勤动，不得以养其父母，又称贷而益之⑦，使老稚转乎沟壑，恶在其为民父母也？夫世禄，滕固行之矣。《诗》云：'雨我公田，遂及我私⑧。'惟助为有公田。由此观之，虽周亦助也。"

注释：

①彻：通；意思是，这是天下通行的。

②藉：借。

③龙子：上古之贤人。

④挍：校，较。

⑤粒米狼戾：粒米，即米粒；狼戾，狼藉。

⑥盻（xì）盻然：勤苦劳顿的样子。

⑦称：举借。

⑧"雨我公田"二句：引自《诗经·小雅·大田》。

译文：

"古代的税收制度：夏代每家50亩地而行'贡'法，商朝每家70亩地而行'助'法，周朝每家100亩地而行'彻'法。这三法的实质都是十分抽一。'彻'是'通'的意思，'助'是借助的意思。龙子说过：'田税最好的是助法，最不好的是贡法。'贡法是综合若干年的收成得一个平均数作为征收标准。丰年，谷米撒得遍地都是，多征收一点也不算暴虐，却并不多收。灾年，收到的秸秆连肥田都不够，却非收足那个平均数不可。

作为百姓父母的君主，却让他们一年到头辛苦劳顿，结果连自己的父母都养不活，还不得不借高利贷来交足赋税，最终使老的小的只能到沟壑中去等死，这怎么能算是'为民父母'呢？做大官的享受世袭的田租收入，滕国早就实行了。（为什么老百姓却不能有一定的田地收入呢？）《诗经》中说：'雨先下到公田，然后再落到私田！'只有助法才有公田有私田。这样看来，即使周朝，也是实行助法的。"

5.3-3　"设为庠、序、学、校以教之。庠者，养也；校者，教也；序者，射也。夏曰校，殷曰序，周曰庠，学则三代共之，皆所以明人伦也。人伦明于上，小民亲于下。有王者起，必来取法，是为王者师也。《诗》云：'周虽旧邦，其命惟新①。'文王之谓也。子力行之，亦以新子之国！"

注释：

①"周虽旧邦"二句：见《诗经·大雅·文王》。

译文：

"要兴办庠、序、学、校来教育人民。庠是教养的意思，校是教导的意思，序是教射箭的意思。夏代叫'校'，商代叫'序'，周代叫'庠'，'学'这个名称，三代都这么叫。学习的目的都是为了让人明白人的伦常。诸侯、卿、大夫、士都明白了人的伦常，小老百姓自然会一团和气、亲密无间了。这时如有圣王兴起，也一定会来学习效法，这等于做了圣王的老师。《诗经》说：'岐周虽然是古国，国运却焕然一新。'这是赞美文王的诗。你努力实行吧，也来让你的国家气象一新！"

5.3-4　使毕战问井地①。孟子曰："子之君将行仁政，选择而使子，子必勉之！夫仁政，必自经界始②。经界不正，井地不钧③，穀禄不平④，是故暴君污吏必慢其经界。经界既正，分田制禄可坐而定也。夫滕，壤地褊小，将为君子焉，将为野人焉⑤。无君子，莫治野人；无野人，莫养君子。请野九一而助，国中什一使自赋。卿以下必有圭田⑥，圭田五十亩；余夫二十五亩。死徙无出乡，乡田同井，出入相友，守望相助，疾病相扶持，则百姓亲睦。方里而井，井九百亩⑦，其中为公田。八家皆私百亩，同养公田；公事毕，然后敢治私事，所以别野人也。此其大略也；若夫润泽之，则在君与子矣。"

注释：

①毕战问井地：毕战，滕之大夫；井地，即井田。

②经界：丈量土地的意思。

③钧：同"均"。

④穀禄：相当于"俸禄"。

⑤为："为"在这里可以理解为"有"。

⑥圭田：供祭祀用的田地。

⑦井九百亩：今一方里为 375 亩，因此古之一亩较今为小。

译文：

滕文公派毕战来问井田制。孟子说："你的国君准备实行仁政，选中你来问我，你一定要好好干！实行仁政，一定要从划分整理田界开始。田界划分得不正确，井田的大小就不均匀，作为俸禄的田租收入也就不会公平合理，所以暴虐的君王和贪官污吏总是轻视田间界限的划分。田间界限正确了，人民土地的分配，官吏俸禄的厘定，都可以毫不费力地决定了。滕国土地狭小，也有贵族和农民的区分。没有贵族，便没人治理农民；没有农民，也没人养活贵族。我请求：郊野用九分抽一的助法，都城用十分抽一的贡法。公卿以下的官吏一定有圭田，每家 50 亩；如有剩余的劳动力，每人再给 25 亩。无论埋葬或搬家，都不离开本乡本土。一井田中的各家，平日出出进进，互相友爱；防御盗贼，互相帮助；罹患疾病，互相照顾；如此一来，百姓便亲爱和睦了。一里见方划为一个井田，每一井田划为 900 亩，当中 100 亩是公田，8 家各有私田 100 亩。这 8 家共同耕种公田，先把公田料理完毕，然后才敢去干私田的农活，这是区别贵族和农民的办法。这不过是一个大略，至于如何去充实完善细节，那就在于你的国君和你本人了。"

5.4-1 有为神农之言者许行①，自楚之滕，踵门而告文公曰②："远方之人闻君行仁政，愿受一廛而为之氓。"文公与之处。其徒数十人，皆衣褐③，捆屦织席以为食④。

陈良之徒陈相与其弟辛负耒耜自宋之滕，曰："闻君行圣人之政，是亦圣人也，愿为圣人氓。"

陈相见许行而大悦，尽弃其学而学焉。

注释：

①有为……许行：神农，上古传说中的人物，三皇之一，重农学派托神农以自重。

②踵：至。

③褐：以未绩之麻制成的短衣。

④捆屦：捆，织；屦，草鞋。

译文：

有一位信奉神农氏学说叫许行的人，从楚国到滕国，登门谒见滕文公，告诉他说："我这远方之人听说您实行仁政，希望得到一处住所，做您的治下之民。"文公给了他住处。他的门徒好几十人，都穿着粗麻编成的衣服，以打草鞋、织席子为生。

陈良的门徒陈相和他弟弟陈辛背着农具，从宋国到滕国，也对文公说："听说您实行圣人的政治，那您也是圣人了。我愿意做圣人的治下之民。"

陈相见了许行，非常高兴，完全抛弃了以前所学而向许行学习。

5.4-2 陈相见孟子，道许行之言曰："滕君则诚贤君也；虽然，未闻道也。贤者与民并耕而食，饔飧而治①。今也滕有仓廪府库，则是厉民而以自养也②，恶得贤？"

孟子曰："许子必种粟而后食乎？"

曰："然。"

"许子必织布而后衣乎？"

曰："否，许子衣褐。"

"许子冠乎？"

曰："冠。"

曰："奚冠？"

曰："冠素。"

曰："自织之与?"

曰："否,以粟易之。"

曰："许子奚为不自织?"

曰："害于耕。"

曰："许子以釜甑爨③,以铁耕乎④?"

曰："然。"

"自为之与?"

曰："否,以粟易之。"

"以粟易械器者,不为厉陶冶;陶冶亦以其械器易粟者,岂为厉农夫哉?且许子何不为陶冶,舍皆取诸其宫中而用之⑤?何为纷纷然与百工交易?何许子之不惮烦?"

注释:

①饔飧(yōng sūn):熟食,这里指自己做饭。

②厉:使病。

③釜甑爨(cuàn):釜,金属锅;甑,瓦罐;爨,烧火做饭。

④铁:这里指农具。

⑤舍皆取诸其宫中句:舍,放弃。此句承上句,谓何不放弃皆取之于其宫中而用之的做法。宫,上古无论贵贱,住所都叫做宫。

译文:

陈相来见孟子,转述许行的话说:"滕君确实是个贤明的君主,即便如此,还不算真懂得大道理。贤人要和人民一道种地才吃饭,而且自己做饭,通过这种方式做到境内大治。如今滕国有谷仓,有存财物的府库,这都是损害百姓来奉养自己,怎么能叫做贤明呢?"

孟子说:"许子一定要自己种粮食才吃饭吗?"

陈良说:"对。"

"许子一定要自己织布才穿衣吗?"

"不,许子只穿粗麻编织的衣。"

"许子戴帽子吗?"

答道:"要戴的。"

"戴什么帽子?"

答道:"戴白绸帽子。"

"是自己织的吗?"

答道:"不,用粟米换来的。"

"许子为什么不自己织呢?"

答道:"因为妨碍干农活。"

"许子也用铁锅瓦罐做饭,用铁器耕种吗?"

答道:"是这样的。"

"自己做的吗?"

答道:"不,用粟米换来的。"

"农夫用粟米换取锅碗瓢盆和农具,不能说损害了瓦匠、铁匠;那瓦匠、铁匠用他们的产品来换取粟米,又难道损害了农夫吗?况且许子为什么不亲自干瓦匠活、铁匠活?为什么不放弃把各种器物储备在家里随时取用的生活方式呢?为什么许子要一件一件地和各种工匠做买卖?为什么许子这样不怕麻烦?"

5.4-3 曰:"百工之事固不可耕且为也。"

"然则治天下独可耕且为与?有大人之事,有小人之事。且一人之身,而百工之所为备;如必自为而后用之,是率天下而路也①。故曰,或劳心,或劳力;劳心者治人,劳力者治于人;治于人者食人②,治人者食于人,天下之通义也。当尧之时,天下犹未平,洪水横流,泛滥于天下,草木畅茂,禽兽繁殖,五谷不登,禽兽逼人,兽蹄鸟迹之道交于中国。尧独忧之,举舜而敷治焉③。舜使益掌火,益烈山泽而焚之④,禽兽逃匿。禹疏九河⑤,瀹济、漯而注诸海⑥,决汝、汉,排淮、泗而注之江⑦,然后中国可得而食也。当是时也,禹八年于外,三过其门而不入,虽欲耕,得乎?"

注释:

①路:同"露",破败。

②食（sì）人：提供给别人吃；食，给……吃。

③敷：同"溥"，遍。

④益烈山泽而焚之：伯益将山野沼泽分割成块而焚烧之；烈，通"裂"，分割。

⑤九河：分别为徒骇、太史、马颊、覆釜、胡苏、简、絜、钩盘、鬲津。

⑥济、漯（tà）：都是水名。

⑦决汝、汉，排淮、泗而注之江：除汉水外，汝与淮、泗都不入江；其实孟子这里不过申述禹治水之功。

译文：

陈相答道："各种工匠的活计本来就不可能一边种地又一边来干的。"

"难道治理天下的活计就独独能够一边种地一边来干的吗？有官吏的工作，有小民的工作。只要是一个人，各种工匠的产品对他就是必不可少的；如果每件东西都要自己制造才去用它，那是率领天下的人疲于奔命。所以我说，有的人劳动脑力，有的人劳动体力；脑力劳动者管理人，体力劳动者被人管理；被管理者向别人提供吃穿用度，管理者的吃穿用度仰仗于人，这是普天之下的通则。当尧的时候，天下还是一片洪荒，大水乱流，四处泛滥，草木茂密地生长，鸟兽快速地繁殖，谷物却没有收成，飞禽走兽威逼人类，华夏大地遍布它们的脚迹。只有尧一个人为这事忧虑，于是选拔舜来总管治理工作。舜命令伯益主持放火工作，伯益便将山野沼泽分割成块逐片焚烧，迫使鸟兽逃跑隐匿。禹又疏浚九河，把济水、漯水疏导入海，挖掘汝水、汉水，疏通淮水、泗水，引导众水流入长江，中原百姓才可以种地吃上饭。在这一时期，禹八年奔波在外，好几次经过自己家门都忙得不能进去，即使他想种地，做得到吗？"

5.4-4 "后稷教民稼穑①，树艺五谷②；五谷熟而民人育。人之有道也③，饱食、暖衣、逸居而无教，则近于禽兽。圣人有忧之，使契为司徒④，教以人伦——父子有亲，君臣有义，夫妇有别，长幼有叙，朋友有信。放勋曰劳之来之⑥，匡之直之，辅之翼之，使自得之，又从而振德之。圣人之忧民如此，而暇耕乎？"

注释：

①后稷：名弃，周朝的始祖，帝尧时为农师。

②五谷：稻（水稻）、黍（黄米之黏者）、稷（小米）、麦（小麦）、菽（豆类）。

③有道：有规律。

④契：殷之祖先。

⑤放勋：尧之名。

⑥劳之来之：《尔雅》："劳、来，勤也。"

译文：

"后稷教导百姓种庄稼，栽培谷物。谷物成熟了，老百姓便得到了养育。人类的规律是这样的：光是吃得饱，穿得暖，住得安逸，却没有教育，那也和禽兽差不多。圣人为这事忧虑深重，便让契做了司徒，教育人民明白人际的伦常关系——父子间的骨肉之亲，君臣间的礼义之道，夫妻间相爱的内外之别，老少间的尊卑之序，朋友间的诚信之德。尧每天督促他们，纠正他们，帮助他们，使他们各得其所，然后再赈济穷困，施以恩惠。圣人为百姓考虑达到这样的程度，还挤得出时间来种地吗？"

5.4-5　"尧以不得舜为己忧，舜以不得禹、皋陶为己忧①。夫以百亩之不易为己忧者②，农夫也。分人以财谓之惠，教人以善谓之忠，为天下得人者谓之仁。是故以天下与人易③，为天下得人难。孔子曰：'大哉尧之为君！惟天为大，惟尧则之，荡荡乎民无能名焉？君哉舜也！巍巍乎有天下而不与焉④！'尧舜之治天下，岂无所用其心哉？亦不用于耕耳。"

注释：

①皋陶（gāo yáo）：虞舜时之司法官。

②易：整治。

③与人：给予别人。

④"孔子曰"等句：见《论语·泰伯》。与，即"参与"之"与"，含"私有""享受"之意。

译文：

"尧为得不到舜而忧虑，舜为得不到禹和皋陶而忧虑。为了自己的百亩之田种得不好而忧虑的，那是农夫。把钱财分给别人，叫做惠；教导大家都学好，叫做忠；为天下找到好人才，叫做仁。因此，把天下禅让给人家容易，为天下找到好人才很难。所以孔子说：'尧作为君主真是伟大！只有天最伟大，也只有尧能效法天。尧的圣德浩荡无边，老百姓日日受其恩惠习焉不察都不知有这人存在了！舜真是个好君主！天下坐得稳如泰山，却不去享受它、占有它！'尧舜的治理天下，难道不用心思吗？只是不把这心思用于如何种地罢了。"

5.4-6 "吾闻用夏变夷者，未闻变于夷者也。陈良，楚产也，悦周公、仲尼之道，北学于中国。北方之学者，未能或之先也①。彼所谓的豪杰之士也。子之兄弟事之数十年，师死而遂倍之②！"

注释：

①未能或之先：未能有人领先于他。或，有人；之先，先之，领先于他。

②倍：同"背"，背叛。

译文：

"我只听说用中国的方式来改变四夷的，没有听说过用四夷的方式来改变中国的。陈良土生土长在楚国，却喜欢周公和孔子的学说，北上中国来学习。北方的读书人，还没有人能超过他的，那真是所谓的豪杰之士啊！你们兄弟向他学习了几十年，老师一死，竟然背叛了他！"

5.4-7 "昔者孔子没，三年之外，门人治任将归①，入揖于子贡，相向而哭，皆失声，然后归。子贡反，筑室于场，独居三年，然后归。他日，子夏、子张、子游以有若似圣人，欲以所事孔子事之，强曾子。曾子曰：'不可；江汉以濯之，秋阳以暴之②，皓皓乎不可尚已③。'今也南蛮鴃舌之人④，非先王之道，子倍子之师而学之，亦异于曾子矣。吾闻出于幽谷迁于乔木者，未闻下乔木而入于幽谷者。《鲁颂》曰：

'戎狄是膺⑤，荆舒是惩。'周公方且膺之，子是之学，亦为不善变矣。"

注释：

①任：包袱、行李。

②秋阳以暴之：周历正月相当于夏历的十一月，所以周历的秋阳，实为夏日之阳；暴，同"曝"。

③皓皓：很白。

④鴃（jué）：即伯劳鸟。

⑤戎狄是膺两句：见《诗经·鲁颂·閟宫》。膺，击。

译文：

"从前，孔子死了，守孝 3 年之后，门徒们在收拾行李准备回去前，走进子贡住处作揖告别，相对而哭，都泣不成声，这才回去。子贡又回到墓地重新筑屋，独自住了 3 年，这才回去。过了些时，子夏、子张、子游认为有若有些像圣人，便想如服事孔子那样服事他，勉强曾子同意。曾子说：'不行；比如曾经用江汉之水洗涤过，曾经在夏日之下曝晒过，真是白得不能再白了。（谁还能与孔子相比呢？）'如今许行这南蛮子，说话就像鸟叫，也敢来非议我们祖先圣王之道，而你俩却违背师道去向他学，那就和曾子大不相同了。我只听说过鸟儿飞出幽暗的山谷迁往高大的树木，没听说过离开高大的树木再飞进幽暗的山谷的。《鲁颂》说过，'戎狄，要打击它；荆楚，要惩罚它'。（荆楚这样的国家）周公还要打击它，你们却向此地人学，真是变得每况愈下了。"

5.4-8 "从许子之道，则市贾不贰①，国中无伪；虽使五尺之童适市②，莫之或欺③。布帛长短同，则贾相若；麻缕丝絮轻重同，则贾相若；五谷多寡同，则贾相若；屦大小同，则贾相若。"

曰："夫物之不齐，物之情也；或相倍蓰④，或相什百，或相千万。子比而同之⑤，是乱天下也。巨屦小屦同贾⑥，人岂为之哉？从许子之道，相率而为伪者也，恶能治国家？"

注释：

①贾：同"价"。

②五尺之童：古人尺短，5 尺只合之 3 尺半。

③莫之或欺：莫或欺之，没有人会欺骗他。否定句中，代词作宾语一般要前置于谓语动词。莫，没有人；或，语气副词，使语气和缓一些。

④蓰（xǐ）：5 倍。

⑤比（bǐ）：混合。

⑥巨屦小屦：巨屦，粗屦；小屦，细屦。

译文：

陈相说："如果按许子说的办，市场上的物价就能一致，举国之中没有欺诈，即使打发个小孩子上市场，也没有人会欺骗他。布匹、丝绸的长短相同，价钱便一样；麻线、丝棉的轻重相同，价钱便一样；谷米的多少相同，价钱便一样；鞋的大小相同，价钱也一样。"

孟子说："各种物品的质量不一样，是物品的真实情形——有的相差一倍五倍，有的相差十倍百倍，有的相差千倍万倍；你想要（不分精粗优劣）而让它们价钱一致，只是扰乱天下罢了。用料做工粗劣的鞋和用料做工精致的鞋一样的价钱，人们肯干吗？按许子说的办，是带领大家去偷工减料，这样弄，哪里能够治理国家呢？"

5.5-1　墨者夷之因徐辟而求见孟子①。孟子曰："吾固愿见，今吾尚病，病愈，我且往见。"夷子不来。

他日，又求见孟子。孟子曰："吾今则可以见矣。不直，则道不见②；我且直之。吾闻夷子墨者，墨之治丧也，以薄为其道也；夷子思以易天下，岂以为非是而不贵也；然而夷子葬其亲厚，则是以所贱事亲也。"

注释：

①"墨者夷之因徐辟"句：墨者，信奉墨子学说的人；夷之，已无可考；徐辟，孟子弟子。

②见：同"现"。

译文：

墨家信徒夷之凭着徐辟的关系要求见孟子。孟子说："我本来愿意见他，不过我现在正病着；病好了，我打算去看他。"夷子便没有来。

过了一段时间，他又要求见孟子。孟子说："我现在可以见他了。但不直截了当地说，真理不能明白地显现。我就直说了吧。我听说夷子是墨家信徒，墨家办理丧事，以薄葬为合理；夷子也想用这一套来改革天下，难道会认为薄葬不对而不提倡薄葬吗？但是夷子埋葬父母亲却很丰厚，那便是拿他所看不起的东西来对待父母亲了。"

5.5－2　徐子以告夷子。夷子曰："儒者之道，古之人若保赤子①，此言何谓也？之则以为爱无差等，施由亲始②。"

徐子以告孟子。孟子曰："夫夷子信以为人之亲其兄之子为若亲其邻之赤子乎？彼有取尔也。赤子匍匐将入井，非赤子之罪也。且天之生物也，使之一本，而夷子二本故也。盖上世尝有不葬其亲者，其亲死，则举而委之于壑。他日过之，狐狸食之，蝇蚋姑嘬之③。其颡有泚④，睨而不视。夫泚也，非为人泚，中心达于面目，盖归反虆梩而掩之⑤。掩之诚是也，则孝子仁人之掩其亲，亦必有道矣。"

徐子以告夷子，夷子怃然为间曰⑥："命之矣⑦。"

注释：

①赤子：初生的婴儿。

②施：行。

③蝇蚋（ruì）姑嘬（chuài）之：蚋，蚊类昆虫；姑，应读为"盬（gǔ）"，咀吮；嘬，凑在一起吃。

④泚（cǐ）：出汗的样子。

⑤虆梩（léi lí）：虆，土筐；梩，类似铲子的工具。

⑥怃（wǔ）然为间：怃然，茫然自失的样子；为间，一会儿。

⑦命之：命，教；之，夷子自指。

译文：

徐子把这话转达给夷子。夷子说："儒家的学说认为，古代君王爱护百姓就好像爱护婴儿一般。这话是什么意思呢？我以为便是，人们之间的爱没有亲疏厚薄的区别，只是由双亲开始实行罢了。（这样看来，墨家的兼爱之说和儒家学说并不矛盾，而我厚葬父母，也没有什么说不过去了。）"

徐子又把这话告诉了孟子。孟子说："夷子真正以为人们爱他的侄儿和爱他邻居家的婴儿一样的吗？夷子只不过抓住了一点：婴儿在地上爬行，快要跌到井里去了，这自然不是婴儿的罪过。（这时候，无论是谁的孩子，无论是谁看见了，都会去救的，夷子以为这就是爱无等次；其实，这是人的恻隐之心。）况且天生万物，只有一个本源，夷子却以为有两个本源，道理就在这里。大概上古曾经有不埋葬父母的人，父母死了，就抬着扔到山沟里。过了些时候，再经过那里，就发现狐狸在撕咬着，苍蝇、蚊子在咀咒着那尸体。那个人不禁额头上冒出了汗，斜着眼睛，不敢正视。这一种汗，不是流给别人看的，而是心中的悔恨在面目上的流露。大概后来他回家取了箩筐、铲子把尸体埋了。埋葬尸体诚然是对的，那么，孝子仁人埋葬他的父母，自然有他的道理了。"

徐子把这话又转达给夷子，夷子十分怅惘地停了一会，说："我懂得了。"

滕文公章句下（凡十章）

6.1-1　陈代曰①："不见诸侯，宜若小然；今一见之，大则以王，小则以霸。且《志》曰'枉尺而直寻②'，宜若可为也。"

孟子曰："昔齐景公田，招虞人以旌③，不至，将杀之。志士不忘在沟壑，勇士不忘丧其元。孔子奚取焉？取非其招不往也。如不待其招而往，何哉？且夫枉尺而直寻者，以利言也。如以利，则枉寻直尺而利，亦可为与？"

①陈代：孟子弟子。

②寻：约合今之8尺。

③招虞人以旌（jīng）：用五色羽毛装饰的旗帜。虞人，守苑囿的官吏；旌，古代旌是用来召唤大夫的，召唤虞人用皮冠，所以虞人不去。

译文：

陈代说："不去谒见诸侯，似乎太小气了吧？如今见一次诸侯，大则可以实行仁政于天下，小则可以称霸中国。而且《志》上说'弯曲一尺，却伸直八尺'，好像应该试一试。"

孟子说："从前齐景公田猎，用旌去召唤猎场管理员，管理员不去，景公便准备杀他。——志士坚守气节，不怕弃尸山沟；勇士见义勇为，不怕抛弃头颅。孔子到底看重他哪一点呢？就是看重他不是自己所应接受的召唤之礼，硬是不去。如果不等待诸侯的招致便去，那我又是什么人呢？而且所谓'弯曲一尺，却伸直八尺'，完全是从利的方面来考虑的。如果唯利是图，那么即使弯曲八尺，伸直一尺，也有小利可图，不也可以干干吗？"

6.1-2 "昔者赵简子使王良与嬖奚乘^①，终日而不获一禽。嬖奚反命曰：'天下之贱工也。'或以告王良。良曰：'请复之。'强而后可，一朝而获十禽。嬖奚反命曰：'天下之良工也。'简子曰：'我使掌与女乘^②。'谓王良。良不可，曰：'吾为之范我驰驱^③，终日不获一；为之诡遇^④，一朝而获十。《诗》云："不失其驰，舍矢如破。"^⑤我不贯与小人乘^⑥，请辞。'御者且羞与射者比^⑦；比而得禽兽，虽若丘陵，弗为也。如枉道而从彼，何也？且子过矣：枉己者，未有能直人者也。"

注释：

①昔者赵简子使王良与嬖（bì）奚乘：赵简子，晋国正卿赵鞅；王良，春秋末年的驾车好把式；嬖，受宠幸的小人；奚，嬖人名。

②我使掌与女乘：我使之掌与汝乘，我让他负责给你驾车；"使"的宾语常常不出现；掌，掌管。

③范我驰驱：规范我的奔驰。

④诡遇：不依法驾御。

⑤"《诗》云"等句：见《诗经·小雅·车攻》。如破，而破。

⑥贯：即今之"惯"字。

⑦御者且羞与射者比：射者，语义双关：明指嬖奚，暗指射利之徒与射利之事，如四处求见诸侯以干禄之苏秦、张仪之辈，亦表明自己不愿主动谒见诸侯之志。比，并立。

译文：

"从前，赵简子让王良替他宠幸的小臣奚驾车打猎，一整天也没打到一只猎物。奚向简子汇报说：'王良是天底下最没本事的驾车人。'有人把这话告诉了王良。王良说：'希望再来一次。'反复劝说，奚才答应去，结果一早上就打中10只猎物。奚又汇报说：'王良是天底下最有本事的驾车人。'赵简子便说：'我让他专门给你驾车好了。'把这告诉王良，王良不肯，说：'我帮他按规矩奔驰，整天打不着一只；我帮他违背规矩奔驰，一早上就打中了10只。可是《诗经》上说："即使规行矩步，也能一箭中的。"我不习惯为小人驾车，请允许我辞去这差事。'驾车者尚且羞于与品格坏的射手为伍；与他为伍，即使打得的禽兽堆成山，也不肯干。如果先委屈自己的理想与主张而追随诸侯，那我们又算什么人呢？况且你错了：允许自己不正直的人，从来就不能够使别人正直。"

6.2　景春曰[1]："公孙衍、张仪岂不诚大丈夫哉[2]？一怒而诸侯惧，安居而天下熄[3]。"

孟子曰："是焉得为大丈夫乎？子未学礼乎？丈夫之冠也，父命之[4]；女子之嫁也，母命之，往送之门，戒之曰：'往之女家，必敬必戒，无违夫子！'以顺为正者，妾妇之道也。居天下之广居，立天下之正位，行天下之大道；得志，与民由之；不得志，独行其道；富贵不能淫，贫贱不能移，威武不能屈，此之谓大丈夫。"

注释：

①景春：与孟子同时的纵横家。

②公孙衍、张仪：公孙衍即魏人犀首，当时著名的说客；张仪，魏人，游说六国连横去服从秦国的大政客。

③熄：烽火熄。

④丈夫之冠也，父命之：古时男子到了20岁，便可算作成年人，行加冠礼。

译文：

景春说："公孙衍和张仪难道不是真正的大丈夫吗？他们一生气，诸侯都心惊胆战；他们安居度日时，天下便战火全熄。"

孟子说："这个怎么能叫做大丈夫呢？你没有学过礼吗？男子行加冠礼时，父亲要叮嘱他。女子出嫁的时候，母亲要叮嘱她，把她送到门口，告诫她说：'到了你婆家，一定要恭敬他人，一定要警戒自己，不要违背丈夫！'以顺从为原则，是做妇人的道理。居住在天下这么广阔的空间，站在天下最正确的位置，走着天下最光明的仁义之路；得志之日，带领百姓一同走这条路；不得志之时，一个人也要走这条路。富贵不能引诱他，贫贱不能改变他，威武不能压服他，这样才叫做大丈夫。"

6.3－1　周霄问曰[1]："古之君子仕乎？"

《孟子》译注

孟子曰："仕。《传》曰：'孔子三月无君，则皇皇如也②，出疆必载质③。'公明仪曰：'古之人三月无君，则吊。'"

"三月无君则吊，不以急乎④？"

曰："士之失位也，犹诸侯之失国家也。《礼》曰：'诸侯耕助以供粢盛⑤；夫人蚕缫⑥，以为衣服⑦。牺牲不成⑧，粢盛不洁，衣服不备，不敢以祭。惟士无田，则亦不祭。'牲杀、器皿、衣服不备，不敢以祭，则不敢以宴，亦不足吊乎？"

注释：

①周霄：魏人。

②皇皇：今作"惶惶"，不安的样子。

③质：同"贽""挚（zhì）"。古代初相见，须携礼物以示诚意，谓之"贽"，士人一般用雉。

④不以急乎：（您）不认为太急切了吗？以，以为，认为。下一章"彭更问曰：'后车数十乘，从者数百人，以传食于诸侯，不以泰乎？'孟子曰：'非其道，则一箪食不可受于人；如其道，则舜受尧之天下，不以为泰——子以为泰乎？'"可证。

⑤诸侯耕助以供粢盛（zī chéng）："助"即"藉"，借助的意思；古代天子于每年孟春，率三公九卿诸侯大夫躬耕；因仍须假借他人之手才得以收获，故谓之"藉田"，就是六谷（黍、稷、稻、粱、麦、苽）。

⑥夫人蚕缫（sāo）：夫人，指诸侯正妻；缫，抽茧出丝。

⑦衣服：专指祭祀穿用的衣服。

⑧牺牲不成：祭祀所杀的牛、羊、猪等都叫"牺牲"，也叫"牲杀"；成，盛。

译文：

周霄问道："古代的君子做官吗？"

孟子答道："做官。《传》上说：'孔子要是一连几个月没有君主任用他，就焦急不安；离开一个国家，一定要带着见面礼（以便和别国国君见面）。'公明仪也说：'古代的人一连几个月没有君主任用，就要去安慰他。'"

周霄便说："一连几个月没君主任用就去安慰他，不是太性急了吗？"

孟子答道："士失掉官位，就好像诸侯失去国家。《礼》说过：'诸侯亲自参加耕种，是为了供给祭品；夫人亲自养蚕缲丝，是为了供给祭服。牛羊不肥壮，祭品不洁净，祭服不具备，不敢用来祭祀。士若没有（供祭祀用的）田地，那也不能祭祀。'牛羊、祭具、祭服不具备，不敢用来祭祀，也就不能举行宴会，这难道不应该安慰他吗？"

6.3-2 "出疆必载质，何也？"

曰："士之仕也，犹农夫之耕也；农夫岂为出疆舍其耒耜哉？"

曰："晋国亦仕国也[1]，未尝闻仕如此其急。仕如此其急也，君子之难仕，何也？"曰："丈夫生而愿为之有室，女子生而愿为之有家；父母之心，人皆有之。不待父母之命、媒妁之言，钻穴隙相窥，逾墙相从，则父母国人皆贱之。古之人未尝不欲仕也，又恶不由其道。不由其道而往者，与钻穴隙之类也[2]。"

注释：

①晋国：此处指魏国。

②与钻穴隙之类也：此句与当时句法不合，"之"或许是"者"字之讹，后者篆体上部与"之"类似。

译文：

周霄又问："离开国界一定要带上见面礼，为什么呢？"

孟子答道："士做官，就好像农民耕田；农民难道会因为越过国境线便放弃他的农具吗？"

周霄说："魏国也是一个可以做官的国家，我却没听说过找官位是这样迫不及待的。找官位既迫不及待，君子却不轻易做官，这又是为什么呢？"孟子说："男人一生下来，父母便惟愿他早有妻室；女人一生下来，父母便惟愿她早有婆家。做父母的，人人都有这样的心愿。但是，不等待父母开口，不经过媒人介绍，自己便挖墙洞、扒门缝来互相窥望，翻过墙去私会，那么，父母和举国之人都会轻视他。古代的人不是不想做官，但是又讨厌不经由合乎礼义的道路去求官。不经合乎礼义的道路而奔向仕途的，正和挖墙洞、扒门缝（翻墙去私会）的人一样。"

6.4 彭更问曰①："后车数十乘，从者数百人，以传食于诸侯②，不以泰乎？"

孟子曰："非其道，则一箪食不可受于人；如其道，则舜受尧之天下，不以为泰——子以为泰乎？"

曰："否；士无事而食，不可也。"

曰："子不通功易事，以羡补不足③，则农有余粟，女有余布；子如通之，则梓匠轮舆皆得食于子④。于此有人焉，入则孝，出则悌，守先王之道，以待后之学者，而不得食于子；子何尊梓匠轮舆而轻为仁义者哉？"

曰："梓匠轮舆，其志将以求食也⑤；君子之为道也，其志亦将以求食与？"

曰："子何以其志为哉？其有功于子，可食而食之矣。且子食志乎？食功乎？"

曰："食志。"

曰："有人于此，毁瓦画墁⑥，其志将以求食也，则子食之乎？"

曰："否。"

曰："然则子非食志也，食功也。"

注释：

①彭更：孟子弟子。

②传（zhuàn）食：犹言转食。

③羡：多余。

④梓匠轮舆：《周礼·考工记》有梓人、匠人为木工，有轮人（制车轮）、舆人（制车箱），为制车之工。

⑤志：想法。

⑥墁（màn）：本义指粉刷墙壁的工具，此处指新粉刷的墙壁。

译文：

彭更问道："跟随的车几十乘，跟从的人几百个，从这一国吃到那一国，这不太过分了吗?"

孟子答道："如果不符合大道，就是一篮子饭也不从别人那儿接受；如果符合大道，舜甚至接受了尧的天下，也不觉得过分——你以为过分了吗?"

彭更说："不是这意思。但读书人不干事，吃白饭，是不可以的。"

孟子说："你如果不在各行各业互通有无，用多余的来弥补不够的，农民就会有多余的米，妇女就会有多余的布；如果能互通有无，那么木匠、车工都能够从你那儿得到吃的。假如这里有个人，在家孝顺父母，出外尊敬兄长，严守着先王的礼法道义，来等待着后起的学者继承，却不能从你那儿得到吃的；那么，你为什么尊重木匠、车工而轻视践行仁义的士人呢?"

彭更说："木匠、车工，他们的想法不过是为了谋碗饭吃；君子践行仁义，他的想法也是为了谋碗饭吃吗?"

孟子说："你为什么非要追究想法呢?他们对你有用处，可以给他们吃的，就给他们好了。况且，你是凭想法给吃的呢，还是凭用处呢?"

彭更说："凭想法。"

孟子说："比方这里有个泥瓦工，打碎屋瓦，在新刷的墙上乱画，他的想法也是为了弄到吃的，你给他吃的吗?"

彭更说："不。"

孟子说："那么，你并不是凭想法，而是凭用处了。"

6.5-1　万章问曰①："宋，小国也；今将行王政，齐、楚恶而伐之，则如之何?"

孟子曰："汤居亳②，与葛为邻③，葛伯放而不祀④。汤使人问之曰：'何为不祀?'曰：'无以供牺牲也。'汤使遗之牛羊。葛伯食之，又不以祀。汤又使人问之曰：'何为不祀?'曰：'无以供粢盛也。'汤使亳众往为之耕，老弱馈食。葛伯率其民，要其有酒食黍稻者夺之，不授者杀之。有童子以黍肉饷，杀而夺之。《书》曰：'葛伯仇饷⑤。'此之谓也。"

《孟子》译注

注释：

①万章：孟子的高足。

②亳（bó）：约在今河南商丘市北，为汉时之薄县。

③葛：古国名，嬴姓，在今河南宁陵县北。

④放：放纵，放肆。

⑤葛伯仇饷：此四字为《尚书》逸篇之文。

译文：

万章问道："宋国是个小国，现在想要推行仁政，齐、楚两国却厌恶这样，要出兵讨伐它，该怎么办呢？"

孟子说："汤住在亳地，和葛国挨着；葛伯放纵无道，不祭祀祖先。汤派人去问他：'为什么不祭祀？'答道：'没有牛羊做祭品。'汤便派人送给他牛、羊。葛伯把牛、羊吃了，却不用来祭祀。汤又派人去问他：'为什么不祭祀？'答道：'没有谷物做祭品。'汤便派亳地的民众去为他们种地。老弱者给种地的人去送饭，葛伯却领着他的百姓拦住那些提着酒菜好饭的人来抢劫，谁要不给就杀谁。有个小孩去送饭和肉，葛伯杀了他，夺了饭和肉。《书经》上说'葛伯与送饭者为敌'，就是说的这事。"

6.5-2　"为其杀是童子而征之，四海之内皆曰：'非富天下也，为匹夫匹妇复雠也。''汤始征，自葛载①'，十一征而无敌于天下。东面而征，西夷怨；南面而征，北狄怨，曰：'奚为后我？'民之望之，若大旱之望雨也。归市者弗止，芸者不变，诛其君，吊其民，如时雨降。民大悦。《书》曰：'徯我后②，后来其无罚！''有攸不惟臣③，东征，绥厥士女④，篚厥玄黄⑤，绍我周王见休⑥，惟臣附于大邑周。'其君子实玄黄于篚以迎其君子，其小人箪食壶浆以迎其小人；救民于水火之中，取其残而已矣。《太誓》曰⑦：'我武惟扬，侵于之疆，则取于残⑧，杀伐用张⑨，于汤有光。'不行王政云尔，苟行王政，四海之内皆举首而望之，欲以为君；齐楚虽大，何畏焉？"

注释：

①载，开始。

②徯（xī）我后：徯，等待；后，王。

③有攸不惟臣：有攸，有所；攸，所；惟，为。

④绥厥士女：绥，安抚，安定；厥，其。

⑤篚（fěi）厥玄黄：篚，一种竹编容器，此处是用篚盛物的意思；玄黄，束帛之色，这里指布帛。

⑥休：美。

⑦《太誓》：即《泰誓》，《尚书》篇名，今已亡佚。

⑧侵于之疆，则取于残：侵于、取于，《尚书》中动词后多用一"于"字；之，此；残，残贼之人。

⑨杀伐用张：用，因而；张，展开。

译文：

"因为这小孩被杀，汤便去征讨葛伯，天下的人都说：'汤不是贪图富有天下，而是为老百姓报仇雪恨哪！'汤开始征战，即从伐葛开始，十一次征战，无往而不胜，天下没人能与之抗衡。朝东方出征，西夷怨恨；朝南方出征，北狄怨恨，都说：'为什么把我们排后边?'老百姓盼望他，就和大旱之年盼望下雨一样。（大军征战时）做买卖的照常营业，干农活的照样耘田，杀掉那个君主，抚慰那些百姓，正像及时雨落下呀，老百姓非常高兴。《书经》上说：'等待我王，王来了我们不会再遭罪!'又说：'谁敢不服从，周王便东行讨伐，来安定这地方的男男女女；他们在筐中放上黄色黑色的束帛，请求介绍和周王相见，以得到荣光，作为大周国的臣民。'官员们把黑色黄色的束帛装满筐子来迎接，老百姓提着饭篮和酒壶来迎接，都只为周王出征是把人们从水深火热中拯救出来，要除掉那残暴的君主。《泰誓》上说：'我们的威武要发扬，攻到商纣的疆土上，杀掉那凶狠的豺狼，把该死的砍个精光，这功绩比汤还辉煌。'不实行王政便罢了，如果实行王政，天下的人都要抬起头来盼望，要拥护他来做君主；齐国、楚国纵然是庞然大物，又怕什么呢?"

6.6 孟子谓戴不胜曰①："子欲子之王之善与②？我明告子。有楚大夫于此，欲其子之齐语也，则使齐人傅诸③，使楚人傅诸?"

曰："使齐人傅之。"

曰："一齐人傅之，众楚人咻之④，虽日挞而求其齐也，不可得矣；引而置之庄岳之间数年⑤，虽日挞而求其楚，亦不可得矣。子谓薛居州，善士也，使之居于王所。在于王所者，长幼卑尊皆薛居州也，王谁与为不善⑥？在王所者，长幼卑尊皆非薛居州也，王谁与为善？一薛居州，独如宋王何⑦？"

注释：

①戴不胜：宋臣。

②之善：走向善道；之，走向，到……去。

③诸："之乎"的合音。

④咻：吼。

⑤庄岳：庄，街名；岳，里名。

⑥王谁与为不善：王与谁为不善，王和谁一道干不善之事。

⑦独：难道。

译文：

孟子对戴不胜说："你想你的君王学好吗？我明白告诉你。这里有位楚国的大臣，希望他儿子会说齐国话，那么，找齐国人来教呢，还是找楚国人来教？"

答道："找齐国人来教。"

孟子说："一个齐国人教他，却有许多楚国人在边上叽叽喳喳，就算你每天用鞭子抽他，逼他说齐国话，也做不到；但假如把他带到临淄城里的庄街、岳里住上几年，就算你每天用鞭子抽他，逼他再说楚国话，那也做不到了。你说薛居州是个好人，要他住在王宫里（影响王，使王学好）。假如住在王宫里的人，不论大的小的，贱的贵的，都是薛居州那样的好人，那王跟谁去干坏事呢？假如住在王宫里的人，不论大的小的，贱的贵的，都是和薛居州相反的人，那王又跟谁去干好事呢？一个薛居州，难道能把宋王怎么样吗？"

6.7　公孙丑问曰："不见诸侯何义？"

孟子曰："古者不为臣不见。段干木逾垣而辟之①，泄柳闭门而不

纳，是皆已甚；迫，斯可以见矣。阳货欲见孔子而恶无礼②，大夫有赐
于士③，不得受于其家，则往拜其门。阳货瞰孔子之亡也④，而馈孔子
蒸豚；孔子亦瞰其亡也，而往拜之。当是时，阳货先，岂得不见？曾子
曰：'胁肩谄笑⑤，病于夏畦⑥。'子路曰：'未同而言，观其色赧赧
然⑦，非由之所知也⑧。'由是观之，则君子所养，可知已矣。"

注释：

①段干木：姓段，名干木，魏文侯时贤者。

②阳货欲见（xiàn）孔子：事见《论语·阳货》。"见"，阳货欲令孔
子来见的意思。

③大夫：阳货为鲁正卿季氏之宰（总管），为"大夫级"；其时孔子在
野，故称"士"。

④瞰：窥伺。

⑤胁肩谄笑：胁肩，即竦体，故作恭敬之状；谄笑，献媚地笑。

⑥畦（xī）：灌园，浇水。

⑦赧（nǎn）赧然：因惭愧而脸红的样子。

⑧非由之所知：由，子路字仲由；这是一句表示很厌恶的婉转语。

译文：

公孙丑问道："不去谒见诸侯，是什么道理？"

孟子说："古代，一个人如果不是诸侯的臣属，就不去谒见。（从前魏
文侯去看段干木）段干木却跳过墙去躲开他，（鲁缪公去看泄柳）泄柳却
紧闭大门不加接纳，这些都做得太过分；迫不得已，也可以相见。阳货想
要孔子来看望他，又不愿自己失礼，（径自召唤，便利用了）大夫对士有
所赏赐，士如果当时不在家，不能亲自接受并拜谢，便要亲自去大夫家答
谢（这一礼节）。阳货打听到孔子外出的时候，给他送去一只蒸小猪；孔
子也探听到阳货不在家，才去答谢。在那时候，阳货若是（不玩花样）先
去看望孔子，孔子哪会不去看望他？曾子说：'肩膀抬得高高，满脸谄媚
地笑，比那大热天浇菜地还让人吃不消。'子路说：'分明不想和这种人谈
话，却要勉强应付几句，脸上又显出惭愧的表情，我可弄不懂这些。'从
这一点来看，君子如何保持自己的操守，就可以晓得了。"

6.8　戴盈之曰①："什一，去关市之征，今兹未能②，请轻之，以待来年，然后已，何如？"

孟子曰："今有人日攘其邻之鸡者③，或告之曰：'是非君子之道④。'曰：'请损之，月攘一鸡，以待来年，然后已。'——如知其非义，斯速已矣，何待来年？"

注释：

①戴盈之：宋大夫。

②今兹：现在、目前。

③攘（rǎng）：盗窃。

④是非君子之道：这不是君子之道；是，此。

译文：

戴盈之说："税率定为1/10，撤除关卡和市场的赋税，目前还不能完全做到，想先减轻一些，等到明年再完全实行，怎么样？"

孟子说："如今有个人每天偷邻居一只鸡，有人告诉他说：'这不是正人君子所该做的。'他便说：'请让我减少一点，先每个月偷一只，等到明年，再洗手不干。'——如果明白这样做不合道义，就赶快住手得了，为什么要等到明年呢？"

6.9-1　公都子曰①："外人皆称夫子好辩，敢问何也？"

孟子曰："予岂好辩哉？予不得已也。天下之生久矣，一治一乱。当尧之时，水逆行，泛滥于中国，蛇龙居之，民无所定；下者为巢，上者为营窟②。《书》曰：'洚水警余③。'洚水者，洪水也。使禹治之。禹掘地而注之海，驱蛇龙而放之菹④；水由地中行，江、淮、河、汉是也。险阻既远，鸟兽之害人者消，然后人得平土而居之。

"尧舜既没，圣人之道衰，暴君代作⑤，坏宫室以为污池，民无所安息；弃田以为园囿，使民不得衣食。邪说暴行又作⑥，园囿、污池、沛泽多而禽兽至。及纣之身，天下又大乱。周公相武王诛纣，伐奄三年讨其君，驱飞廉于海隅而戮之⑦，灭国者五十，驱虎、豹、犀、象而远之，天下大悦。《书》曰：'丕显哉，文王谟！丕承者，武王烈！佑启我后人，咸以正无缺⑧。'"

注释：

①公都子：孟子弟子。

②营窟：相连为窟穴。

③《书》曰下句：此为《尚书》逸篇中文；洚，音jiàng。

④蒩（jū）：泽中所生草。

⑤代作：更代而作。

⑥邪说暴行又作：和下一节的"邪说暴行有作"一样；又，通"有"，动词词头；作，兴起。

⑦飞廉：纣之臣。

⑧《书》曰丕显哉数句：当为《尚书》逸篇中文；丕，大；承，继承。

译文：

公都子说："别人都说您喜欢辩论，请问，这是为什么？"

孟子说："我难道喜欢辩论吗？我是迫不得已呀。自从有人类以来，已经很久了，总是太平一阵子，又混乱一阵子。当唐尧的时候，洪水倒流，到处泛滥，大地成为蛇和龙的乐土，人们却无处安身。低处的人们在树上搭巢，高处的人们便挖相连的洞窟。《书经》说：'洚水警告我们。'洚水就是洪水。命令禹来治理，禹疏通河道，把水引向大海，把蛇和龙都赶回草泽中；水在河床中流动，长江、淮河、黄河、汉水便是这样。危险既已远去，害人的野兽也无影无踪，人们才能够在平原上居住。

"尧、舜死了以后，圣人之道衰微，残暴的君主不断出现。他们毁掉民居来挖掘池塘，使百姓无处安身；毁坏良田来营造园林，使百姓不得衣食。荒谬的学说、残暴的行为随之兴起，园林、深池、大沼泽多了，禽兽也随之而至。到商纣的时候，天下又大乱了起来。周公辅佐武王，诛杀了纣王；又经过3年征战讨伐奄国，诛杀了奄君；并把飞廉驱赶到海边，把他也杀了。被灭掉的国家有50多个，同时，把老虎、豹子、犀牛、大象驱赶得远远的，天下的百姓都非常高兴。《书经》说过：'伟大而光明，是文王的谋略！接续这光明，是武王的功烈！启发诱导我们后来人，让大家没有缺点都正确。'"

6.9-2 "世衰道微，邪说暴行有作，臣弑其君者有之，子弑其父者有之。孔子惧，作《春秋》。《春秋》，天子之事也；是故孔子曰：'知我者其惟《春秋》乎！罪我者其惟《春秋》乎！'

"圣王不作，诸侯放恣，处士横议①，杨朱、墨翟之言盈天下②。天下之言不归杨，则归墨。杨氏为我，是无君也；墨氏兼爱，是无父也。无父无君，是禽兽也。公明仪曰：'庖有肥肉，厩有肥马；民有饥色，野有饿莩，此率兽而食人也。'杨、墨之道不息，孔子之道不著③，是邪说诬民，充塞仁义也。仁义充塞，则率兽食人，人将相食。吾为此惧，闲先圣之道④，距杨、墨，放淫辞，邪说者不得作。作于其心，害于其事；作于其事，害于其政。圣人复起，不易吾言矣。"

注释：

①处士：不当官而居于家中的士。

②杨朱、墨翟：杨朱事略见《庄子》及《淮南子》诸书；墨翟，鲁人，或云宋人，其学说见于《墨子》一书。

③著：显露，显出，显现。

④闲：门销，引申为捍卫义。

译文：

"世道逐渐衰微，荒谬的学说、残暴的行为又起来了：有臣子杀了君主的，有儿子杀了父亲的。孔子害怕王道湮灭，于是创作《春秋》一书。创作《春秋》这样的史书（褒扬善的，指斥恶的），本是天子的职责（孔子不得已而做了）。所以孔子说：'了解我的，恐怕只是通过《春秋》吧！怪罪我的，恐怕也只是通过《春秋》吧！'

"（自那以后）圣王也没再出现，诸侯肆无忌惮，一般士人也胡乱议论，杨朱、墨翟的言论遍及天下。于是所有的主张不属杨朱一派，就是墨翟一流。杨朱派主张一切为自己，这便是目无君上；墨翟派主张爱要一视同仁，这便是目无父母。无视父母和君上，这便成了禽兽。公明仪说过：'厨房里有肥美的肉，马厩里有健壮的马；老百姓却面色腊黄，野外躺着饿死者的尸体，这就是率领着禽兽来吃人。’杨朱、墨翟的言论不消除，孔子的学说就没法发扬光大。这便是荒谬的学说欺骗了百姓，从而阻塞了仁义的大道。仁义之道被阻塞，那岂止是率领着禽兽吃人，人们也将互相吞噬了。我害怕这恐怖景象竟成为现实，便出来捍卫古代圣人的真理，反对杨、墨的谬说，驳斥错误的言论，使谬论邪说不能抬头。荒谬的念头，从心底萌发，便会危害工作；危害了工作，也就危害了国政。即使圣人再度兴起，也会同意我这话的。”

6.9-3 "昔者禹抑洪水而天下平，周公兼夷狄，驱猛兽而百姓宁，孔子成《春秋》而乱臣贼子惧。《诗》云：‘戎狄是膺，荆舒是惩，则莫我敢承①。’无父无君，是周公所膺也。我亦欲正人心，息邪说，距诐行②，放淫辞，以承三圣者；岂好辩哉？予不得已也。能言距杨墨者，圣人之徒也。"

注释：

①承：抵御。

②诐（bì）行：邪僻之行。

译文：

"从前大禹控制了洪水，天下才得到太平；周公兼并了夷狄，赶跑了猛兽，百姓才得到安宁；孔子写成了《春秋》，叛臣和逆子便有所畏惧。《诗经》说：‘攻击戎狄，惩罚荆舒，就所向无敌。’无视父母君上的人，正是周公所要惩罚的。我也要端正人心，熄灭邪说，反对偏颇的行为，排斥荒唐的言论，以继承大禹、周公、孔子三位圣人的事业。我难道喜欢辩论吗？我是迫不得已呀。能够以言论来反对杨、墨的，也就是圣人的门徒了。"

6.10-1 匡章曰①："陈仲子岂不诚廉士哉②？居於陵③，三日不食，耳无闻，目无见也。井上有李，螬食实者过半矣④，匍匐往，将食之⑤；三咽，然后耳有闻，目有见。"

孟子曰："于齐国之士，吾必以仲子为巨擘焉⑥。虽然，仲子恶能廉？充仲子之操，则蚓而后可者也。夫蚓，上食槁壤⑦，下饮黄泉⑧。仲子所居之室，伯夷之所筑与？抑亦盗跖之所筑与⑨？所食之粟，伯夷之所树与？抑亦盗跖之所树与？是未可知也。"

注释：

①匡章：齐人，孟子的朋友；为齐将，率兵御秦，大败之；又曾统兵取燕。

②陈仲子：也就是"於陵仲子"。

③於陵：当在今山东邹平县东南，距临淄约 200 里。

④井上有李，螬食实者过半矣：井上，井边；李，指李树，不是指李子；螬，蛴螬，金龟子。

⑤将：拿着。

⑥巨擘：大拇指。

⑦槁壤：沃土。

⑧黄泉：地下的泉水。

⑨盗跖：春秋时有名的大盗，柳下惠的兄弟。

译文：

匡章说："陈仲子难道不真是个廉洁之士吗？住在於陵，三天没吃东西，耳朵听不见了，眼睛看不见了。井边上有棵李树，已被金龟子吃掉了一半多果实；他爬过去，摘下来吃，咽了几口，耳朵才听见，眼睛才看见。"

孟子说："在齐国人士中，我一定要把仲子当作大拇指。但是，他又怎么能真做到廉洁？要推广他的这种操守，那只有把人变成蚯蚓才行。那蚯蚓，吃着地面上的沃土，喝着地底下的黄泉（算是廉洁到极点了）。但仲子所住的房屋，是伯夷所盖的呢，还是盗跖所盖的呢？他所吃的谷米，是伯夷所种的呢，还是盗跖所种的呢？这个却是不知道的。"

6.10 - 2 曰："是何伤哉？彼身织屦，妻辟纑①，以易之也。"

曰："仲子，齐之世家也；兄戴，盖禄万钟②；以兄之禄为不义之禄而不食也，以兄之室为不义之室而不居也，辟兄离母③，处于於陵。

他日归，则有馈其兄生鹅者，己频颦曰④：'恶用是鶂鶂者为哉⑤？'他日，其母杀是鹅也，与之食之⑥。其兄自外至，曰：'是鶂鶂之肉也。'出而哇之。以母则不食，以妻则食之；以兄之室则弗居，以於陵则居之，是尚为能充其类也乎？若仲子者，蚓而后充其操者也。"

注释：

①辟纑（lú）：辟，绩麻；纑，练麻。

②盖（gě）：地名，为陈戴采邑。

③辟：同"避"。

④频颦：频，同"颦"，皱眉；颦，同"蹙"，缩鼻；频颦是做出很不高兴的样子。

⑤鶂鶂：鹅叫声。

⑥与之食之：与他一道吃鹅。不是"给他吃它（鹅）"的意思，要表示后一意思，通常做"食（sì）之"；如果是"给他吃的"，则为"与之食"。

译文：

匡章说："那有什么关系呢？他亲自编草鞋，他妻子绩麻练麻，用这些换来的。"

孟子说："仲子是齐国的世家大族，他哥哥陈戴从盖邑收入的俸禄便有几万石之多。他却认为哥哥的俸禄是不义之物，不去吃它；认为哥哥的住宅是不义之产，不去住它。他避开哥哥，远离母亲，住在於陵那地方。有一天回家，恰巧有一个人来送给他哥哥一只活鹅，他皱着眉头说：'要这种呃呃叫的东西干什么？'另一天，他母亲杀了这只鹅，煮熟和他一道吃了。恰好他哥哥从外面回家，便说：'这就是那呃呃叫的东西的肉哇。'他便跑出门去，呕吐了出来。母亲做的东西不吃，却吃妻子做的，哥哥的房子不住，却住在於陵，这能算是推广廉洁之义到达极点了吗？像仲子的这种操守，若要加以推广，只有把人变成蚯蚓才行。"

离娄章句上（凡二十八章）

7.1-1　孟子曰："离娄之明①，公输子之巧②，不以规矩，不能成方圆；师旷之聪③，不以六律④，不能正五音⑤；尧舜之道，不以仁政，不能平治天下。今有仁心仁闻而民不被其泽⑥，不可法于后世者，不行先王之道也。故曰：徒善不足以为政，徒法不能以自行。《诗》云：'不愆不忘，率由旧章⑦。'遵先王之法而过者，未之有也。"

注释：

①离娄：《庄子》作"离朱"，相传为黄帝时人，目力极强，能于百步之外望见秋毫之末。

②公输子：名般，一作班，鲁国人，因之又叫"鲁班"，是著名巧匠。

③师旷：晋平公的首席音乐家，盲人。

④不以六律：以，用；六律，分别为太簇、姑洗、蕤宾、夷则、无射、黄钟；相传黄帝时伶伦截竹为筒，以筒之长短分别声音之清浊高下，乐器之音即依此以为准则。

⑤五音：中国古代音阶之名，即宫、商、角、徵、羽，分别相当于现在的 do、re、mi、so、la。

⑥闻（wèn）：声誉。

⑦不愆两句：见《诗经·大雅·假乐》；愆，错误；率，遵循。

译文：

孟子说："即使有离娄的视力、公输般的手艺，如果不用圆规和曲尺，也不能画好圆和方；即使有师旷的听力，如果不用六律，也不能校正五音。即使有尧舜之道，如果不行仁政，也不能治理好天下。现在有些诸侯，虽然心地仁慈、声名远播，但是老百姓却感受不到他的恩惠，他的治国理政也不能成为后世的楷模，这都是由于不贯彻实行前代圣王之道的缘故。所以说，光有颗善心，不足以治国理政；光有好办法，它自己也不会贯彻实行（必须两者都有）。《诗经》上说：'不出错，不遗忘，都按既定方针办。'依循前代圣王的法度而犯错误的，是从来没有过的。"

7.1-2 "圣人既竭目力焉，继之以规矩准绳，以为方员平直①，不可胜用也；既竭耳力焉，继之以六律正五音，不可胜用也；既竭心思焉，继之以不忍人之政，而仁覆天下矣。故曰，为高必因丘陵，为下必因川泽；为政不因先王之道，可谓智乎？是以惟仁者宜在高位。不仁而在高位，是播其恶于众也。上无道揆也②，下无法守也，朝不信道，工不信度③，君子犯义，小人犯刑，国之所存者幸也。

"故曰，城郭不完⑤，兵甲不多，非国之灾也；田野不辟④，货财不聚，非国之害也。上无礼，下无学，贼民兴，丧无日矣。《诗》曰：'天之方蹶，无然泄泄⑥。'泄泄犹沓沓也。事君无义，进退无礼，言则非先王之道者⑦，犹沓沓也。故曰，责难于君谓之恭，陈善闭邪谓之敬，吾君不能谓之贼。"

注释：

①以为方员平直：以之为方圆平直，用它们（指上文的规、矩、准、绳）来做方的、圆的、平的、直的各种器物；介词"以"的宾语常不出现；为，做。

②揆：度，规范。

③度：尺度。

④完：坚固。

⑤辟：开辟。

⑥"天之方蹶"两句：见《诗经·大雅·板》；蹶，动；泄泄，《说文》作"呭呭"，又作"詍詍"，都是"多言"的意思。

⑦非：否定。

译文：

"圣人既已用尽了视力，又用圆规、曲尺、绳墨来制造方的、圆的、平的、直的各种器物，各种器物就用之不尽了；圣人既已用尽了听力，又用六律来校正五音，各种音阶也就运用无穷了；圣人既已用尽了脑力，又实行仁政，那么，仁德便广被天下了。所以说，就像筑高台一定要依靠山陵，挖深池一定要依赖沼泽那样，治国理政不依靠前代圣王之道，能说是聪明吗？因此，只有仁人应该处于统治地位。而不仁的人处于统治地位，就会把他的罪恶扩散给群众。在上的没有道德规范，在下的没有法律制度，朝廷不相信道义，工匠不相信尺度，官吏触犯义理，百姓触犯刑法，这样的国家还能勉强存在的，真是太侥幸了。

"所以说，城墙不坚固，军备不充足，不是国家的灾难；田野没开辟，经济不富裕，不是国家的祸害；但如果在上的人没有礼义，在下的人没有教育，违法乱纪的百姓都起来了，离国家灭亡的日子也就没几天了。《诗经》上说：'上天正在动，闭嘴莫起哄！'嘴巴起哄就是喋喋不休的意思。侍奉君上无忠义之心，举止进退失礼仪之节，一说话便诋毁前代圣人之道，这样便是'喋喋不休'。所以说，用尧舜之道来要求君主才叫做'恭'；向君主宣讲仁义，堵塞异端，这才叫'敬'；如果认为自己的君主不能向善而有所作为，这便是'贼'。"

7.2　孟子曰："规矩，方员之至也①；圣人，人伦之至也。欲为君，尽君道；欲为臣，尽臣道。二者皆法尧舜而已矣。不以舜之所以事尧事君，不敬其君者也；不以尧之所以治民治民，贼其民者也。孔子曰：'道二，仁与不仁而已矣。'暴其民甚，则身弑国亡；不甚，则身危国削，名之曰'幽''厉'②，虽孝子慈孙，百世不能改也。《诗》云：'殷鉴不远，在夏后之世③。'此之谓也。"

注释：

①至：极。

②幽、厉：周朝有幽王和厉王，是昏君、暴君的代表。

③"殷鉴"两句：见《诗经·大雅·荡》；古代镜子是用铜铸的，叫做"鉴"。

译文：

孟子说："圆规和曲尺是方圆的极致，圣人是为人的极致。要做君主，就要尽君主之道；要做臣子，就要尽臣子之道。这两者都只要效法尧和舜就行了。不像舜服事尧那样服事君上，便是对君主的不恭敬；不像尧治理百姓那样治理百姓，便是对老百姓的残害。孔子说：'治理国家无非二者，行仁政或不行仁政罢了。'暴虐百姓太过分，那君主便会被臣下所杀，国家也将随之灭亡；不太过分，君主也岌岌可危，国力也将随之削弱，死了也将谥为'幽''厉'，即使他有孝子贤孙，经历一百代也背着个坏名声而不能更改。《诗经》说过：'殷商的镜子离它不远，就是前一代的夏朝。'说的正是这个意思。"

7.3　孟子曰："三代之得天下也以仁，其失天下也以不仁。国之所以废兴存亡者亦然。天子不仁，不保四海；诸侯不仁，不保社稷；卿大夫不仁，不保宗庙①；士庶人不仁，不保四体。今恶死亡而乐不仁，是犹恶醉而强酒②。"

注释：

①宗庙：卿大夫有采邑然后有宗庙，所以这宗庙实指采邑而言。

②强（qiǎng）：勉强。

译文：

孟子说："夏、商、周三代获得天下是由于仁，它们失去天下是由于不仁。国家的兴起和衰败，生存和灭亡也是如此。天子如果不仁，便不能保有天下；诸侯如果不仁，便不能保有国家；卿大夫如果不仁，便不能保有他的祖庙；士和百姓如果不仁，便不能保全他们的身体。现在有的人怕死却乐于不仁，就好比怕醉却勉为其难喝酒一样。"

7.4　孟子曰："爱人不亲，反其仁；治人不治，反其智；礼人不答，反其敬——行有不得者皆反求诸己，其身正而天下归之。《诗》云：'永言配命，自求多福。'"

译文：

孟子说："我爱别人，别人却不亲近我，便反问自己仁爱是否足够；我管理别人，却没管理好，便反问自己知识智慧是否足够；我礼貌待人，可人家却不怎么搭理，便反问自己恭敬是否到了家。任何事情没有达到预期的效果都要反躬自问。自己确实端正了，天下的人都会归附于他。《诗经》说得好：'万岁啊，与天意相配的周朝！幸福都得自己寻找。'"

7.5　孟子曰："人有恒言，皆曰'天下国家'。天下之本在国，国之本在家，家之本在身。"

译文：

孟子说："大家有句口头禅，都说'天下国家'。可见天下的基础是国，国的基础是家，而家的基础则是每个人。"

7.6　孟子曰："为政不难，不得罪于巨室①。巨室之所慕，一国慕之；一国之所慕，天下慕之；故沛然德教溢乎四海。"

注释：

①巨室：贤卿大夫之家。

译文：

孟子说："治国理政并不难，只是不要得罪贤明的卿大夫。因为他们所念念不忘的，国人都会念念不忘；国人所念念不忘的，天下人都会念念不忘，这样德教才会汹涌澎湃席卷天下。"

7.7-1　孟子曰："天下有道，小德役大德①，小贤役大贤；天下无道，小役大，弱役强。斯二者，天也。顺天者存，逆天者亡。齐景公曰：'既不能令，又不受命，是绝物也。'涕出而女于吴②。"

注释：

①小德役大德：即"小德役于大德"之意。下三句同。

②女：去声，嫁的意思。

译文：

孟子说："政治清明的时候，道德不高的人被道德高的人管理，不太贤能的人被非常贤能的人管理；政治黑暗的时候，便是小的被大的管理，弱的被强的管理。这两种情况，都取决于天。顺天者存，逆天者亡。齐景公说过：'既不能发号施令，又不能安然受命，便只有绝路一条。'因此流着眼泪把女儿嫁到吴国去了。"

7.7-2 "今也小国师大国而耻受命焉，是犹弟子而耻受命于先师也。如耻之，莫若师文王。师文王，大国五年，小国七年，必为政于天下矣。《诗》云①：'商之孙子，其丽不亿②。上帝既命，侯于周服③。侯服于周，天命靡常④。殷士肤敏⑤，裸将于京⑥。'孔子曰：'仁不可为众也⑦。夫国君好仁，天下无敌。'今也欲无敌于天下而不以仁，是犹执热而不以濯也⑧。《诗》云：'谁能执热，逝不以濯⑨？'"

注释：

①《诗》云：见《诗经·大雅·文王》。

②其丽不亿：丽，数；亿，10万。

③侯：语气副词，无实义。

④靡（mǐ）：无。

⑤肤：美也。

⑥裸将于京：裸，亦作"灌"，古代祭祀中的一种仪节，把酒倒在地上以迎接鬼神；将，助；京，周都城镐京，遗址在今陕西西安市。

⑦仁不可为众也：这话颇不好懂；赵岐注："孔子云：'行仁者，天下之众不能当也。'"姑从之。

⑧不以濯（zhuó）：不以之濯，不拿手去洗；濯，洗，这里指在凉水里浸泡或在凉水下冲。

⑨谁能执热，逝不以濯：见《诗经·大雅·桑柔》；逝，句首语气词，无实义。

译文：

"如今小国以大国为师，却以听命于人为耻，这就好比学生以听命于老师为耻一样。如果真以为耻，最好师法文王。师法文王，大国只要5年，小国只要7年，就一定可以号令天下了。《诗经》说过：'商代的子孙，其数已不到10万。他们只好臣服于周啊，因为上帝已经授命武王。只好臣服于周啊，因为天意总是无常。酹酒于地助祭于周京啊，殷国的士子个个聪明漂亮。'孔子也说过：'仁德的力量，人多势众也抵挡不了。君主如果爱好仁，就将无敌于天下。'如今有些诸侯一心只想无敌于天下，却又不行仁政，这就好比苦于暑热却不肯洗澡一样。《诗经》上说：'人谁不怕热烘烘，却又不肯水下冲？'"

7.8　孟子曰："不仁者可与言哉？安其危而利其菑①，乐其所以亡者。不仁而可与言，则何亡国败家之有？有孺子歌曰：'沧浪之水清兮②，可以濯我缨③；沧浪之水浊兮，可以濯我足。'孔子曰：'小子听之，清斯濯缨，浊斯濯足矣。自取之也。'夫人必自侮，然后人侮之；家必自毁，而后人毁之；国必自伐，而后人伐之。《太甲》曰：'天作孽，犹可违；自作孽，不可活。'此之谓也。"

注释：

①安其危而利其菑（zāi）：对他人之危安之若素，以他人之灾为己之利；安、利在此均为意动用法；菑，通"灾"。

②沧浪：水名。

③缨：系帽的丝带。

译文：

孟子说："不仁的人难道可以同他商议吗？见别人有危险，他无动于衷；见别人遭了灾，他趁火打劫；别人亡国败家的惨祸，他把旁观当享受。假如不仁的人还可以同他商议，那世上又如何会有亡国败家的惨祸呢？从前有个小孩歌唱道："沧浪的水清啊，可以洗我的帽缨；沧浪的水浊啊，可以洗我的双足。'孔子说：'同学们听好了！水清就洗帽缨，水浊就洗双足，其实招致什么结果取决于每个人自己。'所以人必先有自取其辱的行为，别人才侮辱他；家必先有自取毁坏的因素，别人才毁坏它；国必先有自取讨伐的原因，别人才讨伐它。《书经·太甲》说：'天造作的罪孽，还可以逃掉；自己造作的罪孽，却无处可逃。'正是这个意思。"

7.9-1　孟子曰："桀纣之失天下也，失其民也；失其民者，失其心也。得天下有道，得其民斯得天下矣；得其民有道，得其心斯得民矣；得其心有道，所欲与之聚之①，所恶勿施尔也②。"

注释:

①所欲与之聚之：民之所欲，为之积聚之。第一个"之"，指"民"；第二个"之"，指民之"所欲"。与，为（wèi）。

②尔也：二合语气词，如此罢了。

译文:

孟子说："桀和纣丧失天下，是由于失去了老百姓；失去了老百姓，是由于失去了民心。获得天下有方法：得到了老百姓，就得到天下了；获得老百姓有方法，赢得了民心，就得到老百姓了；赢得民心也有方法，他们所希望的，替他们聚积起来，他们所厌恶的，不要加在他们头上，如此罢了。"

7.9－2 "民之归仁也，犹水之就下，兽之走圹也①。故为渊驱鱼者，獭也②；为丛驱爵者，鹯也③；为汤武驱民者，桀与纣也。今天下之君有好仁者，则诸侯皆为之驱矣。虽欲无王，不可得已。今之欲王者，犹七年之病求三年之艾也④。苟为不畜，终身不得。苟不志于仁，终身忧辱，以陷于死亡。《诗》云：'其何能淑，载胥及溺⑤。'此之谓也。"

注释:

①圹：同"旷"，旷野。

②獭（tǎ）：水獭，一种动物。

③为丛驱爵者，鹯（zhān）也：爵，同"雀"；鹯，一种鹰鹯类猛禽。

④三年之艾：艾，用以灸穴位者，据说愈陈则疗效愈佳。

⑤"其何能淑"两句：见《诗经·大雅·桑柔》；淑，善；胥，都；及，与。

译文:

"老百姓的归向仁政，就如同水流向下游，兽奔向旷野一样。所以，为深潭把鱼赶来的是水獭，为森林把鸟雀赶来的是鹯鹰，为商汤、周武王把百姓赶来的，就是桀和纣了。当今天下的君主中如有好施仁政的，那其他诸侯都会为他把百姓赶来的。即使他不想用仁政一统天下，也是办不到的。不过如今这些希望用仁政一统天下的人，就比如害了 7 年的痼疾，要寻求 3 年的陈艾来医治；平时若不积蓄它，（急来抱佛脚，便会导致一病不起，就等于）终身都不会得到。（同理）如果不立志于施行仁政，便将终身沉溺于忧患与屈辱，直到陷入或死去或逃亡的深渊。《诗经》上说：'那如何能办得好，全都落水淹死了。'正是说的这个。"

7.10 孟子曰："自暴者①，不可与有言也；自弃者，不可与有为也②。言非礼义③，谓之自暴也；吾身不能居仁由义，谓之自弃也。仁，人之安宅也；义，人之正路也。旷安宅而弗居，舍正路而不由，哀哉!"

注释:

①暴：害。

②不可与有言、不可与有为：不可与之有言，不可与之有为；介词"与"的宾语未出现。有言、有为，均应看做固定词组；有言，"有善言"之意；"有为"亦作"有行"，"有所作为"之意。

③非：诋毁。

译文:

孟子说："自己摧残自己的人，不能和他讲什么大道理；自己抛弃自己的人，不能和他做什么大事情。开口便非议礼义，这便叫做自己摧残自己；认为自己不能以仁居心，不能践行道义，这便叫做自己抛弃自己。'仁'是人类最安稳的宅子，'义'是人类最正确的道路。空着最安稳的宅子不去住，放弃最正确的道路不去走，可悲呀!"

7.11 孟子曰："道在迩而求诸远①，事在易而求诸难。人人亲其亲，长其长，而天下平。"

注释:

①迩：近。

译文:

孟子说："（怕就怕）真理在近处却往远处求，事情本容易却往难处做。只要人人都亲爱自己的父母，尊敬自己的长辈，天下就太平了。"

7.12 孟子曰："居下位而不获于上①，民不可得而治也。获于上有道，不信于友，弗获于上矣。信于友有道，事亲弗悦，弗信于友矣。悦亲有道，反身不诚，不悦于亲矣。诚身有道，不明乎善，不诚其身矣。是故诚者，天之道也；思诚者，人之道也。至诚而不动者，未之有也；不诚，未有能动者也。"

注释：

①获于上：获得上级信任。

译文：

孟子说："职位低下，又得不到上级的信任，百姓是不可能治理好的。要得到上级的信任，是有方法的：得不到朋友的信任，也就不能让上级信任了。要使朋友信任，也是有方法的：侍奉父母不能让他们高兴，也就不能让朋友信任了。让父母高兴，也是有方法的：若自我反省孝心不诚，也就不能让父母高兴了。要让孝心出之于诚，也是有方法的：不明白什么是善，也就不能让孝心出之于诚了。所以诚是天定的道理，追求诚是做人的道理。出于至诚而不能打动人心，是从来没有过的事；而不诚心，是不能打动人心的。"

7.13　孟子曰："伯夷辟纣，居北海之滨①，闻文王作兴②，曰：'盍归乎来③！吾闻西伯善养老者④。'太公辟纣，居东海之滨⑤，闻文王作兴，曰：'盍归乎来，吾闻西伯善养老者。'二老者，天下之大老也，而归之，是天下之父归之也。天下之父归之，其子焉往？诸侯有行文王之政者，七年之内，必为政于天下矣。"

注释：

①北海之滨：在今河北昌黎县西北。

②作兴：兴起。

③来：句末语气词，无实义。

④西伯：即周文王。

⑤东海之滨：在今山东莒县东；太公，姓姜名尚。

译文：

孟子说："伯夷避开纣王，住在北海边上，听说文王兴起来了，便说：'何不到西伯那里去呢！我听说他是善于赡养老者的人。'姜太公避开纣王，住在东海边上，听说文王兴起来了，便说：'何不到西伯那里去呢！我听说他是善于赡养老者的人。'这两位老人，是声名卓著于天下的老人；他们归向西伯，这等于天下的父亲都归向西伯了。天下的父亲归向西伯，他们的儿子去哪里呢？如果诸侯中有践行文王的政治的，顶多7年，就一定能治理天下了。"

7.14　孟子曰："求也为季氏宰，无能改于其德，而赋粟倍他日。孔子曰：'求非我徒也，小子鸣鼓而攻之可也①。'由此观之，君不行仁政而富之，皆弃于孔子者也，况于为之强战？争地以战，杀人盈野；争城以战，杀人盈城，此所谓率土地而食人肉，罪不容于死。故善战者服上刑②，连诸侯者次之③，辟草莱、任土地者次之④。"

注释：

①"求也为季氏宰"诸句：其史实可参《论语·先进》《左传》哀公十一年；求：冉求，字子有，孔子弟子。

②上刑：重刑。

③连诸侯：连结诸侯，如苏秦、张仪之流。

④辟草莱、任土地：辟，开垦；任土地，谓分土授民；不过孟子所反对者，是统治者为谋私利，驱使百姓背井离乡，奔波路途。

译文：

孟子说："冉求当了季康子的总管，不能改变他的作风，田赋反而两倍于从前。孔子说：'冉求不再是我的学生，同学们可以大张旗鼓地攻击他。'从这事看来，君主不实行仁政，而去帮助他搜刮财富的人，都是孔子所唾弃的；何况为那不仁之君努力作战的人呢？（这些人）为争夺土地而战，杀得尸横遍野；为争夺城池而战，满城血海尸山，这就叫做带领着土地来吃人肉，死了也赎不了他们的罪。所以能征善战者应该受最重的刑罚，鼓吹合纵连横者该受次一等的刑罚，（为了替君主搜刮财富而让百姓背井离乡去）开垦草莽以尽地利的人该受再次一等的刑罚。"

7.15　孟子曰："存乎人者，莫良于眸子①。眸子不能掩其恶。胸中正，则眸子瞭焉②；胸中不正，则眸子眊焉③。听其言也，观其眸子，人焉廋哉④?"

①眸子:瞳仁。

②瞭:明。

③眊（mào）:蒙蒙目不明之貌。

④廋（sōu）:隐匿，躲藏。

译文:

孟子说:"一个人身上存于内而表现于外的，没有哪一处好过他的眼睛。眼睛不能掩盖一个人丑恶的灵魂。心正，眼睛就明亮;心不正，眼睛就昏暗。听一个人说话的时候，观察他的眼睛，这人的善恶能躲到哪里去呢?"

7.16　孟子曰:"恭者不侮人，俭者不夺人。侮夺人之君，惟恐不顺焉，恶得为恭俭? 恭俭岂可以声音笑貌为哉?"

译文:

孟子说:"恭敬别人的人不会侮辱别人，节俭的人不会掠夺别人。侮辱人、掠夺人的诸侯，生怕别人不顺从自己，又如何能做到恭敬节俭? 恭敬和节俭难道可以靠甜言蜜语和笑容装扮出来吗?"

7.17　淳于髡曰①:"男女授受不亲，礼与?"

孟子曰:"礼也。"

曰:"嫂溺，则援之以手乎?"

曰:"嫂溺不援，是豺狼也②。男女授受不亲，礼也;嫂溺援之以手者，权也③。"

曰:"今天下溺矣，夫子之不援，何也?"

曰:"天下溺，援之以道;嫂溺，援之以手——子欲手援天下乎?"

注释:

①淳于髡（kūn）:姓淳于，名髡，齐国人，曾仕于齐威王、宣王和梁惠王之朝。

②嫂溺不援，是豺狼也:嫂子掉在水里，不施以援手，这是豺狼行

径；是，略同于"此"；先秦汉语不用联系动词（系词）"是"，译文中的"是"是翻译时补出来的。

③权：变通之意。

译文：

淳于髡问："男女之间，不亲手交接东西，这是礼法吗？"

孟子答道："是礼法。"

淳于髡说："那嫂子掉在水里，用手去拉她吗？"

孟子说："嫂子掉在水里，不去拉她，这简直是豺狼。男女之间不亲手交接，这是平常的礼法；嫂子掉在水里，用手去拉她，这是通权达变。"

淳于髡说："现在全天下的人都掉水里了，您不去救援，这是为什么？"

孟子说："天下的人都掉在水里，要用'道'去救援；嫂子掉在水里，要用手去救援——你难道要我用手去救援天下人吗？"

7.18　公孙丑曰："君子之不教子，何也？"

孟子曰："势不行也。教者必以正；以正不行，继之以怒。继之以怒，则反夷矣①。'夫子教我以正，夫子未出于正也。'则是父子相夷也。父子相夷，则恶矣。古者易子而教之，父子之间不责善。责善则离，离则不祥莫大焉②。"

注释：

①夷：伤。

②祥：善。

译文：

公孙丑问："君子不亲自教育孩子，为什么呢？"

孟子答道："由于情势行不通。教育一定要讲正理，用正理讲不通，跟着就要发怒。一发怒，就反而造成了伤害。（孩子会说：）'您用正理教我，可是您的行为却不出于正理。'这样，父子间就互相伤害了。父子间互伤感情，这是大坏事。古时候交换小孩来教育，使父子之间不因追求善而互相责备。追求善而互相责备，就会产生隔阂；父子之间生出隔阂，没有比这更不祥的了。"

7.19　孟子曰："事，孰为大？事亲为大。守，孰为大？守身为大。不失其身而能事其亲者，吾闻之矣；失其身而能事其亲者，吾未之闻也。孰不为事？事亲，事之本也。孰不为守？守身，守之本也。曾子养曾晳^①，必有酒肉；将彻^②，必请所与；问有余，必曰'有'。曾晳死，曾元养曾子^③，必有酒肉；将彻，不请所与；问有余，曰'亡矣'。——将以复进也。此所谓养口体者也。若曾子，则可谓养志也。事亲若曾子者，可也。"

注释：

①曾晳：名点，孔子学生；曾子（曾参）之父。

②彻：通"撤"。

③曾元：曾子之子。

译文：

孟子说："侍奉谁最重要？侍奉父母最重要。守护什么最重要？守护自己（的良心）最重要。不失去自己的良心又能侍奉父母的，我听说过；失去了良心又能侍奉父母的，我没有听说过。侍奉的事都应该做，但侍奉父母是根本；守护的事都应该做，但守护自己的良心是根本。从前曾子奉养他的父亲曾晳，每餐一定都有酒有肉；撤席时一定要问剩下的给谁；曾晳若问是否还有剩余，一定答道'还有'。曾晳死了，曾元奉养曾子，也一定有酒有肉；撤席时便不问剩下的给谁了；曾子若问是否还有剩余，便说'没有了'，准备下餐再给曾子吃。这个叫做口体之养。至于曾子，才可以叫做顺从亲意之养。侍奉父母能做到像曾子那样，就可以了。"

7.20　孟子曰："人不足与适也^①，政不足间也^②；唯大人为能格君心之非^③。君仁，莫不仁；君义，莫不义；君正，莫不正。一正君而国定矣。"

注释：

①适：同"谪（zhé）"，责备。

②间（jiàn）：非议。

③格：纠正，匡正。

译文：

孟子说："当政的小人不值得去谴责，他们的政治也不值得去非议；只有有德行的人才能够纠正君主的不正确思想。君主仁，没有人不仁；君主义，没有人不义；君主正，没有人不正。一把君主端正了，国家也就安定了。"

7.21　孟子曰："有不虞之誉①，有求全之毁。"

注释：

①虞：料想。

译文：

孟子说："有意料不到的赞扬，也有过于苛求的诋毁。"

7.22　孟子曰："人之易其言也①，无责耳矣②。"

注释：

①易：轻易。

②无责耳矣：没有责任罢了。俞樾读"无责"为"毋责"，意谓此人无足责怪，不确。

译文：

孟子说："一个人说话太随便，是因为他不必为此负责罢了。"

7.23　孟子曰："人之患在好为人师。"

译文：

孟子说："人的毛病在喜欢充当别人的老师。"

7.24　乐正子从于子敖之齐①。乐正子见孟子。孟子曰："子亦来见我乎？"

曰："先生何为出此言也？"

曰："子来几日矣？"

曰："昔者②。"

曰："昔者，则我出此言也，不亦宜乎？"

曰："舍馆未定③。"

曰："子闻之也，舍馆定，然后求见长者乎？"

曰："克有罪④。"

注释：

①子敖：盖（gě）大夫王驩的字。

②昔者：昨天。

③舍馆：招待所。

④克：乐正子之名。

译文：

乐正子跟随王子敖到了齐国。乐正子去见孟子。孟子说："你也来看我吗？"

乐正子答道："老师为什么讲出这样的话呀？"

孟子问："你来几天了？"

答道："昨天才来。"

孟子说："昨天来的，那我说这样的话，不也是应该的吗？"

乐正子说："住所还没找好。"

孟子说："你听说过，要住所找好了才来求见长辈吗？"

乐正子说："我有过错。"

7.25　孟子谓乐正子曰："子之从于子敖来，徒哺啜也①。我不意子学古之道而以哺啜也。"

注释：

①哺啜（bū chuò）：哺，吃；啜，喝。

译文：

孟子对乐正子说："你跟着王子敖来，只是吃吃喝喝罢了。我没想到你学习古人的大道，只是为了吃喝。"

7.26　孟子曰："不孝有三①，无后为大。舜不告而娶，为无后也。君子以为犹告也。"

注释：

①不孝有三：赵岐注："阿意曲从，陷亲不义，一不孝也；家贫亲老，不为禄仕，二不孝也；不娶无子，绝先祖祀，三不孝也。"

《孟子》译注

译文：

孟子说："不孝顺父母的事有三种，其中以没有子孙为最大。舜不先禀告父母就娶妻，为的是怕没有子孙（因为先禀告，他那狠毒的爹瞽瞍就会从中作梗）。虽然他没有禀告，君子却认为他如同禀告了。"

7.27　孟子曰："仁之实，事亲是也；义之实，从兄是也；智之实，知斯二者弗去是也；礼之实，节文斯二者是也^①；乐之实，乐斯二者，乐则生矣；生则恶可已也？恶可已，则不知足之蹈之手之舞之。"

注释：

①文（wèn）：文饰，修饰。

译文：

孟子说："仁的实质就是侍奉父母；义的实质就是顺从兄长；智的实质就是明白这二者的道理并坚持下去；礼的实质是对这二者加以调节与修饰；乐的实质就是以这二者为乐事，快乐于是就发生了；快乐一发生，又如何能止得住？一止不住，就会不知不觉手舞足蹈起来了。"

7.28　孟子曰："天下大悦而将归己，视天下悦而归己，犹草芥也，惟舜为然。不得乎亲，不可以为人；不顺乎亲，不可以为子。舜尽事亲之道而瞽瞍底豫^①，瞽瞍底豫而天下化，瞽瞍底豫而天下之为父子者定，此之谓大孝。"

注释：

①瞽瞍底（zhǐ）豫：瞽瞍（瞽瞍），舜的父亲；底，致；豫，乐。

译文：

孟子说："天底下的人都很喜欢自己，而且将归附自己，却把这好事看成草芥一般，只有舜是这样的。不能得到父母的欢心，不可以做人；不能顺从父母的旨意，不能做儿子。舜尽心竭力侍奉父母，结果瞽瞍变得高兴了；瞽瞍高兴了，天下的风俗也就随之变好；瞽瞍高兴了，天下父子间的伦常也由此确定，这便叫做大孝。"

离娄章句下（凡三十三章）

8.1　孟子曰："舜生于诸冯，迁于负夏，卒于鸣条①，东夷之人也。文王生于岐周，卒于毕郢②，西夷之人也。地之相去也，千有余里；世之相后也，千有余岁。得志行乎中国，若合符节③，先圣后圣，其揆一也④。"

注释：

①诸冯、负夏、鸣条：这三处地名暂无从考证。

②毕郢：郢在今陕西咸阳市东；郢辖于毕。

③符节：符和节都是古代表示印信之物，一般可剖为两半，各执其一，相合无差，以代印信。

④揆：法则、法度。

译文：

孟子说："舜出生在诸冯，迁居到负夏，死在鸣条，那么他是东方民族的人。文王生在岐周，死在毕郢，那么他是西方民族的人。两地相隔一千多里，时代相差一千多年。他们得志时在中原的所作所为，几乎一模一样；古代的圣人和后代的圣人，他们的原则是一样的。"

8.2　子产听郑国之政①，以其乘舆济人于溱洧②。孟子曰："惠而不知为政③。岁十一月，徒杠成；十二月，舆梁成④，民未病涉也。君子平其政，行辟人可也⑤，焉得人人而济之？故为政者，每人而悦之，日亦不足矣。"

注释：

①子产听郑国之政：子产，春秋时郑国贤相公孙侨的字；听，治理。

②"以其乘舆"句：舆本义为车箱，此处指车。乘舆，所乘之车。溱，水名，发源于河南新密市。洧（wěi），水名，源于河南登封市。

③惠：恩惠。

④徒杠（gàng）成，舆梁成：杠，独木桥；徒杠，走人的独木桥；梁，桥；舆梁，行车的桥。

⑤辟：同"避"；古代上层人物出外，前有执鞭者开道。

译文：

子产主持郑国的政事，用他的专车帮助别人渡过溱水和洧水。孟子评论说："是个好人，却并不懂治国理政。如果十一月修成走人的桥，十二月修成走车的桥，百姓就不会为渡河发愁了。君子只要修平政治，他外出时鸣锣开道都可以，哪能够一个个地帮人渡河呢？如果治国理政者一个个地去讨好人，时间也就会不够用了。"

8.3　孟子告齐宣王曰："君之视臣如手足，则臣视君如腹心；君之视臣如犬马，则臣视君如国人；君之视臣如土芥，则臣视君如寇雠。"

王曰："礼，为旧君有服，何如斯可为服矣？"

曰："谏行言听，膏泽下于民①；有故而去，则君使人导之出疆，又先于其所往②；去三年不反，然后收其田里。此之谓三有礼焉。如此，则为之服矣。今也为臣，谏则不行，言则不听；膏泽不下于民；有故而去，则君搏执之，又极之于其所往③；去之日，遂收其田里。此之谓寇雠。寇雠，何服之有？"

注释：

①膏泽：恩惠，恩泽。

②先：令人先去布置之意。

③极之：得罪人到顶点，把坏事做绝。

译文：

孟子告诉齐宣王说："君主把臣子看做自己的手和脚，那臣子就会把君主看做自己的腹和心；君主把臣子看做狗和马，那臣子就会把君主看做一般的人；君主把臣子看做泥土草芥，那臣子就会把君主看做强盗仇敌。"

王说:"礼制规定,已经离职的臣子还得为过去的君主服丧;君主要怎样做,臣子才会为他服丧呢?"

孟子说:"接受他的忠告,听从他的建议,恩惠落实到老百姓;有缘故不得不离开,君主一定派人引导他离开国境,又先派人到他要去的地方布置一番。离开好几年还不回来,才收回他的土地和住房。这个叫做三有礼。这样做,臣子就会为他服丧了。现在做臣子的,给出忠告,君主不接受;给出建议,君主不听从。老百姓也得不到实惠。臣子有缘故不得不离开,那君主还把他绑起来,还到他要去的地方把坏事做绝,叫他走投无路。离开那一天,马上收回他的土地和住房。这个叫强盗仇敌。对强盗仇敌般的旧君,干吗要为他服丧呢?"

8.4 孟子曰:"无罪而杀士,则大夫可以去;无罪而戮民,则士可以徙。"

译文:

孟子说:"士人并没犯罪,却被杀掉,那么大夫就可以离去;百姓并没犯罪,却被杀掉,那么士人就可以搬走。"

8.5 孟子曰:"君仁,莫不仁;君义,莫不义。"

译文:

孟子说:"君主如果仁,没有人不仁;君主如果义,没有人不义。"

8.6 孟子曰:"非礼之礼,非义之义,大人弗为。"

译文:

孟子说:"似是而非的礼,似是而非的义,有德行的人是不干的。"

8.7 孟子曰:"中也养不中,才也养不才[①],故人乐有贤父兄也。如中也弃不中,才也弃不才,则贤不肖之相去,其间不能以寸。"

注释:

①养:教养。

译文：

孟子说："品质好的人教养品质不好的人，有才能的人教养没才能的人，所以人人都喜欢有好父兄。如果品质好的人不去教养品质不好的人，有才能的人不去教养没才能的人，那么，所谓好和不好，它们的间距也就近得不能用分寸来计量了。"

8.8　孟子曰："人有不为也，而后可以有为。"

译文：

孟子说："人要有所不为，才能有所作为。"

8.9　孟子曰："言人之不善，当如后患何？"

译文：

孟子说："说人家的坏话，有了后患，又怎么办呢？"

8.10　孟子曰："仲尼不为已甚者。"

译文：

孟子说："孔子不做太过分的事。"

8.11　孟子曰："大人者，言不必信，行不必果，惟义所在。"

译文：

孟子说："有德行的人，说话不一定要句句守信，行为不一定要贯彻始终，只要义之所在，必定全力以赴。"

8.12　孟子曰："大人者，不失其赤子之心者也。"

译文：

孟子说："有德行的人，是不丧失天真纯朴童心的人。"

8.13　孟子曰："养生者不足以当大事，惟送死可以当大事。"

離娄章句下

孟子说："光能（妥善）赡养健在的父母还不足以承担大任务，只有能（妥善）给他们送终才足以承担大任务。"

8.14　孟子曰："君子深造之以道，欲其自得之也。自得之，则居之安；居之安，则资之深[1]；资之深，则取之左右逢其原[2]，故君子欲其自得之也。"

注释：

①资：积累，积蓄。
②原："源"的本字，字形像山崖边泉孔中有水涌出；而"源"是"原"的后起加形旁字，类似"暮"与"莫"、"燃"与"然"的关系。

译文：

孟子说："君子得到高深的造诣，所依循的正确方法，就是要求他自觉地获得。自觉地获得，就能牢固掌握它；牢固掌握它，就能积蓄很深；积蓄很深，就能左右逢源而取之不尽，所以君子要自觉地获得。"

8.15　孟子曰："博学而详说之，将以反说约也。"

译文：

孟子说："广博地学习，详细地解说，（是为了融会贯通以后）能做到深入浅出、执简御繁。"

8.16　孟子曰："以善服人者[1]，未有能服人者也；以善养人，然后能服天下。天下不心服而王者，未之有也。"

注释：

①善：指仁义礼智等。

译文：

孟子说："拿善来使人服输，没有能够使人服输的；拿善来教养人，这才能使天下的人都归服。天下人不心服而能统一天下的，是从来没有

351

的事。"

8.17 孟子曰："言无实不祥；不祥之实，蔽贤者当之^①。"

注释：

①蔽贤者当之：蔽贤者等于它（不祥之实）；当，等于。

译文：

孟子说："言之无物，固然不好；而不好的言之有物，说的就是阻碍任用贤者的人。"

8.18 徐子曰^①："仲尼亟称于水，曰：'水哉，水哉^②！'何取于水也？"

孟子曰："源泉混混^③，不舍昼夜，盈科而后进^④，放乎四海。有本者如是，是之取尔^⑤。苟为无本，七八月之间雨集^⑥，沟浍皆盈；其涸也，可立而待也。故闻声过情^⑦，君子耻之。"

注释：

①徐子：徐辟。参见5.5-1。
②亟（qì）：屡次。
③混混：水流浩大的样子。
④科：坎。
⑤是之取尔："取是尔"的倒装，"尔"同"耳"。
⑥七八月之间雨集：周历七八月当夏历五六月，正是雨多的时候。
⑦闻（wèn）：名誉。

译文：

徐子说："孔子好几次称赞水，说：'水呀，水呀！'他看中了水的哪一点呢？"

孟子说："泉水滚滚向前，昼夜不息，灌满坑坑坎坎，又继续奔流，一直奔向大海。凡有本源的都是这样，孔子看中这一点罢了。如果没有本源，纵然七八月间大雨滂沱，把大小沟渠都灌满了，但是它的干涸，也就一会儿的工夫。所以声誉超过实情的，君子以它为耻。"

8.19　孟子曰："人之所以异于禽兽者几希^①，庶民去之，君子存之。舜明于庶物^②，察于人伦，由仁义行，非行仁义也。"

注释：

①几希：很少。

②庶物：万物，众物；庶，众多。

译文：

孟子说："人和禽兽不同的地方只有一点点，一般百姓丢弃它，正人君子保存它。舜懂得万物的道理，了解人类的常情，只是（快快乐乐自然而然地）走在仁义的路上，不是（勉强地当作任务、责任）贯彻实行仁义的。"

8.20　孟子曰："禹恶旨酒而好善言。汤执中，立贤无方^①。文王视民如伤，望道而未之见。武王不泄迩，不忘远^②。周公思兼三王，以施四事；其有不合者，仰而思之，夜以继日；幸而得之，坐以待旦。"

注释：

①方：常。

②不泄迩，不忘远：迩，近；这两句是说不轻慢朝臣和远方的诸侯。

译文：

孟子说："禹厌恶美酒，却喜欢有价值的话。汤秉持中正之道，能破格提拔德才兼备的人。文王总把百姓当作受伤者一样（加以怜爱），追求仁义之道又似乎没看到希望。武王不（特别）亲近朝廷之中的近臣，也不遗忘散在四方的远臣。周公想要兼学夏、商、周的君王，来实践禹、汤、文、武的事业；如果有不合当前情状的，便抬着头夜以继日地思考；若总算想通了，便坐着等到天亮（就马上付诸实施）。"

8.21　孟子曰："王者之迹熄而《诗》亡^①，《诗》亡然后《春秋》作。晋之《乘》，楚之《梼杌》，鲁之《春秋》^②，一也：其事则齐桓、晋文，其文则史。孔子曰：'其义则丘窃取之矣。'"

注释：

①迹：有人认为"迹"应该是"迒"字之讹，这是不对的。

②《乘》《梼杌》《春秋》：《春秋》本为各国史书的通名，楚史又别名《梼杌》，晋史又别名《乘》。此处"鲁之《春秋》"，乃鲁国当日史书名，而非孔子所修的《春秋》，只是他所依据的原始资料。

译文：

孟子说："圣王的事迹成为绝响，《诗经》也就消亡了；《诗经》消亡了，孔子修订的《春秋》便应运而生。（各国都有叫做'春秋'的史书）晋国的又叫《乘》，楚国的又叫《梼杌》，鲁国的只叫《春秋》，都是一个样：所载之事不过齐桓公、晋文公之类，而其文风不过一般史书的笔法。（孔子的《春秋》有所不同）他说：'《诗经》三百篇所蕴含的褒贬善恶的大义，我私下在《春秋》里借用过了。'"

8.22 孟子曰："君子之泽五世而斩，小人之泽五世而斩①。予未得为孔子徒也，予私淑诸人也②。"

注释：

①泽：泽惠，影响，流风余韵。

②淑：借为"叔"，取。

译文：

孟子说："君子的流风余韵，传了五代便断绝了；小人的影响，传了五代也断绝了。我没有能够成为孔子的学生，我是私下从别人那里学来的。"

8.23 孟子曰："可以取，可以无取，取伤廉；可以与，可以无与，与伤惠；可以死，可以无死，死伤勇①。"

注释：

①伤惠、伤勇：战国之世，士多以一掷千金、轻生重谊为尚，所以孟子以此语诫之。

孟子说："可以拿也可以不拿时，拿了便是对廉洁的伤害；可以给也可以不给时，给了便是对恩惠的滥用；可以死也可以不死时，死了便是对勇德的亵渎。"

8.24－1　逢蒙学射于羿①，尽羿之道，思天下惟羿为愈己，于是杀羿。孟子曰："是亦羿有罪焉。"

公明仪曰："宜若无罪焉。"

曰："薄乎云耳，恶得无罪？郑人使子濯孺子侵卫，卫使庾公之斯追之。子濯孺子曰：'今日我疾作，不可以执弓，吾死矣夫！'"

①逢蒙学射于羿：逢蒙，逢音 péng，又音 páng；逢蒙既是羿的徒弟，又是他的家将；后叛变，助寒浞杀羿；羿，神射手，夏代有穷国的君主。

古时候，逢蒙跟羿学射箭，完全学到了羿的本领，便想，天下只有羿比自己强了，因此便把羿给杀了。孟子说："这事羿也有错误。"

公明仪说："好像没什么错误吧。"

孟子说："错误不大罢了，怎么能说一点也没有呢？郑国从前派子濯孺子侵犯卫国，卫国便派庾公之斯来追击他。子濯孺子说：'今天我的病发作了，拿不了弓，我算死定了吧！'"

8.24－2　"问其仆曰：'追我者谁也？'其仆曰：'庾公之斯也。'曰：'吾生矣。'其仆曰：'庾公之斯，卫之善射者也；夫子曰吾生，何谓也？'曰：'庾公之斯学射于尹公之他，尹公之他学射于我。夫尹公之他，端人也，其取友必端矣。'庾公之斯至，曰：'夫子何为不执弓？'曰：'今日我疾作，不可以执弓。'曰：'小人学射于尹公之他，尹公之他学射于夫子。我不忍以夫子之道反害夫子。虽然，今日之事，君事也，我不敢废。'抽矢，扣轮，去其金，发乘矢而后反。"

"他又问驾车的人说:'追我的是谁呀?'驾车的人回答:'庾公之斯。'他便说:'我死不了啦。'驾车的人说:'庾公之斯是卫国有名的射手,您反说能活命了,这是什么道理呀?'答道:'庾公之斯跟尹公之他学射,尹公之他曾跟我学射。那尹公之他可是个正派人,他选取的朋友、学生也一定正派。'庾公之斯追上了,问道:'老师为何不拿弓?'子濯孺子说:'今天我的病发作了,拿不了弓。'庾公之斯便说:'我跟尹公之他学射,尹公之他又跟老师您学射。我不忍心拿您的本领反过来伤害您。但是,今天的事情是国家的公事,我又不敢废弃。'便抽出箭,在车轮上敲了几下,去掉箭头,发射四箭然后就回去了。"

8.25 孟子曰:"西子蒙不洁,则人皆掩鼻而过之;虽有恶人^①,齐戒沐浴^②,则可以祀上帝。"

注释:

①恶:丑。
②齐:同"斋"。

译文:

孟子说:"如果西施沾上了污秽,那别人走过的时候,也会捂着鼻子;但即便是面目丑陋的人,如果他斋戒沐浴,也就可以祭祀上帝。"

8.26 孟子曰:"天下之言性也,则故而已矣^①。故者以利为本^②。所恶于智者,为其凿也。故智者若禹之行水也^③,则无恶于智矣。禹之行水也,行其所无事也。如智者亦行其所无事,则智亦大矣。天之高也,星辰之远也,苟求其故,千岁之日至^④,可坐而致也。"

注释:

①故,原故,本性。
②利:有利,优点。
③故:这一"故"的上下文只有松散的联系,可不译。
④日至:夏至与冬至,此处指冬至。

译文：

孟子说："天下的人都说万物本性，只要能弄清楚它的来龙去脉便行了。弄清它的来龙去脉，是为了顺应和利用它的优势。我们讨厌聪明，是因为聪明容易让人钻牛角尖。如果聪明人像禹疏导河道一样让它顺其自然，就不必讨厌聪明了。禹治理水患，就是让水的运行像没事一样（顺着它的本性流向下游，奔腾入海）。如果聪明人也都能像没事一样（顺着大自然的法则而行），那就具有大智慧了。天极高，星辰极远，只要能弄清楚它的来龙去脉，以后一千年的冬至，都可以坐着推算出来。"

8.27　公行子有子之丧①，右师往吊②。入门，有进而与右师言者，有就右师之位而与右师言者。孟子不与右师言，右师不悦曰："诸君子皆与骥言，孟子独不与骥言，是简骥也。"

孟子闻之，曰："礼，朝廷不历位而相与言③，不逾阶而相揖也。我欲行礼，子敖以我为简，不亦异乎？"

注释：

①公行子：齐国大夫。

②右师：官名，其人即"盖大夫王骥"（4.6），字子敖。

③历：跨越，越位。

译文：

公行子死了儿子，右师去吊唁。他一进门，就有人上前和他说话；（他坐下后）又有人走近他的座位和他说话。孟子不和他说话，他不高兴，说："各位大夫都和我说话，只有孟子不和我说话，这是怠慢我王骥呀。"

孟子听说了，便说："依礼节，在朝廷中，谈话不能越位，作揖也不能越过石阶。我想依礼而行，子敖却以为我怠慢了他，这不很奇怪吗？"

8.28　孟子曰："君子所以异于人者，以其存心也。君子以仁存心，以礼存心。仁者爱人，有礼者敬人。爱人者，人恒爱之；敬人者，人恒敬之。有人于此，其待我以横逆①，则君子必自反也：我必不仁也，必无礼也，此物奚宜至哉？其自反而仁矣，自反而有礼矣，其横逆由是也，君子必自反也：我必不忠。自反而忠矣，其横逆由是也，君子曰：'此亦妄人也已矣。如此，则与禽兽奚择哉②？于禽兽又何难焉③？'是故君子有终身之忧，无一朝之患也。乃若所忧则有之④：舜，人也；我，亦人也。舜为法于天下，可传于后世，我由未免为乡人也，是则可忧也。忧之如何？如舜而已矣。若夫君子所患则亡矣。非仁无为也，非礼无行也。如有一朝之患，则君子不患矣。"

注释：

①横（hèng）逆：蛮横，强暴，不讲理。

②择：区别，不同。

③难：责难。

④乃若：连词，至于，至于说到。

译文：

孟子说："君子和一般人不同的地方，就在于居心不同。君子心里老惦记着仁，老惦记着礼。仁人爱他人，有礼的人尊敬他人。爱他人的人，别人总是爱他；尊敬他人的人，别人总是尊敬他。假如这里有个人，对待我蛮横无礼，那君子一定反躬自问：我一定不够仁，一定不够有礼，不然，这种态度怎么会来呢？反躬自问后仍然觉得，我实在仁，实在有礼，那人的蛮横无礼还是原样，君子一定又反躬自问：我一定不够忠心。反躬自问后仍然觉得，我实在忠心耿耿，那人的蛮横无礼还是原样，君子就会说：'这不过是个妄人罢了。这样不讲理，那和禽兽有什么区别呢？对于禽兽又有什么好责备的呢？'所以君子有长期的忧患，却没有突发的忧患。但是，下面这样的忧患是有的：舜是人，我也是人。舜为天下人所效法，能流芳百世，我却仍然不免是个乡巴佬。这个才是值得忧虑的事。有了忧虑怎么办呢？尽力向舜学习罢了。至于君子别的忧患，可是没有的。不是仁义的事不干，不合礼节的事不做。即使有突发的忧患，君子也不以为痛苦了。"

8.29 禹、稷当平世，三过其门而不入，孔子贤之。颜子当乱世，居于陋巷①，一箪食，一瓢饮，人不堪其忧，颜子不改其乐，孔子贤之。孟子曰："禹、稷、颜回同道。禹思天下有溺者，由己溺之也；稷思天下有饥者，由己饥之也，是以如是其急也。禹、稷、颜子易地则皆然。今有同室之人斗者，救之，虽被发缨冠而救之^②，可也；乡邻有斗者，被发缨冠而往救之，则惑也，虽闭户可也^③。"

注释：

①陋巷：偏远的巷子；陋，偏僻，偏远。

②被发缨冠：被，披；缨，冠上系带，这里指系带没系上而垂着。被发缨冠，比喻急迫。

③闭户可也：隐指颜回。

译文：

禹、稷处在政治清明的年代，几次经过家门都不进去，孔子认为他们贤明。颜子处在政治昏暗的年代，住在偏远的巷子里，一篮子饭，一瓜瓢水，别人都忍受不了那苦日子，他却不改变自己一贯的快乐心态，孔子认为他贤良。孟子说："禹、稷和颜回的处世之道其实是一样的。禹觉得天下有人遭了水淹，就如同自己淹了他似的；稷觉得天下有人饿着肚子，就如同自己饿了他似的，所以他们拯救百姓才如此急迫。禹、稷和颜回如果互换位置，也都会像对方那样做的。假若有同住一室的人互相斗殴，我去救他们，即使披散着头发，连帽带也不系好，都是可以的；如果本乡的邻居家在斗殴，也披着头发、帽带也不系好去救，那就是糊涂了，即使把门关着都是可以的。"

8.30 公都子曰："匡章，通国皆称不孝焉，夫子与之游，又从而礼貌之，敢问何也？"

孟子曰："世俗所谓不孝者五：惰其四支^①，不顾父母之养，一不孝也；博弈好饮酒，不顾父母之养，二不孝也；好货财，私妻子，不顾父母之养，三不孝也；从耳目之欲^②，以为父母戮^③，四不孝也；好勇斗很^④，以危父母，五不孝也。章子有一于是乎？夫章子，子父责善而不相遇也^⑤。责善，朋友之道也；父子责善，贼恩之大者。夫章子，岂不欲有夫妻子母之属哉？为得罪于父，不得近，出妻屏子^⑥，终身不养焉。其设心以为不若是，是则罪之大者，是则章子而已矣。"

注释：

①四支：通"四枝""四肢"，双手双脚。

②从：同"纵"。

③戮：羞辱。

④很：今作"狠"，"很"是本字。

⑤子父责善而不相遇：章子之母得罪其父，其父杀之，而埋于马栈之下。大约章子曾谴责其父而其父不听，遂使父子失和。

⑥屏（bǐng）：使退去。

译文：

公都子说："匡章，全国都说他不孝，您却同他来往，不但如此，还相当敬重他，请问这是为什么？"

孟子说："一般人所公认的不孝之事有五项：四肢不勤，对父母的生活不管不顾，是第一个不孝；好下棋喝酒，对父母的生活不管不顾，是第二个不孝；好钱财，偏爱妻室儿女，对父母的生活不管不顾，是第三个不孝；放纵耳目的欲望，使父母蒙受羞辱，是第四个不孝；逞勇敢好打架，以此危及父母，是第五个不孝。章子在这五项之中占了哪一项呢？那章子，不过是儿子和父亲之间要求做到善而把关系弄僵了而已。以善相要求，这是朋友相处之道；父子之间以善相要求，是最伤感情的事。那章子，难道不想有夫妻母子的团聚吗？就因为得罪了父亲，不能和他亲近，因此把自己的妻室也赶出去，把儿子也赶得远远的，终身不要他们赡养。他觉得不这样做，那罪过可更大了，这就是章子的为人呢。"

8.31 曾子居武城①，有越寇②。或曰："寇至，盍去诸？"曰："无寓人于我室，毁伤其薪木。"寇退，则曰："修我墙屋，我将反。"寇退，曾子反。左右曰："待先生如此其忠且敬也，寇至，则先去以为民望；寇退，则反，殆于不可③。"沈犹行曰④："是非汝所知也。昔沈犹有负刍之祸⑤，从先生者七十人，未有与焉。"

子思居于卫⑥，有齐寇。或曰："寇至，盍去诸？"子思曰："如伋去，君谁与守？"

孟子曰："曾子、子思同道。曾子，师也，父兄也；子思，臣也，微也。曾子、子思易地则皆然。"

注释：

①武城：地名，在今山东费县西南九十里。

②有越寇：越灭吴后，与鲁交界。

③殆：近。

④沈犹行：曾子弟子，姓沈犹，名行。

⑤负刍：人名。

⑥子思：孔子的孙子孔伋，字子思。《中庸》是子思所作。

译文：

曾子住在武城时，越国军队来侵犯。有人便说："敌寇要来了，何不离开这里呢？"曾子说："（好吧，但是）不要让别人借住在我这里，破坏那些树木。"敌寇退了，曾子便说："把我的墙屋修理修理吧，我要回来了。"敌寇退了，曾子也回来了。他旁边的人说："武城军民对您是那样的忠诚恭敬，敌人来了，您便早早地走开，给百姓做了个坏榜样；敌寇退了，马上回来，这恐怕不可以吧？"沈犹行说："这个不是你们所晓得的。从前先生住在我那里，有个名叫负刍的作乱，跟随先生的70个人也都没有介入，早早地走开了。"

子思住在卫国，齐国军队来侵犯。有人说："敌人来了，何不走开呢？"子思说："如果连我都走开了，君主和谁来守城呢？"

孟子说："曾子、子思其实殊途同归。（按当时情境）曾子是老师，是前辈；子思是臣子，是小官。曾子、子思如果互换位置，他们也会像对方那样做的。"

8.32　储子曰①："王使人瞷夫子②，果有以异于人乎？"

孟子曰："何以异于人哉？尧舜与人同耳。"

注释：

①储子：齐人。参见12.5。

②瞷（jiàn）：窥伺。

《孟子》译注

储子说："王派人来窥探您，您果真有什么跟他人不同的地方吗？"

孟子说："有什么跟别人不同呢？尧舜也和别人一样呢。"

8.33 - 1　齐人有一妻一妾而处室者，其良人出①，则必餍酒肉而后反。其妻问所与饮食者，则尽富贵也。其妻告其妾曰："良人出，则必餍酒肉而后反；问其与饮食者，尽富贵也，而未尝有显者来。吾将瞷良人之所之也。"

蚤起②，施从良人之所之③，遍国中无与立谈者。卒之东郭墦间④，之祭者，乞其余；不足，又顾而之他——此其为餍足之道也。

①良人：丈夫。

②蚤：通"早"。

③施（yí）：弯曲绵延。

④墦（fán）：坟。

齐国有一个人，和一妻一妾住在一起。那丈夫每次外出，一定酒足肉饱然后回家。他妻子问他一道吃喝的都是什么人，他说都是些有钱有势的人。他妻子便告诉小妾说："丈夫外出，一定酒足肉饱然后回家，问他一道吃喝的是什么人，总答道是些有钱有势的人，但从没见过什么显贵人物到家来。我准备跟踪看看他究竟到什么地方去了。"

第二天清早起来，她便若即若离地跟在丈夫后面走；走遍全城，没有一个人站住同她丈夫聊天的。最后一直走到东郊外的墓地，他便走向祭扫坟墓的人那儿，讨些残汤剩饭；不够，又东张西望地走到别处去讨——这就是他酒足肉饱的办法。

8.33 - 2　其妻归，告其妾，曰："良人者，所仰望而终身也，今若此……"与其妾讪其良人①，而相泣于中庭②，而良人未之知也，施施从外来③，骄其妻妾。

由君子观之，则人之所以求富贵利达者，其妻妾不羞也，而不相泣者，几希矣④。

注释：

①讪（shàn）：诋毁。

②相泣于中庭：相，相与，共同；中庭，庭中。

③施施：高兴的样子。

④"人之所以求富贵利达者……几希矣"：这句话的主语是"人之所以求富贵利达其妻妾不羞而不相泣者"，谓语是"几希"。

译文：

他妻子回家后，便把所看到的都告诉小妾，并且说："丈夫，是我们需要仰仗一辈子的人，现在他却这样……"于是她俩一道在庭中咒骂着，哭泣着，而那丈夫还不知道，高高兴兴地从外边回来，又在妻妾面前吹牛皮，耍威风。

由君子看来，有些人用以乞求升官发财的办法，能不让他妻和妾引为羞耻相拥而哭的，真是太少了！

万章章句上（凡九章）

9.1-1　万章问曰："舜往于田，号泣于旻天①，何为其号泣也？"

孟子曰："怨慕也②。"

万章曰："'父母爱之，喜而不忘；父母恶之，劳而不怨③。'然则舜怨乎？"

曰："长息问于公明高曰④：'舜往于田，则吾既得闻命矣；号泣于旻天，于父母，则吾不知也。'公明高曰：'是非尔所知也。'夫公明高以孝子之心，为不若是恝⑤：我竭力耕田，共为子职而已矣⑥，父母之不我爱，于我何哉⑦？帝使其子九男二女，百官牛羊仓廪备，以事舜于畎亩之中⑧，天下之士多就之者，帝将胥天下而迁之焉⑨。为不顺于父母，如穷人无所归。"

注释：

①号泣于旻（mín）天：号泣，嚎啕大哭；旻天，即天。

②慕：依恋。

③"父母爱之"等句：这话引用自曾子。忘，懈怠。

④长息、公明高：长息，公明高弟子；公明高，曾子弟子。

⑤恝（jiá）：忽视，不在乎，怡然自得的样子。

⑥共：当读为"恭"。

⑦于我何哉：跟我有什么关系呢。

⑧畎（quǎn）亩：田地。

⑨胥：尽。

译文：

万章问道："舜到田地里去，向着苍天哭诉，为什么要哭诉呢？"

孟子答道："对父母又怨恨又依恋啊。"

万章说："（曾子说过）'父母喜爱，虽然兴高采烈，却不会懈怠；父母厌恶，虽然心劳力竭，却不会怨恨。'那么，舜怨恨父母吗？"

孟子说："从前长息曾经问过公明高，他说：'舜到田里去，我是已经懂得的了；他向着苍天哭诉，这样来对待父母，那我却还弄不明白。'公明高说：'这不是你所能明白的。'公明高的意思，以为孝子的心理是不能如此满不在乎的：我尽力耕田，好好地尽我做儿子的职责罢了；父母不喜爱我，我有什么办法呢？帝尧打发他的孩子九男二女以及百官，一起带着牛羊、粮食等等东西到田野中去侍奉舜；天下的士人有很多到舜那里去，尧也把整个天下让给了舜。舜却因为没有得到父母的欢心，好像困穷不得志之人一般孤苦无依。"

9.1-2　"天下之士悦之，人之所欲也，而不足以解忧；好色，人之所欲，妻帝之二女，而不足以解忧；富，人之所欲，富有天下，而不足以解忧；贵，人之所欲，贵为天子，而不足以解忧。人悦之、好色、富贵，无足以解忧者，惟顺于父母可以解忧。人少，则慕父母；知好色，则慕少艾①；有妻子，则慕妻子；仕则慕君，不得于君则热中。大孝终身慕父母。五十而慕者，予于大舜见之矣。"

注释：

①少艾：亦作"幼艾"，年轻美貌之人。

译文：

"天下的士人喜爱他，是谁都希望获得的，却不足以消除其忧愁；美丽的姑娘，是谁都希望娶到的，他娶了尧的两个女儿，却不足以消除其忧愁；财富，是谁都希望获得的，富而至于领有天下，却不足以消除其忧愁；尊贵，是谁都希望获得的，尊贵而至于君临天下，却不足以消除其忧愁。大家都喜爱他、美丽的姑娘、财富和尊贵都不足以消除其忧愁，只有得到父母的欢心才可以消除其忧愁。人在幼小的时候，就依恋父母；长大到有了情欲，便思念年轻貌美的女子；有了妻室儿女，便依恋妻室儿女；做了官，便依恋君主，不得君主欢心，便心急得浑身发热。只有最孝顺的人才终身依恋父母。到了50岁还依恋父母的，我在伟大的舜身上看到了。"

9.2-1　万章问曰："《诗》云：'娶妻如之何？必告父母①。'信斯言也，宜莫如舜，舜之不告而娶，何也？"

孟子曰："告则不得娶。男女居室，人之大伦也。为告②，则废人之大伦，以怼父母③，是以不告也。"

万章曰："舜之不告而娶，则吾既得闻命矣；帝之妻舜而不告，何也？"

曰："帝亦知告焉则不得妻也。"

万章曰："父母使舜完廪，捐阶④，瞽瞍焚廪。使浚井，出，从而揜之⑤。象曰⑥：'谟盖都君咸我绩⑦，牛羊父母，仓廪父母，干戈朕，琴朕，弤朕⑧，二嫂使治朕栖⑨。'象往入舜宫，舜在床琴。象曰：'郁陶思君尔⑩。'忸怩⑪。舜曰：'惟兹臣庶⑫，汝其于予治⑬。'不识舜不知象之将杀己与？"

注释：

①"《诗》云"等句：见《诗经·齐风·南山》，舜时未必有此诗句，万章说"信斯言也，宜莫如舜"，不过以为舜时也有此礼而已。

②为：如果。

③怼（duì）：怨。

④捐阶：捐，捐弃，拿走；阶，梯。

⑤揜：就是"掩"字。

⑥象：舜同父异母弟。

⑦谟盖都君咸我绩：谟盖，即"谋害"；都君，舜的称号。

⑧弤（dǐ）：雕弓。

⑨栖：床。

⑩郁陶：思念的样子。

⑪忸怩（niǔ ní）：惭愧的样子。

⑫惟：思念。

⑬于：为。

万章章句上

万章问道："《诗经》说过：'娶妻应该怎么办？定要事先告父母。'相信这句话的，应该没人比得上舜。舜却没向父母报告而娶了妻子，这是为什么呢？"

孟子答道："报告了便娶不成。男女结婚，是人与人之间的大伦常。如果舜报告了，那么，这一大伦常在舜身上便废弃了，结果便将怨恨父母，所以他便不报告了。"

万章说："舜不报告父母而娶妻，这事我已经受教了；尧把女儿嫁给舜，也不向舜的父母说一声，又是什么道理呢？"

孟子说："尧也知道，假若事先说一声，便会嫁娶不成了。"

万章问道："舜的父母打发舜去修缮谷仓，（等舜上了屋顶）便抽去梯子，他父亲瞽瞍还放火烧那谷仓（幸而舜设法逃下来了）。于是又打发舜去淘井，（他不知道舜从旁边的洞穴）出来了，便填塞井眼。舜的兄弟象说：'谋害舜都是我的功劳，牛羊分给父母，仓廪分给父母，干戈归我，琴归我，雕弓归我，两位嫂嫂要让她们为我铺床叠被。'象便向舜的住房走去，舜却坐在床边弹琴。象说：'我好想念你呀！'却显得十分不自然。舜说：'我想念着这些臣下和百姓，你替我管理管理吧！'我不清楚，舜是否知道象要杀自己呢？"

9.2-2 曰："奚而不知也[1]？象忧亦忧，象喜亦喜。"

曰："然则舜伪喜者与？"

曰："否。昔者有馈生鱼于郑子产，子产使校人畜之池[2]。校人烹之，反命曰：'始舍之，圉圉焉[3]，少则洋洋焉[4]，攸然而逝[5]。'子产曰：'得其所哉！得其所哉！'校人出，曰：'孰谓子产智？予既烹而食之，曰，得其所哉，得其所哉。'故君子可欺以其方，难罔以非其道。彼以爱兄之道来，故诚信而喜之，奚伪焉？"

①奚：为什么。

②校人：主池沼小吏。

③囿（yǔ）囿：鱼在水中气息奄奄的样子。

④洋洋：舒缓摇尾之貌。

⑤攸然：今作"悠然"。

译文：

孟子答道："哪里会不知道呢？象忧愁，他也忧愁；象高兴，他也高兴。"

万章说："那么，舜是假装高兴吗？"

孟子说："不。从前有个人送条活鱼给郑国的子产，子产使主管池塘的人畜养起来，那人却煮着吃了，回报说：'刚放在池塘，它还要死不活的；一会儿，摇摆着尾巴动了起来，突然间远远地不知去向。'子产说：'它得到了好地方呀！得到了好地方呀！'那人出来了，说：'谁说子产聪明，我已经把那条鱼煮着吃了，他还说："得到了好地方呀！得到了好地方呀！"'所以对于君子，可以用合乎人情的方法来欺骗他，不能用违反道理的诡诈蒙骗他。象既然装出一副敬爱兄长的样子来，舜因此真心相信而高兴起来，又假装什么呢？"

9.3　万章问曰："象日以杀舜为事，立为天子则放之，何也？"

孟子曰："封之也，或曰放焉。"

万章曰："舜流共工于幽州①，放驩兜于崇山②，杀三苗于三危③，殛鲧于羽山④，四罪而天下咸服，诛不仁也。象至不仁，封之有庳⑤。有庳之人奚罪焉？仁人固如是乎——在他人则诛之，在弟则封之？"

曰："仁人之于弟也，不藏怒焉，不宿怨焉，亲爱之而已矣。亲之，欲其贵也；爱之，欲其富也。封之有庳，富贵之也。身为天子，弟为匹夫，可谓亲爱之乎？"

"敢问或曰放者，何谓也？"

曰："象不得有为于其国，天子使吏治其国而纳其贡税焉，故谓之放。岂得暴彼民哉？虽然，欲常常而见之，故源源而来。'不及贡，以政接于有庳⑥'，此之谓也。"

注释：

①流共工于幽州：共工，水官名；幽州，在今北京市密云区东北。

②放驩兜于崇山：放，流放；驩兜，尧舜时大臣；崇山，在今湖南张家界市。

③杀三苗于三危：三苗，国名；三危，山名，在今甘肃敦煌市东南。

④殛鲧于羽山：殛，流放；羽山，当在今江苏赣榆县界；鲧，大禹的父亲。

⑤有庳（bì）：庳，古籍均认为庳在今湖南道县北。

⑥不及贡，以政接于有庳：这两句疑是《尚书》逸文。

译文：

万章问道："象天天把谋杀舜作为头等大事，等舜做了天子，却仅仅流放他，这是为什么呢？"

孟子答道："其实是封他为诸侯，也有人说是流放。"

万章说："舜流放共工到幽州，发配驩兜到崇山，在三危杀了三苗之君，把鲧放逐到羽山，这四人被治罪，便天下归服，这是惩处了不仁之人的缘故。象最不仁，却封给他有庳之国。有庳国的百姓又有什么罪过呢？仁人难道应该这样做吗——对别人，就加以惩处；对弟弟，就封以国土？"

孟子说："仁人对于弟弟，不忍气吞声，也不耿耿于怀，只是亲近他喜爱他罢了。亲近他，便想让他贵；喜爱他，便想让他富。把有庳国封给他，就是让他又富又贵。本人做了天子，弟弟却是个老百姓，可以说是亲近他喜爱他吗？"

万章说："我请问，为什么有人说是流放呢？"

孟子说："象不能在他的封地上为所欲为，天子派遣了官吏来治理象的封地，缴纳贡税，所以有人说是流放。能让象对那些百姓施暴吗？（当然不能。）即便这样，舜还是想常常看到象，象也不断地来和舜相见。（古书上说）'不必等到朝贡的时候，平常也以政治需要为由而来接待'，就是说的这事。"

9.4-1　咸丘蒙问曰①："语云：'盛德之士，君不得而臣，父不得而子。'舜南面而立，尧帅诸侯北面而朝之，瞽瞍亦北面而朝之。舜见瞽瞍，其容有蹙②。孔子曰："于斯时也，天下殆哉，岌岌乎③！'"不识此语诚然乎哉？"

孟子曰："否。此非君子之言，齐东野人之语也。尧老而舜摄也。《尧典》曰④：'二十有八载，放勋乃徂落⑤，百姓如丧考妣⑥，三年，四海遏密八音⑦。'孔子曰：'天无二日，民无二王。'舜既为天子矣，又帅天下诸侯以为尧三年丧，是二天子矣。"

注释：

①咸丘蒙：孟子弟子。

②有蹙（cù）："有"无实义；蹙，不安的样子。

③天下殆哉，岌岌乎：为"天下岌岌乎殆哉"的倒装。

④"《尧典》曰"以下数句：实为今《尚书·舜典》文。

⑤放勋乃徂（cú）落：放勋，尧的号；徂落，死。

⑥考妣：父母。

⑦四海遏密八音：遏，止；密，同"谧"，安静；八音，指八种质料（金、石、丝、竹、匏、土、革、木）所作的乐器。

译文：

咸丘蒙问道："俗话说：'道德崇高的人，君主不能够把他当臣子，父亲不能够把他当儿子。'舜面朝南方站在天子位置，帝尧率领诸侯面向北方去朝拜他，舜的父亲瞽瞍也面向北方去朝拜他。舜看见了瞽瞍，容貌局促不安。孔子说："在这个时候，天下真岌岌可危呀!"'不晓得这话可不可信？"

孟子答道："不。这不是君子的话，而是齐东野人的话。不过是尧老了时，让舜摄政罢了。《尧典》上说过：'过了28年，尧才逝世。群臣好像死了父母一样，服丧3年，天下一切音乐都停止。'孔子说过：'天上没有两个太阳，百姓没有两个天子。'假若舜已在尧死前做了天子，又率领天下诸侯为尧服丧3年，这便是两个天子并列了。"

9.4-2 咸丘蒙曰："舜之不臣尧，则吾既得闻命矣。《诗》云：'普天之下，莫非王土；率土之滨，莫非王臣①。'而舜既为天子矣，敢问瞽瞍之非臣，如何？"

曰："是诗也，非是之谓也；劳于王事而不得养父母也。曰：'此莫非王事，我独贤劳也②。'故说诗者，不以文害辞③，不以辞害志。以意逆志④，是为得之。如以辞而已矣，《云汉》之诗曰'周余黎民，靡有孑遗⑤'，信斯言也，是周无遗民也。孝子之至，莫大乎尊亲；尊亲之至，莫大乎以天下养。为天子父，尊之至也；以天下养，养之至也。《诗》曰：'永言孝思，孝思维则⑥。'此之谓也。《书》曰：'祗载见瞽瞍，夔夔齐栗，瞽瞍亦允若⑦。'是为父不得而子也？"

注释：

①"《诗》云"以下诸句：见《诗经·小雅·北山》。

②贤劳：多劳。

③以文害辞：文，字；辞，词句，语句。

④逆：揣测。

⑤周余黎民，靡有孑遗：两句见《诗经·大雅·云汉》；黎民，即老百姓。

⑥"《诗》曰"至"维则"：此《诗经·大雅·下武》文。

⑦"《书》曰"至"允若"：当为《尚书》逸篇。祗，敬；载，事；夔(kuí)夔齐(同"斋")栗，恭敬谨慎的样子；允，信，真的；若，顺。

译文：

咸丘蒙说："舜不以尧为臣，这事我已经受教了。《诗经》又说过：'普天之下，无不是天子的土地；四境之内，无不是天子的臣民。'舜既做了天子，瞽瞍却不是臣民，请问这是为什么呢？"

孟子说："《北山》这首诗，不是你说的那意思，而是说作者勤劳国事以致不能够奉养父母。他说：'这些事没一件不是天子之事啊，为什么就我一人这么辛劳呢？'所以解说诗的人，不要拘于字面而误解词句，也不要拘于词句而误解原意。用自己切身的体会去推测作者的本意，这就对了。假如拘于词句，那《云汉》诗说过'周朝剩余的百姓，没有一个存留'，相信了这一句话，便是周朝没有留下一个人了。孝子行为的极致，没有什么超过尊敬双亲的；尊敬双亲的极致，没有什么超过以天下来奉养父母的。瞽瞍做了天子的父亲，可说是尊贵到极致了；舜以天下来奉养他，可说是奉养的极致了。《诗经》又说：'永远地讲究孝道，孝道便是准则。'也正是这个意思。《书经》又说:'舜小心恭敬来见瞽瞍,战战兢兢的样子,瞽瞍于是也真的顺应了。'这难道是'父亲不能够把他当儿子'吗?"

9.5-1 万章曰:"尧以天下与舜,有诸?"

孟子曰:"否。天子不能以天下与人。"

"然则舜有天下也,孰与之?"

曰:"天与之。"

"天与之者,谆谆然命之乎?"

曰:"否。天不言,以行与事示之而已矣。"

曰:"以行与事示之者,如之何?"

曰:"天子能荐人于天,不能使天与之天下;诸侯能荐人于天子,不能使天子与之诸侯;大夫能荐人于诸侯,不能使诸侯与之大夫。昔者,尧荐舜于天,而天受之;暴之于民①,而民受之;故曰'天不言,以行与事示之而已矣'。"

注释:

①暴(pù):露,公开。

译文:

万章问道:"尧把天下交给舜,有这么回事吗?"

孟子答道:"不。天子不能够把天下交给他人。"

万章又问:"那么,舜领有天下,是谁交给的呢?"

答道:"天交给的。"

又问道:"天交给的,是反复叮嘱告诫后交给他的吗?"

答道:"不是;天不说话,拿行动和事迹来表示罢了。"

问道:"拿行动和事迹来表示,是怎样的呢?"

答道:"天子能把人推荐给天,却不能让天把天下交给他;(正如)诸侯能把人推荐给天子,却不能让天子把诸侯之位交给他;大夫能把人推荐给诸侯,却不能让诸侯把大夫之位交给他。从前,尧将舜推荐给天,天接受了;公开介绍他给百姓,百姓也接受了;所以说'天不说话,拿行动和事迹来表示罢了'。"

9.5-2 曰:"敢问荐之于天,而天受之;暴之于民,而民受之,如何?"

曰:"使之主祭,而百神享之,是天受之;使之主事,而事治,百姓安之,是民受之也。天与之,人与之,故曰,天子不能以天下与人。舜相尧二十有八载,非人之所能为也,天也。尧崩,三年之丧毕,舜避尧之子于南河之南①,天下诸侯朝觐者,不之尧之子而之舜;讼狱者,不之尧之子而之舜;讴歌者,不讴歌尧之子而讴歌舜,故曰,天也。夫然后之中国②,践天子位焉。而居尧之宫,逼尧之子,是篡也,非天与也。《太誓》曰:'天视自我民视,天听自我民听。'③此之谓也。"

注释:

①南河:河名,流经今河南范县。

②夫然后之中国:夫,远指代词,那,那样;之,到……去;中国,国中,国度之中。

③"《太誓》"至"民听":今本《太誓》为梅赜伪古文,这两句话也被采用。

译文:

万章说:"我大胆地问,把他推荐给天,天接受了;公开介绍给百姓,百姓也接受了,是怎样的呢?"

答道:"叫他主持祭祀,所有神明都来享用,这便是天接受了;叫他主持政务,政务井井有条,百姓都感到安适,这便是百姓接受了。是天交给他,百姓交给他,所以说,天子不能够拿天下交给人。舜辅佐尧28年,这不是某一个人所能做到的,而是天意。尧逝世了,3年之丧结束,舜(为了要使尧的儿子能够继承天下)便躲避尧的儿子而到南河的南边去。可是,天下诸侯朝见天子的,不到尧的儿子那里,却到舜那里;打官司的,也不到尧的儿子那里,却到舜那里;唱赞歌的人也不歌颂尧的儿子,而歌颂舜。所以说,这是天意。这样,舜才回到国都,坐上了天子的宝座。而如果自己居住在尧的宫室,逼迫尧的儿子(让位给自己),这是篡夺,不是天授了。《泰誓》说过:'百姓看到的,天也就看到;百姓听到的,天也就听到。'正是这个意思。"

9.6－1　万章问曰："人有言：'至于禹而德衰，不传于贤，而传于子。'有诸？"

孟子曰："否，不然也。天予贤，则予贤；天与子，则与子。昔者，舜荐禹于天，十有七年，舜崩，三年之丧毕，禹避舜之子于阳城①，天下之民从之，若尧崩之后不从尧之子而从舜也。禹荐益于天，七年，禹崩，三年之丧毕，益避禹之子于箕山之阴②。朝觐讼狱者不之益而之启③，曰'吾君之子也'；讴歌者不讴歌益而讴歌启，曰'吾君之子也'。丹朱④之不肖，舜之子亦不肖。舜之相尧、禹之相舜也，历年多，施泽于民久。启贤，能敬承继禹之道。益之相禹也，历年少，施泽于民未久。舜、禹、益相去久远，其子之贤不肖，皆天也，非人之所能为也。"

注释：

①阳城：在今河南登封市东南 35 里的告成镇。

②箕山：在今河南登封市东南。

③启：禹之子。

④丹朱：尧的儿子，本名朱，后封于丹，故称丹朱。

译文：

万章问道："有人说：'到禹的时候道德就衰微了，天下不传给贤良，却传给儿子。'有这样的事吗？"

孟子答道："不，不是这样的；天让授予贤良，便授予贤良，天让授予儿子，便授予儿子。从前，舜把禹推荐给天，17 年之后，舜逝世了，3 年之丧结束，禹（为着要让位给舜的儿子）便躲避到阳城去。天下百姓跟随禹，就好像尧死了以后他们不跟随尧的儿子却跟随舜一样。禹把益推荐给天，7 年之后，禹死了，3 年之丧结束，益（又为着让位给禹的儿子）便回避到箕山的北面去。当时朝见天子的人、打官司的人都不去益那里，而去启那里，说'他是我们君主的儿子啊'；唱赞歌的人也不歌颂益，而歌颂启，说'他是我们君主的儿子啊'。尧的儿子丹朱不好，舜的儿子也不好。而且舜辅佐尧，禹辅佐舜，经年历久，为老百姓谋幸福的时间长。（启和益的事就不同。）启很贤明，能够认真地继承禹的传统。益辅佐禹，未能历久经年，为百姓谋幸福的时间短。从舜到禹，再从禹到益，相隔已经好长时间了，他们儿子是好是坏，都是天意，不是人力所能做到的。"

9.6-2 "莫之为而为者，天也；莫之致而至者，命也。匹夫而有天下者，德必若舜禹，而又有天子荐之者，故仲尼不有天下。继世以有天下，天之所废，必若桀纣者也，故益、伊尹、周公不有天下。伊尹相汤以王于天下，汤崩，太丁未立，外丙二年，仲壬四年①，太甲颠覆汤之典刑，伊尹放之于桐②。三年，太甲悔过，自怨自艾，于桐处仁迁义，三年，以听伊尹之训己也，复归于亳③。周公之不有天下，犹益之于夏、伊尹之于殷也。孔子曰：'唐虞禅，夏后殷周继，其义一也。'"

注释：

①外丙、仲壬：甲骨文作"卜丙""中壬"。

②桐：在今河南偃师市西南五里。

③亳（bó）：当在今河南偃师市西。

译文：

"没有人很想做而竟做到了的，是天意；没有人叫他来而竟来了的，是命运。凭老百姓的身份而得到天下的，他的德行必然要像舜和禹那样，而且还要有天子推荐他，所以孔子便没有得到天下。世袭而拥有天下，却被天所废弃的，一定要像夏桀、商纣那样暴虐无道，所以益、伊尹、周公便没有得到天下。伊尹辅佐汤推行王道于天下，汤死了，太丁未即位就死了，外丙在位2年，仲壬在位4年（太丁的儿子太甲又继承王位），太甲推翻了汤的法度，伊尹便流放他到桐邑。3年之后，太甲悔过，怨恨自己，改正自己，在桐邑那地方，能够以仁居心，向义努力；3年之后，便能够听从伊尹对自己的教训了，然后又回到亳都做天子。周公未能得到天下，正好像益在夏朝、伊尹在殷朝一样。孔子说：'唐尧、虞舜以天下让贤，夏商周三代却传于子孙，道理是一样的。'"

9.7 万章问曰："人有言'伊尹以割烹要汤'，有诸？"

孟子曰："否，不然。伊尹耕于有莘之野①，而乐尧舜之道焉。非其义也，非其道也，禄之以天下，弗顾也；系马千驷，弗视也。非其义也，非其道也，一介不以与人②，一介不以取诸人。汤使人以币聘之③，嚣嚣然曰④：'我何以汤之聘币为哉？我岂若处畎亩之中，由是以乐尧舜之道哉？'汤三使往聘之，既而幡然改曰：'与我处畎亩之中⑤，由是以乐尧舜之道，吾岂若使是君为尧舜之君哉？吾岂若使是民为尧舜之民哉？吾岂若于吾身亲见之哉？天之生此民也，使先知觉后知，使先觉觉后觉也。予，天民之先觉者也；予将以斯道觉斯民也。非予觉之，而谁也？'思天下之民匹夫匹妇有不被尧舜之泽者，若己推而内之沟中⑥。其自任以天下之重如此，故就汤而说之以伐夏救民⑦。吾未闻枉己而正人者也，况辱己以正天下者乎？圣人之行不同也，或远，或近，或去，或不去，归洁其身而已矣。吾闻其以尧舜之道要汤，未闻以割烹也。《伊训》曰：'天诛造攻自牧宫，朕载自亳⑧。'"

注释：

①莘：国名，故址在今河南开封市。

②介：通"芥"，微不足道的东西。

③币：帛，这里的意思是以布帛相赠。

④嚣嚣：空闲的样子。

⑤与：与其。

⑥内：同"纳"。

⑦说（shuì）：游说。

⑧《伊训》曰：天诛造攻自牧宫，朕载自亳：《伊训》，《尚书》逸篇名，今本《尚书·伊训》为伪古文；造，开始；牧宫，桀所居之处；载，开始；朕，伊尹自称。

译文：

万章问道："有人说'伊尹通过做厨子来向汤求取（官职）'，有这么回事吗？"

孟子答道："不，不是这样的。伊尹在莘国的郊野种地，而以尧舜之道为乐。如果不合乎道，不合乎义，纵然把天下给他作俸禄，他也不会回头一看；纵然有4000匹马系在那里，他也不会看它们一眼。如果不合乎道，不合乎义，便一点也不给别人，也一点不从别人那儿拿走。汤曾让人拿礼物去聘请他，他却平静地说：'我要汤的聘礼干嘛呢？我何不呆在田野里，就这样以尧舜之道自娱呢？'汤几次派人去聘请他，不久，他便完全改变了态度，说：'我与其呆在田野里，就这样以尧舜之道自娱，又为何不让当今的君主做尧舜一样的君主呢？又为何不让现在的百姓做尧舜时代一样的百姓呢？我为何不在我这个时代亲眼见到（尧舜的盛世）呢？上天生育百姓，就是要让先知先觉者来使后知后觉者有所觉悟。我呢，是百姓中的先觉者，我就得拿尧舜之道让这些百姓有所觉悟。不由我去唤醒他们，那又有谁呢？'伊尹是这样想的：在天下的百姓中，只要有一个男子或妇女，没有被尧舜之道的雨露所沾溉，便好像自己把他推进山沟里让他去死一样。他就是如此把匡服天下的重担挑在自己肩上。所以一到汤那儿，便用讨伐夏桀、拯救百姓的道理来说服汤。我没有听说过，先自己不正，却能够匡正别人的；更何况先自取其辱，却能够匡正天下的呢？圣人的行为，各有不同，有的疏远君主，有的靠拢君主，有的离开朝廷，有的留恋朝廷，归根到底，都是洁身自好而已。我只听说过伊尹用尧舜之道向汤求取任用，没有听说过他用的是厨子的身份。《伊训》说过：'上天的讨伐是因牧官而起的，我不过从亳邑开始谋划罢了。'"

9.8　万章问曰："或谓孔子于卫主痈疽①，于齐主侍人瘠环②，有诸乎？"

孟子曰："否，不然也；好事者为之也。于卫主颜雠由。弥子之妻与子路之妻③，兄弟也④。弥子谓子路曰：'孔子主我，卫卿可得也。'子路以告。孔子曰：'有命。'孔子进以礼，退以义，得之、不得曰'有命'⑤。而主痈疽与侍人瘠环，是无义无命也。孔子不悦于鲁、卫，遭宋桓司马将要而杀之⑥，微服而过宋。是时孔子当厄，主司城贞子，为陈侯周臣。吾闻观近臣⑦，以其所为主；观远臣⑧，以其所主。若孔子主痈疽与侍人瘠环，何以为孔子？"

注释：

①主痈疽：以痈疽为主人，住在痈疽家。痈疽为宦官，古代以与宦官交往为耻。

②侍人：一作"寺人"，阉人。

③弥子：卫灵公宠臣弥子瑕。

④兄弟：先秦汉语，正如"子"包括儿子、女儿一样，兄弟也包括兄弟、姊妹；如需区别，则称呼姊妹为"女兄弟"；称呼姐姐为"女兄"，称呼妹妹为"女弟"。

⑤得之、不得曰"有命"：得到官位或得不到官位都听从命运。

⑥要（yāo）：拦截。

⑦近臣：在朝之臣。

⑧远臣：远方来仕者。

译文：

万章问道："有人说，孔子在卫国住在（卫灵公所宠幸的宦官）痈疽家里，在齐国也住在宦官瘠环家里。真有这回事吗？"

孟子说："不，不是这样的；这是好事之徒编造的。孔子在卫国，住在颜雠由家中。弥子瑕的妻子和子路的妻子是姊妹。弥子瑕对子路说：'孔子住在我家里，可以得到卫国卿相的位置。'子路把这话告诉了孔子。孔子说：'命运使然。'孔子依礼法而进，依道义而退，所以他得到或得不到官位都是命运使然。如果他住在痈疽和宦官瘠环家里，这便是无视礼义和命运了。孔子不得志于鲁国和卫国，又碰上了宋国的司马桓魋预备拦截并杀死他，只得化装悄悄地路过宋国。这时候，孔子正处于困境，便住在司城贞子家中，做了陈侯周的臣子。我听说过，观察身边的臣子，看他所招待的客人；观察外来的臣子，看他所寄居那家的主人。如果孔子真的以痈疽和宦官瘠环为主人，还是他'孔子'吗？"

9.9 万章问曰："或曰：'百里奚自鬻于秦养牲者五羊之皮，食牛以要秦穆公①。'信乎？"

孟子曰："否，不然；好事者为之也。百里奚，虞人也。晋人以垂棘之璧与屈产之乘假道于虞以伐虢②。宫之奇谏，百里奚不谏。知虞公之不可谏而去之秦③，年已七十矣；曾不知以食牛干秦穆公之为污也④，可谓智乎？不可谏而不谏，可谓不智乎？知虞公之将亡而先去之，不可谓不智也。时举于秦，知穆公之可与有行也而相之⑤，可谓不智乎？相秦而显其君于天下，可传于后世，不贤而能之乎？自鬻以成其君，乡党自好者不为，而谓贤者为之乎？"

注释：

①百里奚自鬻于秦养牲者五羊之皮，食牛以要（yāo）秦穆公：为了帮助理解，将这两句话稍加改动：百里奚以五羊之皮自鬻于秦之养牲者，饲牛以要秦穆公；要，要官做。

②晋人以垂棘之璧与屈产之乘假道于虞以伐虢：垂棘，晋国地名，今未详所在；屈产之乘，屈地所生足以驾车的良马；假道，借道，借路。

③去之秦：离开（虞国）到秦国去；去，离开。

④曾不知以食（sì）牛干（gān）秦穆公之为污也：曾，竟然；食，给…吃；食牛，即给牛吃，喂牛；干，求。

⑤有行：有为。

译文：

万章问道："有人说：'百里奚以五张羊皮的价钱把自己卖给秦国养牲畜的人，替人家饲养牛，以此来干求秦穆公。'是真的吗？"

孟子答道："不，不是这样的；这是好事之徒编造的。百里奚是虞国人。晋人用垂棘产的美玉和屈地所产的马向虞国借路，来攻打虢国。宫之奇加以劝阻，百里奚却不加劝阻。他知道虞公是劝不动的，因而离开故土，搬到秦国，这时已经70岁了。他竟不知道用饲养牛的方法来干求秦穆公是一种龌龊行为，可以说是聪明吗？但是，他预见到虞公不可能纳谏，便不加劝阻，谁又能说这人不聪明呢？他又预见到虞公将被灭亡，因而早早离开，又不能说他不聪明。他在秦国被推举出来，恰逢其时，更知道秦穆公是一位可以一道有所作为的君主，因而辅佐他，谁又能说这人不聪明呢？当上秦国的卿相，使穆公声名赫赫于天下，而且流芳后世，不是贤者，能够做到这些吗？卖掉自己来成全君主，乡村中洁身自爱的人尚且不肯，反而说贤者愿意干吗？"

万章章句下（凡九章）

10.1-1　孟子曰："伯夷，目不视恶色，耳不听恶声。非其君，不事；非其民，不使。治则进，乱则退。横政之所出①，横民之所止，不忍居也。思与乡人处，如以朝衣朝冠坐于涂炭也。当纣之时，居北海之滨，以待天下之清也。故闻伯夷之风者，顽夫廉②，懦夫有立志。伊尹曰：'何事非君？何使非民？'治亦进，乱亦进，曰：'天之生斯民也，使先知觉后知，使先觉觉后觉。予，天民之先觉者也。予将以此道觉此民也。'思天下之民匹夫匹妇有不与被尧舜之泽者，若己推而内之沟中——其自任以天下之重也。"

注释：

①横（hèng）：凶暴，横逆，不讲理。
②顽：贪。

译文：

孟子说："伯夷，眼睛不看诸如狐媚之色，耳朵不听诸如淫荡之声。不是他理想的君主，不去侍奉；不是他理想的百姓，不去使唤。天下太平，就出来做事；天下混乱，就退居乡野。施行暴政的国家，住有暴民的地方，他都不乐意去居住。他认为同乡巴佬相处，就好比穿戴着礼服礼帽坐在泥涂炭灰之上。当商纣的时候，他住在北海边上，期盼着天下的清平。所以闻知伯夷高风亮节的人中，贪婪者都能变得廉洁，懦弱者也能独立不屈。伊尹说：'哪个君主不可以侍奉？哪个百姓不可以使唤？'天下太平时出来做官，天下混乱时也出来做官，他说：'上天生育这些百姓，就是要让先知先觉的人来开导后知后觉的人。我是这些人之中的先觉者。我将以尧舜之道来开导芸芸众生。'他这样想：在天下的百姓中，只要有一个男子或一个妇女，没有被尧舜之道的雨露所沾溉，便好像自己把他推进山沟里让他去死一样。他就是如此把匡服天下的重任一肩挑上。"

10.1-2 "柳下惠不羞污君，不辞小官。进不隐贤，必以其道。遗佚而不怨，厄穷而不悯。与乡人处，由由然不忍去也。'尔为尔，我为我，虽袒裼裸裎于我侧，尔焉能浼我哉?'故闻柳下惠之风者，鄙夫宽，薄夫敦①。孔子之去齐，接淅而行②；去鲁，曰：'迟迟吾行也，去父母国之道也。'可以速而速，可以久而久，可以处而处，可以仕而仕，孔子也。"

注释：

①鄙夫、薄夫：鄙夫，心胸狭隘的人；薄夫，心肠刻薄的人。
②接淅：许慎《说文解字》引作"滰淅"。滰，滤干；淅，淘米。

译文：

"柳下惠不以侍奉坏君主为可羞，也不因官小而辞掉。他立于朝廷，见有贤人，从不隐瞒，但一定按自己的原则办事。被人弃若敝屣之时，他不怨恨；一筹莫展之际，他不忧愁。同乡巴佬相处，他也能高高兴兴地不忍离开。(他说:)'你是你，我是我，你纵然在我边上一丝不挂，哪能就沾染弄脏我呢?'所以闻知柳下惠高风亮节的人中，胸襟狭小者变宽厚了，刻薄寡恩者也敦厚了。孔子离开齐国，不等把米淘完滤干就走；离开鲁国，却说：'我们慢慢走吧，这是离开祖国的态度。'应该马上走就马上走，应该继续干就继续干，应该辞官就辞官，应该做官就做官，这便是孔子。"

10.1-3 孟子曰："伯夷，圣之清者也；伊尹，圣之任者也；柳下惠，圣之和者也；孔子，圣之时者也。孔子之谓集大成。集大成也者，金声而玉振之也。金声也者，始条理也；玉振之也者，终条理也。始条理者，智之事也；终条理者，圣之事也。智，譬则巧也；圣，譬则力也。由射于百步之外也①，其至，尔力也；其中，非尔力也。"

注释：

①由：同"犹"。

译文：

孟子又说："伯夷是圣人之中清白的人，伊尹是圣人之中尽责的人，柳下惠是圣人之中平和的人，孔子则是圣人之中识时务的人。孔子，可以叫他为集大成者。'集大成'的意思，就像先敲青铜镈钟，最后用玉制特磬收束一样。先敲镈钟，是节奏条理的开始；用特磬收束，是节奏条理的终结。条理的开始在于智，条理的终结在于圣。智好比技巧，圣好比气力。就好像在百步以外射箭，射那么远，凭你的力量；能够射中，却不凭你的力量。"

10.2-1 北宫锜问曰①："周室班爵禄也②，如之何？"

孟子曰："其详不可得闻也，诸侯恶其害己也，而皆去其籍③；然而轲也尝闻其略也。天子一位，公一位，侯一位，伯一位，子、男同一位，凡五等也。君一位，卿一位，大夫一位，上士一位，中士一位，下士一位，凡六等。天子之制，地方千里，公侯皆方百里，伯七十里，子、男五十里，凡四等。不能五十里，不达于天子，附于诸侯，曰附庸。天子之卿受地视侯④，大夫受地视伯，元士受地视子、男。"

注释：

①北宫锜（qí）：卫人。

②班：列。

③去其籍：除去其典籍；去，除去。

④视：比。

译文：

北宫锜问道："周朝排定的官爵和俸禄的等级制度是怎么回事呢？"

孟子答道："详细情况已经不能够知道了，因为诸侯厌恶它妨碍自己，都把那些文献毁灭了。但是，我也曾听说过一些大致情形。天子为一级，公一级，侯一级，伯一级，子和男算同一级，一共5级。君为一级，卿一级，大夫一级，上士一级，中士一级，下士一级，共6级。按照规定，天子管理的土地纵横各1000里，公和侯100里，伯70里，子、男50里，一共4级。土地纵横不够50里的，够不着天子，因此附属于诸侯，叫做'附庸'。天子的卿，其封地等同于侯；天子的大夫，其封地等同于伯；天子的士，其封地等同于子、男。"

10.2-2 "大国地方百里，君十卿禄，卿禄四大夫，大夫倍上士，上士倍中士，中士倍下士，下士与庶人在官者同禄，禄足以代其耕也。次国地方七十里，君十卿禄，卿禄三大夫，大夫倍上士，上士倍中士，中士倍下士，下士与庶人在官者同禄，禄足以代其耕也。小国地方五十里，君十卿禄，卿禄二大夫，大夫倍上士，上士倍中士，中士倍下士，下士与庶人在官者同禄，禄足以代其耕也。耕者之所获，一夫百亩；百亩之粪，上农夫食九人，上次食八人，中食七人，中次食六人，下食五人。庶人在官者，其禄以是为差。"

译文：

"大国土地纵横各100里，君主的俸禄为卿的10倍，卿为大夫的4倍，大夫为上士的两倍，上士为中士的两倍，中士为下士的两倍，下士的俸禄和平民之任小官相同，其俸禄足以抵偿他们耕种的收入了。稍小一点的国的土地纵横各70里，君主的俸禄为卿的10倍，卿为大夫的3倍，大夫为上士的两倍，上士为中士的两倍，中士为下士的两倍，下士的俸禄和平民之任小官者相同，其俸禄也足以抵偿他们耕种的收入了。小国的土地纵横各50里，君主的俸禄为卿的10倍，卿为大夫的两倍，大夫为上士的两倍，上士为中士的两倍，中士为下士的两倍，下士的俸禄和平民之任小官者相同，其俸禄足以抵偿他们耕种的收入了。农夫的耕种收入，一夫一妇分田百亩。百亩田地的施肥耕作，上上等农夫可以养活9个人，上次等可养活8个人，中上等可养活7个人，中次等可养活6个人，下等可养活5个人。平民之任小官者，他们的俸禄也比照上述分等级。"

10.3-1 万章问曰："敢问友。"

孟子曰："不挟长，不挟贵，不挟兄弟而友①。友也者，友其德也，不可以有挟也。孟献子②，百乘之家也，有友五人焉：乐正裘，牧仲，其三人，则予忘之矣。献子之与此五人者友也，无献子之家者也。此五人者，亦有献子之家，则不与之友矣。非惟百乘之家为然也，虽小国之君亦有之。费惠公曰③：'吾于子思，则师之矣；吾于颜般，则友之矣；王顺、长息则事我者也。'"

注释：

①挟（xié）：倚仗。

②孟献子：鲁国大夫仲孙蔑。

③费（bì）：小国名。

译文：

万章问道："请问如何交朋友。"

孟子答道："不要仗着自己年纪大，不要仗着自己地位高，不要仗着自己兄弟富贵来交友。所谓交朋友，是心灵品德的交集，绝不能有所倚仗。孟献子是有着100辆车马的大夫之家，他有5位朋友，有乐正裘、牧仲，其他3位名字，我忘记了。献子同这5位相交，并不会想到自己有着富贵之家。这5位，如果也想着献子有着富贵之家，就不会同他交友了。不单单是有着100辆车马的大夫如此，即使小国之君也有朋友。费惠公说：'我对子思，只是把他当作老师；对于颜般，只是把他当作朋友；王顺和长息，不过是侍奉我的人罢了。'"

10.3-2 "非惟小国之君为然也，虽大国之君亦有之。晋平公之于亥唐也，入云则入，坐云则坐，食云则食①，虽蔬食菜羹②，未尝不饱，盖不敢不饱也。然终于此而已矣。弗与共天位也，弗与治天职也，弗与食天禄也，士之尊贤者也，非王公之尊贤也。舜尚见帝③，帝馆甥于贰室④，亦飨舜，迭为宾主，是天子而友匹夫也。用下敬上⑤，谓之贵贵；用上敬下，谓之尊贤。贵贵尊贤，其义一也。"

注释：

①入云、坐云、食云："云入""云坐""云食"之倒文。

②蔬食："蔬"同"疏"；"蔬食"，即《论语》"饭疏食饮水，曲肱而枕之"的"疏食"，粗粝之食。

③尚：同"上"。以匹夫而晋谒天子，故云"上"。

④甥：女婿。舜是尧的女婿。

⑤用：以。

译文：

"不单单小国的君主如此，即使大国之君也有朋友。晋平公如何对待亥唐？亥唐叫他进去，便进去；叫他坐，便坐；叫他吃饭，便吃饭。即便是糙米饭、蔬菜汤，未曾没吃饱过，因为不敢不吃饱。然而也就做到这个地步罢了。不和他共有天授之位，不和他共治天授之职，不和他共食天授之禄，这不过是士人尊敬贤者的态度，不是王公尊敬贤者应抱有的态度。舜谒见尧，尧请女婿住在另一处官邸中，也请他吃饭，接着互为客人和主人，这就是天子和老百姓的交友。以卑贱者身份尊敬高贵者，叫做尊重贵人；以高贵者身份尊敬卑贱者，叫做尊敬贤者。尊重贵人和尊敬贤者，道理是一样的。"

10.4 - 1　万章问曰："敢问交际何心也？"

孟子曰："恭也。"

曰："'却之却之为不恭'，何哉？"

曰："尊者赐之[①]，曰'其所取之者义乎，不义乎？'而后受之，以是为不恭，故弗却也。"

曰："请无以辞却之，以心却之，曰'其取诸民之不义也'，而以他辞无受，不可乎？"

曰："其交也以道，其接也以礼，斯孔子受之矣。"

注释：

①尊者：与长者不同。长者以年齿言，尊者以地位言。

译文：

万章问道："请问互相交流的时候，要抱持什么态度？"

孟子答道："毕恭毕敬。"

万章说："（俗话说）'拒绝人家的礼物，这是不恭敬'，为什么呢？"

孟子说："尊者有所赐予，还得想想'他得来这礼物合于义呢，还是不合于义呢'，然后才接受，这是不恭敬的；因此便不拒绝。"

万章说："我说，我不用言辞拒绝他的礼物，用心来拒绝罢了，心里说'这是他取自百姓的不义之财呀'，再用托词来拒绝，难道不可以吗？"

孟子说："他依规矩同我交往，依礼节同我接触，这样，孔子都会接受礼物的。"

10.4-2　万章曰："今有御人于国门之外者①，其交也以道，其馈也以礼，斯可受御与？"

曰："不可。《康诰》曰：'杀越人于货，闵不畏死，凡民罔不譈②。'是不待教而诛者也。殷受夏，周受殷，所不辞也；于今为烈，如之何其受之？"

曰："今之诸侯取之于民也，犹御也。苟善其礼际矣，斯君子受之，敢问何说也？"

曰："子以为有王者作，将比今之诸侯而诛之乎③？其教之不改而后诛之乎？夫谓非其有而取之者盗也，充类至义之尽也④。孔子之仕于鲁也，鲁人猎较⑤，孔子亦猎较。猎较犹可，而况受其赐乎？"

注释：

①御：拦截。

②《康诰》曰以下数句：今本《尚书·康诰》作"杀越人于货，暋不畏死，罔弗憝"。越，语气词，无实义。于，往；于货，取货。闵，同"暋"，强横。譈，同"憝"，怨。

③比（bì）：同。

④充类至义：强调到顶点。

⑤猎较：狩猎时，竞争谁能夺得禽兽。

译文：

万章说："如今有一个在国都郊外拦路抢劫的人，他也依规矩同我交往，也依礼节送我吃的，这样就可以接受赃物了吗？"

孟子说："不可以。《康诰》说：'杀人越货的亡命之徒，是人人可得而杀之的。'可见这种人是不必先教育就可以诛杀的。这种法律，殷商受之于夏朝，周朝受之于殷商，没有更改；如今这法律更是显赫昭彰，又怎么可以接受赃物呢？"

万章说："今天这些诸侯，他们的财物取自于民，也和拦路抢劫差不多。假如做好交流时的礼节，那么君子也就接受了，请问这又如何解说呢？"

孟子说："你以为若有圣王兴起，对于今天的诸侯，是不加区别全部诛杀呢，还是先行教育，如有不改悔者，然后（分别不同情形再行）诛杀呢？而且，不是自己所有而取得它，将这种行为说成抢劫，这只是把它归类到"义"的顶点的极致话语。孔子在鲁国做官的时候，鲁国人争夺猎物，孔子也争夺猎物。争夺猎物都可以，何况接受赐予呢？"

10.4-3　曰："然则孔子之仕也，非事道与①？"

曰："事道也。"

"事道奚猎较也？"

曰："孔子先簿正祭器②，不以四方之食供簿正。"

曰："奚不去也？"

曰："为之兆也③。兆足以行矣，而不行，而后去，是以未尝有所终三年淹也。孔子有见行可之仕，有际可之仕，有公养之仕④。于季桓子，见行可之仕也；于卫灵公，际可之仕也；于卫孝公，公养之仕也。"

注释：

①事道：行道。所争夺来的猎物原为着祭祀，既不能用来供祭祀，便无所用之，争夺猎物的风气自然逐渐衰灭了。

②孔子先簿正祭器：孔子首先用修订簿书来匡正宗庙祭祀之器。

③兆：始，预示。

④际可、公养："际可"为独对某一人之礼遇，"公养"则是对当时一般人之礼待。

译文：

万章说："然而，孔子出来做官，不是为了行道吗？"

孟子说："是为了行道。"

"既然为了行道，为什么又争夺猎物呢？"

孟子说:"孔子先用文书规定祭祀所用器物和祭品,但不用别处的食物来满足文书规定的祭祀(所以必须通过争夺猎物来提供祭品)。"

万章说:"他为什么不离开呢?"

孟子说:"孔子做官,总要试验看通不通。试验之后,主张可以实行,君主却不肯实行,这才离开,所以他未曾在一个朝廷停留达到 3 年。孔子有因为可以行道而做官,也有因为君主礼遇他而做官,也有因为国君养贤而做官。对于季桓子,是因为可以行道而做官;对于卫灵公,是因为礼遇而做官;对于卫孝公,是因为国君养贤而做官。"

10.5 孟子曰:"仕非为贫也,而有时乎为贫;娶妻非为养也,而有时乎为养。为贫者,辞尊居卑,辞富居贫。辞尊居卑,辞富居贫,恶乎宜乎?抱关击柝①。孔子尝为委吏矣②,曰:'会计当而已矣。'尝为乘田矣③,曰:'牛羊茁壮长而已矣。'位卑而言高,罪也;立乎人之本朝④,而道不行,耻也。"

注释:

①抱关击柝:抱关,守城门的军卒;柝,值更所击的木头,中空,类今之木鱼。

②委吏:管仓库的小官。

③乘田:管畜牧的小官。乘,去声。

④本朝:即"朝廷"之义。

译文:

孟子说:"做官不是因为贫穷,但有时候也因为贫穷。娶妻不是为了奉养父母,但有时候也为了奉养父母。因为贫穷而做官的,便该拒绝高官,而居于卑位;拒绝厚禄,而只拿薄薪。拒绝高官,居于卑位;拒绝厚禄,只拿薄薪,怎样才合适呢?去守门打更好了。孔子曾经当过管理仓库的小官,他说:'只是出入数字对得上而已。'也曾做过管理牲畜的小官,他说:'只是牛羊壮实成长了而已。'位置低下,而议论朝廷大事,是罪过;站在君主的朝廷上做官,而不能贯彻正义的主张,是耻辱。"

10.6-1　万章曰："士之不托诸侯，何也?"

孟子曰："不敢也。诸侯失国，而后托于诸侯，礼也；士之托于诸侯，非礼也。"

万章曰："君馈之粟，则受之乎?"

曰："受之。"

"受之何义也?"

曰："君之于氓也^①，固周之^②。"

曰："周之则受，赐之则不受，何也?"

曰："不敢也。"

曰："敢问其不敢何也?"

曰："抱关击柝者，皆有常职以食于上。无常职而赐于上者，以为不恭也。"

注释：

①氓：自他国流亡而来之民。

②周：接济。

译文：

万章说："士人不仰仗别国诸侯生活，为什么呢?"

孟子说："不敢这样。诸侯失去了国家，然后才仰仗别国诸侯，这是合于礼的；士仰仗别国诸侯，是不合于礼的。"

万章说："君主如果送给他谷米，那接受吗?"

孟子说："接受。"

"接受又有个什么说法呢?"

答道："君主对于流亡者，本来可以周济他。"

问道："周济他，就接受；赐予他，就不接受，为什么呢?"

答道："不敢啊。"

问道："请问，不敢接受，又是为什么呢?"

答道："守门打更的人都有一定的职务，因而接受上面的给养。没有一定的职务，却接受上面的赐予的，这被认为是不恭敬的。"

10.6－2 曰："君馈之，则受之，不识可常继乎?"

曰："缪公之于子思也，亟问①，亟馈鼎肉②。子思不悦。于卒也，摽使者出诸大门之外③，北面稽首再拜而不受④，曰：'今而后知君之犬马畜伋。'盖自是台无馈也⑤。悦贤不能举，又不能养也，可谓悦贤乎?"

曰："敢问国君欲养君子，如何斯可谓养矣?"

曰："以君命将之⑥，再拜稽首而受。其后廪人继粟，庖人继肉⑦，不以君命将之。子思以为鼎肉使己仆仆尔亟拜也⑧，非养君子之道也。尧之于舜也，使其子九男事之，二女女焉，百官牛羊仓廪备，以养舜于畎亩之中，后举而加诸上位⑨。故曰，王公之尊贤者也。"

注释:

①问：问讯，问候。

②鼎肉：熟肉。

③摽（biāo）：挥手让别人走开。

④稽首再拜：碰头于地叫做稽首；再拜，作揖两次。"再拜稽首"是吉拜，表示接受礼物；"稽首再拜"是凶拜，表示拒绝礼物。

⑤台：仆役。

⑥将：送。

⑦庖人：官名，类似现在的食堂管理者。

⑧仆仆尔：烦猥的样子。

⑨加：加官。

译文:

问道："君主给他馈赠，他也就接受，不知道可以经常这样做吗?"

答道："鲁缪公对于子思，就是屡次问候，屡次送给他肉食，子思不高兴。最后一次，子思便挥手把来人赶出大门，然后朝北面磕头作揖拒绝了，并说：'今天才知道君主把我当狗当马畜养。'大概从此鲁缪公才不让仆役给子思送肉食了。喜悦贤人，却不能重用，又不能有礼貌地照顾生活，可以说是喜悦贤人吗?"

问道："国君要在生活上照顾君子，要怎样才能照顾得好呢?"

答道："先称述君主的旨意送给他，他便作揖磕头而接受。然后管理仓库的人经常送来谷米，掌管伙食的人经常送来肉食，这些都不用称述君主的旨意了（接受者也就可以不再作揖磕头了）。子思认为为了一块肉便让自己劳神费力作揖行礼，这便不是照顾君子生活的方式了。尧对于舜，让自己的九个儿子向他学习，把自己的两个女儿嫁给他，而且百官、牛羊、仓库全都具备，来让舜在田野中得到周到的生活照顾，然后提拔他到很高的职位上。所以说，这才算是王公尊敬贤者啊！"

10.7－1　万章曰："敢问不见诸侯，何义也？"

孟子曰："在国曰市井之臣，在野曰草莽之臣，皆谓庶人。庶人不传质为臣①，不敢见于诸侯，礼也。"

万章曰："庶人，召之役，则往役；君欲见之，召之，则不往见之，何也？"

曰："往役，义也；往见，不义也。且君之欲见之也，何为也哉？"

注释：

①传质：质，同"贽"，见面时关给对方的礼物。拿礼物求见，必先由守门者传达，这叫做"传贽"。

译文：

万章问道："请问士子不去谒见诸侯，这是什么道理呢？"

孟子答道："不曾有过职位的人，住在城市便叫做市井之臣，住在乡野便叫做草莽之臣，这都叫做庶人。庶人不送见面礼而取得臣属资格，不敢去谒见诸侯，这是礼节。"

万章说："庶人，召他去服役，便去服役；君主想要接见他，召唤他，却不去谒见，这又为什么呢？"

孟子说："去服役，是合乎义的；去谒见，是不合乎义的。而且君主想要见他，为的是什么呢？"

10.7－2　曰："为其多闻也，为其贤也。"

曰："为其多闻也，则天子不召师，而况诸侯乎？为其贤也，则吾未闻欲见贤而召之也。缪公亟见于子思①，曰：'古千乘之国以友士，何如?'子思不悦,曰:'古之人有言曰,事之云乎,岂曰友之云乎?'子思之不悦也,岂不曰:'以位,则子,君也;我,臣也;何敢与君友也?以德,则子事我者也,奚可以与我友?'千乘之君求与之友而不可得也,而况可召与?齐景公田,招虞人以旌,不至,将杀之。'志士不忘在沟壑,勇士不忘丧其元。'孔子奚取焉?取非其招不往也。"

注释：

①见于子思:被子思接见。

译文：

万章说:"为的是他见多识广,为的是他品德高尚。"

孟子说:"如果为的是他见多识广,那天子都不能召唤老师,何况诸侯呢?如果为的是他品德高尚,那我也没听说过想要和贤人见面却召唤他去的。鲁缪公屡次拜访子思,说:'古代有着千辆兵车的国君和士人交友,会怎么样?'子思不高兴,说:'古代人说的意思,是说以士人为师吧,难道是说和士人交友吗?'子思不高兴,难道不是心里这样说:'论地位,那你是君主,我是臣子,哪敢和你交朋友呢?论道德,那你是向我学习的人,怎么够格和我交朋友呢?'千乘之国的国君追求和他交朋友都办不到,何况召唤他呢?齐景公田猎,用旌来召唤猎场管理员,他不来,准备杀他。孔子说:'有志之士不怕(死无葬身之地)弃尸山沟;勇敢的人(见义勇为)不怕丢掉脑袋。'孔子对这个管理员赞赏他哪一点呢?就是赞赏不是该召唤他的礼,他硬是不接受而不去。"

10.7-3 曰:"敢问招虞人何以?"

曰:"以皮冠,庶人以旃①,士以旂②,大夫以旌。以大夫之招招虞人,虞人死不敢往;以士之招招庶人,庶人岂敢往哉?况乎以不贤人之招招贤人乎?欲见贤人而不以其道,犹欲其入而闭之门也。夫义,路也;礼,门也。唯君子能由是路,出入是门也。《诗》云③:'周道如底④,其直如矢;君子所履,小人所视⑤。'"

万章曰:"孔子,君命召,不俟驾而行;然则孔子非与?"

曰:"孔子当仕有官职,而以其官召之也。"

①旃（zhān）：曲柄旗。

②旗（qí）：有铃铛的旗。

③《诗》云以下四句：见《诗经·小雅·大东》。

④周道如底：周道，大道；"底"当作"砥"，"砥"即"砥"字，磨刀石。

⑤视：效法。

问道："请问召唤猎场管理员该用什么呢？"

答道："用皮帽子。召唤老百姓用旃，召唤士用旗，召唤大夫用旌。用召唤大夫的礼节去召唤猎场管理员，猎场管理员死也不敢去；用召唤士人的礼节去召唤庶人，庶人难道敢去吗？更何况用召唤不贤之人的礼节去召唤贤人呢？想同贤人会面，却不依循规矩礼节，就好比要请他进来却闭上门。义好比是路，礼好比是门。只有君子能从这条路上走，从这扇门里进。《诗经》说：'大路平似磨刀石，又像箭矢一般直。君子在它上面走，小人以它为法式效行。'"

万章问道："孔子，当国君之命在召唤，不等车马驾好便先走一步。这样看来，孔子错了吗？"答道："那是因为孔子正在做官，有职务在身，国君用他担任的官职去召唤他。"

10.8　孟子谓万章曰："一乡之善士斯友一乡之善士，一国之善士斯友一国之善士，天下之善士斯友天下之善士。以友天下之善士为未足，又尚论古之人^①。颂其诗^②，读其书，不知其人，可乎？是以论其世也。是尚友也。"

①尚：同"上"。

②颂：同"诵"。

孟子对万章说："一乡的优秀人物才结交那一乡的优秀人物，一国的优秀人物才结交那一国的优秀人物，天下的优秀人物才结交天下的优秀人物。觉得结交天下的优秀人物还不够，便又追论古代的人物。吟诵他们的诗歌，阅读他们的著作，不了解他为何许人，可以吗？所以要讨论他那一个时代。这就是上溯古人和他们交朋友。"

10.9　齐宣王问卿。孟子曰："王何卿之问也？"

王曰："卿不同乎？"

曰："不同；有贵戚之卿①，有异姓之卿。"

王曰："请问贵戚之卿。"

曰："君有大过则谏；反复之而不听，则易位。"

王勃然变乎色。

曰："王勿异也。王问臣，臣不敢不以正对。"

王色定，然后请问异姓之卿。

曰："君有过则谏，反复之而不听，则去。"

注释：

①贵戚之卿：同姓之卿。

译文：

齐宣王问有关公卿的事。孟子说："王所问的是哪种公卿？"

宣王问："公卿难道还有不同吗？"

孟子说："有不同；有和王室同宗的公卿，有非王族的公卿。"

宣王说："我请问和王室同宗的公卿。"

孟子说："国君若有重大错误，他便劝谏；反复劝谏而不听从，就废掉他而改立别人。"

宣王突然变了脸色。

孟子说："王不要奇怪。王问我，我不敢不告诉你正确的。"

宣王脸色淡定了，又请问非王族的公卿。

孟子说："国君若有错误，他便劝谏；反复劝谏而不听从，就离去。"

告子章句上（凡二十章）

11.1 告子曰："性犹杞柳也①，义犹杯棬也②；以人性为仁义，犹以杞柳为杯棬。"

孟子曰："子能顺杞柳之性而以为杯棬乎？将戕贼杞柳而后以为杯棬也？如将戕贼杞柳而以为杯棬，则亦将戕贼人以为仁义与？率天下之人而祸仁义者，必子之言夫！"

注释：

①杞柳：榉树，不能做木材，仅能供编物之用。如用作杯盘，恐不能盛液体。

②杯棬（quān）：一种大杯。

译文：

告子说："人的本性好比榉柳树，义理好比杯盘；用人的本性成就仁义，正好比用榉柳树来做成杯盘。"

孟子说："您是顺着榉柳树的本性来做成杯盘呢，还是扭曲榉柳树的本性来做成杯盘呢？如果要扭曲榉柳树的本性之后才做成杯盘，那不也要扭曲人的本性之后成就仁义吗？率领天下的人来祸害仁义的，一定是您的这些话吧！"

11.2 告子曰："性犹湍水也，决诸东方则东流，决诸西方则西流。人性之无分于善不善也，犹水之无分于东西也。"

孟子曰："水信无分于东西①，无分于上下乎？人性之善也，犹水之就下也。人无有不善，水无有不下。今夫水，搏而跃之，可使过颡②；激而行之，可使在山。是岂水之性哉？其势则然也。人之可使为不善，其性亦犹是也。"

注释：

①信：诚，真的。

②颡（sǎng）：额。

译文：

告子说："人性好比急流水，东方开了缺口便朝东流，西方开了缺口便朝西流。人性不分善和不善，正好比水性不管东流、西流。"

孟子说："水诚然不分朝东流和朝西流，难道也不分朝上流或朝下流吗？人性的善良，正好比水性朝下流。人没有不善良的，水没有不朝下流的。现在那儿有一汪水，拍它而让它涌起来，可以高过额角；戽水（用农具汲水）使它倒流，可以引上高山，这难道是水的本性吗？情势让它这样罢了。人所以能够做坏事，本质也正是这样。"

11.3　告子曰："生之谓性①。"

孟子曰："生之谓性也，犹白之谓白与？"

曰："然。"

"白羽之白也犹白雪之白，白雪之白犹白玉之白与？"

曰："然。"

"然则犬之性犹牛之性，牛之性犹人之性与？"

注释：

①生之谓性："生"和"性"是同源字，意义上有联系。

译文：

告子说："天生的叫做本性。"

孟子说："天生的叫做本性，就好比白色的东西都叫做白色吗？"

答道："是这样。"

"白羽毛的白色如同白雪的白色，白雪的白色如同白玉的白色吗？"

答道："是这样。"

"那么，狗性如同牛性，牛性如同人性吗？"

11.4 告子曰："食色，性也。仁，内也，非外也；义，外也，非内也。"

孟子曰："何以谓仁内义外也？"

曰："彼长而我长之，非有长于我也；犹彼白而我白之，从其白于外也，故谓之外也。"

曰："异于白马之白也①，无以异于白人之白也；不识长马之长也，无以异于长人之长与？且谓长者义乎？长之者义乎？"

曰："吾弟则爱之，秦人之弟则不爱也，是以我为悦者也，故谓之内。长楚人之长，亦长吾之长，是以长为悦者也，故谓之外也。"

曰："耆秦人之炙②，无以异于耆吾炙，夫物则亦有然者也，然则耆炙亦有外欤？"

注释：

①异于：这两个字有可能是多出来的。

②耆：同"嗜"。

译文：

告子说："吃喝以及性欲，是人的本性。仁是内在的，不是外在的；义是外在的，不是内在的。"

孟子说："为什么说仁是内在的而义是外在的呢？"

答道："因为他年纪大，我才尊敬他，这尊敬的心思不是我固有的；正好比那东西是白的，是因为它的白是它自己表现在外的，我便把它叫做白东西；所以说它是外在的。"

孟子说："白马的白和白人的白或许并无不同，但是不知道对老马的怜悯和对长者的尊敬，是否也没有什么不同呢？而且，您是说长者义呢，还是说尊敬长者的人义呢？"

答道："是我的弟弟妹妹我便爱他，是秦国人的弟弟妹妹我便不爱他，这是因我自己高兴这样做，所以说仁是内在的。尊敬楚国的长者，也尊敬我自己的长者，这是因为他们年长而令人高兴。所以说义是外在的。"

孟子说："喜欢吃秦国人的烧肉，和喜欢吃自己的烧肉并无不同，各种事物也有这样的情形，那么，难道喜欢吃烧肉也是外在的吗？（那不和您说的饮食是本性的论点相矛盾了吗？）"

11.5　孟季子问公都子曰①："何以谓义内也?"

曰："行吾敬,故谓之内也。"

"乡人长于伯兄一岁,则谁敬?"

曰："敬兄。"

"酌则谁先?"

曰："先酌乡人。"

"所敬在此,所长在彼,果在外,非由内也。"

公都子不能答,以告孟子。孟子曰："'敬叔父乎? 敬弟乎?'彼将曰:'敬叔父。'曰:'弟为尸②,则谁敬?'彼将曰:'敬弟。'子曰:'恶在其敬叔父也?'彼将曰:'在位故也。'子亦曰:'在位故也。庸敬在兄③,斯须之敬在乡人。'"

季子闻之,曰："敬叔父则敬,敬弟则敬,果在外,非由内也。"

公都子曰："冬日则饮汤,夏日则饮水,然则饮食亦在外也?"

注释:

①孟季子:不知是什么人。

②尸:古代祭祀不用牌位或者神主,更无画像,而用男女儿童为受祭代理人,叫做"尸"。

③庸:平,平时。

译文:

孟季子问公都子说："为什么说义是内在的呢?"

答道："我所贯彻的是我内心的恭敬,所以说是内在的。"

"本乡人比大哥年长一岁,那你尊敬谁?"

答道："尊敬大哥。"

"那么,先给谁斟酒?"

答道："先斟酒给本乡长者。"

"内心恭敬的在这里,先敬礼的却在那里,可见义果真是外在的,不是发自内心的。"

公都子不能对答,便来告诉孟子。孟子说："(你可以问)'恭敬叔父呢,还是恭敬弟弟呢?'他会说:'恭敬叔父。'你又问:'弟弟若做了代受祭者，那又恭敬谁呢？'他会说：'恭敬弟弟。'你便问：'那又怎么解释刚才所说的敬叔父呢？'他会说：'这是由于弟弟在尊位的缘故。'（同理）那你也可以说：'那也是由于本乡长者在尊位的缘故。平日里一直恭敬哥哥，此刻则以恭敬本乡长者优先。'"

季子听到了这话，又说："对叔父也是恭敬，对弟弟也是恭敬，毕竟义是外在的，不是发自内心的。"

公都子说："冬天喝热水，夏天喝凉水，那么，难道吃喝（不是出自本性）也是外在的吗？"

11.6-1　公都子曰："告子曰：'性无善无不善也。'或曰：'性可以为善，可以为不善。是故文武兴，则民好善；幽厉兴，则民好暴。'或曰：'有性善，有性不善。是故以尧为君而有象；以瞽瞍为父而有舜；以纣为兄之子，且以为君，而有微子启、王子比干。'今曰'性善'，然则彼皆非与？"

译文：

公都子说："告子说：'本性没有什么善良，也没有什么不善良。'也有人说：'本性可以让人做好事，也可以让人做坏事。所以当周文王、武王兴起时，百姓便一心向善；周幽王、厉王兴起时，百姓便变得横暴。'也有人说：'有些人本性善良，有些人本性不善良。所以，以尧为君，也有象这样的百姓；以瞽瞍为父，也有舜这样的儿子；以纣为侄儿，而且贵为君主，也有微子启、王子比干这样的仁人。'如今老师说本性善良，那么，他们的说法都错了吗？"

11.6-2　孟子曰："乃若其情[①]，则可以为善矣，乃所谓善也。若夫为不善，非才之罪也[②]。恻隐之心，人皆有之；羞恶之心，人皆有之；恭敬之心，人皆有之；是非之心，人皆有之。恻隐之心，仁也；羞恶之心，义也；恭敬之心，礼也；是非之心，智也。仁义礼智，非由外铄我也[③]，我固有之也，弗思耳矣。故曰：'求则得之，舍则失之。'或相倍蓰而无算者，不能尽其才者也。《诗》曰：'天生蒸民，有物有则。

民之秉彝，好是懿德④。'孔子曰：'为此诗者，其知道乎！故有物必有则；民之秉彝也，故好是懿德。'"

注释：

①乃若：至于。

②才：与上文"乃若其情"的"情"都是说人的资质。

③铄：销熔，引申为抽象意义的熔化、渗透。

④《诗》曰数句：见《诗经·大雅·烝民》；"蒸民"，《诗经》作"烝民"，烝，众；物，事；则，法；秉，持；彝，常；懿，美。

译文：

孟子说："从人天生的资质看，是可以做好事的，这便是我所说的人性善良。至于有些人做坏事，不能归罪于他的资质。同情心，人人都有；羞耻心，人人都有；恭敬心，人人都有；是非心，人人都有。同情心属于仁，羞耻心属于义，恭敬心属于礼，是非心属于智。这仁义礼智，不是从外面渗透给我的，是我本身固有的，只是不曾光大它罢了。所以说：'探求它，就得到它；放弃它，就失去它。'人与人相差一倍、五倍以至无数倍的，就是不能释放人们善良本质的缘故。《诗经》说：'上天生育众民，万物便有规则。百姓秉持着那些通则，喜爱那优良的品德。'孔子说：'这篇诗的作者真懂得道呀！有事物，便会有其通则；百姓秉持了这些通则，所以喜爱那优良的品德。'"

11.7-1 孟子曰："富岁，子弟多赖①；凶岁，子弟多暴，非天之降才尔殊也，其所以陷溺其心者然也。今夫麰麦②，播种而耰之③，其地同，树之时又同，浡然而生，至于日至之时④，皆熟矣。虽有不同，则地有肥硗⑤，雨露之养、人事之不齐也。故凡同类者，举相似也，何独至于人而疑之？圣人，与我同类者。故龙子曰：'不知足为屦，我知其不为蒉也。'屦之相似，天下之足同也。"

注释：

①赖：即"嬾（懒）"字。

②麰（móu）麦：大麦。

③耰（yōu）：一种松土的农具；这里指松土。

④日至：这里指夏至。

⑤硗（qiāo）：土地贫瘠。

译文：

孟子说："丰年，年轻人多半懒惰；荒年，年轻人多半强暴，不是天生的资质这样不同，是由于不好的环境使他们心思变坏了。好比大麦，播种耰地，如果土地一样、种植的时候一样，便会蓬勃地生长，到了夏至，都成熟了。即便有所不同，那便是由于土地的肥瘦、雨露的多少、工作者的勤惰不同的缘故。所以一切同类之物，无不大体相同，为什么一讲到人类就怀疑了呢？圣人也是我们的同类。龙子曾经说过：'不看清脚样去编草鞋，我准知道编不成筐子。'草鞋相似，是因为天下人的脚大体相同。"

11.7-2 "口之于味，有同耆也；易牙先得我口之所耆者也①。如使口之于味也，其性与人殊②，若犬马之与我不同类也，则天下何耆皆从易牙之于味也？至于味，天下期于易牙，是天下之口相似也。惟耳亦然③，至于声，天下期于师旷，是天下之耳相似也。唯目亦然。至于子都④，天下莫不知其姣也。不知子都之姣者，无目者也。故曰，口之于味也，有同耆焉；耳之于声也，有同听焉；目之于色也，有同美焉。至于心，独无所同然乎？心之所同然者何也？谓理也，义也。圣人先得我心之所同然耳。故理义之悦我心，犹刍豢之悦我口⑤。"

注释：

①易牙：齐桓公宠臣。

②与人殊：和别人不同。

③惟：语首助词，无实义。

④子都：春秋时郑国的美男子。

⑤刍豢（huàn）：食草的如牛羊叫做"刍"；食谷的如犬豕叫做"豢"。

译文：

"口对于味道，有相同的嗜好；易牙早就摸准了这一嗜好。假使口对于味道，他的体验和别人不同，而且像狗及马和人不同类一样，那么，为什么天下的人都追随着易牙的口味呢？一讲到口味，天下都期望做到易牙那样，这就说明了天下人的味觉大体相同。耳朵也这样。一讲到声音，天下都期望做到师旷那样，这就说明了天下人的听觉大体相同。眼睛也这样。一讲到子都，天下没有人不知道他英俊。不认为子都英俊的，那是没有眼睛的人。所以说，口对于味道，有相同的嗜好；耳对于声音，有相同的听觉；眼睛对于容色，有相同的美感。谈到心，就偏偏没有相同的地方吗？心相同的地方是什么呢？是理，是义。圣人早就懂得了我们内心相同的理义。所以理义使我心高兴，正和猪狗牛羊肉合乎我的口味一般。"

11.8　孟子曰："牛山之木尝美矣①，以其郊于大国也②，斧斤伐之，可以为美乎？其日夜之所息，雨露之所润，非无萌蘖之生焉，牛羊又从而牧之③，是以若彼濯濯也④。人见其濯濯也，以为未尝有材焉，此岂山之性也哉？虽存乎人者，岂无仁义之心哉？其所以放其良心者，亦犹斧斤之于木也。旦旦而伐之，可以为美乎？其日夜之所息，平旦之气，其好恶与人相近也者几希，则其旦昼之所为⑤，有梏亡之矣⑥。梏之反复，则其夜气不足以存；夜气不足以存，则其违禽兽不远矣。人见其禽兽也，而以为未尝有才焉者，是岂人之情也哉？故苟得其养，无物不长；苟失其养，无物不消。孔子曰：'操则存，舍则亡；出入无时，莫知其乡⑦。'惟心之谓与？"

注释：

①牛山：位于齐国国都临淄（在今山东淄博市）之南。

②郊于大国：位于大国的郊外；大国，大都市，指临淄，是当时的大都市之一。

③牛羊又从而牧之：牛羊又跟着被放牧了。

④濯濯：山上光秃秃的样子。

⑤旦昼：明天。

⑥有梏亡之矣：有，同"又"。梏，同"牿（gù）"，圈禁。

⑦乡：家乡，住的地方。

译文：

孟子说："牛山的树木曾经是很茂盛的，因为生长在大都市的郊外，人们老用斧子去砍伐，还能够茂盛吗？当然，它日日夜夜在生长着，雨水露珠在滋润着，不是没有新条嫩芽生长出来，但人们紧跟着就放羊牧牛，所以变成那样光秃秃了。人们看见那光秃秃的样子，便以为这山不曾有过大树木，这难道是山的本性吗？在某些人身上，难道没有仁义之心吗？他之所以丧失他的良心，也正像斧子对于树木一般，天天去砍伐它，能够茂盛吗？他日日夜夜发出来的善心，他在天刚亮时呼吸到的清明之气，那时节他心里的好恶跟一般人相近的，本来就很少；可是一到第二天白昼，他的所作所为又把它消灭了。反复地消灭，那么，他夜里产生出的善念自然不能存在；夜里产生出的善念不能存在，便和禽兽差不离了。别人看到他简直是禽兽，便以为他不曾有过善良的本质。这难道也是这些人的本性吗？所以，如果得到滋养，没有东西不生长；失掉滋养，没有东西不消亡。孔子说过：'抓紧它就有，手一松就无；出出进进不定时，没人知它哪里住。'这是指人心而说的吧。"

11.9 孟子曰："无或乎王之不智也①。虽有天下易生之物也，一日暴之，十日寒之，未有能生者也。吾见亦罕矣，吾退而寒之者至矣，吾如有萌焉何哉②？今夫弈之为数③，小数也；不专心致志，则不得也。弈秋，通国之善弈者也。使弈秋诲二人弈，其一人专心致志，惟弈秋之为听；一人虽听之，一心以为有鸿鹄将至④，思援弓缴而射之⑤，虽与之俱学，弗若之矣。为是其智弗若与？曰：非然也。"

注释：

①或：同"惑"。
②有萌："有"，动词词头；萌，草木发芽，发端。
③弈之为数：弈，围棋也；数，技也。
④鸿鹄：天鹅。
⑤缴（zhuó）：生丝，用来系在箭上，因此也把系着丝线的箭叫做"缴"。

译文：

孟子说："不要对王的不明智感到奇怪。纵使有一种最容易成长的植物，晒它一天，冷它十天，也没见到能够成活的。我和王相见的次数实在太少了，我每次回去后，来'冷'王的（佞幸小人）就接踵而至了；那么，我对于王善良之心的萌芽能起什么作用呢？譬如下棋，只是个小技艺，但如果不一心一德，也不能学好。弈秋下棋，全国第一。假使让他培养两个人下棋，其中一人一心一意，只听弈秋的话；另一人呢，虽然也听着弈秋说话，心里却老想着有只天鹅快要飞来，想着拿起弓箭去射它。这样，即使和前一人一道学习，成绩一定不如人家。是因为他的才智不如人家吗？不是这样的。"

11.10-1　孟子曰："鱼，我所欲也，熊掌亦我所欲也；二者不可得兼，舍鱼而取熊掌者也。生亦我所欲也，义亦我所欲也；二者不可得兼，舍生而取义者也。生亦我所欲，所欲有甚于生者，故不为苟得也；死亦我所恶，所恶有甚于死者，故患有所不辟也。如使人之所欲莫甚于生，则凡可以得生者，何不用也？使人之所恶莫甚于死者，则凡可以辟患者，何不为也？由是则生而有不用也，由是则可以辟患而有不为也，是故所欲有甚于生者，所恶有甚于死者。"

译文：

孟子说："鱼是我想要的，熊掌也是我想要的；如果两者不能都要，便放弃鱼而获取熊掌。生命是我想要的，义也是我想要的；如果两者不能都要，便放弃生命而获取义。生命固然是我想要的，但是我想要的还有比生命更宝贵的，所以我不做苟且偷生的事；死亡固然是我所厌恶的，但是我厌恶的还有比死亡更讨厌的，所以有的祸患我不逃避。如果人们想要的没有比生命更宝贵的，那么，一切可以求得生存的手段，便会无所不用其极。如果人们所厌恶的没有比死亡更讨厌的，那么，一切可以免除祸患的东西，也会无所不用其极。（然而，有些人）由此而行，能够得以生存，却不去做；由此而行，能够免除祸患，也不去干。由此可知，有比生命更值得拥有的东西，也有比死亡更令人厌恶的东西。"

11.10-2　"非独贤者有是心也，人皆有之，贤者能勿丧耳。一箪食，一豆羹①，得之则生，弗得则死，嘑尔而与之，行道之人弗受②；

蹴尔而与之，乞人不屑也；万钟则不辨礼义而受之。万钟于我何加焉？为宫室之美、妻妾之奉、所识穷乏者得我与③？乡为身死而不受，今为宫室之美为之；乡为身死而不受，今为妻妾之奉为之；乡为身死而不受，今为所识穷乏者得我而为之。是亦不可以已乎？此之谓失其本心。"

注释：

①豆：盛羹汤的器皿。

②嘑：同"呼"。

③得我：感激我。得，通"德"；德我，对我感恩戴德。

译文：

"这种心不仅仅贤人有，人人都有，不过贤人能够保持它罢了。一筐饭，一碗汤，得到便能活下去，得不到便死路一条，吆喝着给予，路过的饿人都不会接受；脚踏着给予，即使乞丐也不屑于接受；（然而有人对）万钟的俸禄却不管是否合于礼义就接受了。万钟的俸禄对我有什么好处呢？是为了住宅的华美、妻妾的侍奉和让所认识的贫苦人感恩戴德吗？过去宁肯死也不愿接受，今天却为了华美的住宅而接受了；过去宁肯死也不愿接受，今天却为了妻妾的侍奉而接受了；过去宁肯死也不愿接受，今天却为了让所认识的贫苦人感恩戴德而接受了。这些难道不可以停止吗？这样做就叫做忘了初心。"

11.11　孟子曰："仁，人心也；义，人路也。舍其路而弗由，放其心而不知求，哀哉！人有鸡犬放，则知求之；有放心而不知求。学问之道无他，求其放心而已矣。"

译文：

孟子说："仁是人的心，义是人的路。放弃了那条正路不走，丢失了那颗良心而不晓得去追回，真可悲呀！一个人，有鸡和狗走失了，晓得要去找回；有良心丢失了，却不晓得去追回。学问之道没有别的，就是把那丢失了的良心追回来罢了。"

11.12　孟子曰："今有无名之指屈而不信①，非疾痛害事也，如有能信之者，则不远秦楚之路，为指之不若人也。指不若人，则知恶之；心不若人，则不知恶，此之谓不知类也^②。"

注释：

①信：同"伸"。

②不知类：不知轻重。

译文：

孟子说："现在有个人，他无名指弯曲而不能伸直，虽然不痛苦，也不妨碍做事，如果有人能够使它伸直，即使为此跑去秦国、楚国，也不嫌远，为的是无名指比不上别人。无名指比不上别人，就知道厌恶；心性不及别人，竟不知道厌恶，这个就叫做不知轻重。"

11.13　孟子曰："拱把之桐梓^①，人苟欲生之，皆知所以养之者。至于身，而不知所以养之者，岂爱身不若桐梓哉？弗思甚也。"

注释：

①拱把：拱，合两手拿；把，一只手拿。

译文：

孟子说："一两把粗的桐树、梓树，想要让它苗壮成长，人人都晓得如何去培养。至于人本身，却不晓得如何去培养，难道人爱自己还赶不上爱桐树、梓树吗？真是太不爱动脑筋了。"

11.14　孟子曰："人之于身也，兼所爱。兼所爱，则兼所养也。无尺寸之肤不爱焉，则无尺寸之肤不养也。所以考其善不善者，岂有他哉？于己取之而已矣。体有贵贱，有小大。无以小害大，无以贱害贵。养其小者为小人，养其大者为大人。今有场师，舍其梧槚^①，养其樲棘^②，则为贱场师焉。养其一指而失其肩背，而不知也，则为狼疾人也^③。饮食之人，则人贱之矣，为其养小以失大也。饮食之人无有失也，则口腹岂适为尺寸之肤哉^④？"

注释：

①梧槚（jiǎ）：梧，梧桐；槚，即楸树。梧桐、楸树都是好木料。

②樲（èr）棘：樲，酸枣；棘，荆棘。

③狼疾：同"狼藉"。

④适：恰恰。

译文：

孟子说："人们对于自己的身体，真是加倍珍惜。加倍珍惜，便加倍保养。没有一尺一寸的皮肤不珍惜，便没有一尺一寸的皮肤不保养。考察他养护得好或者不好，难道还有别的吗？只是观察他对于己身的养护何所取舍而已。身体四肢有重要的，也有次要的；有小的，也有大的。不要因为小的而损害大的，不要因为次要的而损害重要的。保养小的就是小人，保养大的便是君子。现在有一位园艺师，放弃梧桐、梓树，却去培养酸枣、荆棘，那就是一位很糟的园艺师。如果有人只保养他的一根手指，却遗忘了肩头背脊，自己还不明白，那便是糊涂蛋了。只晓得吃吃喝喝（而不晓得培养心志）的人，人家都轻视他；因为他只保养了小的，而丢失了大的。如果讲究吃喝的人并不影响心志的培养，那么，他的吃喝难道只是为了口腹之需吗？"

11.15　公都子问曰："钧是人也①，或为大人，或为小人，何也？"孟子曰："从其大体为大人，从其小体为小人。"

曰："钧是人也，或从其大体，或从其小体，何也？"

曰："耳目之官不思，而蔽于物。物交物，则引之而已矣。心之官则思，思则得之，不思则不得也。此天之所与我者。先立乎其大者，则其小者不能夺也。此为大人而已矣。"

注释：

①钧：同"均"。

译文：

公都子问道："人还是那些人，其中有些是君子，有些是小人，为什么呢？"孟子答道："放纵满足身体重要部分的是君子，放纵满足身体次要部分的是小人。"

问道："同样是人，有人放纵满足重要部分的需要，有人放纵满足次要部分的需要，又为了什么呢？"

答道："耳朵眼睛这类器官不会思考，故易为外物所蒙蔽。（故耳目也不过是一物。它们）一与外物接触，便被引向迷途了。心这个器官的功能是思考，一思考便可求得事物的真谛，不思考便得不到。这个器官是上天特意给我们的。因此，先把重要的器官树立起来，次要的器官便不能喧宾夺主了。要成为君子，不过如此。"

11.16　孟子曰："有天爵者，有人爵者。仁义忠信，乐善不倦，此天爵也；公卿大夫，此人爵也。古之人修其天爵，而人爵从之。今之人修其天爵，以要人爵；既得人爵，而弃其天爵，则惑之甚者也，终亦必亡而已矣。"

译文：

孟子说："有上天赐予的爵位，有俗世认可的爵位。仁义忠信，好善不疲，这是上天赐予的爵位；公卿大夫，这是俗世认可的爵位。古代的人修养上天赐予的爵位，俗世认可的爵位也就跟着来了。现在的人修养上天赐予的爵位，为的是追求俗世认可的爵位；若已经得到俗世认可的爵位，便放弃上天赐予的爵位，真是糊涂透顶了，到头来连俗世认可的爵位也会丢掉的。"

11.17　孟子曰："欲贵者，人之同心也。人人有贵于己者，弗思耳矣。人之所贵者，非良贵也。赵孟之所贵①，赵孟能贱之。《诗》云②：'既醉以酒，既饱以德。'言饱乎仁义也，所以不愿人之膏粱之味也③；令闻广誉施于身，所以不愿人之文绣也④。"

注释：

①赵孟：晋国正卿赵盾字孟，因而其子孙都称"赵孟"。
②"《诗》云"以下两句：见《诗经·大雅·既醉》。
③所以不愿人之膏粱之味也：愿，羡慕；膏，肥肉；粱，细粮。
④文绣：古时有爵位者所穿着的绣服。

译文：

孟子说："希望尊贵，是人同此心的。每个人都有自认为宝物的东西，只是不去想它罢了。别人当成宝物的，不一定真的是宝物。赵孟当成宝物的，赵孟也能让它轻贱。《诗经》说：'酒已经喝多了，德已经满身了。'说的是既有仁义满身，也就不羡慕别人的肥肉精米了；人所共知的好名声集我一身，也就不羡慕别人的花团锦簇了。"

11.18　孟子曰："仁之胜不仁也，犹水胜火。今之为仁者，犹以一杯水救一车薪之火也；不熄，则谓之水不胜火。此又与于不仁之甚者，亦终必亡而已矣。"

译文：

孟子说："仁胜过不仁，正像水可以扑灭火一样。如今行仁的人，好像用一杯水来扑灭一车木柴的火焰，火焰不熄灭，便说水不能扑灭火。这等于又和那很不仁的人为伍了，到头来连他们的这一点点仁都会消亡的。"

11.19　孟子曰："五谷者，种之美者也；苟为不熟，不如荑稗①。夫仁，亦在乎熟之而已矣。"

注释：

①荑稗（tí bài）：即"稊稗"；稊，稗类，结实甚小，可以作家畜饲料，古人也用来备凶年。

译文：

孟子说："五谷（的种子）是种子中的精品，但如果未成熟，反而不及稗米和稗子。仁，也在于使它成熟罢了。"

11.20　孟子曰："羿之教人射，必志于彀①，学者亦必志于彀。大匠诲人必以规矩，学者亦必以规矩。"

注释：

①彀（gòu）：张满弓。

译文：

孟子说："羿教人射箭一定拉满弓，学习的人也一定要求努力拉满弓。优秀木匠教诲徒弟一定要讲求规矩，学习的人也一定要讲求规矩。"

告子章句下（凡十六章）

12.1-1　任人有问屋庐子曰①："礼与食孰重?"

曰："礼重。"

"色与礼孰重?"

曰："礼重。"

曰："以礼食，则饥而死；不以礼食，则得食，必以礼乎? 亲迎②，则不得妻；不亲迎，则得妻，必亲迎乎?"

屋庐子不能对，明日之邹以告孟子③。

注释：

①任人有问屋庐子曰：任，古国名，故城在今山东省济宁市；屋庐子，孟子弟子，名连。

②亲迎：古代婚姻礼仪。新郎亲迎新妇，自诸侯至于老百姓都如此。

③邹：在今山东邹城市东南 26 里，与故任国相距约 100 里。

译文：

有一位任国人问屋庐子说："礼和食哪个重要?"

答道："礼重要。"

"女色和礼哪个重要?"

答道："礼重要。"

问道："如果守礼法找吃的，会饿死；不守礼法找吃的，能找到吃的，那一定要守礼法吗? 如果行迎亲礼，得不到妻子；不行迎亲礼，能得到妻子，那一定要行迎亲礼吗?"

屋庐子答不上来，第二天去邹国时，把这话告诉了孟子。

告子章句下

12.1-2　孟子曰："于答是也，何有？不揣其本^①，而齐其末，方寸之木可使高于岑楼^②。金重于羽者，岂谓一钩金与一舆羽之谓哉^③？取食之重者与礼之轻者而比之，奚翅食重^④？取色之重者与礼之轻者比之，奚翅色重？往应之曰：'紾兄之臂而夺之食^⑤，则得食；不紾，则不得食，则将紾之乎？逾东家墙而搂其处子^⑥，则得妻；不搂，则不得妻，则将搂之乎？'"

注释：

①揣：度量高度。
②岑楼：高锐似山的楼。
③一钩金：重当时的1/3两。
④奚翅：何止。"翅"同"啻"，止。
⑤紾：扭转。
⑥处子：处女。

译文：

孟子说："回答这个有什么难呢？如果不度量底部，而只比较它的顶端，那一寸厚的木块（若放在高处），可以让它高于尖角高楼。金子比羽毛重，难道是说的一小块金子和一大车羽毛吗？拿吃的重要方面和礼的细微末节来比较，何止说吃更重要？拿女色的重要方面和礼的细微末节来比较，何止说女色更重要？你回去这样回答他吧：'扭断哥哥的胳膊，去抢夺他的食物，就得到吃的；不去扭断，就得不到吃的，还会去扭断吗？爬过东邻的墙去搂抱处女，能得到老婆；不去搂抱，不能得到老婆，还会去搂抱吗？'"

12.2　曹交问曰^①："人皆可以为尧舜，有诸？"
孟子曰："然。"
"交闻文王十尺，汤九尺，今交九尺四寸以长，食粟而已，如何则可？"
曰："奚有于是？亦为之而已矣。有人于此，力不能胜一匹雏^②，则为无力人矣；今曰举百钧，则为有力人矣。然则举乌获之任^③，是亦为乌获而已矣。夫人岂以不胜为患哉？弗为耳。徐行后长者谓之弟，疾行先长者谓之不弟。夫徐行者，岂人所不能哉？所不为也。尧舜之道，

411

孝弟而已矣。子服尧之服，诵尧之言，行尧之行，是尧而已矣。子服桀之服，诵桀之言，行桀之行，是桀而已矣。"

曰："交得见于邹君，可以假馆，愿留而受业于门。"

曰："夫道若大路然，岂难知哉？人病不求耳。子归而求之，有余师。"

注释：

①曹交：不知何人。

②一匹雏：雏，小鸡；这里"匹"字疑有误，因为那时只有"马三匹"的表达法，没有"三匹马"的表达法，当然也不可能有"一匹雏"。

③乌获：上古的大力士。

译文：

曹交问道："人人都可以做尧舜，有这说法吗？"

孟子答道："有的。"

曹交问："我听说文王 10 尺高，汤 9 尺高，如今我有 9 尺 4 寸多高，只会吃饭罢了，要怎样做才好呢？"

孟子说："这有什么关系呢？只要努力去做就行了。比如这里有个人，自认为一只小鸡都提不起来，便是毫无力气的人了；说自己能举起 3000 斤，便是很有力气的人了。那么，举得起乌获所举重量的，也就是乌获了。一个人怎能以不胜任为忧呢？只是不去做罢了。慢点儿走，走在长者之后，便叫做'悌'；飞步紧走，抢在长者之前，便叫'不悌'。慢点儿走，难道是人做不到的吗？只是不做罢了。尧舜之道，不过是'孝'和'悌'而已。你穿尧的衣服，说尧的话，做尧所做的事，这就是尧了。你穿桀的衣服，说桀的话，做桀所做的事，这就是桀了。"

曹交说："我准备去谒见邹君，向他借个地方住，情愿留在您门下学习。"

孟子说："道就像大路一样，难道难于认清吗？怕只怕人不去探求罢了。你回去自己探求吧，老师嘛有的是。"

12.3-1 公孙丑问曰："高子曰，《小弁》①，小人之诗也。"孟子曰："何以言之?"曰："怨。"曰："固哉,高叟之为诗也! 有人于此,越人关弓而射之,则己谈笑而道之;无他,疏之也。其兄关弓而射之,则己垂涕泣而道之;无他,戚之也②。《小弁》之怨,亲亲也。亲亲,仁也。固矣夫,高叟之为诗也!"

注释:

①《小弁(pán)》:《诗经·小雅》中的一篇。

②戚:这里是亲近的意思。

译文:

公孙丑问道:"高子说,《小弁》是小人写的诗。是吗?"孟子说:"为什么这样说呢?"答道:"幽怨。"孟子说:"太鄙陋了,高老先生的讲诗! 这里有个人,若是越国人张弓射他,事后他可以谈笑风生地讲述这事;没有别的,只是因为越国人和他关系疏远。要是他哥哥张弓射他,事后他会一把鼻涕一把泪讲述这事;没有别的,为此伤心哪。《小弁》的幽怨,正由于依恋亲人哪。依恋亲人,就是仁哪。太鄙陋了吧,高老先生的讲诗!"

12.3-2 曰："《凯风》何以不怨①?"

曰："《凯风》,亲之过小者也;《小弁》,亲之过大者也。亲之过大而不怨,是愈疏也;亲之过小而怨,是不可矶也②。愈疏,不孝也;不可矶,亦不孝也。孔子曰:'舜其至孝矣,五十而慕③。'"

注释:

①《凯风》:见于《诗经·国风·邶风》,是赞美孝子的。

②不可矶(jī):意思是稍微刺激就大发脾气。矶,激怒。

③慕:依恋。

译文:

公孙丑说:"《凯风》为什么不幽怨呢?"

答道:"《凯风》这篇诗,是由于母亲有小过失;《小弁》这篇诗,却是由于父亲有大过失。父母的过失大,而不抱怨,那是更疏远父母;父母的过错小,却去抱怨,那是这人容易动怒。更疏远父母是不孝,对父母动辄发怒也是不孝。孔子说:'舜是最孝顺的人了,50岁还依恋父母。'"

12.4　宋牼将之楚①，孟子遇于石丘，曰："先生将何之？"

曰："吾闻秦楚构兵，我将见楚王说而罢之。楚王不悦，我将见秦王说而罢之。二王我将有所遇焉。"

曰："轲也请无问其详，愿闻其指②。说之将何如？"

曰："我将言其不利也。"

曰："先生之志则大矣，先生之号则不可③。先生以利说秦楚之王，秦楚之王悦于利，以罢三军之师，是三军之士乐罢而悦于利也。为人臣者怀利以事其君，为人子者怀利以事其父，为人弟者怀利以事其兄，是君臣、父子、兄弟终去仁义④，怀利以相接，然而不亡者，未之有也。先生以仁义说秦楚之王，秦楚之王悦于仁义，而罢三军之师，是三军之士乐罢而悦于仁义也。为人臣者怀仁义以事其君，为人子者怀仁义以事其父，为人弟者怀仁义以事其兄，是君臣、父子、兄弟去利，怀仁义以相接也，然而不王者，未之有也。何必曰利？"

注释：

①宋牼（kēng）：宋国人，战国著名学者。

②指：意指，意向，略同于"旨"。

③号：名义，提法。

④终：尽。

译文：

宋牼要到楚国去，孟子在石丘碰到了他。孟子问道："先生准备往哪儿去？"

答道："我听说秦楚两国交兵，我打算去谒见楚王，劝他罢兵。如果楚王不乐意，我再打算去谒见秦王，劝他罢兵，在两位王中，我总会有所遇合。"

孟子说："我不想问得太详细，只想知道你的大意，你将如何进言呢？"

答道："我打算陈述交战如何不利。"

孟子说："先生的志向固然很大，先生的提法却不行。先生用利来向秦王、楚王进言，秦王、楚王因为喜欢有利，才停止军事行动，这就使得三军官兵乐于罢兵而去喜欢利。做臣属的怀揣着利而服事君主，做儿子的怀揣着利而服事父亲，做弟弟的怀揣着利而服事兄长，这就会使君臣、父子、兄弟之间最终都丢弃仁义，为了利益而打交道，这样而国家不灭亡的，是从没有过的事。如果先生用仁义来向秦王、楚王进言，秦王、楚王因为喜欢仁义而停止军事行动，这就会使三军官兵乐于罢兵，而去喜欢仁义。做臣属的满怀仁义来服事君主，做儿子的满怀仁义来服事父亲，做弟弟的满怀仁义来服事兄长，这就会使君臣、父子、兄弟之间都放弃唯利是图，满怀仁义来打交道，这样的国家不以德政统一天下的，也是从没有的事。为什么一定要言'利'呢？"

12.5　孟子居邹，季任为任处守①，以币交，受之而不报。处于平陆②，储子为相，以币交，受之而不报。他日，由邹之任，见季子；由平陆之齐，不见储子。屋庐子喜曰："连得间矣。"问曰："夫子之任，见季子；之齐，不见储子，为其为相与？"

曰："非也。《书》曰③：'享多仪④，仪不及物曰不享，惟不役志于享。'为其不成享也。"

屋庐子悦。或问之，屋庐子曰："季子不得之邹，储子得之平陆。"

注释：

①季任：任国国君之弟。

②平陆：今山东汶上县。

③"《书》曰"等句：见《尚书·洛诰》。

④多：可贵，赞赏。

译文：

孟子住在邹国时，季任留守任国，代理国政，送礼物来和孟子交友，孟子接受了，但不回报。孟子住在平陆时，储子做齐国的卿相，送礼物来和孟子交友，孟子接受了，也不回报。过了些时候，孟子从邹国到任国，拜访了季子；从平陆到齐都，却不去拜访储子。屋庐子高兴地说："我钻到老师的空子了。"便问道："老师到任国，拜访季子；到齐都，不拜访储子，是因为储子只是卿相吗？"

答道："不是。《书经》说过：'享献之礼贵在仪节，如果仪节的隆盛赶不上礼物的丰盛，便等于没有享献，因为他的心意没有用在享献上面。'这是因为他并没有真正完成享献之故。"

屋庐子听了很高兴。有人问他，他说："季子做不到亲身去邹国，储子却能做到亲身去平陆（他为什么不亲自送礼去呢）。"

12.6 淳于髡曰："先名实者，为人也；后名实者，自为也①。夫子在三卿之中②，名实未加于上下而去之，仁者固如此乎？"

孟子曰："居下位，不以贤事不肖者，伯夷也；五就汤，五就桀者，伊尹也；不恶污君，不辞小官者，柳下惠也。三子者不同道，其趋一也。一者何也？曰，仁也。君子亦仁而已矣，何必同？"

曰："鲁缪公之时，公仪子为政③，子柳、子思为臣④，鲁之削也滋甚；若是乎，贤者之无益于国也！"

曰："虞不用百里奚而亡，秦穆公用之而霸。不用贤则亡，削何可得与？"

曰："昔者王豹处于淇⑤，而河西善讴⑥；绵驹处于高唐⑦，而齐右善歌⑧；华周杞梁之妻善哭其夫而变国俗。有诸内，必形诸外。为其事而无其功者，髡未尝睹之也。是故无贤者也，有则髡必识之。"

曰："孔子为鲁司寇，不用，从而祭，燔肉不至⑨，不税冕而行⑩。不知者以为为肉也，其知者以为为无礼也。乃孔子则欲以微罪行，不欲为苟去。君子之所为，众人固不识也。"

注释：

①名实：名，声誉；实，事功。

②三卿：上卿、亚卿、下卿。

③公仪子：即公仪休，鲁国博士。

④子柳：即泄柳。

⑤王豹：齐国的歌唱家。

⑥河西：指卫国，卫国在黄河西岸。

⑦高唐：故城在今山东禹城市西南。

⑧齐右：高唐在齐之西部，西在右（以朝南论），所以叫齐右。

⑨燔肉不至：燔，亦作"膰"，祭肉；古礼，宗庙社稷祭祀，必分赐

祭肉与同姓之国以及有关诸人，表示"同福禄"。

⑩不税（tuō）冕而行："不税冕"表示匆忙。

译文：

淳于髡说："看重名誉功业是为了经世济民，轻视名誉功业是为了独善其身。您贵为齐国三卿之一，名誉和功业都还没上达君主、下及臣民，您就要离开，仁人原来是这样的吗？"

孟子说："处在卑贱的地位，不以自己贤人之身服事不肖之人的，有伯夷在；五次去汤那儿，又五次去桀那儿的，有伊尹在；不讨厌污秽的君主，不拒绝卑微的职位，有柳下惠在。三个人的行为虽不相同，但趋向是一致的。这一致是什么呢？应该说，就是仁。君子只要仁就行了，为什么一定要相同呢？"

淳于髡说："当鲁缪公的时候，公仪子主持国政，泄柳和子思都是臣子，鲁国削弱得却更厉害；贤人对国家无用，就像这样的呀！"

孟子说："虞国不用百里奚，因而灭亡；秦穆公用了他，因而称霸。不用贤人就会亡国，即便想要割地求和而苟且偷生，又如何做得到呢？"

淳于髡说："从前王豹住在淇水之旁，河西的人都会唱歌；绵驹住在高唐之上，齐国西部的人都会唱歌；华周、杞梁的妻子痛哭她们的丈夫，因而改变了国家风尚。里面有什么，一定会显现于外面。从事某项工作，却没看到成绩的，我不曾见过这样的事。所以，要么是没有贤人，如果有贤人，我一定认识他。"

孟子说："孔子任鲁国司寇，不被重用，跟随着去祭祀，祭肉也不见送来，于是不解下祭冕便匆忙离开。不了解孔子的人以为他是为了祭肉，了解他的人明白他是为了鲁国失礼而离开。至于孔子，却是想要背着个小罪名而走，不想随便离开。君子的所作所为，芸芸众生本来就是弄不清楚的。"

12.7-1　孟子曰："五霸者①，三王之罪人也②；今之诸侯，五霸之罪人也；今之大夫，今之诸侯之罪人也。天子适诸侯曰巡狩，诸侯朝于天子曰述职。春省耕而补不足，秋省敛而助不给。入其疆，土地辟，田野治，养老尊贤，俊杰在位，则有庆③；庆以地。入其疆，土地荒芜，遗老失贤，掊克在位④，则有让⑤。一不朝，则贬其爵；再不朝，则削其地；三不朝，则六师移之⑥。是故天子讨而不伐，诸侯伐而不讨。五霸者，搂诸侯以伐诸侯者也，故曰，五霸者，三王之罪人也。"

注释：

①五霸：指齐桓公、晋文公、秦穆公、楚庄王、吴王阖闾；或指齐桓公、晋文公、秦穆公、宋襄公、楚庄王。

②三王：夏禹、商汤、周文王与周武王。

③庆：奖赏。

④掊（póu）克：聚敛；这里指聚敛之人。

⑤让：责备，责罚。

⑥六师：即六军；周制，天子有六军，诸侯三军、二军、一军不等，每军12500人。

译文：

孟子说："五霸，是三王的罪人；现在的诸侯，是五霸的罪人；现在的大夫，又是现在诸侯的罪人。天子巡行诸侯国叫做'巡狩'，诸侯朝见天子叫做'述职'。（天子的巡狩）春天考察耕种，补助不足的人；秋天考察收获，周济不够的人。一进到某国的疆界，看到土地已经开辟，田野整治得很好，赡养老人且尊敬贤者，俊杰能臣都有官位，那么就有赏赐；赏赐用土地。如果一进入某国疆界，土地抛荒，老人遭遗弃，贤者不被任用，搜刮聚敛之人窃据要职，那么就有责罚。（诸侯的述职）一次不朝，就降低爵位；两次不朝，就削减土地；三次不朝，就把军队派去。所以天子用兵是'讨'而不是'伐'，诸侯则是'伐'而不是'讨'。五霸呢，是挟持一部分诸侯来攻伐另一部分诸侯的人，所以我说，五霸是三王的罪人。"

12.7-2 "五霸，桓公为盛。葵丘之会①，诸侯束牲载书而不歃血②。初命曰，诛不孝，无易树子，无以妾为妻。再命曰，尊贤育才，以彰有德。三命曰，敬老慈幼，无忘宾旅。四命曰，士无世官，官事无摄，取士必得③，无专杀大夫。五命曰，无曲防④，无遏籴，无有封而不告⑤。曰，凡我同盟之人，既盟之后，言归于好。今之诸侯皆犯此五禁，故曰，今之诸侯，五霸之罪人也。长君之恶其罪小，逢君之恶其罪大。今之大夫皆逢君之恶，故曰，今之大夫，今之诸侯之罪人也。"

注释：

①葵丘：地名，春秋时属宋，在今河南兰考县。

②诸侯束牲载书而不歃（shà）血：束牲，不杀的牺牲，指束缚之而不杀；书，即盟书；歃，以口微吸之。

③得：得贤。

④无曲防：防，堤；这里是说宜直其堤防，不要曲其堤防，以邻为壑。

⑤无有封而不告：意思是不要以私恩擅自封赏而不告盟主。

译文：

"五霸，齐桓公的事功最为盛大。在葵丘的盟会上，捆绑了牺牲，把盟约放在它身上，（因为相信诸侯不敢负约）没有歃血。第一条盟约说：诛责不孝之人，不要废立世子，不要立妾为妻。第二条盟约说，尊重贤人，养育人才，来表彰有德者。第三条盟约说，恭敬老人，慈爱幼小，不要怠慢贵宾和旅客。第四条盟约说，士人的官职不要世代相传，公家职务不要兼任，录用士子要取贤人，不要独断专行杀戮大夫。第五条盟约说，不要弯曲堤防（而以邻为壑），不要阻遏邻国来采购粮食，不要有所封赏而不报告（盟主）。最后说，所有参与盟会的人自订立盟约以后，都恢复旧日的友好。今日的诸侯都违犯了这五条禁令，所以说，今天的诸侯是五霸的罪人。臣下帮助君主干坏事，这罪行还算小；臣下迎合君主干坏事，（为他寻找理由，使他无所忌惮）这罪行可就大了。而今天的大夫，都迎合君主干坏事。所以说，今天的大夫又是诸侯的罪人。"

12.8　鲁欲使慎子为将军①。孟子曰："不教民而用之，谓之殃民。殃民者，不容于尧舜之世。一战胜齐，遂有南阳②，然且不可③——"

慎子勃然不悦曰："此则滑厘所不识也。"

曰："吾明告子。天子之地方千里；不千里，不足以待诸侯。诸侯之地方百里；不百里，不足以守宗庙之典籍④。周公之封于鲁，为方百里也；地非不足，而俭于百里⑤。太公之封于齐也，亦为方百里也；地非不足也，而俭于百里。今鲁方百里者五，子以为有王者作，则鲁在所损乎，在所益乎？徒取诸彼以与此，然且仁者不为，况于杀人以求之乎？君子之事君也，务引其君以当道，志于仁而已。"

注释：

①慎子：善用兵者，名滑厘。

②南阳：即汶阳，在泰山之西南，汶水之北，本属鲁，其后逐渐为齐所侵夺。

③然且不可：这句未完，因慎子勃然不悦，抢着说去。

④典籍：重要文册。

⑤俭：少。

译文：

鲁国打算让慎子做将军。孟子说："不先教导训练百姓便用他们打仗，这叫做祸害老百姓。祸害老百姓的人，在尧舜的时代是容不下他的。打一次仗便胜了齐国，因而得到了南阳，这样尚且不可以——"

慎子突然不高兴地说："这是我所不了解的了。"

孟子说："我明白地告诉你吧。天子的土地纵横 1000 里；如果不到 1000 里，便不足以统领诸侯。诸侯的土地纵横 100 里；如果不到 100 里，便不足以奉守祖宗所传法度和典籍。周公被封于鲁，是应该纵横 100 里的；土地并非不够，但还少于 100 里。太公被封于齐，也应该是纵横 100 里的；土地并非不够，但还少于 100 里。如今鲁国有五个纵横 100 里，你以为假如有圣明之王兴起，鲁国的土地会减少呢，还是会增加呢？白拿那一国土地来给这一国，仁人尚且不干，何况杀人来求得土地呢？君子服事君王，务必引导他趋向正路，有志于仁罢了。"

12.9 孟子曰："今之事君者皆曰：'我能为君辟土地，充府库。'今之所谓良臣，古之所谓民贼也。君不乡道①，不志于仁，而求富之，是富桀也。'我能为君约与国，战必克。'今之所谓良臣，古之所谓民贼也。君不乡道，不志于仁，而求为之强战，是辅桀也。由今之道，无变今之俗，虽与之天下，不能一朝居也。"

注释：

①乡：向。

译文：

孟子说："今天服事君主的人都说：'我能够替君主开拓土地，充实府库。'今天的所谓'良臣'，正是古代的所谓'民贼'。君主不向往道德，无意于仁，却想让他富足，这等于让夏桀富足。（又说）'我能够替君主联合诸侯，每战必胜。'今天的所谓'良臣'，正是古代的所谓'民贼'。君主不向往道德，无意于仁，却想为他努力作战，这等于辅助夏桀。顺着当今这条路走下去，不改变当今的风俗习气，即便给他整个天下，他也是一天都坐不安稳的。"

12.10　白圭曰①："吾欲二十而取一，何如？"

孟子曰："子之道，貉道也②。万室之国，一人陶，则可乎？"

曰："不可，器不足用也。"

曰："夫貉，五谷不生，惟黍生之③；无城郭、宫室、宗庙、祭祀之礼，无诸侯币帛饔飧④，无百官有司，故二十取一而足也。今居中国，去人伦，无君子⑤，如之何其可也？陶以寡，且不可以为国，况无君子乎？欲轻之于尧舜之道者，大貉小貉也；欲重之于尧舜之道者，大桀小桀也。"

注释：

①白圭：人名，曾为相于魏，筑堤治水，促进生产，比孟子稍年轻。

②貉：同"貊（mò）"，北方的一个国名。

③黍：就是古人之所说的"稷"，北方叫做"糜子"。

④饔飧（yōng sūn）：以饮食招待客人之礼。

⑤君子：指百官。

译文：

白圭说："我想定税率为二十抽一，怎么样？"

孟子说："你的办法是貉国的办法。一万户的国家，只有一个人制作瓦器，那可以吗？"

答道："不可以，瓦器会不够用的。"

孟子说："貉国，各种谷类都不生长，只生长糜子；又没有城墙、房屋、祖庙和祭祀的礼节，也没有各国间的互相往来、送礼宴客，也没有各种衙门和官吏，所以二十抽一的税就够了。如今在中原各国，抛弃人间伦常，不要大小官吏，那怎么能行呢？做瓦器的太少，尚且国将不国，何况没有官吏呢？想要比尧舜的十分抽一的税率还轻的，是大貉小貉；想要比尧舜的十分抽一的税率还重的，是大桀小桀。"

12.11　白圭曰："丹之治水也愈于禹。"

孟子曰："子过矣。禹之治水，水之道也，是故禹以四海为壑。今吾子以邻国为壑。水逆行谓之洚水——洚水者，洪水也——仁人之所恶也。吾子过矣。"

译文：

白圭说："我治理水患哪，比大禹还强呢。"

孟子说："您大错特错了！禹治理水患，是顺着水的本性疏导的，所以禹以四海为蓄水池。如今先生您却以邻国为蓄水池。水逆流而行叫做洚水——洚水就是洪水——是仁人所最厌恶的。先生您大错特错了！"

12.12　孟子曰："君子不亮①，恶乎执？"

注释：

①亮：同"谅"，信誉。

译文：

孟子说："君子不讲诚信，那秉持什么呢？"

12.13　鲁欲使乐正子为政①。孟子曰："吾闻之，喜而不寐。"

公孙丑曰："乐正子强乎？"

曰："否。"

"有知虑乎？"

曰："否。"

"多闻识乎?"

曰:"否。"

"然则奚为喜而不寐?"

曰:"其为人也好善②。"

"好善足乎?"

曰:"好善优于天下③,而况鲁国乎?夫苟好善,则四海之内皆将轻千里而来告之以善④。夫苟不好善,则人将曰:'訑訑⑤,予既已知之矣。'訑訑之声音颜色距人于千里之外⑥。士止于千里之外,则谗谄面谀之人至矣。与谗谄面谀之人居,国欲治,可得乎?"

注释:

①乐正子:乐正克。

②好善:爱好善的事物。

③优于天下:"优游于治天下"之意。

④轻千里而来:意思与"不远千里而来"相同。

⑤訑訑:感叹词。

⑥距:同"拒"。

译文:

鲁国打算让乐正子治国理政。孟子说:"我听说这事儿,高兴得睡不着。"

公孙丑说:"乐正子很刚强吗?"

答道:"不。"

"有智慧,有主意吗?"

答道:"不。"

"见多识广吗?"

答道:"不。"

"那你为什么高兴得睡不着呢?"

答道:"他的为人哪,就是喜好美好事物。"

"喜好美好事物就够了吗?"

答道:"喜好美好事物,以此治理天下都绰绰有余,何况仅仅治理鲁国呢？假如喜好美好事物，那四方之人都会不顾千里之遥赶来告诉他什么是美好事物。假如不喜好美好事物，那别人会（模仿他的话）说：'呵呵！我早都知道了！'说出'呵呵'的声音，脸色就会把别人拒绝于千里之外了。士人在千里之外止步不来，那进谗言的、当面奉承的人就会来了。和进谗言的、当面奉承的人朝夕相处，国家想要治理好，做得到吗？"

12. 14　陈子曰①："古之君子何如则仕？"

孟子曰："所就三，所去三。迎之致敬以有礼；言，将行其言也，则就之。礼貌未衰，言弗行也，则去之。其次，虽未行其言也，迎之致敬以有礼，则就之。礼貌衰，则去之。其下，朝不食，夕不食，饥饿不能出门户，君闻之，曰：'吾大者不能行其道，又不能从其言也，使饥饿于我土地，吾耻之。'周之，亦可受也，免死而已矣。"

注释：

①陈子：陈臻。

译文：

陈子说："古代的君子要怎样才出去做官？"

孟子说："就职的情况有三种，离职的情况也有三种。礼貌而恭敬地来迎接；他有所建言，便将实行他说的，这样便就职。礼遇和容色虽未衰减，但其建言已不实行了，这样便离开。其次，虽然没有实行他的建言，还是礼貌而恭敬地来迎接，也便就职。礼遇和容色已经衰减，这样便离开。最下等的是，早上没饭吃，晚上也没饭吃，饿极了连房门也走不出。君主知道了，说：'我在大政方针上不能实行他的学说，又不能听从他的建言，让他饥肠辘辘地待在我国土地上，我引以为耻。'于是周济他，这也可以接受，不过免于一死罢了。"

12. 15　孟子曰："舜发于畎亩之中①，傅说举于版筑之间②，胶鬲举于鱼盐之中③，管夷吾举于士④，孙叔敖举于海⑤，百里奚举于市。故天将降大任于是人也，必先苦其心志，劳其筋骨，饿其体肤，空乏其身，行拂乱其所为，所以动心忍性⑥，曾益其所不能⑦。人恒过，然后能改；困于心，衡于虑⑧，而后作；征于色，发于声，而后喻。入则无法家拂士，出则无敌国外患者⑨，国恒亡。然后知生于忧患而死于安乐也。"

注释：

①舜发于畎亩之中：舜曾耕于历山，又见9.1-1。

②版筑：古人筑墙，用两版相夹，实土于其中，以杵筑之。

③胶鬲举于鱼盐之中：胶鬲见3.1-2；但他"举于鱼盐之中"，故事不见于别书。

④管夷吾举于士：管夷吾即管仲，"士"为狱官之长。

⑤孙叔敖：楚国令尹（宰相）。

⑥忍性：坚忍其性，即使他的性格坚忍不拔。

⑦曾：同"增"。

⑧衡：横，指横塞其虑于胸臆之中。

⑨入则无法家拂士，出则无敌国外患者：入，指国内；出，指国外。拂，通"弼"，辅弼。

译文：

孟子说："大舜在田野之中发达起来，傅说在隔版筑墙时被提拔，胶鬲在打鱼晒盐时被提拔，管夷吾坐牢时被提拔，孙叔敖在海边被提拔，百里奚在市场被提拔。所以，当上天将要把大任务降临某人肩上时，必定要让他的内心痛苦，让他的筋骨疲乏，让他的身体饥饿，让他身无长物一贫如洗，总是干扰他的作为使他事事不如意。用这些来磨砺他的心性，坚韧他的意志，增强他的能力。一个人常犯错误，然后才能改正；心中困苦，思虑阻塞，然后才能崛起；（这些困苦思虑）反映在面色上，吐露于倾诉中，才能为他人所理解。（一个国家）内无有法度的大臣和足以辅弼的士人，外无与我抗衡的邻国和外部的忧患，常常容易衰败灭亡。所有这些不难让人知晓，忧愁祸患能够让人生存，而安逸快乐足以导致死亡啊！"

12.16　孟子曰："教亦多术矣，予不屑之教诲也者，是亦教诲之而已矣。"

译文：

孟子说："教育也有多种方式，我不屑于去教诲他，这也算是教诲他呢。"

尽心章句上（凡四十六章）

13.1　孟子曰："尽其心者，知其性也。知其性，则知天矣。存其心，养其性，所以事天也。夭寿不贰，修身以俟之，所以立命也。"

译文：

孟子说："能殚精竭虑于如何行善，这就是了解了人的本性。了解了人的本性，就懂得了天命。保持人的本心，培养人的本性，这就是对待天命的方法。无论短命或长寿，我都一心一意，只管培养身心，等待天命，就这样来立命安身。"

13.2　孟子曰："莫非命也，顺受其正；是故知命者不立乎岩墙之下。尽其道而死者，正命也；桎梏死者，非正命也。"

译文：

孟子说："没有什么不取决于命运，但顺理而行，接受的便是正命；所以懂得命运的人不站在有倾覆之危的高墙之下。致力于行其正道而死的人，所受的是正命；作奸犯科而死的人，所受的不是正命。"

13.3　孟子曰："求则得之，舍则失之，是求有益于得也，求在我者也。求之有道，得之有命，是求无益于得也，求在外者也。"

译文：

孟子说："（有些东西）追求就会得到，放弃就会失掉，这样的追求有益于获得；因为追求与否，完全取决于自己。追求有一定的方式，得到与否却听从命运，这种追求无益于获得；因为追求与否，完全取决于外物。"

13.4 孟子曰："万物皆备于我矣。反身而诚，乐莫大焉。强恕而行①，求仁莫近焉。"

注释：

①恕：《论语·颜渊》的"己所不欲，勿施于人"能够很好地解释什么叫做"恕"。

译文：

孟子说："一切我都具备了。反躬自问，自己是真心诚意的，便没有比这更大的快乐了。不懈地按照恕道去做，达到仁德的道路没有比这更直捷的了。"

13.5 孟子曰："行之而不著焉，习矣而不察焉，终身由之而不知其道者，众也。"①

注释：

①这四句可参考《论语·泰伯》："民可使由之，不可使知之。"《泰伯》这两句话不是说"要让"民"由之"，"不要让"民"知之"；而是说民的能力（或习性）"只能""使由之"而"不能""使知之"。这固然是"瞧不起"民众的，但却不是想要实行"愚民政策"。

译文：

孟子说："每天都在做着，其中蕴含的道理却不明白；习惯了的东西却不察知其所以然；一生都在这条路上走着，却不了解这是条什么路的，是芸芸众生啊。"

13.6 孟子曰："人不可以无耻，无耻之耻，无耻矣。"

译文：

孟子说："人不可以没有羞耻；不知羞耻的那种羞耻，真是个不知羞耻！"

13.7 孟子曰："耻之于人大矣。为机变之巧者①，无所用耻焉。不耻不若人，何若人有②?"

注释：

①机变：巧诈、诈术。

②不耻不若人，何若人有：此句颇不好懂。姑且参考上一章"人不可以无耻"，解"人有"为"人有耻"，也即"有耻之人"。"今君营处为游观，既夺人有，又禁其葬，非仁也。"（晏子春秋·外篇上》）

译文：

孟子说："羞耻对于人关系重大。精于算计、老于权谋者，羞耻对他是用不上的。不以赶不上别人为羞耻的人，怎么比得上懂得羞耻之人呢？"

13.8　孟子曰："古之贤王好善而忘势，古之贤士何独不然？乐其道而忘人之势，故王公不致敬尽礼，则不得亟见之。见且由不得亟，而况得而臣之乎？"

译文：

孟子说："古代的贤君追求嘉言懿行，而忘却追求权势；古代的贤士何尝不是这样呢？乐于走自己的正道，而忘却了他人的权势；所以王公不对他恭敬有加、礼数用尽，就不能够多次和他相见。相见的次数尚且不能太多，何况要他作为臣下呢？"

13.9　孟子谓宋勾践曰①："子好游乎②？吾语子游。人知之，亦嚣嚣③；人不知，亦嚣嚣。"

曰："何如斯可以嚣嚣矣？"

曰："尊德乐义，则可以嚣嚣矣。故士穷不失义，达不离道。穷不失义，故士得己焉④；达不离道，故民不失望焉。古之人，得志，泽加于民；不得志，修身见于世。穷则独善其身，达则兼善天下。"

注释：

①宋勾践：其人不可考。

②游：游说。

③嚣嚣：无欲而自得其乐的样子。

④得己：就是"自得"。

孟子对宋勾践说："你喜欢游说各国的君主吗？我告诉你如何游说。别人理解我，我也悠然自得；别人不理解我，我也悠然自得。"

宋勾践问："要怎样才可以悠然自得呢？"

孟子答道："崇尚德，乐乎义，就可以悠然自得了。所以，士人不得志时不失掉义，得志之时不离开道。不得志时不失掉义，所以能够葆有本性；得志之时不离开道，所以百姓不致失望。古代的人，得志则恩泽普施于百姓，不得志则修养个人品德而表现于世间。不得志时，便独善其身；得志之时，便兼善天下。"

13.10 孟子曰："待文王而后兴者①，凡民也。若夫豪杰之士，虽无文王犹兴。"

①兴：感动奋发之意。

孟子说："一定要等文王出来而后兴起的，是芸芸众生。至于豪杰之士，即使没有文王，也能兴起。"

13.11 孟子曰："附之以韩魏之家①，如其自视欿然②，则过人远矣。"

①附之以韩魏之家：附，增强；韩、魏之家，春秋时晋国的韩、魏两家大臣。

②欿（kǎn）然：谦虚的样子。

孟子说："用韩、魏两家的财富来增强一个人，如果他仍然谦虚随和，那他就远远超过一般人了。"

13.12　孟子曰："以佚道使民，虽劳不怨。以生道杀民，虽死不怨杀者。"

译文：

孟子说："役使百姓注意劳逸结合，百姓虽然疲劳，也不怨恨。为百姓求活路而杀人，那人虽被杀，也不会怨恨杀他的人。"

13.13　孟子曰："霸者之民欢虞如也①，王者之民皞皞如也②。杀之而不怨，利之而不庸③，民日迁善而不知为之者。夫君子所过者化④，所存者神，上下与天地同流，岂曰小补之哉？"

注释：

①欢虞：欢娱。

②皞皞：洋洋自得的样子。

③庸：酬谢。

④君子：此处指君王和圣人。

译文：

孟子说："霸主的百姓欢欣鼓舞，圣王的百姓心情愉悦。百姓要被杀了，也不怨恨；给了他好处，也不觉得应该酬谢；天天向好的方面发展，也不知道谁使他这样。君子经过之处，人们潜移默化；驻足之处，春风化雨，有如神助；上与天、下与地同时运转，难道说只是小小的补益吗？"

13.14　孟子曰：仁言不如仁声之入人深也，善政不如善教之得民也。善政，民畏之；善教，民爱之。善政得民财，善教得民心。"

译文：

孟子说："仁德的言语赶不上仁德的音乐沁人心脾，良好的政治赶不上良好的教育深得民心。良好的政治，百姓敬畏它；良好的教育，百姓热爱它。良好的政治得到百姓的财富，良好的教育赢得百姓的心。"

13.15　孟子曰："人之所不学而能者，其良能也；所不虑而知者，其良知也。孩提之童，无不知爱其亲者①；及其长也，无不知敬其兄也。亲亲，仁也；敬长，义也。无他，达之天下也。"

注释：

①孩提之童：孩，小儿笑声；提，怀抱。孩提之童，指嘿嘿笑着要父母抱着的一两岁小孩；按虚岁，则是两三岁。

译文：

孟子说："人不必学习便能做到的，是良能；不必思考便会知道的，是良知。两三岁的小儿没有不知道爱他父母的；等到他长大，没有不知道敬爱哥哥的。亲爱父母是仁，敬爱哥哥是义。没有别的原因，只因这两种品德可以通达于天下。"

13.16 孟子曰："舜之居深山之中，与木石居，与鹿豕游，其所以异于深山之野人者几希；及其闻一善言，见一善行，若决江河，沛然莫之能御也。"

译文：

孟子说："舜住在深山的时候，和木石为伴，与鹿猪同游，跟深山中野老村夫不同的地方极少；等到他听到一句好的言语，看到一桩好的行为（便采用推行），这种力量，好像江河决了口，汹涌澎湃，谁也阻挡不了。"

13.17 孟子曰："无为其所不为，无欲其所不欲，如此而已矣。"

译文：

孟子说："不做我不愿做的事情，不要我不想要的东西，这样就行了。"

13.18 孟子曰："人之有德慧术知者①，恒存乎疢疾②。独孤臣孽子③，其操心也危④，其虑患也深，故达⑤。"

注释：

①德慧术知：德行、智慧、道术、才智。

②疢（chèn）：灾患。

③孽子：非嫡妻之子叫做庶子，也叫孽子，地位卑贱。

④危：不安。

⑤达：达于事理。

译文：

孟子说："人之所以有道德、智慧、本领、知识，往往是因为他常处于忧患之中。只有孤立之臣、庶孽之子，他们时常警醒自己，深深地担忧祸患，所以才能通达事理。"

13.19　孟子曰："有事君人者，事是君则为容悦者也；有安社稷臣者，以安社稷为悦者也；有天民者，达可行于天下而后行之者也；有大人者①，正己而物正者也。"

注释：

①大人：圣人。

译文：

孟子说："有侍奉君主的人，就是侍奉某一君主而一味曲意逢迎的人；有安定国家之臣，就是以安定国家为乐的人；有天民，就是他的学说方略能通达于天下时便去实行的人；有大人，那是端正了自己，万事万物也随之端正了的人。"

13.20　孟子曰："君子有三乐，而王天下不与存焉①。父母俱存，兄弟无故②，一乐也；仰不愧于天，俯不怍于人，二乐也；得天下英才而教育之，三乐也。君子有三乐，而王天下不与存焉。"

注释：

①不与（yù）存焉：不参与存在于此，不算在这之内；与，参与；焉，于此，此，指三乐。

②故：事故，灾患。

译文：

孟子说："君子有三件乐事，以仁德一统天下还不在其中。父母都健在，兄弟无灾殃，是第一件乐事；抬头不愧于天，低头不愧于人，是第二件乐事；得到天下优秀人才而教导他们、培养他们，是第三件乐事。君子有三件乐事，以仁德一统天下还不在其中。"

13.21 孟子曰："广土众民，君子欲之，所乐不存焉；中天下而立，定四海之民，君子乐之，所性不存焉。君子所性，虽大行不加焉，虽穷居不损焉，分定故也。君子所性，仁义礼智根于心，其生色也睟然①，见于面，盎于背②，施于四体③，四体不言而喻。"

注释：

①睟（cuì）然：清和润泽的样子。

②盎（àng）：显现。

③施：延及。

译文：

孟子说："广袤的土地、众多的人民，是君子希望拥有的，但不是他的乐趣所在；屹立于天下的中央，安定那四海的百姓，君子以此为乐，但不是他的本性所在。君子的本性，即便理想贯彻于天下，也并不会膨胀；即便艰难困苦地活着，也并不会减少，这是因为本分已定。君子的本性，仁义礼智根植于他心中，而表现在外的是和气安详，它表现在颜面，反映于肩背，延伸到手足四肢；手足四肢虽不说话，别人也一目了然。"

13.22 孟子曰："伯夷辟纣，居北海之滨，闻文王作兴，曰：'盍归乎来！吾闻西伯善养老者。'太公辟纣，居东海之滨，闻文王作兴，曰：'盍归乎来！吾闻西伯善养老者。'天下有善养老，则仁人以为己归矣。五亩之宅，树墙下以桑，匹妇蚕之，则老者足以衣帛矣。五母鸡，二母彘，无失其时，老者足以无失肉矣。百亩之田，匹夫耕之，八口之家足以无饥矣。所谓西伯善养老者，制其田里，教之树畜，导其妻子使养其老。五十非帛不暖，七十非肉不饱，不暖不饱，谓之冻馁。文王之民无冻馁之老者，此之谓也。"

译文：

孟子说："伯夷躲避纣王，住到北海海滨，听说文王兴起来了，便说：

'何不归向西伯呢！我听说他是善于赡养老者的人。'姜太公躲避纣王，住到东海海边，听说文王兴起来了，便说：'何不归向西伯呢！我听说他是善于赡养老者的人。'天下有善于赡养老者的人，那仁人便把他那儿作为自己的归宿了。五亩地的宅院，在墙下栽植桑树，妇女养蚕缫丝，老年人足以有丝棉衣穿了。饲养五只母鸡、两只母猪，不要丧失它们繁殖的时机，老年人足以有肉吃了。百亩的土地，男子去耕种，八口之家足以吃饱了。所谓西伯善于赡养老者，是指他制定了土地制度，教育人民栽种畜牧，引导他们的妻子儿女去奉养自己家的老人。五十岁，没有丝棉衣穿便不觉得暖和；七十岁，没有肉吃便感到吃不饱。穿不暖，吃不饱，叫做挨冻受饿。文王的百姓中没有挨冻受饿的老人，就是这个意思。"

13.23　孟子曰："易其田畴①，薄其税敛，民可使富也。食之以时，用之以礼，财不可胜用也。民非水火不生活，昏暮叩人之门户求水火，无弗与者，至足矣。圣人治天下，使有菽粟如水火。菽粟如水火，而民焉有不仁者乎？"

注释：

①易其田畴：易，治；田畴，田地。

译文：

孟子说："精耕细作，减轻税收，可以使百姓富足。取食于百姓有一定时候，依礼消费，财物是用不尽的。百姓没有水和火便活不下去，黄昏夜晚时分敲别人的门房来求水和火，没有不给予的，是因为水和火不是稀罕物。圣人治理天下，要使粮食多得就像水和火。粮食像水和火那样多了，百姓哪有不仁爱的呢？"

13.24　孟子曰："孔子登东山而小鲁①，登泰山而小天下。故观于海者难为水，游于圣人之门者难为言。观水有术，必观其澜。日月有明，容光必照焉②。流水之为物也，不盈科不行；君子之志于道也，不成章不达③。"

注释：

①东山：即蒙山，在今山东蒙阴县南。

②容光：小缝隙。

③成章不达：成章，事物达到一定阶段，具有一定规模。

译文：

孟子说："孔子登上东山之巅，便觉得鲁国渺小；登上泰山之巅，便觉得天下渺小。所以见过海洋的人，别的水流便不值得他一看了；在圣人门下学习过的人，别的议论便不值得他一听了。观看水流也有讲究，一定要看它汹涌澎湃的波澜。太阳月亮的光辉，一点小缝隙都能透过。水流的特性是，不把土坎灌满，不再向前流；有志于道的君子，没有一定的修为，便不走仕进之路。"

13.25　孟子曰："鸡鸣而起，孳孳为善者，舜之徒也；鸡鸣而起，孳孳为利者，跖之徒也。欲知舜与跖之分，无他，利与善之间也。"

译文：

孟子说："鸡一叫就起床，孳孳不倦行善的人，是舜一类人物；鸡一叫就起床，孳孳不倦求利的人，是跖一类的人。要想知道舜和跖的区别何在，不用到别处去找，它就在'利'和'善'的中间。"

13.26　孟子曰："杨子取为我，拔一毛而利天下，不为也。墨子兼爱，摩顶放踵利天下，为之。子莫执中①。执中为近之。执中无权，犹执一也。所恶执一者，为其贼道也，举一而废百也。"

注释：

①子莫：有学者认为是《说苑·修文》的颛孙子莫。

译文：

孟子说："杨子主张为自己，拔一根汗毛而有利于天下，都不肯干。墨子主张兼爱，从摩秃头顶开始，一直摩到脚后跟（弄得全身上下没有一根毛），只要对天下有利，一切都干。子莫就主张中道。主张中道其实差不多对了。但是主张中道如果不知权变，便是拘执于一点。为什么厌恶拘执于一点呢？因为它有损于仁义之道，只是举其一点不及其余了。"

13.27　孟子曰:"饥者甘食,渴者甘饮,是未得饮食之正也,饥渴害之也。岂惟口腹有饥渴之害?人心亦皆有害。人能无以饥渴之害为心害,则不及人不为忧矣。"

译文:

孟子说:"肚子饿的人什么食物都觉着好吃,干渴的人什么饮料都觉着甘甜,这样是不能品尝到食物、饮料正常滋味的,饥渴损害了他们的味觉。难道只有口舌肚皮有饥渴的损害吗?人心也有这种损害。如果人们能够(经常培养心志)不使己心遭受口舌肚皮那样的饥渴,那比不上别人优秀的忧虑就会没有了。"

13.28　孟子曰:"柳下惠不以三公易其介①。"

注释:

①介:大。

译文:

孟子说:"柳下惠不因为有大官做便改变他的雄心大志。"

13.29　孟子曰:"有为者辟若掘井,掘井九轫而不及泉①,犹为弃井也。"

注释:

①轫:同"仞",7尺为一仞。

译文:

孟子说:"要有所作为譬如挖井,挖到六七丈深还不见泉水,(若半途而废)就等于挖了一眼废井。"

13.30　孟子曰:"尧舜,性之也;汤武,身之也;五霸,假之也。久假而不归,恶知其非有也。"

译文:

孟子说:"尧、舜的爱好仁德,是出于天然本性;商汤和周武王是身体力行；五霸是借来运用，以此匡正诸侯。但是，久借不还，又怎知他不会最终拥有呢？"

13.31　公孙丑曰："伊尹曰：'予不狎于不顺。'放太甲于桐，民大悦。太甲贤，又反之，民大悦。贤者之为人臣也，其君不贤，则固可放与？"

孟子曰："有伊尹之志，则可；无伊尹之志，则篡也。"

译文：

公孙丑说："伊尹说：'我不亲近违背义礼的人。'便把太甲放逐到桐邑，百姓大为高兴。太甲变好了，又让他回来（复位），百姓也大为高兴。贤人作为臣属，君王不好，就可以放逐他吗？"

孟子说："是伊尹那样的想法，就可以；不是伊尹那样的想法，就是篡夺了。"

13.32　公孙丑曰："《诗》曰'不素餐兮①'，君子之不耕而食，何也？"

孟子曰："君子居是国也，其君用之，则安富尊荣；其子弟从之，则孝悌忠信。'不素餐兮'，孰大于是？"

注释：

①不素餐兮：见《诗经·魏风·伐檀》。

译文：

公孙丑说："《诗经》说'不白吃饭哪'，可是君子不种庄稼，也来吃饭，为什么呢？"

孟子说："君子居住在一个国家，君王用他，就会平安、富足、尊贵而有名誉；少年子弟信从他，就会孝父母、敬兄长、忠心而且信实。你说'不白吃饭哪'，（我请问）贡献还有比这更大的吗？"

13.33　王子垫问曰①："士何事？"

孟子曰："尚志。"

曰："何谓尚志？"

曰："仁义而已矣。杀一无罪非仁也，非其有而取之非义也。居恶在？仁是也；路恶在？义是也。居仁由义，大人之事备矣。"

注释：

①王子垫：齐国王子，名垫。

译文：

王子垫问道："士应当作什么？"

孟子答道："要使自己所想的高尚。"

问道："什么叫做使自己所想的高尚？"

答道："时刻想着仁和义而已。杀一个无罪的人，是不仁；不是自己所有，却拿了过来，是不义。住在哪里？仁就是。路在何方？义就是。住在仁的屋宇里，走在义的大路上，伟人的事业便齐备了。"

13.34 孟子曰："仲子①，不义与之齐国而弗受，人皆信之，是舍箪食豆羹之义也。人莫大焉亡亲戚君臣上下②。以其小者信其大者，奚可哉？"

注释：

①仲子：即6.10的陈仲子。

②人莫大焉亡亲戚君臣上下：即"亡亲戚君臣上下，人莫大焉"，无亲戚君臣上下，人之罪过莫大于此；王引之《经传释词》说该"焉"字"犹'于'也"，也可备一说。

译文：

孟子说："陈仲子，不合道而把齐国交给他，他是不会接受的，别人都相信他；（但是）他那种义只是舍弃一筐饭一碗汤的义。人的罪过没有比不要父兄君臣尊卑还大的。因为他有小节操，便相信他有大节操，怎么可以呢？"

13.35 桃应问曰①："舜为天子，皋陶为士，瞽瞍杀人，则如之何？"

孟子曰："执之而已矣。"

"然则舜不禁与？"

曰："夫舜恶得而禁之？夫有所受之也。"

"然则舜如之何？"

曰："舜视弃天下犹弃敝蹝也②。窃负而逃，遵海滨而处，终身䜣然③，乐而忘天下。"

注释：

①桃应：孟子弟子。

②蹝（xǐ）：亦作"屣"，没有脚跟的鞋子。

③䜣：同"欣"。

译文：

桃应问道："舜做天子，皋陶做法官，如果瞽瞍杀了人，那怎么办？"

孟子答道："把他逮捕起来罢了。"

"那么，舜不阻止吗？"

答道："舜凭什么去阻止呢？他那样做是有所依据的。"

"那么，舜该怎么办呢？"

答道："舜把放弃天子之位看作丢掉破鞋一样。他会偷偷地背着父亲而逃走，傍着海边住下来，一辈子逍遥快乐，忘记了他曾经君临天下。"

13.36　孟子自范之齐①，望见齐王之子，喟然叹曰："居移气，养移体，大哉居乎！夫非尽人之子与②？"

孟子曰："王子宫室、车马、衣服多与人同，而王子若彼者，其居使之然也，况居天下之广居者乎③？鲁君之宋，呼于垤泽之门④。守者曰：'此非吾君也，何其声之似我君也？'此无他，居相似也。"

注释：

①自范之齐：范，地名，故城在今河南范县东南20里，是从梁（魏）到齐的要道。

②夫：彼，那人。

③广居：指仁，见6.2。

④垤（dié）泽之门：宋东城南门。

译文：

孟子从范邑到齐都，远远望见了齐王的儿子，长叹一声说："环境改变气度，营养改变身体，环境真是重要呀！那人不也是人的儿子吗？（为什么就显得特别不同了呢?)"

又说:"王子的住所、车马和衣服多半和别人相同,为什么王子却像那样呢?是因为他的环境使他这样的,更何况是住在'仁'之广厦中的人呢?鲁君到宋国去,在宋国的东南城门下呼喊,守门的说:'这不是我的君主呀,为什么他的声音像我的君主呢?'这没有别的缘故,环境相似罢了。"

13.37　孟子曰:"食而弗爱,豕交之也;爱而不敬,兽畜之也。恭敬者,币之未将者也①。恭敬而无实,君子不可虚拘。"

注释:

①将:送。

译文:

孟子说:"养活他而不怜爱他,等于养头肥猪;怜爱他而不恭敬他,等于养狗养马。恭敬之心不是光靠致送礼物就能表达的。只有恭敬的外表,没有恭敬的实质,君子不会被这种虚情假意所拘束。"

13.38　孟子曰:"形色,天性也;惟圣人然后可以践形。"

译文:

孟子说:"人的身体容貌是天生的,但只有圣人才能以内在美来充实外在美(不辜负此大好天赋)。"

13.39　齐宣王欲短丧。公孙丑曰:"为期之丧,犹愈于已乎?"

孟子曰:"是犹或绐其兄之臂,子谓之姑徐徐云尔,亦教之孝悌而已矣。"

王子有其母死者,其傅为之请数月之丧。公孙丑曰:"若此者何如也?"

曰:"是欲终之而不可得也。虽加一日愈于已,谓夫莫之禁而弗为者也。"

译文:

齐宣王想要缩短守孝的时间。公孙丑说:"(父母死了)守孝一年,不比完全不守强些吗?"

孟子说："这好比有个人在扭他哥哥的胳膊，你却对他说暂且慢慢地扭吧，也是教导他孝顺父母、尊敬兄长罢了。"

王子有死了母亲的，他的师傅为他请求守孝几个月。公孙丑问道："像这样的事，怎么样？"

孟子答道："这个是想要把三年的丧期守满，事实上却做不到。（我上次所讲）即便多守孝一天也比不守孝好，是对那些没人禁止他守孝却不去守的人说的。"

13.40　孟子曰："君子之所以教者五：有如时雨化之者，有成德者，有达财者①，有答问者，有私淑艾者②。此五者，君子之所以教也。"

注释：

①财：同"材"。

②私淑艾：淑，同"叔"，拾；艾同"刈"，取；私淑艾，就是私淑，私自拾取。

译文：

孟子说："君子教育的方式有五种：有如春风化雨沾溉万物的，有成全品德的，有培养才能的，有解答疑问的，还有以其流风余韵为世人私自学习的。这五种，就是君子教育的方式。"

13.41　公孙丑曰："道则高矣，美矣，宜若登天然，似不可及也。何不使彼为可几及而日孳孳也？"

孟子曰："大匠不为拙工改废绳墨，羿不为拙射变其彀率①。君子引而不发，跃如也。中道而立，能者从之。"

注释：

①彀率（gòu lǜ）：彀，张满弓；率，法规，标准；彀率，指开弓的标准。

译文：

公孙丑说："道是很高、很美好的，大概像登天一样，似乎高不可攀，为什么不让攀登者为了有希望可攀上而每天努力呢？"

孟子说："高明的工匠不因为拙劣工人而改变规矩，大羿也不因为拙劣射手变更拉弓的标准。君子（教导他人如射箭手）张满了弓，却不发箭，作出跃跃欲试的样子。他在正确道路的正中站住，有能力的便会紧跟上来。"

13.42 孟子曰："天下有道，以道殉身[①]；天下无道，以身殉道；未闻以道殉乎人者也。"

注释：

①以道殉身：意思是道为自己所运用。

译文：

孟子说："天下清明，以自身去贯彻'道'；天下黑暗，君子则不惜为道而死；没有听说过牺牲道来迁就人的。"

13.43 公都子曰："滕更之在门也[①]，若在所礼，而不答，何也?"

孟子曰："挟贵而问，挟贤而问，挟长而问，挟有勋劳而问，挟故而问，皆所不答也。滕更有二焉。"

注释：

①滕更：滕国国君的弟弟，孟子的学生。

译文：

公都子说："滕更在您门下的时候，似乎在礼遇之列，可您不回答他的发问，为什么呢?"

孟子说："仗着权势来发问，仗着贤能来发问，仗着年长来发问，仗着有功来发问，仗着故交来发问，都是我不回答的。滕更便占了两条。"

13.44 孟子曰："于不可已而已者[①]，无所不已。于所厚者薄，无所不薄也。其进锐者，其退速。"

注释：

①已：停止。

译文：

  孟子说："对于不可以停止的事却停止了，那就没什么不可以停止的了；对于应厚待的人却薄待他，那就没有谁不可以薄待了。前进太猛的人，后退也会快。"

  13.45 孟子曰："君子之于物也，爱之而弗仁；于民也，仁之而弗亲。亲亲而仁民，仁民而爱物。"

译文：

  孟子说："君子对于万物，爱惜它，却不对它实行仁德；对于百姓，对他实行仁德，却不亲近他。君子亲近亲人，进而仁爱百姓；仁爱百姓，进而爱惜万物。"

  13.46 孟子曰："知者无不知也，当务之为急；仁者无不爱也，急亲贤之为务。尧舜之知而不遍物，急先务也；尧舜之仁不遍爱人，急亲贤也。不能三年之丧，而缌、小功之察[1]，放饭流歠[2]，而问无齿决[3]，是之谓不知务。"

注释：

  ①缌（sī）、小功之察：缌，指缌麻三月的孝服；缌麻三月是五种孝服（斩衰、齐衰、大功、小功、缌麻）中的最轻者，指用熟布为孝服，服丧三个月，如女婿为岳父母带孝，古人便用此服。小功，五月的孝服，如外孙为外祖父母带孝，古人用此种孝服。

  ②放饭流歠：放饭，大口吃饭；流歠，放开了喝。

  ③齿决：咬断干肉；在长者跟前咬断干肉，这是不大礼貌的。

译文：

  孟子说："智者没有不知道的，但是急于解决当前事务；仁者没有不爱人的，但是务必先爱亲人和贤者。尧舜的智慧也不能遍知一切，因为他急于解决首要任务；尧舜的仁德不能遍爱所有人，因为他急于爱亲人和贤者。如果不能实行三年的丧礼，却对于缌麻三月、小功五月的丧礼仔细讲求；胡吃海喝，却讲究不用牙齿咬断干肉，这个叫做不识大体。"

尽心章句下（凡三十八章）

14.1　孟子曰："不仁哉梁惠王也！仁者以其所爱及其所不爱，不仁者以其所不爱及其所爱。"

公孙丑问曰："何谓也？"

"梁惠王以其土地之故，糜烂其民而战之，大败，将复之，恐不能胜，故驱其所爱子弟以殉之，是之谓以其所不爱及其所爱也。"

译文：

孟子说："太不仁义了，梁惠王这个人哪！仁人把他给喜爱者的恩德推广到他不爱的人，不仁者却把他给不喜爱者的祸害推广到他喜爱的人。"

公孙丑问道："这是什么意思呢？"

答道："梁惠王为了争夺土地的缘故，驱使他的百姓去作战，暴尸荒野，骨肉糜烂。被打得大败了，预备再战，怕不能得胜，又驱使他所喜爱的子弟去决一死战，这个就叫做把他给不喜爱者的祸害推广到他喜爱的人。"

14.2　孟子曰："春秋无义战。彼善于此，则有之矣。征者，上伐下也，敌国不相征也。"

译文：

孟子说："春秋时代没有合乎义的战争。那一国的君主比这一国的君主好一点，那是有的。征讨的意思是在上的讨伐在下的，同等级的国家是不能互相征讨的。"

14.3 孟子曰："尽信《书》，则不如无《书》。吾于《武成》①，取二三策而已矣②。仁人无敌于天下，以至仁伐至不仁，而何其血之流杵也？"

注释：

①尽信《书》，则不如无《书》。吾于《武成》：《书》，《尚书》；《武成》，《尚书》篇名，所叙大概是周武王伐纣时的事，有"血流漂杵"之说；今日的《尚书·武成》是伪古文。

②策：竹简。古代用竹简书写。

译文：

孟子说："完全相信《书经》，那还不如没有《书经》。我对于其中《武成》一篇，所取的不过两三片简罢了。仁人无敌于天下，凭着周武王的大仁大德来讨伐商纣的不仁不德，怎么会让血流得把木槌都漂浮起来了呢？"

14.4 孟子曰："有人曰：'我善为陈①，我善为战。'大罪也。国君好仁，天下无敌焉。南面而征，北狄怨②；东面而征，西夷怨，曰：'奚为后我？'武王之伐殷也，革车三百两，虎贲三千人。王曰：'无畏！宁尔也，非敌百姓也。'若崩厥角稽首③。征之为言正也，各欲正己也，焉用战？"

注释：

①陈：今作"阵"。

②北狄：本作"北夷"。

③厥角："厥"同"蹶"，顿，叩；角，额角。"厥角"之意即"顿首"。

译文：

孟子说："有人说：'我很会布阵，我很会打战。'这是大罪。国君若喜爱仁德，天下就没有敌手。（商汤）往南征讨，北狄便埋怨；往东征讨，西夷便埋怨，说：'为什么把我排在后面？'周武王讨伐殷商，兵车300辆，勇士3000人。武王（对殷商的百姓）说：'不要害怕！我是来安定你们的，不是和百姓为敌的。'百姓都额头碰地磕起头来。征的意思是正，若各人都希望端正自己，哪里用得着战争呢？"

14.5　孟子曰："梓匠轮舆能与人规矩，不能使人巧。"

译文：

孟子说："木工和专做车轮或车箱的人只能够把规矩准则传授给别人，却不能够让别人一定有技巧。"

14.6　孟子曰："舜之饭糗茹草也①，若将终身焉；及其为天子也，被袗衣②，鼓琴，二女果③，若固有之。"

注释：

①饭糗茹（qiǔ rú）草：饭，吃饭；糗，干饭；茹，吃。

②袗衣：单衣。

③果：就是《说文解字》的"婐"，伺候的意思。

译文：

孟子说："舜吃干粮啃野菜的时候，似乎是要终身如此了；等他做了天子，穿着麻葛单衣，弹着琴，尧的两个女儿侍候着，又好像这些本来就是他的了。"

14.7　孟子曰："吾今而后知杀人亲之重也：杀人之父，人亦杀其父；杀人之兄，人亦杀其兄。然则非自杀之也，一间耳①。"

注释：

①一间（jiàn）：意思是相距甚近。

译文：

孟子说："我今天才知道杀戮别人亲人有多严重了：杀了别人的父亲，别人也就会杀他的父亲；杀了别人的哥哥，别人也就会杀他的哥哥。那么，（虽然父亲和哥哥）不是被自己杀掉的，但也相差不远了。"

14.8　孟子曰："古之为关也，将以御暴；今之为关也，将以为暴。"

译文：

孟子说："古代设立关卡是打算抵御残暴，今天设立关卡却是打算实行残暴。"

14.9 孟子曰："身不行道，不行于妻子；使人不以道，不能行于妻子。"

译文：

孟子说："本人不依道而行，道在妻子儿女身上都行不通；使唤别人不合于道，要去使唤妻子儿女都不可能。"

14.10 孟子曰："周于利者凶年不能杀①，周于德者邪世不能乱。"

注释：

①周于利者凶年不能杀：周，这里指考虑周到；杀，丧命。

译文：

孟子说："对利益考虑周全的人荒年不会丧命，把心思用于道德的人乱世不会迷惑。"

14.11 孟子曰："好名之人能让千乘之国，苟非其人，箪食豆羹见于色。"

译文：

孟子说："好名的人可以把有千辆兵车国家的君位让给别人，但是，若不是他看中的人，就是要他让一筐饭、一碗汤，不高兴的神色也会显现在脸上。"

14.12 孟子曰："不信仁贤，则国空虚①；无礼义，则上下乱；无政事，则财用不足。"

注释：

①国空虚：指国内用度缺乏，尤其是粮食缺乏。

译文：

孟子说："不信任仁德贤能的人，那国家就会缺乏粮食；没有礼义，上下的关系就会混乱；国政荒废，国家的用度就会不够。"

14.13　孟子曰："不行仁而得国者，有之矣；不行仁而得天下者，未之有也。"

译文：

孟子说："不行仁道却能得到国家的，有这样的事；不行仁道却能得到天下的，从没有这样的事。"

14.14　孟子曰："民为贵，社稷次之，君为轻。是故得乎丘民而为天子^①，得乎天子为诸侯，得乎诸侯为大夫。诸侯危社稷，则变置^②。牺牲既成，粢盛既洁，祭祀以时，然而旱干水溢，则变置社稷。"

注释：

①丘民：众民。
②变置：改立。

译文：

孟子说："百姓最为重要，土谷之神次之，君主最轻。所以，得到百姓的拥护便做天子，得到天子的拥护便做诸侯，得到诸侯的拥护便做大夫。诸侯危害土谷之神，那就改立。牺牲既已肥壮，祭品又已洁净，祭祀也按时进行，但还是遭受旱灾水灾，那就改立土谷之神。"

14.15　孟子曰："圣人，百世之师也，伯夷、柳下惠是也。故闻伯夷之风者，顽夫廉，懦夫有立志；闻柳下惠之风者，薄夫敦，鄙夫宽。奋乎百世之上，百世之下，闻者莫不兴起也。非圣人而能若是乎？而况于亲炙之者乎？"

译文：

孟子说："圣人是百代的老师，伯夷和柳下惠便是这样。所以听到伯夷风操的人，贪得无厌的人也清廉起来了，懦弱的人也想着要独立不移了；听到柳下惠风操的人，刻薄的人也厚道起来了，胸襟狭小的人也宽大起来了。他们在百代以前发奋有为，而百代之后，听到的人没有不奋发鼓舞的。不是圣人，能够像这样吗？（百代以后还如此）何况是亲身接受熏陶的人呢？"

14.16　孟子曰："仁也者，人也。合而言之，道也。"

译文：

孟子说："'仁'的意思就是'人'，'人'和'仁'合起来说，就是'道'。"

14.17　孟子曰："孔子之去鲁，曰：'迟迟吾行也，去父母国之道也。'去齐，接淅而行——去他国之道也。"

译文：

孟子说："孔子离开鲁国时说：'我们慢慢走吧，这是离开祖国的态度。'而他离开齐国，不等把米淘完沥干就走——这是离开别国的态度。"

14.18　孟子曰："君子之厄于陈蔡之间①，无上下之交也。"

注释：

①君子之厄于陈蔡之间：君子指孔子。《论语·卫灵公篇》："在陈绝粮，从者病，莫能兴。"即是此事。

译文：

孟子说："孔子被困在陈国、蔡国之间，是由于与两国君臣没有交往的缘故。"

14.19　貉稽曰①："稽大不理于口②。"

孟子曰："无伤也。士憎兹多口。《诗》云：'忧心悄悄，愠于群小③。'孔子也。'肆不殄厥愠，亦不殒厥问④。'文王也。"

注释：

①貉稽：姓貉名稽的一位官员。

②不理于口：即不顺于他人之口。

③忧心两句：见《诗经·邶风·柏舟》。

④肆不殄两句：见《诗经·大雅·绵》。肆，故，所以；殄，断绝；厥，那个；愠，恼怒，怨恨；问，通"闻"，声誉。

译文：

貉稽说："我被人家说得很坏。"

孟子说："没有关系。士人讨厌这种多嘴多舌。《诗经》说过：'烦恼沉沉压在心，小人当我眼中钉。'这是形容孔子一类的人。又说：'所以不消除别人的怨恨，也不失去自己的名声。'这是说的文王。"

14.20 孟子曰："贤者以其昭昭使人昭昭，今以其昏昏使人昭昭。"

译文：

孟子说："贤人一定会用自己的明白来让别人明白，现在有些人自己还模模糊糊，却企图让别人明白。"

14.21 孟子谓高子曰："山径之蹊间①，介然用之而成路②；为间不用③，则茅塞之矣。今茅塞子之心矣。"

注释：

①山径之蹊（xī）间："径"同"陉"，山坡；蹊，小路。

②介然：意志专一的样子。

③为间：即"有间"，为时不久之意。

译文：

孟子对高子说："山坡上的小路，经常去走走就总是一条道；只要隔些时候不去走它，就会被茅草堵塞了。现在茅草也把你的心给堵塞了。"

14.22 高子曰："禹之声尚文王之声。"

孟子曰："何以言之?"

曰："以追蠡①。

曰："是奚足哉? 城门之轨，两马之力与②?"

注释:

①追蠡（lí）：追，旧读 duī；就是钟纽（钮），即古钟悬挂之处。

②两马：大夫所乘车用两匹马。

译文:

高子说："禹的音乐好过文王的音乐。"

孟子说："为什么这样说呢?"

高子说："因为禹传下来的钟钮都快断了。"

孟子说："这个何足以证明呢? 城门下车迹那样深，难道只是拉车的马的力量所致吗?（那是由于日子长久车马经过多的缘故。禹的钟钮要断了，也是由于日子长久了的缘故呢。）"

14.23 齐饥。陈臻曰："国人皆以夫子将复为发棠①，殆不可复。"

孟子曰："是为冯妇也②。晋人有冯妇者，善搏虎。卒为善，士则之③。野有众逐虎，虎负嵎，莫之敢撄。望见冯妇，趋而迎之，冯妇攘臂下车，众皆悦之，其为士者笑之。"

注释:

①发棠：发，开仓赈济；棠，地名，今山东即墨市南八十里有甘棠社。

②冯妇：冯，姓；妇，名。

③则：取法，以……为榜样。

译文:

齐国遭了饥荒。陈臻对孟子说："国内的人都以为老师会再度劝请齐王打开棠地的仓库来赈济灾民，大概不可以再做一次吧。"

孟子说："再做一次就成冯妇了。晋国有个人叫冯妇的，善于和老虎搏斗。后来变好了（不再打虎了），士人都以他为榜样。有次野地里有许多人正追逐老虎。老虎背靠着山险，没有人敢于去迫近它。他们望到冯妇了，便快步向前去迎接。冯妇也就捋起袖子，伸出胳膊，走下车来。大家都喜欢他，可是作为士的那些人却在讥笑他。"

14.24　孟子曰："口之于味也，目之于色也，耳之于声也，鼻之于臭也①，四肢之于安佚也，性也，有命焉，君子不谓性也。仁之于父子也，义之于君臣也，礼之于宾主也，知之于贤者也，圣人之于天道也，命也，有性焉，君子不谓命也。"

注释：

①臭：读作"嗅（xiù）"，这里指芬芳之气。

译文：

孟子说："口对于美味，眼对于美色，耳对于好听的声音，鼻对于芬芳的气味，手足四肢对于舒适，（这种种喜欢）都是人的天性使然；但是得到与否，却属于命运，所以君子不会以天性为借口而强求它们。仁对于父子，义对于君臣，礼对于宾主，智慧对于贤者，圣人对于天道，能够实现与否，属于命运，但也是天性使然，所以君子不会以命运为借口而不去顺从天性。

14.25　浩生不害问曰①："乐正子何人也?"

孟子曰："善人也，信人也。"

"何谓善? 何谓信?"

曰："可欲之谓善，有诸己之谓信，充实之谓美，充实而有光辉之谓大，大而化之之谓圣，圣而不可知之之谓神。乐正子，二之中、四之下也。"

注释：

①浩生不害：浩生，姓；不害，名。齐人。

译文：

浩生不害问道："乐正子是怎样的人?"

孟子答道："善良的人，有自信的人。"

"什么叫做善良? 什么叫做有自信?"

答道："发自肺腑的叫做'善良'，有道德学养叫做'自信'；把那善良、自信充实扩大叫做'美好'；充实扩大之，使之光辉洋溢，叫做'伟大'；将那伟大光辉化育天下众生，便叫做'圣'；圣而臻于妙不可言便叫做'神'。乐正子是介于善良和有自信两者之中，美好、伟大、圣、神四者之下的人物。"

14.26　孟子曰："逃墨必归于杨，逃杨必归于儒。归，斯受之而已矣。今之与杨、墨辩者，如追放豚，既入其苙①，又从而招之②。"

注释：

①既入其苙（lì）：入，纳；苙，畜养牲畜的栏。

②招：羁绊其足。

译文：

孟子说："逃离墨子一派的，一定归向杨朱一派；逃离杨朱一派的，一定归向儒家一派。只要回归，接受就算完了。今天同杨、墨两家辩论的人，好像追逐走失的猪一般，已经送回猪圈了，还要把它的脚给绑住。"

14.27　孟子曰："有布缕之征，粟米之征，力役之征。君子用其一，缓其二。用其二而民有殍，用其三而父子离。"

译文：

孟子说："赋税有征收布帛的，有征收谷米的，还有征发人力的。君子只采用其中一种，其余两种暂缓征用。如果同时用两种，百姓就会有饿死的；如果同时用三种，那连父子之间也只能离散不顾了。"

14.28　孟子曰："诸侯之宝三：土地、人民、政事。宝珠玉者，殃必及身。"

译文：

孟子说："诸侯的宝贝有三件：土地、百姓和政治。把珍珠美玉当作宝贝的，灾祸一定会降临到他身上。"

14.29　盆成括仕于齐①，孟子曰："死矣盆成括！"

盆成括见杀，门人问曰："夫子何以知其将见杀？"

曰:"其为人也小有才,未闻君子之大道也,则足以杀其躯而已矣。"

注释:

①盆成括:盆成,姓;括,名。

译文:

盆成括在齐国做官,孟子说:"盆成括要死了!"

盆成括被杀,学生问道:"老师怎么会知道他将被杀?"

答道:"他这个人只有小聪明,未曾闻知君子的大道理,那便足以招来杀身之祸了。"

14.30 孟子之滕,馆于上宫。有业屦于牖上①,馆人求之弗得。或问之曰:"若是乎从者之廋也?"

曰:"子以是为窃屦来与?"

曰:"殆非也。夫子之设科也,往者不追,来者不拒。苟以是心至,斯受之而已矣。"

注释:

①业屦:未织成的鞋。

译文:

孟子到了滕国,住在上宫。有一双没有织成的鞋放在窗台上,旅馆中人去取,却不见了。有人便问孟子:"跟随你的人,竟连这样的东西也藏起来吗?"

孟子说:"你以为他们是为了偷鞋而来的吗?"

答道:"大概不是的。(不过)你老人家开设的课程,(对学生的态度是)离去的不追问,前来的不拒绝,只要他们怀着追求真理的心而来,便也就接受了(那难免良莠不齐呢)。"

14.31 孟子曰:"人皆有所不忍,达之于其所忍,仁也;人皆有所不为,达之于其所为,义也。人能充无欲害人之心,而仁不可胜用也;人能充无穿逾之心,而义不可胜用也;人能充无受尔汝之实①,无所往而不为义也。士未可以言而言,是以言饴之也②;可以言而不言,是以不言饷之也，是皆穿逾之类也。"

注释：

①无受尔汝之实："尔""汝"为古代尊长对卑幼的称呼，如果平辈用之，便表示对他的轻视贱视。孟子这话的意思是，若要不受别人的轻贱，自己便先应有不受轻贱的言语行为。

②饷（tiǎn）：取。

译文：

孟子说："每个人都有所不忍心干的事，把它延伸到所忍心干的事上，便是仁；每个人都有不肯干的事，把它延伸到所肯干的事上，便是义。（换言之）人能够扩充不想害人的心，仁便取之不尽、用之不竭了；人能够扩充不挖洞跳墙的心，义便取之不尽、用之不竭了；人能够扩充不受鄙视的言行举止，那无论到哪里都合于义了。一个士人，不可以同他谈论却去同他谈论，这是用言语来挑逗他，以便自己取利；可以同他谈论却不同他谈论，这是用沉默来挑逗他，以便自己取利，这些都是和挖洞跳墙类似的。"

14.32　孟子曰："言近而指远者，善言也；守约而施博者①，善道也。君子之言也，不下带而道存焉②；君子之守，修其身而天下平。人病舍其田而芸人之田——所求于人者重，而所以自任者轻。"

注释：

①施：施恩。

②不下带：带，束腰之带；不下带，指人通常所看到的在自己的腰带以上；也就是通常所见、目力所及的事情。

译文：

孟子说："言语浅近，意义却深远的，这是'善言'；操守简单，效果却广大的，这是'善道'。君子的言语，讲的虽是浅近的事情，可是'道'就在其中；君子的操守，从修养自己开始，最终可以使天下太平。做人最怕是放弃自己的田地，而去给别人耘田——要求别人的很重，自己负担的却很轻。"

14.33　孟子曰："尧舜，性者也；汤武，反之也。动容周旋中礼者，盛德之至也。哭死而哀，非为生者也。经德不回①，非以干禄也。言语必信，非以正行也。君子行法，以俟命而已矣。"

注释：

①经德不回：经，行，贯彻；回，邪，不正。

译文：

孟子说："尧、舜的美德是出于本性，商汤、周武王则是通过修身而将美德加之于己身的。一举一动、一颦一蹙无不合于礼的，是美德中达到了顶点的。为死者而哭的悲哀，不是做给生者看的。贯彻道德，远离邪僻，不是为了谋求一官半职。言语一定信实，不是为了让人知道我行为端正。君子依法度而行，只是等待天命罢了。"

14.34　孟子曰："说大人，则藐之，勿视其巍巍然①。堂高数仞，榱题数尺②，我得志，弗为也。食前方丈，侍妾数百人，我得志，弗为也。般乐饮酒，驱骋田猎，后车千乘，我得志，弗为也。在彼者，皆我所不为也；在我者，皆古之制也，吾何畏彼哉？"

注释：

①勿视其巍巍然：不要把他那高高在上的样子放在眼里。

②榱（cuī）题：本义是房椽子，此处指屋檐而言。

译文：

孟子说："游说诸侯，就要藐视他，不要把他高高在上的样子放在眼里。殿堂几丈高，屋檐几尺宽，我如果得志，不这样干。菜肴满桌，姬妾几百，我如果得志，不这样干。饮酒作乐，驰驱畋猎，跟随的车子多达千辆，我如果得志，不这样干。那人所干的，都是我所不干的；我所干的，都符合古代制度，我为什么要怕那人呢？"

14.35　孟子曰："养心莫善于寡欲。其为人也寡欲，虽有不存焉者，寡矣；其为人也多欲，虽有存焉者①，寡矣。"

注释：

①存，不存：存，指活着；不存，指死去。

译文：

孟子说："修养心性的方法没有比减少物欲更好的。某人清心寡欲，纵然不排除早死，早死的可能性也不会太大；某人欲望强烈，纵然不排除长寿，长寿的可能性也会极低。"

14.36　曾皙嗜羊枣①，而曾子不忍食羊枣。公孙丑问曰："脍炙与羊枣孰美②？"

孟子曰："脍炙哉！"

公孙丑曰："然则曾子何为食脍炙而不食羊枣？"

曰："脍炙所同也，羊枣所独也。讳名不讳姓③，姓所同也，名所独也。"

注释：

①羊枣：小柿子，现在叫做牛奶柿。

②脍炙：脍，肉糜；炙，烧肉。

③讳名：古代对于父母君上的名字，讲不得，写不得，叫做避讳。

译文：

曾皙喜欢吃羊枣，曾子因而自己舍不得吃羊枣。公孙丑问道："烧肉末和羊枣哪一种好吃？"

孟子答道："烧肉末呀！"

公孙丑又问："那么，曾子为什么吃烧肉末却不吃羊枣？"

答道："烧肉末是大家都喜欢吃的，羊枣只是个别人喜欢吃的。就好比父母之名要避讳，姓却不用避讳一样；因为姓是许多人相同的，名却是他一个人的。"

14.37　万章问曰："孔子在陈曰：'盍归乎来！吾党之小子狂简，进取，不忘其初①。'孔子在陈，何思鲁之狂士？"

孟子曰："孔子'不得中道而与之②，必也狂狷乎！狂者进取，狷者有所不为也'。孔子岂不欲中道哉？不可必得，故思其次也。"

"敢问何如斯可谓狂矣？"

曰："如琴张③、曾晳、牧皮者④，孔子之所谓狂矣。"

"何以谓之狂也？"

曰："其志嘐嘐然⑤，曰'古之人，古之人'。夷考其行⑥，而不掩焉者也。狂者又不可得，欲得不屑不洁之士而与之，是狷也，是又其次也。孔子曰：'过我门而不入我室，我不憾焉者，其惟乡原乎⑦！乡原，德之贼也。'"

曰："何如斯可谓之乡原矣？"

曰："'何以是嘐嘐也？言不顾行，行不顾言，则曰，古之人，古之人。行何为踽踽凉凉⑧？生斯世也，为斯世也，善斯可矣。'阉然媚于世也者，是乡原也。"

万子曰："一乡皆称原人焉，无所往而不为原人，孔子以为德之贼，何哉？"

曰："非之无举也，刺之无刺也，同乎流俗，合乎污世，居之似忠信，行之似廉洁，众皆悦之，自以为是，而不可与入尧舜之道，故曰'德之贼'也。孔子曰：恶似而非者：恶莠，恐其乱苗也；恶佞，恐其乱义也；恶利口，恐其乱信也；恶郑声，恐其乱乐也；恶紫，恐其乱朱也；恶乡原，恐其乱德也。君子反经而已矣⑨。经正，则庶民兴；庶民兴，斯无邪慝矣。"

注释：

①盍归乎来等句：《论语·公冶长》："子在陈曰：'归与归与！吾党之小子狂简，斐然成章，不知所以裁之。'"和万章所说略有不同。

②孔子不得中道而与之：《论语·子路》："子曰：'不得中行而与之，必也狂狷乎！狂者进取，狷者有所不为也。'"中行，即不左不右，不偏不倚，一切都恰合于仁义道德。

③琴张：不知何人。

④牧皮：不知何人。

⑤嘐（xiāo）嘐：志大言大者。

⑥夷：此字暂不可解。

⑦乡原："原"同"愿"，乡愿，就是好好先生。

⑧踽（jǔ）踽凉凉：落落寡欢的样子。

⑨反经：归于经常；反，同"返"。

译文：

万章问道："孔子在陈国说：'何不回去呢！我们那里的学生狂放而耿直，进取而不忘本。'孔子在陈国，为什么思念鲁国那些狂放的人？"

孟子答道："孔子说过，'不能得到中行之士和他相交，又硬要交友的话，那总要交到狂放和狷介的人吧，狂放的人敢于进取，狷介者还不至于做坏事。'孔子难道不想结交中行之士吗？未必一定得到，所以只想次一点的了。"

"请问，怎么样的人才能叫做狂放的人呢？"

答道："像琴张、曾皙、牧皮这类人就是孔子所说的狂放的人。"

"为什么说他们是狂放的人呢？"

答道："他们志向大而好夸夸其谈，总在说'古人哪！古人哪！'可是一考察他们的行为，却做不到说的那么多。假如这种狂放的人还是得不到，便想结交不屑于做坏事的人，这就是狷介之士，这又是次一等的。孔子说：'从我家大门经过，而不进到我屋里来，我也并不遗憾的，那只有好好先生吧。好好先生是戕害道德的人。'"

问道："怎样的人才可以叫他好好先生呢？"

答道："（好好先生总是议论狂放之人说）'为什么如此志向大而夸夸其谈呢？说的挨不着做的，做的也挨不着说的。只是说，古人哪，古人哪。'（又议论狷介之士说）'又为什么这样落落寡欢、愁眉苦脸呢？'（又说）'生在这个世界上，为这个世界做事，只要过得去便行了。'事事迎合、处处讨好的人就是好好先生。"

万章说："全乡的人都说他是个诚谨善良的人，他也到处表现为是个诚谨善良的人，孔子竟把他看做戕害道德的人。为什么呢？"

答道："这种人，要非难他，却又举不出什么大错误来；要讥刺他，却也没什么可讥刺；他只是向世间通行的恶俗看齐，和这个污秽的世界合流，居家好像忠诚老实，行动好像清正廉洁，大家也都喜欢他，他自己也以为正确；但是不能和他一道走上尧舜的大道，所以说他是戕害道德的人。孔子说过，厌恶那种似是而非的东西：厌恶狗尾巴草，因为怕它把禾苗弄乱了；厌恶满嘴仁义、行为相反的人，因为怕他把义搞乱了；厌恶巧舌如簧、辩才无碍的人，因为怕他把信实搞乱了；厌恶郑国的乐曲，因为怕它把雅乐搞乱了；厌恶紫色，因为怕它把大红色搞乱了；厌恶好好先生，就因为怕他把道德搞乱了。君子使一切事物回到经常正道就可以了。经常正道不被歪曲，老百姓就会振奋兴起；老百姓振奋兴起，就没有邪恶了。"

14.38　孟子曰："由尧舜至于汤，五百有余岁；若禹、皋陶，则见而知之；若汤，则闻而知之。由汤至于文王，五百有余岁，若伊尹、莱朱^①，则见而知之；若文王，则闻而知之。由文王至于孔子，五百有余岁，若太公望、散宜生^②，则见而知之；若孔子，则闻而知之。由孔子而来至于今，百有余岁，去圣人之世若此其未远也，近圣人之居若此其甚也，然而无有乎尔，则亦无有乎尔。"

注释：

①莱朱：商汤的贤臣。

②散宜生：周文王的贤臣，"散宜"为氏，"生"为名。

译文：

孟子说："从尧舜那儿到汤那儿，经历了500多年，像禹、皋陶这些人便是亲眼见到尧舜之道从而了解其道理的；像汤，便是只听到尧舜之道从而了解其道理的。从汤那儿到文王那儿，又有500多年，像伊尹、莱朱那些人，便是亲眼见到从而了解其道理的；像文王，便只是听到而了解其道理的。从文王那儿到孔子那儿，又有500多年，像太公望、散宜生那些人，便是亲眼见到从而了解其道理的；像孔子，便只是听到从而了解其道理的。从孔子一直到今天，有100多年了，离开圣人的年代竟然这样为时不远，距离圣人的故居竟然这样触手可及，但是没有继承的人，那就真是没有继承的人了。"

《大学》译注

欧阳祯人　　译注

第一章

大学^①之道，在明明德^②，在亲民^③，在止于至善^④。知止而后有定^⑤，定而后能静^⑥，静而后能安，安而后能虑，虑而后能得。物有本末^⑦，事有终始，知所先后，则近道矣。

注释：

①大学：大人之学，在《大学》中指的是修身齐家、治国平天下的学问。

②明明德：第一个明字，是动词。第二个明字是形容词，指日月之明。明德，光明之德，就是天德。

③亲民：亲，郑玄读作"新"，使动用法。朱熹从之。王阳明读作"亲"。"亲民"，即让民众弃旧向新的意思。

④止于至善：止，达到、栖止。在《大学》中有坚守"礼"的意思。至善：最高境界的善。

⑤定：止于至善的定性。

⑥静：心性沉静不浮躁的状态。

⑦本末：内圣为本，外王为末。

译文：

大学的宗旨，在于认知光明的天德，确认自我的使命，在于使广大的百姓除旧自新，在于坚守善道，达到最高境界的善。只有达到了最高境界的善，才能够定住自己的心性。只有定住了自己心性的人，才能够心性沉静，不生妄念。只有心性沉静、不生妄念的人，才能够安定稳健。只有安定稳健的人才能够具有深沉厚重的思考。只有深沉厚重思考的人才能够得到道的真谛。万事万物都有本有末，万事万物都有始有终。知道了它们的先后次序、轻重缓急的人，才能够接近于大学的最高境界。

古之欲明明德于天下者^①，先治其国；欲治其国者，先齐^②其家；欲齐其家者，先修^③其身；欲修其身者，先正^④其心；欲正其心者，先诚^⑤其意；欲诚其意者，先致^⑥其知；致知在格^⑦物。

注释：

①欲明明德于天下：要使天下老百姓都能够认知天德的光明和自己的大本大源。

②齐：整齐。

③修：修养。

④正：端正。

⑤诚：诚实。

⑥致：推而极之。

⑦格：来、至。

译文：

古代要使天下老百姓都能够认知光明的天德和自己的大本大源的领导者，首先必须要治理好自己的国家；如果想要治理好国家，首先就要治理好自己的家族；要治理好自己的家族，首先就要提高自己的修养品德；要提高自己的修养品德，就首先要端正自己的态度而勿生妄念；要想端正态度而勿生妄念，首先就要做到意念诚实；要使自己意念诚实，首先就要认知根本性的学问；要认知这种根本性的学问，就要穷尽天下至理。

物格而后知至^①，知至而后意诚，意诚而后心正，心正而后身修，身修而后家齐，家齐而后国治，国治而后天下平。自天子以至于庶人^②，壹是^③皆以修身为本。其本乱而末治者否矣^④。其所厚者薄，而其所薄者厚^⑤，未之有^⑥也！

注释：

①知至：智慧呈现。

②庶人：没有官爵的平民。

③壹是：一律、一切。壹，副词。

④本、末：本，根本，指修身。末，末梢，指齐家、治国、平天下。

⑤厚、薄：重视与轻视。

⑥未之有："之"是宾语前置，这是习惯用法。正常语序是"未有之"。

译文：

穷尽天下的至理之后，就可以掌握人生最高深的学问。掌握了最高深的学问之后，就会意念诚实，不生妄念。意念诚实而不生妄念，就可以端止自己的态度；端正自己的态度之后就可以真正地修身了；只有真正修身的人才能治理好自己的家族；只有治理好自己的家族之后，才能够治理好自己的国；国治理好了之后才能够进而平治天下。从天子到平民百姓，一律都要以提高道德修养为为人处事的根本。自身的道德修养出了问题，还想治理好家、国、天下，这是不可能的事情。应该重视的事情反而轻视它，本来是很小的事情反而重视它，本末倒置，不知轻重，还想实现齐家、治国、平天下的理想，就完全不可能了。

第二章

《康诰》①曰："克②明德。"《大甲》③曰："顾諟天之明命④。"《帝典》⑤曰："克明峻德⑥。"皆自明也。

注释：

①《康诰》：《尚书》中《周书》的一篇文章的篇名。这一篇文章，记载的是周公对康叔受封于殷商故地时的训导之辞。诰，是古代帝王对臣子的命令。在这里是指帝王任命或封赠之时的文书。

②克：能。

③《大甲》：大，通"太"。《大甲》，《尚书》中《商书》的一篇文章的篇名。太甲，是商代的一个国王，商汤的嫡长孙，太丁的儿子，继承王位而无道德修养，不理朝政。顾命大臣伊尹就把他流放到桐这个地方，三

年以后太甲有了深刻反省和悔改之诚，伊尹就恢复了他的王位。

④顾諟天之明命：顾，回顾。諟，古代的是字，在这里作代词，此。明命，天所赋予的使命、大命。

⑤《帝典》：《尚书》中《虞书》中的一篇文章的篇名，又称《尧典》。这篇文章主要是叙述尧舜的历史，歌颂禅让制和先秦时期儒家的政治理想。

⑥峻德：峻，大。峻德，指崇高而伟大的天德。

译文：

《康诰》说："能显发天德。"《大甲》说："时时刻刻不要忘记上天赋予的使命。"《尧典》说："能够显发高远的天德。"这些话都是要我们自己彰明内心的德行。

第三章

汤之《盘铭》①曰："苟②日新，日日新，又日新。"《康诰》曰："作新民③。"《诗》④曰："周虽旧邦，其命惟新⑤。"是故君子无所不用其极⑥。

注释：

①汤：商朝的开国君主。《盘铭》：铸刻在青铜器上的警示文字。

②苟："敬"字之误。抄写时，掉了一个反文。过去多作"如果"讲。

③作新民：作，本义为站立。这里为振作。新民，除旧从新，振作自新之民也。

④《诗》，指《诗经》。中国古代最早的诗歌总集，内容分为风、雅、颂三部分，共305篇。

⑤这两句出自《诗经·大雅·文王》。指文王日新其德于民。

⑥无所不用其极：与现代成语意思完全不同，在这里指的是君子为了修养到至善境界而竭尽全力。

译文：

商汤铸刻在浴盆上的铭文说："怀着敬意，日新其德。每天自新，从不间断。"《康诰》说："让老百姓振作起来，除旧自新。"《诗经·大雅·文王》说："周朝虽是旧邦，但是却禀受了新的天命。"所以，真正的君子就会随时随地追求至善的境界。

第四章

《诗》云："邦畿千里，惟民所止①。"《诗》云："缗蛮黄鸟，止于丘隅②。"子曰："于止，知其所止③，可以人而不如鸟乎！"《诗》云："穆穆文王，於缉熙敬止④！"为人君，止于仁；为人臣，止于敬；为人子，止于孝；为人父，止于慈；与国人交，止于信。

注释：

①这两句诗出自《诗经·商颂·玄鸟》。邦畿，京城及周围地区。

②这两句诗出自《诗经·小雅·缗蛮》。缗蛮，鸟叫的声音。止于丘隅，栖息于山丘的一个小角落。

③知其所止，孔子讲解《诗经》时候的话，意思是，人应当择礼仪乐土居之。

④这两句诗出自《诗经·大雅·文王》。穆穆，深远的样子。文王，周文王，姓姬名昌。於（wū），感叹词。缉，继续。熙，光明。敬止，无所不敬，安于至善之境。

译文：

《诗经·商颂·玄鸟》写道："京城及其周围广阔的土地，正是广大老百姓安居乐业的家园。"《诗经·小雅·缗蛮》写道："黄鸟在枝头歌唱，栖息在山丘的一隅。"孔子说："鸟都知道栖息在应该栖息的地方，难道人反而不如鸟吗？"《诗经·大雅·文王》中写道："德性深远的文王啊，内涵天德，光披四表，无所不敬，安于所止。"做国君的应该做到仁，做臣子的应该做到敬，做子女的应该做到孝，做父母的应该做到慈，与他人交往应该做到诚信。

《大学》译注

《诗》①云："瞻彼淇澳，菉竹猗猗②。有斐君子③，如切如磋，如琢如磨。瑟兮僴兮④，赫兮喧兮⑤。有斐君子，终不可諠⑥兮！"如切如磋者，道学也；如琢如磨者，自修也；瑟兮僴兮者，恂慄⑦也；赫兮喧兮者，威仪⑧也；有斐君子，终不可諠兮者，道盛德至善，民之不能忘也。

注释：

①《诗》：这几句诗出自《诗经·卫风·淇澳》。淇澳（qí yù）：淇，淇水，黄河支流，源于淇山，在河南省北部。澳，弯曲的河边。

②菉（lù）竹猗（yī）猗：菉竹，一种植物，其叶近似竹叶。猗猗，植物茂盛的样子。

③有斐君子：斐，文雅的样子。

④瑟（sè）兮僴（xiàn）兮：瑟，严谨、细致。僴，勇敢、坚毅。

⑤赫（hè）兮喧（xuān）兮：赫，显耀。喧，盛大。

⑥諠（xuān）：忘记。

⑦恂（xún）慄：谨慎而恐惧的样子。

⑧威仪：威，值得敬畏。仪，可以模仿。

译文：

《诗经·卫风·淇澳》写道："在那弯弯曲曲的淇水岸边，绿竹飘荡，葱郁繁茂，像那文采飞扬的君子，切磋琢磨，像美玉做的工艺品一样文质彬彬。严谨而坚毅，显赫而坦荡。这位文采飞扬的君子啊，使人永远不能忘怀。"打磨骨器，如切如磋，就像研究学问一样。加工玉器，如琢如磨，就像修养实践的功夫一样。严谨而坚毅，指的是他谨慎而有所戒惧的态度；显赫而坦荡，指的是他令人敬畏而仪表堂堂。文采飞扬的君子使人永远不能忘怀，指的是他的盛德尽善尽美，老百姓深怀其德，永远不能忘记。

《诗》①云："於戏②，前王③不忘！"君子贤其贤而亲其亲，小人乐其乐而利其利④，此以没世不忘也。

注释：

①《诗》：此句诗出自《诗经·周颂·烈文》。

②於戏（wū hū）：感叹词。

③前王：周文王、周武王。

④这里的君子，指的是后代的贤王；小人，指的是后代的老百姓。

译文：

《诗经·周颂·烈文》写道："哎呀，前代的君主使人难忘啊！"君子推崇贤德之人，也亲爱他身边的人，一般的老百姓享受着君子创造的安乐环境并且从中获利，因此，历代的圣王以及现世的君子在他们去世之后，人们都会永远地怀念他们。

第五章

子曰："听讼①，吾犹人也，必也使无讼乎！"无情者不得尽其辞②。大畏民志③，此谓知本。

注释：

①听讼：审理诉讼案件。

②情：实情。辞：言辞。

③民志：人心。

译文：

孔子说："审理诉讼案件，我与别人没有什么不同。一定要使老百姓不再争讼。"要使隐瞒实情的人不再强词夺理、花言巧语。要使老百姓从内心里敬服。这就是通达道的根本。

第六章

（此谓知本。①）【所谓致知在格物者，言欲致吾之知，在即物而穷其理也。盖人心之灵莫不有知，而天下之物莫不有理，惟于理有未穷，故其知有不尽也。是以《大学》始教，必使学者即凡天下之物，莫不因其已知之理而益穷之，以求至乎其极。至于用力之久，而一旦豁然贯通焉，则众物之表里精粗无不到，而吾心之全体大用无不明矣。此谓物格。】②此谓知之至也。

注释：

①此谓知本：程颐、朱熹都认为这几个字是衍文。

②朱熹认为，《大学》全文，在诚意、正心之前，丢失了"格物、致知"的诠释文字。所以，朱熹就根据上下文补充了这段文字。这样，就使八大条目的诠释成为完璧。这段文字打上了程朱理学的浓厚烙印。在学术界，对朱熹的做法，历来毁誉不一。

译文：

（这就叫做通达到了根本。）【这里所说的要想获得对世界的认知就必须研究事物，说的是要获得对世界的认知，就必须接触事物本身，并且穷尽它的深刻道理。人的心灵都有认知的基本能力，而且天下的各种事物也都蕴涵了深刻的道理。只不过这些道理没有被完全认识，因此人们的认识有局限。因此，《大学》始终都教育我们要穷尽天下的道理，借助于已有的知识进一步探索，彻底认识各种事物的道理。只要经过长时间不懈的努力，我们就会豁然贯通，万事万物，里外精粗，都会被认识得清清楚楚，而且内心的一切道理没有不明明白白的。这就是对万事万物的认知、研究了。】这就是认识的顶点。

第七章

所谓诚其意者，毋自欺也。如恶恶臭，如好好色①，此之谓自谦②，故君子必慎其独也！小人闲居为不善，无所不至，见君子而后厌然③，掩其不善，而著其善。人之视己，如见其肺肝然，则何益矣。此谓诚于中④，形于外⑤，故君子必慎其独也。曾子曰："十目所视，十手所指，其严乎⑥！"富润屋，德润身，心广体胖⑦，故君子必诚其意。

注释：

①如恶恶（wù è）臭，如好好（hào hǎo）色：第一个"好"和

"恶"，是动词，表示喜欢与厌恶。第二个"好"与"恶"，形容词，形容、限制名词的"臭"与"色"。

②谦：谦读为慊（qiè），快感、满足的意思。

③厌然：躲躲闪闪的样子。

④中：内心。

⑤形于外：行为表现于外。

⑥其严乎：严，严峻。多么严厉可怕啊。

⑦心广体胖（pán）：心胸开阔，体貌舒泰安详。胖，安泰舒适。

译文：

所谓诚意，就是不要自己欺骗自己。就像讨厌极端的恶臭一样，就像喜欢非常美丽的女子一样。这都是人之所以为人的天性。天性的自然表达，就可以让我们心满意足。所以，君子在面对自己的内心的时候，一定要谨慎。道德修养不好的人在独处的时候做了不好的事情，什么都做，没有底线，遇见君子之后就躲躲闪闪，把坏处掩盖起来，只是标榜自己的好处。可是，别人看到你自己的表现，清清楚楚，就像见到你的肺与肝一样。掩盖又有什么好处呢？换言之，内心真诚的意念，一定会显发出来。所以，君子在独处的时候一定要妥善处理自己的言行。曾子说："很多的人都看着我们，很多的手都指着我们。这是一件很可怕的事情。"金钱能够装饰房子，道德能够滋润我们的身体，心胸广博则能够身体舒泰，所以，君子一定要使自己的意念诚实。

第八章

所谓修身在正其心者，身有所忿懥①，则不得其正；有所恐惧，则不得其正；有所好乐②，则不得其正；有所忧患，则不得其正。心不在焉，视而不见，听而不闻，食而不知其味。此谓修身在正其心。

注释：

①忿懥（zhì）：愤怒。

②好乐（lè）：动词，喜欢。

译文：

所谓修身就是要端正自己的内心，如果心中有愤怒，就不可能端正自己的内心；有所恐惧，就不能端正自己的内心；有所偏好，就不能端正自己的内心；有所担忧，就不能端正自己的内心。只要意识不在那里，心思被邪念蒙蔽了，即使看了也看不见，即使听了也听不见，即使吃了也不知道那食物是什么味道。这就是为什么修身首先要端正内心。

第九章

所谓齐其家在修其身者，人之其所亲爱而辟焉①，之其所贱恶而辟焉，之其所畏敬而辟焉，之其所哀矜②而辟焉，之其所敖惰而辟焉。故好而知其恶，恶而知其美者，天下鲜矣！故谚有之曰："人莫知其子之恶，莫知其苗之硕。"此谓身不修不可以齐其家。

注释：

①辟（pì）：通"僻"。之后"之其"句的主语皆承此句的主语而省略。

②矜（jīn）：怜悯。

译文：

为什么说，管理好家，首先在修养自身呢？人们往往对自己喜欢的人会有所偏颇，往往对自己所轻贱讨厌的人会有所偏颇，往往对自己所敬畏的人会有所偏颇，往往对自己所悲悯的人会有所偏颇，往往对自己所瞧不起的人会有所偏颇。所以，喜欢一个人却能够知道这个人的短处，讨厌一个人却能够知道这个人的长处，这种人是非常少的。因此，有谚语说："人们往往不知道自己偏爱的孩子的缺点，也不知道自己的庄稼长得有多旺盛。"也就是说，如果首先不做好自身的修养，要治理好自己的家，这是不可能的事情。

第十章

　　所谓治国必先齐其家者，其家不可教而能教人者，无之。故君子不出家而成教①于国：孝者，所以事君也；弟者，所以事长也；慈者，所以使众也。《康诰》曰"如保赤子②"，心诚求之，虽不中不远矣。未有学养子而后嫁者也！

注释：

　　①成教：教化已经成功展开。

　　②赤子：初生的婴儿。

译文：

　　为什么说，想要管理好一个国家，首先需要管理好自己的家。自己的家没有管理好，而能教育家之外的其他的人，这是不可能的。所以，对于一个君子来说，没有走出家门，但是治理国家的教化思想已经具备了。对父母的"孝"，可以转化为对君主的忠诚；对兄弟的"悌"，可以转化为对长辈的尊敬；对晚辈的慈爱之心，可以转化为对老百姓的仁慈，从而有效地管理他们。《康诰》说，"我们应该保持我们的善良品德，就像保护我们婴儿般的心一样"。只要心中至诚，即便走错了路，也离正道不远。（一切的学习，都是在具体的行动过程中才有可能，）从来没有听说过先学会养孩子然后出嫁的人。

　　一家仁，一国兴仁；一家让，一国兴让；一人贪戾①，一国作乱；其机如此。此谓一言偾②事，一人定国。尧舜帅天下以仁，而民从之；桀纣帅天下以暴，而民从之；其所令反其所好，而民不从。是故君子有诸己而后求诸人，无诸己而后非诸人。所藏乎身不恕，而能喻诸人者，未之有也。故治国在齐其家。

注释：

　　①戾（lì）：乖张、暴戾。

②偾（fèn）：覆灭、败坏。

译文：

对于领导人来讲，一家人奉行仁德，全国人民都会奉行仁德；一家人奉行礼让，全国人民都会奉行礼让；领导人一个人贪婪暴戾，他领导下的全国人民都会作乱。管理国家的关键就在这里。领导人的一句话就可以毁灭一件事情，一个好的领导人就可以管理好一个国家。尧、舜以仁德领导天下的老百姓，老百姓就都会奉行仁德，桀、纣以残暴领导天下的老百姓，老百姓就都会奉行残暴。（领导人必须言行一致，为人诚实，）否则，领导人所倡导的与他自己心中所想的完全相反，老百姓就不会听他的。所以，真正的君子首先自己已经做得很好了，然后才去要求别人做；自己没有某一方面的缺点，然后才能去批评别人的相关错误。如果我们身上没有推己及人的恕道，就想去与人沟通，从而去领导教育别人，那是不可能的事情。因此，治理国家的前提是首先要把家治理好，把家治理好了，然后才有可能推己及人，才有可能把国家治理好。

《诗》①云："桃之夭夭，其叶蓁蓁②；之子于归③，宜其家人。"宜其家人，而后可以教国人。《诗》④云："宜兄宜弟。"宜兄宜弟，而后可以教国人。《诗》⑤云："其仪不忒⑥，正是四国。"其为父子兄弟足法，而后民法之也。此谓治国在齐其家。

注释：

①《诗》：《诗经·周南·桃夭》。
②夭夭：桃花鲜艳。蓁蓁：树叶葱绿茂盛的样子。
③之子于归：之，代词，这个。子，女子。归，女子出嫁。
④《诗》：《诗经·小雅·蓼萧》。
⑤《诗》：《诗经·曹风·鸤鸠》。
⑥忒：差错。

译文：

《诗经·周南·桃夭》说："桃花盛开，十分鲜艳，桃花的叶子也非常葱郁，少女出嫁到男方的家里，非常恰当地处理男方家里上上下下各种事务，让全家和睦相处。"首先做到与家人处理好各种关系，然后才能去教化老百姓。《诗经·小雅·蓼萧》说："恰当地与兄弟处理好关系。"恰当地与兄弟处理好关系，然后才能去教化老百姓。《诗经·曹风·鸤鸠》说："礼仪都能够做到位，没有差池，才能够为四方各国树立表率，从而有效地管理各个国家。"父子兄弟都足以效法的人，才能够让老百姓去效法。这就是我们为什么说，治理国家首先要治理好家。

第十一章

所谓平天下在治其国者，上老老而民兴孝，上长长而民兴弟①，上恤孤而民不倍②，是以君子有絜矩之道③也。所恶于上，毋以使下；所恶于下，毋以事上；所恶于前，毋以先后；所恶于后，毋以从前；所恶于右，毋以交于左；所恶于左，毋以交于右：此之谓絜矩之道。

注释：

①第一个"老"字是动词，尊重老人的意思。第二个"老"字是名词，指老人。第一个"长"字是动词，尊重长辈的意思。第二个"长"字是名词，指长辈。

②倍：背叛。

③絜（xié）矩之道：指言行要有示范作用。絜，尺度。矩，方形、直角曲尺。

译文：

我们所说的要平治天下必须首先治理好自己的国家，意思是说，上面的领导能够推己及人，尊重全国的老人，老百姓就会奉行孝道。上面的领导如果能够推己及人，尊重全国的长者，老百姓就能够奉行"悌"的美德。上面的领导如果能够体恤天下的鳏寡孤独者，那么，老百姓就不会背叛他们的领导。所以，君子就会奉行"絜矩之道"：我讨厌上级领导无礼于我的，我也不能用领导的做法去对待我的下属。我讨厌下属无礼于我的，我也不能用下属的做法去对待我的上级领导。我讨厌前面的人无礼于我的，我也不能用前面人的做法去对待后面的人。我讨厌后面的人无礼于我的，我也不能用后面人的做法去对待前面的人。我讨厌右边的人无礼于我的，我也不能用右边人的做法去对待左边的人。我讨厌左边的人无礼于我的，我也不能用左边人的做法去对待右边的人。这就是推己及人的絜矩之道。

《诗》①云："乐只②君子，民之父母。"民之所好好之，民之所恶恶之③，此之谓民之父母。《诗》④云："节彼南山，维石岩岩⑤。赫赫师尹，民具尔瞻⑥。"有国者不可以不慎，辟则为天下僇矣⑦。《诗》⑧云："殷之未丧师⑨，克配上帝。仪监于殷⑩，峻命不易。"道得众则得国，失众则失国。

注释：

①《诗》：《诗经·小雅·南山有台》。

②只：语气助词。

③两个"好"字，均读 hào 音，第一个"好"字用在"所"字后面，组成名词结构；第二个"好"字是动词，喜欢的意思。两个"恶"字，均读 wù 音，第一个"恶"用在"所"字后面，组成名词结构；第二个"恶"字是动词，厌恶的意思。

④《诗》：《诗经·小雅·节南山》。

⑤节彼南山，维石岩岩：节，嵯峨高大貌。岩岩，险峻高大的样子。

⑥赫赫师尹，民具尔瞻：赫赫，显盛貌。具，通"俱"。

⑦辟则为天下僇矣：辟，通"僻"，邪僻。僇：通"戮"，杀戮。

⑧《诗》：指的是《诗经·大雅·文王》。

⑨殷之未丧师：师，大众。

⑩仪监于殷：监，视也。

译文：

《诗经·小雅·南山有台》说："充满仁慈之心、懂得絜矩之道的君子啊，才能够成为老百姓的父母官。"老百姓所喜欢的他就喜欢，老百姓所厌恶的他就厌恶。这就是老百姓的父母官。《诗经·小雅·节南山》说：

"高大的南山，岩石高耸。地位显赫的师尹，就是广大老百姓学习的对象。"管理国家的人不能不谨慎小心，如果为人偏颇，不能坚持国家政权的公正，就会被广大的老百姓所推翻。《诗经·大雅·文王》说："殷商还没有失去民心的时候，老天就眷顾他们。老天依据礼仪时时刻刻检视着殷商王权。要守住天命，实在是不容易啊。"这几句诗歌说的是：只要得到老百姓的心，就能守得住国家的权力；只要失去了老百姓的心，就会失去国家的权力。

是故君了先慎乎德。有德此有人，有人此有土，有土①此有财，有财此有用。德者本也，财者末也，外本内末，争民施夺。是故财聚则民散，财散则民聚。是故言悖②而出者，亦悖而入；货悖而入者，亦悖而出。

注释：

①有土：有国。

②悖：悖逆。

译文：

所以治理国家的君子不可不谨慎地敬奉"明德"。有明德的人就会得到民心，老百姓就会来到他的国家。只要有了老百姓，就会有辽阔的土地。有了辽阔的土地，就会有用不完的财富。有了用不完的财富就会用度不尽。道德的修养是本，财富的获得是末。把道德的修养视为外，而把财富的获得视为内，这是与老百姓争利（不能贯彻絜矩之道，就是实施劫夺之教，天下就要大乱了）。因此，财富聚集在国家手中，老百姓就四散而去了。国家能够做到藏富于民，老百姓就会凝聚在这个国家。领导所说的话，如果违反了絜矩之道，倒行逆施，老百姓就不会服从那个领导人的管教。如果不是遵守絜矩之道，而是通过非法手段掠夺和贪污来的财富，最后就必然会通过非正常的途径失去这些财富。

《康诰》曰："惟命不于常！"道善则得之，不善则失之矣。《楚书》①曰："楚国无以为宝，惟善以为宝。"舅犯②曰："亡人无以为宝，仁亲以为宝。"《秦誓》曰："若有一个③臣，断断兮无他技，其心休休④焉，其如有容焉。人之有技，若己有之，人之彦圣，其心好之，不啻若自其口出，寔⑤能容之，以能保我子孙黎民，尚亦有利哉。人之有技，媢疾⑥以恶之，人之彦圣，而违之俾不通，寔不能容，以不能保我子孙黎民，亦曰殆哉。"

注释：

①《楚书》：楚昭王时期的书。

②舅犯：晋文公舅狐偃，字子犯。

③个：朱熹根据《尚书》读为"介"。

④休休：宽宏大量的样子。

⑤寔：同"实"。

⑥媢疾：嫉妒。

译文：

《康诰》指出："从来就没有永恒的天命。"加强修养，与人为善，天命就伴随着你。没有修养，不与人为善，就会失去天命。《楚书》指出："楚国不以金玉为宝，而是以善良为宝。"子犯说："逃亡在外的人没有什么宝贝，以仁爱亲善为宝。"《秦誓》又指出："如果有一位这样的大臣，他并没有特别的技术，但心胸开阔，能够宽容地对待别人。别人有很好的技术，他感到就像他自己拥有这项技术一样；如果别人才华横溢，甚至达到了'圣'的境界，他非常向往别人的学问，简直比他自己拥有这种才华盛德更高兴。这样的人我们应当欢迎、容纳他，他能够保护我的子子孙孙与广大的黎民百姓，会给我们国家带来巨大的好处。别人有很好的技术才能，他却嫉妒得不得了，并且厌恶别人。如果别人才华横溢，甚至达到了'圣'的境界，他却处心积虑，处处设防阻拦，让有才华的人不见天日，才华得不到展现。任何国家都不能容忍这样的臣子，因为这样的人不仅仅不是我们国家世世代代的保障，不是老百姓的福祉，他甚至会使我们国家处于危险的境地。"

唯仁人放流之，迸①诸四夷，不与同中国。此谓唯仁人为能爱人，能恶人。见贤而不能举，举而不能先，命^②也；见不善而不能退，退而不能远，过也。好人之所恶，恶人之所好，是谓拂人之性，菑必逮夫身^③。

注释：

①逆：通屏，驱逐。

②命：郑玄读为"慢"，即轻慢。

③菑必逮夫（fú）身：菑，古"灾"字，灾难。逮，及、到。夫，助词。逮夫身，及于身。

译文：

有仁德的人会把这种容不得人的人，流放到荒远的化外之地去，不让他与我们同住在中国。这就是说，只有具有仁德的人才能够做到真正地爱人，才能够做到真正地厌恶人。见到贤能的人不能够推举，即便是推举了又不重用他，这就是轻慢。见到恶人却又不能够贬斥，即便是贬斥了，却又若即若离、藕断丝连，这才是真正的错误啊。别人厌恶的事情，他却很喜欢。别人喜欢的事情，他却很厌恶。这就是违背人的本性，灾难就一定会降临到他的身上。

是故君子有大道，必忠信以得之，骄泰^①以失之。生财有大道，生之者众^②，食之者寡^③，为之者疾^④，用之者舒^⑤，则财恒足矣。仁者以财发身^⑥，不仁者以身发财^⑦。未有上好仁而下不好义者也，未有好义其事不终^⑧者也，未有府库^⑨财非其财者也。

注释：

①骄泰：骄横跋扈、放纵淫荡。

②生之者众：参加生产的人很多。

③食之者寡：消费的人少。

④为之者疾：参加生产的人速度很快。

⑤用之者舒：财富的使用比较缓慢。

⑥仁者以财发身：有仁德的君主能够广施财富给老百姓，从而达到修身的目的。

⑦以身发财：没有仁德的君主利用自身的权力横征暴敛。

⑧终：善始善终。

⑨府库：国库。

译文：

所以君子就是要走修齐治平的光明大道，要用忠与信的德性修养来获得天下，而骄奢淫逸就会失去天下。财富的产生有光明的大道，那就是，从事生产的人多，消费的人少。生产的人勤奋，使用的人节约。这就是财富长期保持丰盈的原因。有仁德的人会散发财富给老百姓，以此来提高自己的道德修养，而没有仁德的人则通过自己手中的权力去掠夺财富。没有君王喜欢仁德的修养，而广大的臣民不喜欢道义的；没有喜爱忠义却做事半途而废的；没有国库里的财物不是属于国君的。

孟献子①曰："畜马乘②不察于鸡豚，伐冰之家③不畜牛羊，百乘之家④不畜聚敛之臣，与其有聚敛之臣，宁有盗臣⑤。"此谓国不以利为利，以义为利也。长国家⑥而务财用者，必自小人矣。彼为善之，小人之使为国家，灾害并至。虽有善者，亦无如之何⑦矣！此谓国不以利为利，以义为利也。

注释：

①孟献子：鲁国的大夫仲孙蔑。

②畜马乘（shèng）：拥有马匹马车。畜，养。乘，四匹马拉的一辆车，为一乘。

③伐冰之家：丧祭时能够用冰的家族。古代卿大夫以上的人家丧祭时才能够用冰。

④百乘之家：有封地的公卿。

⑤盗臣：侵占、盗窃公卿财富的家臣。

⑥长国家：做国家君主。

⑦无如之何：没有办法。

译文：

孟献子说："拥有车马的下大夫，就不会斤斤计较于鸡鸭猪狗之类的小事。祭祀的时候可以使用冰的中上大夫，就不会用饲养牛羊的方式来赚钱。拥有百辆马车的上卿之家，就不会畜养搜刮民财的家臣。与其蓄养这种搜刮民财的家臣，还不如盗窃公卿财富的家臣。"这就是说，国家不能够以财富作为举国追求的利益，而是要以道义作为国家追求的利益。担任了一个国家的君主，领导着全国的人民，却整天想着聚敛钱财，那一定是受到了小人的唆使。君主还把这些小人当成好人来使用，让他们来治理国家大事，最后的结果只能是天灾人祸一起到来。到了这样的境地，即便是遇到了贤能的人，也一点办法都没有了。这就是我们所说的，国家不能够以财富作为举国追求的利益，而是要以道义作为国家追求的利益。

（本文注释全部采用朱熹撰《四书章句集注》本校正）

《中庸》译注

欧阳祯人　译注

第一章

天命之谓性①，率性之谓道②，修道之谓教③。道也者，不可须臾离也，可离非道也。是故君子戒慎乎其所不睹，恐惧乎其所不闻。莫见乎隐，莫显乎微④，故君子慎其独也⑤。喜怒哀乐之未发，谓之中；发而皆中节，谓之和⑥。中也者，天下之大本也⑦；和也者，天下之达道⑧也。致⑨中和，天地位⑩焉，万物育焉。

注释：

①天命之谓性：天，是阴阳五行化生万物、品物流形之天。命，令也，明也，显豁也，下贯也。性，人之所以为人的天生禀赋。但是，性，有天命之性与气质之性之分，这是《中庸》立论的原因。此句通过结构助词"之"的前置（平铺直叙的语序应该是"天命谓之性"），来强调天、命与性的紧密关系。此一句充盈着先秦儒家的宗教性。

②率性之谓道：率，循。性，是循天、命下贯而来的虚灵不昧之根。道，有日用凡俗之道，有性天超越之道，这是《中庸》的根本路向。

③修道之谓教：修道，以道修身，以道修心。以身体为平台，以视听言动为道场，以天心修我心。教，圣人教化之功。以上三句，为儒家的三句教。

④莫见（xiàn）乎隐，莫显乎微：见：呈现、展示。隐，幽隐，微，细微，二者在《中庸》中指的是神灵世界。这里隐含了因果报应的思想。说的是头上三尺有神灵。

⑤慎独，在具体而微的视、听、言、动中，面对天的圣洁。这就是下学上达的功夫。"人心惟危，道心惟微，惟精惟一，允执厥中"，涵括了"慎独"的主要内容。有天道人道的内在超越，有体有用的践履功夫。这

是儒家的理论基石。

⑥发而皆中（zhòng）节，谓之和：根据"天命之谓性"的前提，可知这里说的是万物之不齐。这是《中庸》的立论前提。因此，这里的"和"，就不仅仅是和谐，不是一团死水，更重要的，指的是和而不同，是絜矩之道。"中节"，当然指的是"礼"。

⑦中也者，天下之大本也：中，即指适中，正当，恰如其分、不偏不倚、无过无不及的标准。大本，世界的根本。

⑧达道：宽广通达的道路、共同遵守的根本原则。

⑨致：推而极之。

⑩位：动词，各得其所。

译文：

天地的阴阳大化，造就了我们的性。循着这个由天下贯的虚灵不昧之性，自然而然地展现，那就是道。以道修身就可以实现圣人的教化。道，是不可以片刻离开的，因为离开以后，就不成其为道了。所以，君子应该在别人看不见自己的时候，以戒慎的心面对自己的七情六欲；应该在别人听不见自己的时候，以恐惧之心面对自己的视听言动。因为，我们的一切言行没有不在那隐微的世界展现得清清楚楚的。是故，君子应该谨慎地反思自己的言行，下学而上达。喜怒哀乐还没有展现出来的时候，就是中；恰当地展现出来，就是和。中，是天下的根本。和，是天下宽广通达的道路。把中与和推而极之，普天之下各种各样的人与事都会各得其所，万事万物都会郁郁生展。

第二章

仲尼①曰："君子中庸，小人反中庸②。君子之中庸也，君子而时中③；小人之中庸也，小人而无忌惮④也。"

注释：

①孔子（公元前551年9月28日—公元前479年4月11日），名丘，

字仲尼，春秋时期鲁国人。

②中庸：中字已见上面的简单解释。庸有三义：一、常，即恒常不易、变中不改的道理；二、平常，即平凡、平常之德；三、用，即运用。

③时中：时时刻刻，任何境遇，千变万化，都能随时合标准。

④忌惮：顾忌、畏惧。

译文：

孔子说："君子在言行中遵守中庸的原则，小人则违反中庸的原则。君子的中庸，是时时刻刻把中庸落实在不同的境遇之中去，而小人对待中庸，却是肆无忌惮，不遵守中庸的原则。"

第三章

子曰："中庸其至矣乎！民鲜能久矣！"

译文：

孔子说："中庸的美德已经达到了至高无上的境界了吧！老百姓不能做到中庸已经很久了啊！"

第四章

子曰："道①之不行也，我知之矣：知者过之②，愚者不及也。道之不明也，我知之矣：贤者过之，不肖③者不及也。人莫不饮食也，鲜能知味也。"

注释：

①道：指中庸之道。

②知：音 zhì，同"智"。

③不肖：不贤。

译文：

孔子说："中庸之道不能畅行的原因，我已经知道了：智慧的人自以为是，认知过了头；愚蠢的人智慧不及，认知的深度又不够。道不得显明的原因，我也知道了：贤明的人做得太过分，不贤的人又做不到。这件事情，就像我们人人都要吃饭，但是，真正能够品尝出饭菜中的滋味的人，却是少之又少。"

第五章

子曰："道其不行矣夫①！"

注释：

①其，语气助词，表示揣测。夫（fú），语气词用在句末，表示感叹。

译文：

孔子说："中庸之道，大概行不通了吧！"

第六章

子曰："舜其大知①也与！舜好问而好察迩言②，隐恶而扬善，执其两端③，用其中于民，其斯以为舜乎！"

注释：

①知：同"智"。

②迩言：浅近的言论。

③执其两端：各种相反相成的意见都具有两端的性质，大小、厚薄、前后、成败等等，它们始终存在不同性质、不同层面的两端。在不断提升的"善"之中又执其两端，而量度以取中，然后用之，那么我们的选择就是审之又审，行动也会达到最好的境界。

译文：

　　孔子说："大舜，大概是拥有最大智慧的人吧！大舜喜欢向周围的人问问题，善于分析浅近话中的含义。不宣扬他人的恶，而只表彰他人的善行。过与不及的两端意见他都非常清楚，采取适中的意见用于百姓之中。这应该就是大舜之所以叫大舜吧。"

第七章

　　子曰："人皆曰予知[1]，驱而纳诸罟擭陷阱之中，而莫之知辟也[2]。人皆曰予知，择乎中庸，而不能期月守也[3]。"

注释：

　　①知：同"智"。

　　②罟擭（gǔ huò）：罟，捕猎野兽的网。擭，捕猎禽兽的木笼子。辟，同"避"。

　　③期：读为 jī，一整月。

译文：

　　孔子说："人们都说自己聪明，但是，当他们被驱赶到网罗陷阱之中去的时候，却不知道躲避。人们都说自己聪明，但是，选择了中庸之后，却连一个月都不能够坚守。"

第八章

　　子曰："回之为人也[1]，择乎中庸，得一善，则拳拳服膺[2]而弗失之矣。"

注释：

　　①回：孔子的学生颜回。

　　②拳拳服膺：拳拳，奉持之貌。服，犹着也。膺，胸也。

译文：

孔子说："颜回的为人是这样的，他选择了中庸的美德，以此为根据，每得到一个好的道理，他就会守奉在心中，永远都不失去。"

第九章

子曰："天下国家可均也，爵禄可辞也，白刃可蹈也，中庸不可能也。"

译文：

孔子说："天下国家可以平治，高官俸禄可以辞让，锋利的刀刃可以踩踏着走过去，但是，中庸之道却是很难做得到。"

第十章

子路问强①。子曰："南方之强与？北方之强与？抑而强与②？宽柔以教，不报无道，南方之强也，君子居之。衽金革③，死而不厌，北方之强也，而强者居之。故君子和而不流④，强哉矫⑤！中立而不倚，强哉矫！国有道，不变塞焉⑥，强哉矫！国无道，至死不变，强哉矫！"

注释：

①子路：孔子的学生仲由，字子路。

②抑而强与：抑，连词，表示转折或选择。而，通"尔"，代词，你。与，疑问语气助词。

③衽金革：衽，席子。在这里名词用为动词。金，金戈，铁制的兵器。革，皮革制成的甲胄。就是用兵戈甲胄当枕席。

④和而不流：君子能够做到"和"，但是，不会同流合污。

⑤矫：强壮、矫健。

⑥不变塞：不改变穷困时期的志向。塞，穷困时期，朱熹释为："未达也。"

译文：

　　子路问孔子什么是强。孔子回答说："你问的是南方的强呢，还是北方的强，抑或是你自己的强？以宽厚仁和的精神去教化老百姓，别人对我粗暴无礼也不报复，这是南方的强，道德修养高的人就拥有这种强。用兵戈甲胄当枕席，争强好斗，死而后已，这是北方的强。争强好胜的人就喜欢这种强。所以，有道德修养的人能够做到中和，但不会与别人同流合污，这才是真正的强啊！秉持'中'的态度而不偏不倚，这才是真正的强啊！国家政治清明，已经志得意满，也不改变自己过去穷困时期的志向，这才是真正的强啊！国家政治黑暗，依然坚持自己的志向，至死都不改变，这才是真正的强啊！"

第十一章

　　子曰："素隐行怪①，后世有述焉，吾弗为之矣。君子遵道而行，半涂②而废，吾弗能已矣。君子依乎中庸，遁世③不见知而不悔，唯圣者能之。"

注释：

　　①素隐行怪：素，当作"索"，求的意思。隐，隐僻。怪，怪异。行为邪僻，专门追求隐僻、怪异的事情。

　　②涂：通"途"。

　　③遁世：隐居。

译文：

　　孔子说："追求一些标新立异的道理，做一些怪诞的事情来哗众取宠、欺世盗名，即使后来的人记述了他，把他载入历史，而我是绝对不会这样做的。有道德修养的人按照中庸之道的原则去做，有的人半途而废，不能坚持下去，而我是绝对不会停止的。真正的君子遵循中庸之道，即使一生默默无闻，不被人们知道也从来不会后悔。要做到这一点，只有圣人才有可能。"

第十二章

君子之道费而隐^①。夫妇^②之愚，可以与知^③焉，及其至^④也，虽圣人亦有所不知焉；夫妇之不肖，可以能行焉，及其至也，虽圣人亦有所不能焉。天地之大也，人犹有所憾。故君子语大，天下莫能载焉；语小，天下莫能破焉。《诗》^⑤云："鸢飞戾天^⑥，鱼跃于渊。"言其上下察也。君子之道，造端^⑦乎夫妇，及其至也，察乎天地。

注释：

①费而隐：广大而精微。

②夫妇：普通夫妇。

③与（yù）知：与，参与。

④至：极致。

⑤《诗》：指《诗经·大雅·旱麓》。

⑥鸢（yuān）飞戾天：鸢，鹞鹰。戾，到达。

⑦造端：开始。

译文：

君子所选择的中庸之道，效用广大无边，其本体却是隐微难见，而又无处不在。即使是一般普通的愚夫愚妇，也可以知道一些基本的中庸之道的道理。但是，当我们推究到中庸之道的精微深奥之处，即使是圣人也有不能够企及的地方。即使是不贤的夫妇也可能施行中庸之道的一些粗浅的道理，但是，推究到中庸之道的精微深奥之处，即使是圣人也有做不到的地方。天地是浩瀚无边的，但是，人们对天地还是有不满意的地方。所以，有道德修养的人所阐述的有关中庸之道的大道理，说到大的地方，整个天下都无法承载它的分量；说到小的地方，整个天下都无法理解它的深意。《诗经·大雅·旱麓》说："鹞鹰展翅飞翔到天的最高处，鱼儿跳跃到水的最深处。"这是在说，真正的中庸之道上达于崇高的天，下及于深渊，通体透明，清清楚楚。遵循中庸之道的君子，从普通的男女夫妇都能够理解的事情入手，去理解施行，而到了最高妙精微的境界，就能够洞察天地间的一切。

第十三章

子曰："道不远人。人之为道而远人，不可以为道。《诗》①云：'伐柯伐柯，其则②不远。'执柯以伐柯，睨③而视之，犹以为远。故君子以人治人④，改而止⑤。忠恕违道不远⑥，施诸己而不愿，亦勿施于人。君子之道四⑦，丘未能一焉：所求乎子以事父，未能也；所求乎臣以事君，未能也；所求乎弟以事兄，未能也；所求乎朋友先施之，未能也。庸⑧德之行，庸言之谨，有所不足，不敢不勉⑨，有余不敢尽；言顾行，行顾言，君子胡不慥慥尔⑩！"

注释：

①《诗》：指《诗经·豳风·伐柯》。

②则：斧头手柄的样式。比喻为原则。

③睨（nì）：斜视。

④以人治人：这里说的是以人的固有道理去感化人，启发人们加强道德修养，以便于人们接近善，去其恶。

⑤改而止：直到他们改正为止。

⑥忠恕违道不远：忠，尽己之心。恕，推己及人。违道，离开中庸之道。

⑦君子之道四：在《中庸》中，指的是孝、悌、忠、信，相对于子、弟、臣、友。

⑧庸：平常。

⑨勉：努力。

⑩慥（zào）慥：忠厚诚实的样子。

译文：

孔子说："道，是不会离开人而独立存在的。如果有人为了实现道，却离开了人的凡俗生活，好高骛远，那就不可以为道了。《诗经·豳风·伐柯》写道：'伐柯伐柯，取法的样式就在眼前。'握着斧头的手柄砍削斧柄，因为样式就在手上，所以不会有什么差异。但是如果斜眼一看，还是会发现差异很大。所以，有道德修养的人总是会以身作则，用人之所以为人的根本道理来教化人，一直到人们改正了自己的缺点为止。只要能够做到忠与恕，离道就相差不远了。（那么，什么叫忠、恕呢？）对自己不喜欢的事情，也不要施加在别人的头上。君子有孝、悌、忠、信四大天职，而我孔丘却是一项都没有做好：作为一个儿子应该做到的对父亲的孝道，我没能做到。作为一个臣民应该做到的对君主的忠诚，我没能做到。作为一个弟弟应该做到的对哥哥的友悌，我没能做到。作为一个朋友应该首先做到的，我也没能做到。平常的德行努力践履，平常的言论尽量谨严，做得不好的地方不敢不努力而为，做事情还要留有余地，不要把事情做得太绝。言论要顾及行动上是否能够落实，行动更要考虑到与自己说的话是否一致。这样的君子怎么可能不会做到忠诚厚道呢？"

第十四章

　　君子素其位而行，不愿乎其外①。素富贵，行乎富贵；素贫贱，行乎贫贱；素夷狄②，行乎夷狄；素患难，行乎患难；君子无入而不自得焉。在上位不陵下，在下位不援上③，正己而不求于人，则无怨。上不怨天，下不尤④人。故君子居易以俟命⑤，小人行险以徼幸⑥。子曰："射有似乎君子，失诸正鹄⑦，反求诸其身。"

注释：

　　①素其位而行，不愿乎其外：素，现在、平素。愿，倾慕、羡慕。素其位，安于现在所处的位置。其外，本位以外的东西。

　　②夷狄：东方的少数民族为夷，北方的少数民族为狄。在这里泛指所有的少数民族。

　　③在上位不陵下，在下位不援上：陵，通"凌"，欺凌。援，攀援、巴结。

④尤：抱怨。

⑤居易以俟（sì）命：居易，安于现状。俟命，等待天命。

⑥徼幸：徼，求。幸，所不当得而得。

⑦正鹄：箭靶心。

译文：

（由于心中有了中庸之道，自足圆满）所以，有道德修养的人就会安于他现在所处的位置，至大至刚，去做他应该做的事情，不生非分之想。如果处于富贵的人所处的位置，他就去做富贵人应该做的事情；如果处于贫贱的人所处的位置，他就去做贫贱人应该做的事情；如果处于蛮荒地区，他就去做在蛮荒地区应该做的事情；如果处于患难之中，他就去做在患难之中应该做的事情。君子不论在什么样的情况下都会安然自得。处于高位，不欺辱在下位的人。处于低下的位置，不攀援巴结处于高位的人。修养自己，端正自己而不苛求于他人，这样就对别人没有抱怨之心了。上不抱怨苍天，下不抱怨别人。因此，君子以德为本，安心地等待天命，自足圆满，而小人则本末倒置，铤而走险，以徼幸之心，胆大妄为，企图得到非分的东西。孔子说："有道德修养的人，立身处世，就像射箭一样，射不到靶心，就不要把责任推到各种客观因素上去，而是应该扪心自问，检查自身的原因。"

第十五章

君子之道，辟如行远必自迩，辟如登高必自卑①。《诗》②曰："妻子好合，如鼓瑟琴；兄弟既翕③，和乐且耽④；宜尔室家，乐尔妻帑⑤。"子曰："父母其顺矣乎！"

注释：

①辟如行远必自迩，辟如登高必自卑：辟，同"譬"。迩，近处。卑，低处。

②《诗》：指《诗经·小雅·常棣》。

③妻子好合，如鼓瑟琴；兄弟既翕（xī）：妻子，妻与子。鼓，弹奏。翕，融洽。

④耽：《诗经》原作"湛"，安乐。

⑤帑（nú）：通"孥"，儿子。

译文：

君子实践中庸之道的时候，就像走远路要从脚下开始一样，就像攀登高山要从山脚下开始一样。《诗经·小雅·常棣》写道："妻子儿女感情和睦，就像琴瑟合奏一样，十分融洽。兄弟关系一旦和睦起来，那就又和顺又快乐。这样的话，就可以使你的家庭成员幸福美满，使你的老婆孩子生活得十分开心。"所以，孔子说："这样一来，父母也就自然舒坦，心满意足了。"

第十六章

子曰："鬼神之为德，其盛矣乎！视之而弗见，听之而弗闻，体物①而不可遗。使天下之人齐明盛服②，以承祭祀③。洋洋乎④！如在其上，如在其左右。《诗》⑤曰：'神之格思⑥，不可度思⑦！矧可射思⑧！'夫微之显，诚之不可掩如此夫。"

注释：

①体物：体察万物。

②齐明盛服：齐，音 zhāi，通"斋"，斋戒。沐浴斋戒，盛装端正。

③祭祀：敬神、求神和祭拜天地、祖先的宗教性仪式。

④洋洋乎：流动、充盈、舒缓、宽阔的样子。

⑤《诗》：指《诗经·大雅·抑》。

⑥格思：格，来、至。思，语气助词，无意义。

⑦度（duó）思：度，猜测、估计。

⑧矧（shěn）可射（yì）思：矧，况且。射，讨厌。

译文：

孔子说："鬼神所显发出来的德是非常盛大的。虽然我们看不见他们在做什么，也听不见他们在说什么，但是，我们整个世界的一切，都无不是鬼神因缘化育的结果，因此冥心暗想，他们其实无处不在。鬼神使天下的人斋戒虔诚，身着华丽肃穆的祭祀服饰来承奉祭祀活动。在祭祀的时候，在圣洁的宗教情感状态下，人们感受得到鬼神的灵气流动充盈，他们就在我们的头上，就在我们的身边。《诗经·大雅·抑》写道：'鬼神从天而降，来享受人们供奉的祭品，它们飘荡充盈，无处不在，我们是无法揣测的，我们十分地敬畏，生怕有什么疏忽，怎么可能厌倦呢?'鬼神啊，看不见，摸不着，隐微之极，但是，赐福惩恶，却是处处显灵、疏而不漏啊。鬼神赐福降祸的隐微之显是掩盖不住的，天理昭彰啊!"

第十七章

子曰："舜其大孝也与！德为圣人，尊为天子，富有四海之内。宗庙飨之①，子孙保之。故大德必得其位，必得其禄，必得其名，必得其寿。故天之生物，必因其材而笃焉②。故栽者培之，倾者覆③之。《诗》④曰：'嘉乐⑤君子，宪宪令德⑥。宜民宜人⑦，受禄于天。保佑命⑧之，自天申⑨之。'故大德者必受命。"

注释：

①宗庙飨（xiǎng）之：宗庙，古代宗法体制下，天子、诸侯、宗族祭祀天地、祖先的地方。飨，祭祀。

②必因其材而笃焉：因，按照。材，资质、本质。笃，动词，厚待。

③覆：摧败。

④《诗》：指《诗经·大雅·假乐》。假，嘉。

⑤嘉乐：欢乐，快乐。

⑥宪宪令德：宪宪，显著，盛明的样子。令德，美德。

⑦宜民宜人：民，平民。人，士大夫以上、有地位的人。

⑧命：大命降临。

⑨申：重申其命。

译文：

孔子说："大舜可以说是已经做到大孝的人了。从道德的修养上来讲，他已经达到了圣人的境界；从尊贵的社会地位来讲，他贵为天子，富有四海之内。他享受宗庙的祭祀，子子孙孙继承着他的事业。从他的身上，我们可以看到，具有大德的人一定会得到上天赐予的位置，一定会得到上天赐予的俸禄，一定会得到上天赐予的健康与长寿。因此，上天的造化所下贯的生命，上天一定会根据他们的天赋资质以及后天的道德修养、才能状态来准确地对待他们。于是，我们就看到，一心想要成才而不断努力的人，就会得到上天的培育，而自暴自弃、最后又不成才的人，上天就会淘汰他们。《诗经·大雅·假乐》写道：'富有文化修养的君子，也具有显著的美德。他们让广大的老百姓过上了幸福的生活，而自己也享受了上天的赐予。上天保佑他们，并且委以重任。'所以，拥有美德的人，一定会受到上天的护佑，承受上天的大命。"

第十八章

子曰："无忧者，其惟文王乎！以王季①为父，以武王为子，父作之，子述之②。武王缵大王③、王季、文王之绪，壹戎衣而有天下，身不失天下之显名。尊为天子，富有四海之内。宗庙飨之，子孙保之。武王末④受命，周公成文、武之德，追王大王⑤、王季，上祀先公以天子之礼。斯礼也，达乎诸侯大夫，及士庶人。父为大夫，子为士，葬以大夫，祭以士⑥。父为士，子为大夫，葬以士，祭以大夫。期之丧⑦，达乎大夫。三年之丧，达乎天子。父母之丧，无贵贱，一也⑧。"

注释：

①王季：名季历，周太王古公亶父的第三子。周武王即位后追尊他为王季。

②作：开创。述，继承。

③缵（zuǎn）大王：缵，继承。大王，太王，指的是王季之父古公亶

父，周朝基业的创立者。

　　④末：晚年。

　　⑤追王（wàng）大王：追加太王、王季的王号。第一个"王"，动词。

　　⑥葬以大夫，祭以士：以大夫之礼下葬，以士之礼祭祀。

　　⑦期（jī）：一整年。

　　⑧一：一致、一律。

译文：

　　孔子说："心胸豁达，没有任何忧愁，大概只有文王才能做到这一点吧。文王的父亲是王季，儿子是周武王。父亲开创了基业，儿子绍续了事业。武王继承了太王、王季和文王一以贯之的基业，一穿上戎衣，就能征讨纣王，而且夺取了天下，诛戮了独夫民贼，替天行道了，所以没有失去忠孝的好名声，并且成为尊贵的天子，拥有了天下的财富，享受世世代代的宗庙祭祀，子子孙孙都能够永保周朝的王业。周武王接受天命做天子的时候年龄已经很大了。周公继承和发展了周文王与周武王的大德，近则追尊古公亶父、季历为王，远则尊上至后稷为先公，以天子之礼来祭祀他们。这种祭祀的礼仪制度从天子、诸侯、大夫、士，一直到庶人，通达社会各个阶层，都可以表达每一个人的孝道情感。父亲如果是大夫，儿子是士，那么，父亲的葬礼就用大夫的礼来进行，祭祀活动就用士的礼来进行。父亲如果是士，儿子是大夫，那么，父亲的葬礼就用士的礼来进行，祭祀的时候就用大夫的礼来进行。周公还制定了服丧的礼制，一年的服丧，从庶人一直达到大夫为止。三年的服丧，从庶人一直达到天子。对于父母的丧期，不论贵贱，都是一样的。"

第十九章

　　子曰："武王、周公，其达孝矣乎！夫孝者，善继人之志，善述人之事者也。春秋修其祖庙①，陈其宗器②，设其裳衣③，荐其时食④。宗庙之礼，所以序昭穆也⑤；序爵⑥，所以辨贵贱也；序事⑦，所以辨贤也；旅酬⑧下为上，所以逮贱也；燕毛⑨，所以序齿也。践其位，行其礼，奏其乐，敬其所尊，爱其所亲，事死如事生，事亡如事存，孝之至也。郊社之礼⑩，所以事上帝也。宗庙之礼，所以祀乎其先也。明乎郊社之礼、禘尝之义⑪，治国其如示诸掌乎。"

注释：

①祖庙：供奉和祭祀先祖的宫殿。

②宗器：古代宗庙祭祀时所用的礼制器物。

③裳衣：祭祀时用的特别的衣物。

④时食：新鲜食物，当季食物。

⑤昭穆：在宗法体制下的一种礼仪制度。宗庙中所排列的列祖列宗都是按照礼制有次序、有规定的。始祖庙居中，然后以左昭右穆的次序排列。这样就划分出来亲疏远近长幼的秩序。

⑥爵：爵位。

⑦事：祭祀时的职事。

⑧旅酬：旅，众。酬，以酒相劝。旅酬，是宗庙中的一种饮酒礼仪，这里说的是众子弟为自己的长辈举杯敬酒。

⑨燕毛：宴饮时年长者居上位的礼节。

⑩郊社之礼：冬至在南郊、夏至在北郊举行的祭祀天与地的仪式。

⑪禘（dì）尝：禘，是一种只有天子才能够举行的、极其隆重的祭祀之礼。尝，四时宗庙祭祀之一。

译文：

孔子说："周武王和周公，大约已经达到了孝道的最高境界吧！我们所说的孝道，就是善于继承祖先的遗志，善于完成先祖的未竟事业。每逢春季与秋季举行祭祀活动的时候，修理祖庙，陈列先祖祭器，摆上先祖祭祀时穿的衣服，供奉时令食物。宗庙祭祀的礼仪，是用来排列昭穆辈分和亲疏远近的，排列祭祀中的爵位顺序，是用来识别身份的贵贱。安排祭祀活动中的各种职事，是用来辨别子子孙孙是否贤能的。祭祀之后，专门有晚辈向长辈敬酒的旅酬之礼，是用以显示先祖的恩德和辨别身份低贱的人。祭祀之后，宴饮的时候要按照年齿来排列座次，是用来鉴别长幼次序的。供奉好祖宗的牌位，根据不同的祖先进行不同的祭祀之礼，演奏祭祀专用的乐，敬重先祖敬重的人，爱护先祖爱护的广大老百姓。祭祀过世了的先祖就像他们还活在我们身边一样，祭祀已经亡故了的列祖列宗，就像他们还生活在我们这个世界上一样。这是最高的孝道啊。祭祀天地的礼仪，是侍奉天帝的。在宗庙中祭祀的礼仪，是用来祭祀列祖列宗的。只要懂得举行郊社之礼和禘尝之礼，那么，治理天下国家就像看自己的手掌一样，明明白白了。"

第二十章

哀公①问政。子曰："文武之政，布在方策②。其人存，则其政举；其人亡，则其政息。人道敏③政，地道敏树。夫政也者，蒲卢④也。故为政在人，取人以身，修身以道，修道以仁。仁者人也，亲亲为大；义者宜也，尊贤为大；亲亲之杀⑤，尊贤之等，礼所生也。（在下位不获乎上，民不可得而治矣。）⑥故君子不可以不修身；思修身，不可以不事亲；思事亲，不可以不知人；思知人，不可以不知天。

注释：

①哀公：春秋时期鲁国的国君。哀，是他的谥号。本姓姬，名蒋。

②方策：方，木板。策，竹、木简。

③敏：迅速。

④蒲卢：芦苇，生长速度很快。

⑤杀（shài）：等差。

⑥郑玄认为这两句是重文，应该删除。

译文：

鲁哀公向孔子请教治理国家的方法。孔子回答说："周文王与周武王的治国方略都写在竹帛之上（那个上面说得很清楚，核心思想就是以德治国）。有的君主活着的时候，他所提倡并且身体力行的治国方略就会畅行无阻；一旦他去世了，他提倡的治国方略也就随之而亡了。以人立政，就像种植树木一样，速度是非常快的。所谓政治，就像芦苇能够快速生长一样，人存政举，人去政灭。所以，为政的根本之处在于领导人的道德修养。一个国家的领导人，关键是要用仁慈的情怀来修道，以天道人道来修养自己的七情六欲，然后以完善的道德修养去赢得他人对自己的拥护。只有具有自身修养完善的人，才有可能去管理好一个国家。所谓仁的美德，就是人之所以为人的天赋本性。但是，恻隐之心、感恩之心的基础来自于孝悌之爱。所谓义的美德，就是要恰当地做好恕道，处理好与他人的关系，己所不欲勿施于人，尊贤尤其是政治管理中的核心。按照亲疏远近的原则去处理与亲人的关系，按照尊卑上下的等级关系去处理与各种贤者的关系，作为一个国家管理者应遵守的一切礼仪制度都是从这里生发的。正因为如此，作为一个有道德修养的人，不能不时时刻刻对自己的视听言动严加管理；为了管理好自己的视听言动，就不能不做好孝悌的德行。真正做好了孝悌之道的人，就必然会换位思考，推己及人，去认真思考他人的各种需求。换位思考的核心是众生平等，于是，我们就不能不知道博厚高明、造化万物的天。

　　天下之达道五，所以行之者三。曰：君臣也，父子也，夫妇也，昆弟①也，朋友之交也，五者天下之达道也。知②、仁、勇三者，天下之达德也。所以行之者一③也。或生而知之，或学而知之，或困而知之，及其知之一也；或安而行之，或利而行之，或勉强而行之，及其成功一也。"子曰④："好学近乎知，力行近乎仁，知耻近乎勇。知斯三者，则知所以修身；知所以修身，则知所以治人；知所以治人，则知所以治天下国家矣。"

注释：

　　①昆弟：兄弟。昆，兄长。

　　②知：通"智"。

　　③一：朱熹理解为"诚"。

　　④子曰：朱熹认为，这是衍文。

译文：

　　普天之下有五条所有的人都不能不经由的大道（五达道），走上这五条大道的德行有三个（三达德）。君臣、父子、夫妇、兄弟以及朋友之间的交往，这五个方面就是我们人类共同遵守的伦常关系。智、仁、勇，这三个方面是走在五达道之上所应尊奉的道德原则。五达道、三达德，实行起来，完全可以只是落实在一个"诚"字上面。对五达道、三达德，有的人天生就知道这些人类的道德原则；有的人要通过学习之后才能够知道这些原则；也有的人是在人生遇到了各种各样的困境，被逼迫学习之后才知道这些原则。不过在真正了解这些原则之后，他们所了解的内容与结果，都是一样的。在践履这些道德原则的时候，每个人的情况也是各有所异：有的人心甘情愿地践履这些道德原则，有的人则是为了某种利益或好处然后才去施行，也还有的人是勉勉强强地去施行，但是只要他们逐步践履了，最后的成功收获也是一样的。"孔子说："喜欢认真学习的人就接近了智，身体力行就接近了仁，知道有廉耻之心就接近了勇。知道了智、仁、勇三达德的人，就知道我们为什么要修养自己；知道了我们要修身的原因，就可以知道怎么去管理他人。知道了怎么去管理他人，于是就进而知道了我们应该如何去治理国家了。"

凡为天下国家有九经①，曰：修身也，尊贤也，亲亲也，敬大臣也，体②群臣也，子庶民③也，来百工④也，柔远人⑤也，怀⑥诸侯也。修身则道立，尊贤则不惑，亲亲则诸父昆弟不怨，敬大臣则不眩，体群臣则士之报礼重，子庶民则百姓劝，来百工则财用足，柔远人则四方归之，怀诸侯则天下畏之。

注释：

①经：常，准则。

②体：体恤。

③子庶民：对广大的庶民，就像父母对待孩子一样。意动用法。

④来百工：来，招徕，使动用法。百工，各种工匠。

⑤柔远人：柔，安抚、怀柔。远人，远方的人，这里应该指的是蕃国、外族人。

⑥怀：绥靖、安抚。

《中庸》译注

凡是治理国家的君主，必须遵守九条千古不变的原则，那就是：加强自身修养，尊重贤能，亲善九族亲属，敬重在朝辅政大臣，体恤文武百官，像对待子女一样对待老百姓，要招徕各种能工巧匠，要怀柔远方蕃国的异族，要安抚分封的诸侯。君主加强修身，国家的政治就确立了正道。尊重国家的贤能之人，全国人民就有了努力的方向。坚守孝悌之道，亲善亲属九族，父母伯叔、兄弟就能够和睦友爱相处而没有怨恨之心。能够敬重辅政大臣，遇到国家大事的时候就不会迷惑。能够体恤文武百官，光被恩泽的官员就会厚重地报答君主。对待老百姓就像对待自己的子女一样，老百姓就会努力工作。能够采取优良的政策招徕各种工匠，就会财源茂盛。对蕃国的异族人充满爱心，就会使天下四方的人民都来归附于君主。能够安抚分封的诸侯，就能够四海一家，天下诸侯都会敬畏君主了。

齐明盛服，非礼不动，所以修身也；去谗远色，贱货而贵德，所以劝贤也；尊其位，重其禄，同其好恶，所以劝亲亲也；官盛任使^①，所以劝大臣也；忠信重禄，所以劝士也；时使薄敛，所以劝百姓也；日省月试^②，既禀称事^③，所以劝百工也；送往迎来，嘉善而矜不能^④，所以柔远人也；继绝世，举废国，治乱持危，朝聘以时，厚往而薄来，所以怀诸侯也。

注释：

①官盛任使：朱熹认为指有充足的属官供大臣使用。

②日省月试：省，省察。试，考较。

③既禀称（chèn）事：既禀，即"饩廪（xì lǐn）"，生米及粟一类物品，此处指薪粮。称，符合。

④矜（jīn）：怜悯，同情。

译文：

斋戒虔诚，身着华丽肃穆的服饰（内心犹如处于这种场合），举动合乎礼仪，这是修身的途径；远离谗佞和美色，轻视财物而重视德行，这是劝勉贤人的途径；尊崇其官位，增加其俸禄，并且在好恶情感上与他们保

持一致，这是劝勉亲近亲人的途径；属员充足供其驱使，这是劝勉大臣的
途径；以忠信为本，用人不疑且予以厚禄，这是劝勉士人努力工作的途
径；使用民众遵照时节（不耽搁农时），（还）减轻他们的赋税，这是劝勉
百姓的途径；日月省察和考核他们的工作，同时薪粮要与各种工作的难度
相匹配，这是劝勉工匠们的途径；做好迎来送往的各种大小礼节，赞扬好
的行为又同情其不幸，这是怀柔四方的途径；延续中断的世系，复兴已经
灭亡的国度，平治乱局安定危难，按时接受他们的朝见和聘问，赠予丰厚
的礼物，却只受其简单的纳贡，这是安抚诸侯的途径。

　　凡为天下国家有九经，所以行之者一也①。凡事豫则立，不豫则
废。言前定则不跲②，事前定则不困，行前定则不疚③，道前定则不穷。
在下位不获乎上，民不可得而治矣；获乎上有道，不信乎朋友，不获乎
上矣；信乎朋友有道，不顺乎亲，不信乎朋友矣；顺乎亲有道，反诸身
不诚④，不顺乎亲矣；诚身有道，不明乎善，不诚乎身矣。

注释：

　　①所以行之者一也：朱熹认为"一者，诚也"。
　　②跲（jiá）：绊倒。
　　③疚：痛苦。
　　④诚：其意本为心意真诚，又引申为真实。"诚"的涵义要根据上下
文确定，有指天道而言，有指人道而言，有指本体语，有指功夫语，有作
名词用，有作动词用，皆在译文语境中区分不同的涵义。杜维明先生认
为，《中庸》中的"诚"具有儒学的宗教性。

译文：

　　治理天下国家有九种常法，在国家的管理中用以推行这九种常法的心
理依据就是一个"诚"字。凡事早作打算才能够成事，不早作打算则不能
成事。人们若提前考量知道要说的话，则不会语塞；知道所要做的事，才
不会受阻碍；事先早作打算，知道如何行动，就不会痛苦；知道所要走的
路，则不会最后走投无路。处于下位的人若不能够取得高位者的信赖，就
很难对民众展开治理；获取高位者信赖的方法，就在于若不能够取信于朋

友，则不能取信于高位者；取信于朋友的方法，就在于若不孝顺于父母，则不能取信于朋友；孝顺于父母的方法，就在于若反躬自省未能诚心，则不算孝顺父母；诚心的方法，就在于若不明白善（和自身的关系），就不能把"诚"落实在我们的视听言动中了。

诚者，天之道也；诚之者，人之道也。诚者不勉而中①，不思而得，从容中道，圣人也。诚之者，择善而固执之者也②。博学之，审问之，慎思之，明辨之，笃行之。有弗学，学之弗能弗措③也；有弗问，问之弗知弗措也；有弗思，思之弗得弗措也；有弗辨，辨之弗明弗措也；有弗行，行之弗笃弗措也。人一能之己百之，人十能之己千之。果能此道矣，虽愚必明，虽柔必强。

注释：

①中（zhòng）：中节，符合礼仪。

②择善："天生烝民，有物有则；民之秉彝，好是懿德"，即使一般的民众内心也有善端或向善之志，择善固要下文的功夫，但也不可不顾此一点灵明之知。博学、审问、慎思、明辨和笃行也均与此有关。

③措：放弃，废弃。

译文：

诚，这是天所成就的；求取此诚，是人所要成就的。修养达到诚的人，行为不用勉强就能符合礼仪，内心不用思考也明白，（一切）自然而然就与道若合符节，这是圣人。求取此诚的人，就是（根据内心微弱的善心，或向善之意）志向于善并不间断地固守此善不放失的人。（这种择善固守的过程是）广博地问学，详细地请教，谨严地思考，明白地辨取，笃实地躬行。要么不学，要学就学不会不罢休；要么不问，要问就问不明白不罢休；要么不思，要思就思考不通不罢休；要么不辨，要辨就辨不清晰不罢休；要么不行，要行就做不到笃行不罢休。别人一遍就能的，自己就做百遍（不达目的不罢休）；别人十遍就能的，自己就做千遍（不达目的不罢休）。真能如此做了，即使愚人也会明智，懦弱之人也会刚强。

第二十一章

自诚明①，谓之性；自明诚，谓之教。诚则明矣，明则诚矣。

注释：

①明：此处指通过修养功夫将诚落实到身心后所呈现出的身体和心灵的一种澄澈清明的状态和过程，既含有灵明的心所生出的智慧，也包括身体所呈现出的动作威仪所带有的光辉。

译文：

循着天道之诚呈现出人道之明的过程，这就是性；通过清澈澄明的修养历程而逐渐达至天道之诚，这就是教。天道的诚要落实到人的清澈澄明，人的清澈澄明要不断反馈天道的诚。

第二十二章

唯天下至诚，为能尽①其性；能尽其性，则能尽人之性；能尽人之性，则能尽物之性；能尽物之性，则可以赞②天地之化育；可以赞天地之化育，则可以与天地参矣。

注释：

①尽：推扩至极，全面展现。

②赞：助。

译文：

只有全面践行着诚的圣人，才能够充分展现出他的本性；能充分展现自己本性，才能充分发挥别人的本性；能够充分发挥别人的本性，才能够充分落实万物的本性；能够落实万物的本性，就可以襄助天地的生化养育过程；能够襄助天地的生化养育过程，就可以与天地相互参验了。

第二十三章

其次致曲①，曲能有诚，诚则形，形则著，著则明，明则动②，动则变，变则化，唯天下至诚为能化。

注释：

①致曲：致，推致。曲，局部，一部分。或谓曲，指深隐之处，即善的微弱状态，类于孟子所讲的"善端"。

②动：感动。

译文：

次一等的贤人致力于扩充自己善的灵明善端，由此微弱之善而能渐渐呈现诚，诚形于内自会表现于外，（随着微弱之善的渐渐增厚，诚也会愈来愈笃实，因之）形于外的也越来越显著，（随着修养的再次逐渐增长，因之）身心表现出清澈澄明而有光辉，由此光辉则能感动人和物，能够感动他们就会引发他们的改变，由此改变就会感化他们（向善而达于诚）。只有自身修养到了完善的诚的状态才能够化育外物。

第二十四章

至诚之道，可以前知。国家将兴，必有祯祥①；国家将亡，必有妖孽②；见乎蓍龟③，动乎四体。祸福将至，善，必先知之；不善，必先知之。故至诚如神。

注释：

①祯祥：吉祥。

②妖孽：反常怪异的事情。

③见乎蓍龟：表现于蓍占和龟卜。见，同"现"。蓍龟，蓍草和龟甲，古代用于占卜。

译文：

人一旦修养到了至诚的状态，就可以见微知著而预见事态的走向了。国家将要兴盛时，一定会有相应的吉祥征兆；国家将要衰败时，一定会有相应的反常征兆。会在占卜中有所体现，会在人的仪态行为中有所体现。结果是祸还是福，如能见到善（的端芽），就可知是福要到了；若见到不善（的端倪），就可知是祸要到了。因此，能够修养到至诚的状态的人就会呈现出犹如神明一样（能够预知事态的走向）。

第二十五章

诚者自成①也，而道自道②也。诚者物之终始，不诚无物。是故君子诚之为贵。诚者非自成己而已也，所以成物也。成己，仁也；成物，知也。性之德也，合外内之道也，故时措之宜也。

注释：

①自成：是形容天道之诚不容停止地要落实到人的清澈澄明，即"诚则明矣"。犹如孟子的养气一般是集义所生，是日积月累自然而然生长而成的，不是陡然强取所能到达的。

②自道：是形容人的清澈澄明要不容停止地返于天道之诚，即"明则诚矣"。道，通"导"。

译文：

天道之诚不容停止地要落实到人的清澈澄明，人的清澈澄明要不容停止地返于天道之诚。诚贯穿于人的整个修养的过程，离开了诚，则整个修养过程就会轰然坍塌无所依持。因此，君子就应该通过修养功夫而达到诚的。诚，不是实有诸己成就自己的修养就结束了，还是用来感动、转变、化育外物的途径。成就自己的修养，是（养成）仁德；成就万事万物，是（参验天地的）智慧。当天命之性与"德"真正融为一体的时候，人就进入到了天地万物浑然一体的状态，大化流行，视听言动等各种各样的表现都恰当得体，符合天地万物的精神。

第二十六章

故至诚无息，不息则久，久则征①，征则悠远，悠远则博厚，博厚则高明。博厚，所以载物也；高明，所以覆物也；悠久，所以成物也。博厚配地，高明配天，悠久无疆。如此者，不见而章②，不动而变，无为而成。

注释：

①征：据朱熹注，"征，验于外也"。

②不见而章：见，同"现"，表现。章，彰明。

译文：

所以，（修养处于）至诚的状态，就有一种不容停止（之感），有这种不容停止之感就能保持修养的长久，能够持久不间断地修养就会有所效验而形于外，能转化外物那么其影响就能够无远弗届，有无远弗届的影响（就会与天地万物相感通）就会变得厚重深远，厚重深远（就能够沉潜于下，洞彻万物的本性），就能够表现为高大光明。厚重深远（是地的德行），是用来承载万物的。高大光明（是天的德行），是用来哺育万物的。（自强不止）长久不息（是人的德行），是用来充分发挥万物的本性的。厚重深远与地相匹合，高大光明与天相匹合，辽阔广大永不止息（与人的至诚状态相匹合）。人若能如此，不用刻意表现就会彰明，不用刻意去感动就能化育外物，不用刻意去做什么就能够成就万物。

天地之道，可一言①而尽也：其为物不贰②，则其生物不测。天地之道：博也，厚也，高也，明也，悠也，久也。今夫天，斯昭昭之多③，及其无穷也，日月星辰系焉，万物覆焉。今夫地，一撮土之多，及其广厚，载华岳而不重，振河海而不泄④，万物载焉。今夫山，一卷石之多，及其广大，草木生之，禽兽居之，宝藏兴焉。今夫水，一勺之多，及其不测，鼋鼍、蛟龙、鱼鳖生焉，货财殖焉。

《中庸》译注

注释：

①一言：一字，指"诚"字。

②不贰：指天地创生过程中始终遵循诚，而不会掺杂他意。犹如上文"无为（wèi）而成"。

③昭昭：形容微弱的光芒。

④振河海而不泄：振，收容，包容。泄，泄漏。

译文：

天地的德行一个字就能概括尽了（这就是上文提到的"诚"）：它创生万物是始终依循不息之诚的，因此它生化万物的结果（之大）似是难以预测的（因为创生过程不是掺杂私意，而是自然而然展开的无穷无尽的过程）。天地之道，是（多么）广博、深厚、高大、光明、悠远、长久。至于那天，起始时只看到有微弱的光明，及其充分显现它的无边无际，日月星辰都包罗其内，万物都受其荫蔽覆盖。那地，起始只看到一撮土那么多，及其显示它的广远深厚，能够承载华山也不以为多么重，包容无尽的河流江海也不会有所泄漏，万物也都受其持载。那山，起始只看到一拳那么大，及其显示它的广阔高大，不尽的草木生长其间，飞禽走兽往还此中，宝藏也储藏在这里。那水，起始只看到一勺那么些，及其显现它的浩瀚无涯，鼋鼍、蛟龙、鱼鳖都生活于其中，是无尽财富汇聚繁殖的地方。

《诗》云："维天之命，於穆不已！"①盖曰天之所以为天也。"於乎不显！文王之德之纯！"②盖曰文王之所以为文也，纯亦不已。

注释：

①《诗》：指《诗经·周颂·维天之命》。维，发语词。於（wū），感叹词。穆，美好。

②於乎不显！文王之德之纯：语同出于《诗经·周颂·维天之命》。不，通"丕"，大。

译文：

《诗经·周颂·维天之命》说："天命是如此美好，又永不止息！"这两句诗大概就是说天之所以为天。又说："啊，多么光明呀！文王的德行是多么纯净啊！"这大概就是文王之所以为文王，德行无比的纯净。

第二十七章

大哉圣人之道！洋洋①乎！发育万物，峻②极于天。优优大哉！礼仪三百，威仪三千③。待其人而后行。故曰："苟不至德，至道不凝焉④。"故君子⑤尊德性而道问学，致广大而尽精微，极高明而道中庸。温故而知新，敦厚以崇礼。是故居上不骄，为下不倍⑥；国有道，其言足以兴；国无道，其默足以容⑦。《诗》⑧曰"既明且哲，以保其身"，其此之谓与！

注释：

①洋洋：本指水势广大、浩瀚无际的样子。

②峻：高大。

③礼仪三百，威仪三千：据朱熹注，礼仪指经礼，威仪指曲礼。三百、三千，形容数量之多，不必为确指。译文采取意译法。

④凝：凝聚，形成。

⑤君子：区别于圣人，君子需要"择善而固执之"，因此译文中将德性、广大、高明作为君子修养的目的，而问学、精微、中庸作为君子修养的具体功夫及其过程。

⑥倍：通"背"。

⑦容：容身。

⑧《诗》：指《诗经·大雅·烝民》。

译文：

广大啊，圣人之道！广远无边呀！生发、养育万事万物，（参与天地生化的过程，与天地相参验）能与天相比肩。优容有余裕啊！动作威仪合乎众多的仪节，只有真正的有德之人才能够如此行动周旋。所以说：若没有修养到最好的德行，最高的道是不会在他那里产生的。所以，君子尊崇德性又是经由讲求学问之道（步步地修养达致的），到达广大无疆的境地又是经由自身内在的精妙微密的向善之志（步步地修养达致的），极尽到那高大光明又是经由中和之道（步步地修养达致的）。（何为学问之道呢？）君子通过温习已掌握的学问来进一步获取新知。（何谓推扩精微之道呢？）将自身微弱的善端逐渐累积厚实来进一步崇尚礼仪。因此，君子在高位的时候不会骄矜，在下位的时候不会悖乱无礼。国家政治清明的时候，他的言论能够利于国家的兴盛；国家政治混乱的时候，他的沉默能够免于他遭祸害。《诗经·大雅·烝民》说："既聪明又智慧，才能保全自身。"大概就是说的这样的人物吧！

第二十八章

子曰："愚而好自用，贱而好自专，生乎今之世，反古之道①。如此者，烖②及其身者也。"非天子，不议礼，不制度③，不考文。今天下车同轨，书同文，行同伦。虽有其位，苟无其德，不敢作礼乐焉；虽有其德，苟无其位，亦不敢作礼乐焉。子曰："吾说夏礼，杞不足征也；吾学殷礼，有宋存焉；吾学周礼，今用之，吾从周。"④

注释：

①反：朱熹注为"反，复也"，即恢复。

②烖：古"灾"字。

③度：本义为长度单位，此处引申为量度。

④今本《论语·八佾》中有相关的表述："子曰：'夏礼，吾能言之，杞不足征也。殷礼，吾能言之，宋不足征也。文献不足故也。足，则吾能征之也。'"

译文：

孔子说："愚蠢而自以为是，（地位）卑下而固执己见，处于当今之世，总想要恢复古代治理的具体形式；这样行为的人，灾害必要降临到他身上了。"若非天子（有其地位和德行），不可议定礼乐，不可规范度量，不可隶定文字。如今天下统一，车辙相同，文字统一，伦理道德相同。（至于兴起礼乐之事）虽然处于高贵的尊位，但若没有相应的德行，也不敢制作礼乐。虽然有那种德行，假若没有相应的地位，也不敢制作礼乐。孔子说："我欣赏夏朝的礼，（想学习它们）但（夏的后裔国）杞国的文献不足验证；我学习商朝的礼，还有宋国保留使用着它们；我学习周代的礼（那就更方便了），现在大家都还在使用着它们，（三者比较后）我更愿遵从周礼。"

第二十九章

王天下有三重①焉，其寡过矣乎！上焉者虽善无征，无征不信，不信民弗从；下焉者虽善不尊，不尊不信，不信民弗从。

注释：

①三重：郑玄注"三重，三王之礼"。朱熹注引述到"吕氏曰：三重，谓议礼、制度、考文。惟天子得以行之，则国不异政，家不殊俗，而人得寡过矣。"今从后说。

译文：

实现王道要做好那三件事，如此就能少有过失了。在高位的人，虽然有善意但（自身若不能通过长久不断地扩充、积聚自身的善，没能以此转化自身）没有外在的（令人信服的）效验，自身缺少德行的效验就不能使人信服，不能使人信服，民众也就不会遵从了。处于下位的人，即使有好的德行但无尊崇的地位，无尊崇的地位就不能使人信服，不能使人信服，民众也就不会遵从了。

故君子之道，本诸身，征诸庶民，考诸三王而不缪①，建诸天地而不悖，质诸鬼神而无疑，百世以俟圣人而不惑。质诸鬼神而无疑，知天也；百世以俟圣人而不惑，知人也。是故君子动而世为天下道，行而世为天下法，言而世为天下则。远之则有望，近之则不厌。《诗》②曰：

"在彼无恶，在此无射③；庶几夙夜，以永终誉！"君子未有不如此而蚤有誉于天下者也④。

注释：

①缪：通"谬"，误。

②《诗》：指《诗经·周颂·振鹭》。

③射（yì）：今本《诗经》中作"斁"，其义为厌弃、厌嫌。

④蚤：通"早"，此处指先后而言，即君子先有其行才能招致其名。

译文：

所以，君子施行治理的过程是从自身的修为开始，取信于一般的民众，与古时候三代圣王的做法相考较也没有什么错失，推行于天下也不会悖乱无礼，如鬼神（前知）那般考察细微也无可疑之处，（就是）千百载以后的圣人回顾这一行为也不会有不解之惑。如鬼神（前知）那般考察细微也无可疑之处，是知道如何保持、养育天所赋予人的天性；千百载以后的圣人回顾这一行为也不会有不解之惑，是知道如何成就、发挥人的本性。因此，君子有所行动就能代代地为天下人做一个如何行动的榜样，君子有所言语就能世世地为天下人做一个如何言语的楷模。离这样的君子远时，就会思念他；离这样的君子近时，就会（日日有所进益而不懈怠，内心有所得而）不厌烦。《诗经·周颂·振鹭》篇说："在在无人憎，时时不惹嫌，日夜多警惕，长保此名妍。"君子没有不经过如此的行为却能先达到闻名天下的。

第三十章

仲尼祖述尧舜，宪章文武；上律天时，下袭①水土。辟如天地之无不持载，无不覆帱②，辟如四时之错③行，如日月之代明。万物并育而不相害，道并行而不相悖，小德川流，大德敦化，此天地之所以为大也。

注释：

①袭：合。

②覆帱（dào）：覆盖。

③错：交错。

译文：

孔子远则效法尧、舜，近则依从周文王、周武王；上则取法于天的运行变化（的次序时节），下则参照水土（的因地制宜和川流不息）。就如天地的（广大深厚）广泛承载万物、荫蔽万物，就如四季的往来运行、日月的循环光照。万事万物一同生长而不会相互妨害，一同运行而不会相互扰乱，微弱的德行也要能永不止息地修养下去（此是健德），高尚德行要能够含宏万物、化成天下（此是厚德），这就是成就了天地之大的原因。

第三十一章

唯天下至圣，为能聪明睿知，足以有临①也；宽裕温柔，足以有容也；发强刚毅，足以有执②也；齐庄中正，足以有敬也；文理密察，足以有别也。溥博渊泉，而时出之。溥博如天，渊泉如渊。见而民莫不敬，言而民莫不信，行而民莫不说。是以声名洋溢乎中国，施及蛮貊③。舟车所至，人力所通，天之所覆，地之所载，日月所照，霜露所队④，凡有血气者，莫不尊亲，故曰配天。

注释：

①临：治理、统治民众。

②执：固执、持守，即能够（择善）固守之意。"勇"之为德非仅临事能断，更在于能守死善道而不松懈，正如曾子所谓"任重而道远，君子不可以不弘毅"。

③蛮貊（mò）：对少数民族的称呼，此处泛指边远国家和地区。

④队：通"坠"。

译文：

只有达到至圣的人，才有足够的聪颖、智慧、睿智、光明，如此才能治理百姓；广博、优裕、温厚、柔顺，足能包容；迅猛、强力、刚健、坚定，足能持守；恭敬、端庄、中和、平正，足以礼敬；文辞、条理、精密、考较，足能辨别。（圣人的德行）广大周遍犹如天，根底深沉似深泉。他出现时民众都礼敬，他的话民众都信服，他的行动民众都喜欢。因此，他的名声充盈在国中，流传到边远地域。但凡舟车所到之处，人力能至的范围，天所覆盖，地所承载，日月照见，霜露所落的地方，（在上述诸处）只要是一个有血气的人，没有不尊敬、亲近他的，因此说圣人和天相匹合。

第三十二章

唯天下至诚，为能经纶①天下之大经，立天下之大本，知天地之化育。夫焉有所倚？肫肫②其仁！渊渊其渊！浩浩其天！苟不固聪明圣知达天德者，其孰能知之？

注释：

①经纶：本是指整理丝线，此处是筹划、理出之意。

②肫（zhūn）肫：诚挚的样子。

译文：

只有达到至诚的人，才能筹划天下的常道，确立天下的根本，知道天地的生长化育过程，哪里还需要别的依傍呢？真挚仁爱，（起始时）如深水之泉（有本有根，源头活水），（其至时）如广大之天（覆盖万物，化育天下）。假若不是自身的聪颖、智慧、睿智、光明，顺遂天生德行的人，谁还能够认识到常道、大本之处呢？

第三十三章

《诗》①曰"衣锦尚絅②"，恶其文之著也。故君子之道，暗然而日章；小人之道，的然③而日亡。君子之道，淡而不厌，简而文，温而理，知远之近，知风之自，知微之显，可与人德矣。

注释：

①《诗》：指《诗经·卫风·硕人》。

②衣（yì）锦尚绌（jiǒng）：衣，用作动词。绌，禅衣，即单层的外衣。

③的（dì）然：鲜明的样子。的，鲜明。

译文：

《诗经·卫风·硕人》说"穿锦袍时要罩上单衣"，这是厌烦文采过于显露。所以君子的德行朴实无华而又一天天地显明起来，小人的行为鲜艳夺目却一日日地消散了。君子的行为，平淡可亲，简约有仪，温和有序，知晓远是由近处达成的，知道风是从起始的一点处开始的，知道从微细处能渐渐修养、长育到显著广大，这样就可以进入德行的修为了。

《诗》①云："潜虽伏矣，亦孔②之昭！"故君子内省不疚，无恶于志。君子之所不可及者，其唯人之所不见乎。《诗》③云："相在尔室，尚不愧于屋漏。④"故君子不动而敬，不言而信。《诗》⑤曰："奏假无言，时靡有争。⑥"是故君子不赏而民劝，不怒而民威于铁钺⑦。《诗》⑧曰："不显惟德！百辟其刑之。⑨"是故君子笃恭而天下平。《诗》⑩云："予怀明德，不大声以色。"子曰："声色之于以化民，末也。"《诗》⑪曰"德輶如毛"⑫，毛犹有伦。"上天之载，无声无臭"⑬，至矣！

注释：

①《诗》：指《诗经·小雅·正月》。

②孔：大。

③《诗》：指《诗经·大雅·抑》。

④相在尔室，尚不愧于屋漏：相，视、观看。屋漏，本指屋内的西北角，神明所主之处。此处用诗是一种类比说明，不尽合原诗之意，译文根据所用之诗要表述之意译出。

⑤《诗》：指《诗经·商颂·烈祖》。

⑥奏假无言，时靡有争：奏假，在今本《诗经》中作"鬷假"，祈祷。

假（gé），郑玄注："假，大也。此《颂》也，言奏大乐于宗庙之中，人皆肃敬，金声玉色，无有言者，以时太平和合，无所争也。"

⑦铁钺（yuè）：同"斧钺"，两种用于刑罚的礼器。

⑧《诗》：指《诗经·周颂·烈文》。

⑨不显惟德！百辟（bì）其刑之：不，通"丕"，大。辟，君主。刑，效法。

⑩《诗》：指《诗经·大雅·皇矣》。

⑪《诗》：指《诗经·大雅·烝民》。

⑫辐（yóu）：轻。

⑬上天之载，无声无臭（xiù）：语出《诗经·大雅·文王》。载，事。臭，气味。

译文：

《诗经·小雅·正月》说："深隐在水底，仍然很清晰可见。"因此，君子反省自身没有愧怍之处，就无愧于心。君子所不可企及的地方，大概就在于他们能在别人所看不到的内心中致力吧！《诗经·大雅·抑》说："观你处于屋中，无愧于神明。"因此，君子还未行动时已有敬意，还未说话时已有诚信。《诗经·商颂·烈祖》说："祈祷时恭敬无言，没有争夺的心意。"因此，君子还未赏赐民众已受到鼓舞，还未生怒民众已经敬畏他超过斧钺了。《诗经·周颂·烈文》说："德行那么广大著明！诸侯们都要来效仿他。"因此，君子切实地恭敬（从修身成就自己的本性，到成就别人的本性，最终落实、发挥万事万物的本性，参与到天地生化的过程中去）就能够使天下太平了。《诗经·大雅·皇矣》说："我怀念文王能保有光明德行，不用疾言厉色对待人。"孔子说："用声音和辞色来对待民众，这是下策。"《诗经·大雅·烝民》说："德轻如毛。"这还要用毛作比喻。《诗经·大雅·文王》说："（德行若）天地的运行生化，不见声音和气味。"真是高妙啊！（德行就是如此啊！）